飯塚 徹=著
Toru Iizuka

金融セーフティネットの再構築

市場規律が有効に機能する預金保険制度

REBUILDING THE FINANCIAL SAFETY NET

日本評論社

はしがき

　本書は、筆者が作成した博士学位論文「金融セーフティネットの再構築―市場規律が有効に機能する預金保険制度―」（一橋大学大学院法学研究科ビジネスロー専攻、2023年）をもとに、2023年の米国の信用不安による地方銀行の連鎖破綻などを踏まえ加筆したものである。

　本書は、日本における銀行破綻処理の実績を踏まえて調査し、世界金融危機後の「秩序ある清算権限（Orderly Liquidation Authority）」に関する米国・EU・英国の制度・議論を比較法的に考察し、加えて、預金保険制度と市場規律について経済学観点からも考察し、金融実務を踏まえ、金融セーフティネットの再構築に向け、市場規律が有効に機能する預金保険制度の改革について研究するものである。

　金融セーフティネットは、基本的に金融当局による規制規律、債権者（預金者、劣後債保有者など）とファイナンシャルゲートキーパー（格付会社など）による市場規律、預金保険機構による預金保険制度により構成される。本書では、破綻処理制度も金融セーフティネットに含めて考察しているところに特徴がある。迅速かつ最小コストによる破綻処理は、市場価値の低い銀行をスムーズに市場から退出させ、社会的な損失を最小限にとどめることからセーフティネットと評価できる。

　金融セーフティネットを考える上で、破綻処理制度および破綻処理事例を考察することは重要である。基本的に、預金保険制度に基づき破綻処理制度（法制）が形成され、法制に従い破綻処理が行われ、その一連の流れ（実績・評価）を踏まえて、金融セーフティネットは将来に向け構築される。こうした流れを受け、金融セーフティネットを考える上で、預金保険制度と破綻処理制度は密接に関連し一体性（不可分性）があり、本書では、実効性の高い提言に結び付けるため、破綻処理制度（破綻処理事例も含め）を一体的に研究した。

　本書では、平成金融危機、世界金融危機の事実・実情と対応を重要な事象として研究した。この2つの金融危機は、筆者の地方銀行（株式会社八

十二銀行）在職中に発生しており、筆者の銀行員としてのキャリアは平成金融危機に始まり、世界金融危機で終了した。金融危機をリアルタイムで体感し、その影響を受けた金融実務も経験した。特に、北海道拓殖銀行の破綻と未曾有の金融危機、足利銀行の一時国有化（預金保険法102条第三号措置）と再生はインパクトが大きかった。また、サブプライムローン問題は国内の地域金融機関にも影響を及ぼした（損失計上）。そうしたなかで、金融セーフティネットの重要性を実感し、大学教員として研究を進めた。

筆者は、金融セーフティネット（預金保険制度、破綻処理法制）、地域金融（地域金融機関の将来の在り方）について研究を行っている。前者はグローバルに（主に米国・EU・英国の法制度）比較法的考察を行い、後者はローカルに（国内の地域金融機関の経営）実践的考察を行っている。2つの研究は、筆者の実務経験に基づくもので、グローカルな観点を重視し相乗的に進めている。2つの研究を繋ぐ根幹にある原理は、「市場規律」だと考えている。それは、以下のとおりである。

「市場規律」を有効に機能させる預金保険制度改革を行い、金融セーフティネットの再構築を図ることが求められる。そして、将来に向け、適正で健全な市場（必要とされる銀行（だけ）が、適正な規模で存続できる市場）の創造が望まれる。

これまでに、証券会社や生命保険会社も破綻したが、預金保険機構などにより公的資金が投入されたのは、金融機関のなかでも、銀行（広義の銀行：預金取扱金融機関）のみである。銀行は、公共性が高く、社会経済に果たす役割が大きく、銀行が構築する金融システムの安定は日本経済および国民生活にも深く関わる。信用秩序を維持し国民生活への影響を最小限にする金融セーフティネットについて、研究することは重要で意義がある。

本研究は、金融機関が健全経営を行い、持続的に成長・発展していくために必要な、適正で健全な市場の基盤（法的インフラ）を設計するものであり、将来に向けた金融セーフティネットの法的課題を解決することに資し、学術研究および社会に僅かに貢献するものと考えている。健全な市場の創造を通して、少しでも銀行をはじめ金融業界の発展と預金者の保護に貢献できると幸甚である。

本書の作成にあたり、一橋大学大学院法学研究科ビジネスロー専攻においてご指導いただいた先生方に深く感謝申し上げる。ただし、本書における事実認識、解釈、結論、ありうる誤謬はすべて筆者に帰属する。

　日本評論社の柴田英輔氏には、出版企画から校正に至るまでお世話になった。記して感謝したい。

　本書の刊行は、公益財団法人全国銀行学術研究振興財団の助成を受けた。

2024年9月

飯塚　徹

目　次

はしがき　i

第Ⅰ編　序論

第1章　問題状況　2

1．はじめに　2
2．先行研究の整理　3
 (1) 決済用預金の全額保護　3
  1) 金融審議会答申「決済機能の安定確保のための方策について」（2002）　4
  2) 淵田康之「決済用預金保護措置の問題点」（『野村資本市場クォータリー』2004春号）　6
  3) 斎藤誠「預金保険による決済保護は民間の自主的リスク管理を後退させる」（「週刊金融財政事情」（2004年2月16日号））　8
  4) 先行研究からの考察　9
 (2) 「可変保険料率」制度の導入　11
  1) 市場規律の機能　11
  2) 先行研究からの考察　12
 (3) 銀行の情報開示（ディスクロージャー）　12
  1) 情報開示（ディスクロージャー）充実の必要性　12
  2) 先行研究からの考察　13
3．小括　13

第2章　考察の方法　15

1．比較法的考察　15

2．本書の構成 16

第Ⅱ編　日本における銀行破綻処理と金融セーフティネット

第1章　法制未整備期（金融再生法以前）の銀行破綻処理 20

1．銀行不倒体制の構築 20
2．金融自由化と不倒体制の崩壊 21
3．金融機関の破綻と法的処理 24
　(1)　金融機関の破綻（定額保護期） 24
　　1）定額保護期Ⅰ（1991年-1994年上期） 24
　　　(ⅰ)　金融機関の破綻 24　(ⅱ)　破綻処理の特徴 25
　　2）定額保護期Ⅱ（1994年下期-1996年） 26
　　　(ⅰ)　金融機関の破綻 26　(ⅱ)　破綻処理の特徴 28
　(2)　金融危機の深刻化（全額保護期） 28
　　1）全額保護期Ⅰ（1996年後半-1998年） 28
　　　(ⅰ)　金融機関の破綻 30　(ⅱ)　破綻処理の特徴 32
　　2）全額保護期Ⅱ（1998年-1999年） 33
　　　(ⅰ)　金融機関の破綻 33　(ⅱ)　破綻処理の特徴 34
4．北海道拓殖銀行の破綻と破綻処理 35
　(1)　経緯・破綻への道程 35
　(2)　破綻処理の特徴 36
　(3)　責任追及 37
　(4)　地域経済・中小企業への影響 38
5．小括 39

第2章　金融再生法に基づく銀行破綻処理 41

1．金融再生法の成立 41
2．金融整理管財人制度 43

(1)　金融整理管財人制度の概要　43
　(2)　金融整理管財人制度の適用　44
　(3)　金融整理管財人制度の破綻処理事例　44
　　1）なみはや銀行　45
　　　(i)　経緯・破綻への道程　45　(ii)　金融整理管財人業務　45
　　2）新潟中央銀行　46
　　　(i)　経緯・破綻への道程　46　(ii)　金融整理管財人業務　46
3．承継銀行制度　47
4．特別公的管理制度　48
　(1)　特別公的管理制度の概要　48
　(2)　特別公的管理制度の適用　49
　　1）日本長期信用銀行　49
　　　(i)　経緯・破綻への道程　49　(ii)　特別公的管理制度　50
　　2）日本債券信用銀行　52
　　　(i)　経緯・破綻への道程　52　(ii)　特別公的管理制度　53
5．小括　54

第3章　現行の銀行破綻処理　56

1．恒久的な破綻処理制度の構築　56
2．金融整理管財人制度・承継銀行制度　57
3．全額保護下での金融整理管財人による破綻処理　58
4．定額保護下での金融整理管財人による破綻処理　59
5．日本振興銀行の破綻処理　60
　(1)　経緯・破綻への道程　60
　(2)　金融整理管財人業務　61
　(3)　第二日本承継銀行の業務　63
6．金融危機への対応　64
　(1)　第一号措置（資本増強）　65
　(2)　第二号措置（特別資金援助）　65

(3)　第三号措置（特別危機管理銀行）　66
　7．りそな銀行の救済（金融危機第一号措置）　66
　8．足利銀行の救済（金融危機第三号措置）　68
　(1)　経緯・一時国有化への道程　68
　(2)　特別危機管理銀行　70
　9．小括　72

第Ⅲ編　金融機関の秩序ある処理の枠組み

第1章　世界金融危機後の預金保険制度・破綻処理制度　76

　1．世界金融危機と TBTF　76
　2．秩序ある処理の枠組み　79
　3．主要な特性（Key Attributes）　81
　(1)「主要な特性」（Key Attributes）の概要　81
　(2)　清算価値保存原則（no creditor worse off）　81
　4．小括　84

第2章　米国における預金保険制度・破綻処理法制の改革　86

　1．世界金融危機の概要　86
　2．破綻処理・救済と実例　88
　(1)　シティグループの救済　89
　(2)　バンク・オブ・アメリカの救済　90
　3．ドッド＝フランク法の概要　91
　(1)　監督体制の強化（規制・監督体制の再編）　92
　　1）マクロ・プルーデンス政策体制の整備　92
　　　(i)　金融安定監督評議会（FSOC）　92　(ii)　金融調査局（OFR）　94
　　　(iii)　FRB の権限拡大　95
　　2）消費者等の保護体制の強化　96

　　　　　（i）消費者金融保護局（CFPB）　96　　（ii）投資家保護対象の見直し　97
　　　3）貯蓄金融機関監督庁（OTS）の廃止　98
　（2）新たな整然清算制度の導入（Too big to fail の終焉）　99
　　　1）整然清算の対象となる金融会社　100
　　　2）FDIC の権限　102
　　　3）新たな整然清算制度の特徴　104
　　　　　（i）経営者や株主等の責任の明確化　104　　（ii）「整然清算」に使用する資金　105

4．ドッド＝フランク法の OLA　106
　（1）Cornell Law School L Ⅱ ,s Organizing the main points of Title Ⅱ　106
　　　1）序論　107
　　　2）目的　107
　　　3）規定　107
　　　4）FDIC の管財人としての義務　108
　　　5）請求者の優先順位　109
　　　6）経営難に陥った金融機関に対する政府の救済（ベイルアウト）の撤廃　110
　　　7）実行　110
　（2）債権等の優先順位　110

5．破綻処理計画の策定　112
　（1）2つの破綻処理計画　112
　（2）ドッド＝フランク法の破綻処理計画　114
　　　1）概要　114
　　　2）破綻処理計画の見直し（財務省の提言）　116
　　　　　（i）規制負担の軽減　116　　（ii）審査基準の透明性確保　116　　（iii）課題（実効性の問題）　117

6．FDIC・FSB による評価　119
　（1）リーマン・ブラザーズ社の整然清算が可能であったとする報告書

(2) 金融安定理事会（FSB）の TBTF 改革の評価　123
    1）システミック・リスクとモラルハザードを示す指標は正しい方向に推移してきた　124
    2）実効的な TBTF 改革は社会にネットの便益をもたらす　126
    3）引き続き取り組みが必要な課題が残っている　127
  (3) 考察　129
 7．小括　130

第3章　EU における預金保険制度・破綻処理法制の改革　132

 1．金融監督体制の整備　132
 2．金融セーフティネット（EU 指令）の見直し　133
  (1) 預金保険指令の改正　133
  (2) 改正預金保険指令の概要　135
    1）保護限度　136
    2）基金の資金調達（リスクに応じた保険料）　136
  (3) 銀行再建・破綻処理命令（BRRD）における預金者優先の規定　137
 3．危機管理の枠組みの整備　139
  (1) 再生・破綻処理計画（Recovery and Resolution Plan）　140
  (2) 早期介入　140
  (3) 破綻処理　141
    1）金融システムの安定に懸念がない場合　141
    2）金融システムを不安定化させる懸念がある場合　141
    3）オプション2）では秩序立った清算が困難な場合　141
 4．BRRD による破綻処理の枠組み　142
 5．小括　145

第4章　英国における預金保険制度・破綻処理法制の改革　147

 1．英国の金融機関・監督制度　147

2．預金保険制度　148
　3．破綻処理制度　149
　　(1)　世界金融危機以前　149
　　(2)　世界金融危機以後　151
　　　1）銀行等倒産手続（Bank Insolvency）　151
　　　2）銀行管理手続（Bank Administration）　151
　　　3）特別破綻処理制度（Special Resolution Regine）　152
　　(3)　BRRDの国内法化　153
　4．BOEの破綻処理の進め方　154
　　(1)　破綻処理と倒産手続　154
　　(2)　破綻処理の種類　156
　　(3)　SPEベイルイン戦略　159
　5．小括　160

第5章　抽出される課題・論点（日本への導入に向けて）　162

　1．ベイルイン　162
　2．裁判所の関与のあり方　165
　3．「可変保険料率」制度　168
　4．預金債権の優先権　170
　5．公的資金の投入のあり方　172
　6．預金保険機構の機能　175
　7．銀行の早期破綻処理　179

第6章　2023米国信用不安による銀行の連鎖破綻　183

　1．米国の銀行破綻　183
　　(1)　シリコンバレー・バンクから始まった連鎖破綻　184
　　　1）SVBの経営破綻　185
　　　2）SBNYの経営破綻　186

3）FRC の経営破綻　187
　　　4）考察　188
　(2)　破綻処理と預金保険制度改革案　191
　　　1）破綻処理　191
　　　2）預金保険制度改革案　196
　　　3）考察　201
2．クレディ・スイスの救済措置　202
　(1)　クレディ・スイスの経営悪化と救済買収　202
　(2)　考察　206
3．金融制度改革の潮流　210
　(1)　金融改革法の概要　211
　　　1）1980年預金金融機関規制緩和および通貨量管理法（DIDMCA：Depository Institutions Deregulation and Monetary Control Act of 1980）　211
　　　2）ガーン＝セイントジャーメイン預金金融機関法（DIA：Garn-St. Germain Depository Institutions Act of 1982）　211
　　　3）1987年銀行競争力平等化法（CEBA：Competitive Equality Banking Act of 1987）　212
　　　4）1989年預金金融機関改革、再建、および規制実施法（FIRREA：Financial Institutions Reform, Recovery and Enforcement Act of 1989）　212
　　　5）1991年連邦預金保険公社改善法（FDICIA：Federal Deposit Insurance Corporation Improvement Act of 1991）　212
　　　6）1994年リーグル・ニール州際銀行業および支店銀行効率化法（IBBEA：Riegle-Neal Interstate Banking and Branching Efficiency Act of 1994）　212
　　　7）1996年預金保険基金法（DIF：Deposit Insurance Funds Act of 1996）　213
　　　8）グラム・リーチ・ブライリー法（G・L・B法：Gramm-Leach-Bliley Act）　213
　　　9）2005年連邦預金保険改革法（Reform Act：Federal Deposit Insurance Reform Act of 2005）および2005年連邦預金保険公社改善

　　　　法適合化等に関する改正法（Federal Deposit Insurance Reform Conforming Amendments Act of 2005）　214

　　10）ドッド・フランク・ウォール・ストリート改革および消費者保護法（Dodd-Frank Act：Dodd-Frank Wall Street Reform and Consumer Protection Act）　214

　　11）経済成長・規制緩和および消費者保護法（ドッド＝フランク法改正法、Economic Growth, Regulatory Relief, and Consumer Protection Act）　215

　(2) 考察　217

4．小括　219

第Ⅳ編　預金保険制度と市場規律、提言

第1章　預金保険制度の概要と変遷　224

1．セーフティネット　224
2．金融セーフティネット　225
3．預金　227
4．預金保険機構　228
5．預金保険法の目的・改正　229
6．預金保険制度　230
　(1) 預金保険制度の概要　230
　(2) 保険金支払方式　231
　(3) 資金援助方式　232
7．預金保険制度の国際比較　233
　(1) 世界金融危機後の預金保険制度　233
　(2) 国際的な協調　235
　(3) 保護範囲の国際比較　237
　　1）保護対象預金（預金種類）　237
　　2）保護対象者（預金者等）　238
　　3）保護上限　239

4）共同保険　240
　（4）米国・EU・英国の保護範囲（金融危機前）　240
　　　1）米国　241
　　　2）EU　241
　　　3）英国　242
8．金融危機時における特例措置（平時と有時）　243
　（1）世界金融危機への対処　243
　　　1）米国　244
　　　2）EU　245
　　　3）英国　246
9．小括　247

第2章　市場規律の限界と有効活用　249

1．預金者規律の有効性　249
　(1)　預金市場の監視能力（Market Monitoring）　250
　(2)　預金市場の影響力（Market Influence）　253
　(3)　先行研究からの考察　254
　(4)　金融実務からの補完・考察　255
2．債権者規律の有効性　257
　(1)　劣後債市場の監視能力（Market Monitoring）　258
　(2)　劣後債市場の影響力（Market Influence）　260
　(3)　先行研究からの考察　261
3．市場規律の限界　262
　(1)　市場規律と規制規律との関係　262
　　　1）市場規律の規制規律に対する優位性　262
　　　2）市場規律の規制規律に対する補完性　263
　　　3）市場規律と規制規律の対立性　263
　(2)　市場規律の限界　264
　　　1）情報の非対称性・不完全性　264

2）劣後債市場の限界　265
　4．小括　266

第3章　信用格付の活用　268

　1．格付・格付会社の概要　268
　　(1)　格付・格付会社の経緯・役割　268
　　(2)　世界の格付会社　270
　　(3)　日本の格付会社　271
　2．銀行における信用格付の有効活用　272
　　(1)　信用格付取得の意義　272
　　(2)　先行研究　273
　　　1）米国の事例　273
　　　2）日本の事例　274
　　　3）依頼格付と非依頼格付　276
　　(3)　地域銀行における格付取得　277
　3．小括　280

第4章　破綻処理法制　282

　1．米国の倒産法制　282
　　(1)　連邦預金保険法　282
　　(2)　OLAの見直し、チャプター14の検討　283
　2．日本の倒産法制　285
　　(1)　金融再生法と倒産法制　286
　　(2)　預金保険法と倒産法制　286
　　(3)　秩序ある処理スキームと倒産法制　288
　3．銀行破綻処理法制の評価　289
　　(1)　金融整理管財人　290
　　(2)　ブリッジバンク　291

(3)　特別危機管理銀行　293
　　(4)　緊急救済および資本注入　293
　　(5)　金融危機における資本注入　294
　　(6)　「秩序ある破綻処理」スキーム　296
　　(7)　従来の「金融危機」と「秩序ある処理の枠組み」との関係　298
　4．小括　300

第5章　決済用預金の保護　302

　1．決済用預金の全額保護・金融審議会答申の検討　302
　　(1)　答申「決済機能の安定確保のための方策について」(2002)　303
　　(2)　答申「決済機能の安定確保のための方策について」(2002)の検討　307
　2．地方公共団体の公金預金の運用事例（ペイオフ対応策）　309
　　(1)　公金預金の内容　310
　　　1) 長野県の公金預金（表4-5-1）　310
　　　2) 長野市の公金預金（表4-5-2）　310
　　　3) 松本市の公金預金（表4-5-3）　310
　　(2)　考察　311
　　　1) 超低金利時代のペイオフ対応方策　311
　　　2) インセンティブとリスク　312
　3．決済用預金全額保護の問題点と解決の方策　313
　　(1)　決済用預金全額保護の問題点　313
　　(2)　決済リスクの管理・防止策　314
　　　1) 全銀ネットの資金清算機関としてリスク防止策　315
　　　2) 全銀システムの決済リスク管理策　316
　　　　(i) 仕向超過限度額管理制度　317　(ii) 担保・保証の差入れ　317
　　　　(iii) ロスシェア・ルール　317　(iv) 流動性供給スキーム　318
　4．小括　318

第 6 章　可変保険料率制度の導入　321

1．預金保険制度の財源　321
  (1)　国民負担　321
  (2)　金融機関の保険料負担　322
2．「可変保険料率」制度導入に関する議論　325
  (1)　金融審議会答申「特例措置終了後の預金保険制度および金融機関の破綻処理のあり方について」(1999年12月21日)　325
  (2)　預金保険料率調査会「預金保険料率調査会中間報告」(2004年6月18日)　326
  (3)　預金保険料率に関する調査会「今後の預金保険料率のあり方等について」(2012年3月26日)　328
  (4)　預金保険料率に関する検討会「中長期的な預金保険料率のあり方等について」(2015年1月30日)　329
  (5)　金融行政方針(2019年8月28日)　330
  (6)　「可変保険料率」制度導入に関する議論を考察　331
3．「可変保険料率」制度導入の論点　332
  (1)　健全性を測る指標　333
  (2)　区分の設定　333
  (3)　保険料率の格差　334
  (4)　米国の事例　335
  (5)　欧州の事例　337
  (6)　「可変保険料率」制度に関するIADIの国際基準　338
4．小括　340

第 7 章（終章）　金融セーフティネット再構築への提言　342

1．これまでの整理　342
2．基本的な考え方　343
  (1)　金融再生法における基本原則の継承　343

⑵　金融審議会答申「決済用預金の安定確保のための方策について」
　　（2002）の見直し　344
　⑶　金融セーフティネットの範囲　345
　⑷　破綻処理制度とのリレーション（調和）　345
　⑸　以上を踏まえた、基本的な考え方　346
 3．新たな制度・法制の素案　348

主要参考文献　353
あとがき　370
事項索引　374

第 I 編

序論

　金融セーフティネットの再構築に向け、規制規律が強く機能し、市場規律が有効に機能していない現状、その問題意識を述べる。また、先行研究と金融実務を踏まえ、世界金融危機（2008-2010年）の経験も勘案した、本研究の目的を述べる。そして、先行研究の整理として、決済用預金の全額保護、「可変保険料率」制度の導入、銀行の情報開示（ディスクロージャー）に関する先行研究を纏める。

　市場規律が有効に機能する預金保険制度に改革するための基礎的作業として、米国、EU、英国の預金保険制度および破綻処理法制について比較法的考察の視点を獲得することとその理由を述べる。最後に、本書の構成とその概要を述べる。

第1章

問題状況

1．はじめに

　日本の金融セーフティネット[1]は、預金保険制度を中心に金融当局による規制・監督による規律（規制規律）が強く機能している。こうした規制規律は、過去の金融危機などからも明らかなように完璧で万能ではなくコストも高いことから、預金者等による監視・行動などによる規律（市場規律）も併せてセーフティネットの重要な要素として活用すべきである。

　こうした考え方に基づき、金融審議会答申「特例措置終了後の預金保険制度及び金融機関の破綻処理のあり方について」（1999年12月21日）において、「小さな預金保険制度（セーフティネット）を構築し、市場規律を有効に機能させる」方針が示された。しかし、これまでに小さな預金保険制度の態勢に基づく市場規律の有効活用は実現されてこなかったと評価できる。その主要因として、預金の全額保護の特例措置終了後（2005年3月末）においても、決済用預金（当座預金、無利息型普通預金）の全額保護が恒久制度とされ、実質的に小さな預金保険制度になっていないことがあげられる。

---

[1] 金融セーフティネットを構築する目的は、情報の非対称性による弱者（収集力・分析力）である預金者等の生活資金や財産等を保護し、経済社会のインフラとなっている金融システムの安定（信用秩序の維持）を図るためである。金融システムは、個々の金融機関が、各種取引や決済ネットワークにおける資金決済を通じ相互・複雑に網の目のように結ばれ、一箇所で発生した支払不能等の影響は、決済システムや市場を通じ、瞬時にドミノ倒しのように波及していくシステミック・リスクを内包している。そして、システミック・リスクが顕在化すると、資金決済の不能に加え、金融機関の担う金融仲介機能も正常に機能しなくなり、健全な融資先も資金繰りに窮し破綻に追い込まれるなど、経済社会に大きな混乱・損失が発生するため、セーフティネットを構築する必要がある。

金融審議会答申「決済機能の安定確保のための方策について」(2002年9月5日) に基づき、現在まで決済用預金が全額保護されているが、この恒久制度は世界に類がない異例の措置である。

　この問題 (決済用預金の全額保護の恒久制度) に対し、施行前の段階において問題点を抽出する先行研究はあるものの、施行後に、現代の金融システム・金融法環境に基づき検証を行う研究は行われてこなかった。特に、世界金融危機後において、市場を中心とした「秩序ある清算権限 (Orderly Liquidation Authority)」に基づく「秩序ある処理」が標榜されている現在においても、恒久制度は見直されることなく、継続していることは問題があると考える。本研究では、先行研究と金融実務を踏まえ、世界金融危機の経験も勘案し、現代の金融システム・金融法環境において決済用預金の全額保護の問題点を考察し、解決への道筋を提言するものである。

　そして、本研究の目的は、市場規律が有効に機能するように預金保険制度を改革し、金融セーフティネットを再構築することであり、決済用預金の全額保護を定額保護に改正することを中心に、実効性の観点から、研究対象を有機的に広げる。

　結論先取的にいうと、市場規律を有効に機能させるためには、(1)決済用預金の全額保護を廃止し、一般預金の定額保護1,000万円の付保範囲に含める。(2)銀行からの預金保険料の徴収を、リスクに応じて保険料が変動する「可変保険料率」制度に移行する。(3)預金者の監視・分析能力を補完・支援し、預金者保護に資する、銀行の情報開示 (ディスクロージャー) を改革する。以上の一体的な法施策が求められ、これらについて研究を行う。

　以下に、市場規律を有効に機能させるための法的な施策(1)(2)(3)について先行研究を整理し、いかなる問題点があるか明らかにする。

2．先行研究の整理

(1) 決済用預金の全額保護

　まず、決済用預金を全額保護する源泉となった金融審議会答申「決済機能の安定確保のための方策について」(2002) を整理し、現代の金融シス

テム・金融法環境に照らし合わせ、現代においてもこの施策を継続する必要があるかの検討を行う。そして、決済用預金の全額保護を問題とする先行研究、淵田（2004）、斎藤（2004）について考察する。

1）金融審議会答申「決済機能の安定確保のための方策について」(2002)

2002年において、翌年のペイオフ解禁を控え、社会的な不安が高まり、議会でもペイオフ全面解禁が懸念された。これを受け、金融審議会金融分科会に「決済機能の安定確保に関するプロジェクト・チーム」が設置され、集中的な議論を行い、答申「決済機能の安定確保のための方策について」を策定・報告した。

本答申では、『①日本経済におけるほとんどの決済が金融機関の関与する決済機能を通じて行われており、その安定確保を図ることは公共性の観点から必要不可欠であること。②日本においては、小切手を主要な決済手段とする欧米主要国と異なり、金融機関の口座引落し、口座振込等が決済方法の主流であること。また、預金の保護や金融機関の破綻処理手続に関する各国での法制の違いにより決済機能の安定性に差異があること。』（以上、答申から抜粋）。これら上記①②から、他国の例にとらわれず、日本の実態に即した方策を検討したとする。

『決済用預金の全額保護を実施するにあたり、小さな預金保険制度の理念を踏まえつつ、モラルハザード発生の可能性を極力排除することが重要である。この点について、①付利しない預金であれば、預金者にコスト（機会費用も含む）が発生するため、預金者には真に決済に必要な資金以外を「決済用預金」に預け入れることに対する抑制が相応に働くものと考えられる。②「決済用預金」に対する預金保険料をその他の預金よりも高く設定することで、金融機関が金利の付かない無コストの資金を集めることに対する抑制となりえ、同時に金融機関の適切な原価計算に基づいて預金者に適正な転嫁（手数料の徴収等）がなされることとなれば、預金者のモラルハザード防止につながると考えられる。③保険料率を金融機関の財務状況等に応じて設定することができれば、こうし

た効果は一段と高まることとなると考えられる。
　将来に向けての課題として、決済機能の安定確保の必要性は一時的なものではない。したがって、今般の措置は時限的なものとすることは適当ではない。ただし、金融機関の保険料負担やモラルハザードを減少させる観点から、預金保険制度を利用した枠組みは、コストを最小にすることを目指すべきである。このことは小さな預金保険制度という理念に加え、市場金融モデルを主導していくという将来の方向性にも適うものである。従って、これらの点を踏まえ、経済実態や社会通念、破綻処理の迅速化の状況等の変化に応じた見直しを怠ってはならない。』（以上、答申から抜粋）。

本答申を受け、預金保険法が改正され、2003年4月から、決済用預金が恒久的に保護されることとなった[2]。なお、2003、2004年度の2年間は当座・普通・別段預金を「決済用預金」とみなすこととされた。

本答申は、①日本ではほとんどの決済が金融機関の決済により行われ、安定確保を図ることは公共性の観点から必要不可欠である、②米国と異なり、金融機関の倒産法制が一般の倒産法制と同じで債権実行の取り扱いが柔軟でない、③米国と異なり預金債権に優先権が付与されておらず預金者保護が十分でないことを理由として、他国の例にとらわれず、決済用預金の全額保護措置を講じることが適当であるとしている。本答申を受け、国会は預金全額保護の特例措置終了に向けて、決済用預金の全額保護を恒久措置とすることで、金融システムの安定化を最優先に図り、国民の不安を

2）決済用預金を他の預金等と区別して考える発想は、金融審議会「預金保険制度に関する論点・意見の中間的な整理」（1999年7月）のなかでも提示された。そのなかで、「決済用預金は、投資目的ではなく単に銀行が預かっているに過ぎないことから、全額を保護することにより、速やかな払戻しを認めるべきではないか。」「決済用預金の問題については、別の制度的工夫によるべきではないか。決済用預金の全額保護は、負担の増大やモラルハザードの増大、他の預金との明確な線引きが可能か等の問題があるのではないか。」という2つの論点・意見が示された。

払拭し、定額保護へのスムーズな移行を目指した。

　決済用預金の全額保護の恒久措置は現在も継続しているが、本答申がその理由とした、上記①については、平時においても全額保護が必要とされるか、②については、当時から日本の金融機関に対する倒産法制は進展している、③については、日本の金融機関において、預金者優先権の効果は認められるか、といった批判が可能で、現代の金融システム・金融法環境において検証する必要がある。

２）淵田康之「決済用預金保護措置の問題点」(『野村資本市場クォータリー』2004春号)

　淵田（2004）は、決済用預金の全額保護が恒久的に続けられることは、ペイオフ解禁の意義を骨抜きにし、さらに民間が工夫してきた資金決済リスク削減のフレームワークが不要となり、従来以上にモラルハザードが拡大する恐れがあるとして、恒久措置を見直すべきことを提言した。

　金融審議会答申の決済用預金を全額保護とする理由は、下記の３点である。淵田（2004）はこの３点に反論し、恒久措置の見直しを求めた。

　『①決済用預金には金利がつかないため、ペイオフのリスクを回避するにしても、自ずと決済用預金へのシフトは限定的になると考えられる。②わが国においては、小切手決済が主流の米国とは異なり、銀行振込や口座引落としなど銀行口座を使った決済が主流となっている。現金以外に安全確実な決済手段を確保する必要がある。従ってペイオフ解禁の議論とは別に、決済機能の安定確保の措置が必要である。③米国では、預金債権に優先権が付与されているのに対し、わが国ではこうした措置が無い。また米国では金融機関の倒産法制は一般の倒産法制とは異なっており、倒産手続き開始後も債権実行の取扱いが柔軟であるが、わが国では、金融機関の倒産法制にこのような点で一般と異なる制度は用意されていない。』(以上、答申から抜粋)

　淵田の反論は以下のとおりである。

『①について、現状（2004年）のゼロ金利状態では、金利がつかないことの機会費用は極めて小さく、実際、ほとんど金利が無いに等しい普通預金に安全性を求めて定期預金から巨額の資金シフトが発生した[3]。従って、利息付型普通預金もペイオフ対象となると、利息付型普通預金から無利息型普通預金へシフトが起きる。②について、小切手を使った決済であっても、結局、銀行口座から資金が引き落とされて決済が完了するのであり、銀行への信頼によって支えられているという点では、変わりがない。現金以外に安全確実な決済手段を確保するということは、民間銀行の負債の一部に中央銀行負債と同様の信用度を与えるということに他ならない。そのような特異な措置を講じている先進国などない。③について、預金の保護や金融機関の破綻処理手続に関する法制の問題については、そうした法制を変更する議論をするのではなく、なぜ決済用預金の保護を、それも恒久的な制度として導入するという選択がなされなければならないのか、という批判が可能である。』

淵田は、上記のペイオフが「骨抜きになる」といった問題以外に、決済用預金の全額保護の恒久制度により、決済プロセス自体も保護されてしまう問題を掲げた。

淵田の主張は以下のとおりである。

『民間金融機関では、銀行破綻に対応できるように個別金融機関ごと、および全銀システムにおいて決済リスク削減の仕組みを構築している。民間ベースの決済リスク削減の仕組みにおいては、他銀行の破綻は、自行の負担につながりかねないので、参加銀行間で他行の経営状況等をモニタリングし合うのであり、リスクを削減しようというインセンティブが参加者間で共有されている。つまり、銀行間で規律付けが行われていた。しかし、決済用預金が全額保護されると、民間ベースの決済リスク

---

[3] 特例措置として、普通預金・別段預金が2005年3月末まで全額保護対象であった。

削減の仕組みは不要となり、こうしたインセンティブも働かなくなる。このように決済用預金の全額保護は、従来よりはるかに大きなモラルハザードをもたらす。』

淵田は、決済システムの保護は、他の先進国同様、日本でも、早期是正措置の機動的発動を含む適切な金融監督、中央銀行による監視、民間決済システム運営主体におけるリスク削減メカニズムの改善、といった措置によって対応すべきとした。それでも、なお、真にシステミック・リスクと判断されるような事態が生じた場合には、日本銀行の流動性供給等の対応や、預金保険法102条に規定されている枠組みで対応すべきことを述べ、決済用預金全額保護の恒久制度の見直しを求めた。

3) 斎藤誠「預金保険による決済保護は民間の自主的リスク管理を後退させる」(金融財政事情研究会「週刊金融財政事情」(2004年2月16日号))

斎藤(2004)は、決済用預金全額保護の問題点をあげ、システミック・リスク回避は全額保護以外でも可能なことを論じ、民間の自主的リスク管理の重要性を述べた。

斎藤の主張は以下のとおりである。

『民間決済システムは、システミック・リスクが顕在化しないためいくつもの措置を講じている。①仕向超過限度額によって決済システムに参加している銀行の未決済残高が管理されている(仕向超過限度額管理)。②民間決済システムでは、負け方にある銀行が破綻して、決済債務の不払いが生じた場合も、すべての決済を完了できる資金をあらかじめ準備している(参加行による流動性供給スキーム)。③破綻銀行の決済債務不払いによるロスをどのように負担するかというルールが定められている(ロス・シェアリング・ルール)。このように、ビジネスとして決済サービスを提供している民間銀行は、自主的規律のもとで決済システムの安定性を維持している。

決済用預金を全額保護することは、預金保険機構がシステミック・リ

スクを完全に吸収することとなる。これにより、システミック・リスクを回避するために銀行業界が自主的に行ってきた、①仕向超過限度額管理、②参加行による流動性供給スキーム、③ロス・シェアリング・ルールが形骸化し、自主的規律を根底から覆してしまう可能性がある。世界的にみても異様な預金保険制度によって民間銀行の自主的規律が失われれば、預金保険機構が付保対象として引き受けるリスクが膨大となる。

　決済用預金を全額保護しなくともシステミック・リスクを回避する方法はある。そもそも、①「いかに銀行破綻時にシステム全体で決済を完了するための資金を確保するのか」と、②「だれが不払い決済債務を負担するのか」はまったく別問題である。①については、機動的に政策対応ができれば、システミック・リスクが顕在化することは回避できる。具体的には、参加行による流動性供給スキームや、預金保険機構や日本銀行が（破綻銀行ではなく）民間決済システムに対して流動性を供給できる枠組みがある。②については、銀行破綻時に緊急的に決済システムに供与された流動性をいつ、どのように返済するかのルールをシステム参加銀行の間であらかじめ設定すればよい。こうした負担分担ルールを徹底することで、民間決済システムのお荷物になりかねない不健全銀行に対して、銀行業界内で事前の牽制や相互監視も働く。その結果、銀行業界で欠如している自浄作用も生まれてくる。』

　斎藤は、決済用預金の全額保護の恒久制度は、合理的な措置を考案することなく、政策介入でシステミック・リスクに対応するものであり、民間金融システムの健全な発展を阻むとした。そもそも、決済の保護を預金保険で対応するという前提そのものが誤っているとした。いま一度、「健全かつ頑健な金融システムは自主的なリスク管理で担保される」という原則に戻るべきと恒久制度の見直しを提言した。

4）先行研究からの考察
　淵田（2004）は、本答申が決済用預金を全額保護とする理由（①決済用預金には金利がつかないため一般預金からのシフトは限定的である。②米国と

異なり銀行口座を利用した決済が主流である。③米国と異なり預金債権に優先権がなく、金融機関の倒産法制が確立されていない。）に対して下記のとおり反証した。①低金利状態ではシフトは容易に行われる。特例下で実証済みである。②決済が銀行への信頼で支えられているという点では日米で変わらない。③預金者優先権、破綻処理法制の問題とは分けて考察すべきである。これらの反証は金融実務からもおおむね納得でき、当時（2004年）においても、決済用預金の全額保護の必要性は必ずしも見出せないことを明らかにした。ただし、③預金者優先権、破綻処理法制の反論については、法的な検証がなされずに説得力が弱い。また、これらの反論は、平時においてのものであり、有事においては預金保険の最優先目的は金融システムの安定を図ることであり、決済用預金の全額保護が必要となることも考慮すべきである。

　よって、本研究では、現代の金融システム・金融法環境において、本答申を検証し、特に現代の預金保険制度・破綻処理法制に基づき、③預金者優先権、破綻処理法制の問題を検証する。そして、平時と有事を分けて考え、預金保険制度で優先して保護すべき目的に対応した法制度を考察する。

　淵田（2004）後半と斎藤（2004）は、決済用預金の全額保護が決済プロセスも保護することとなり、これにより銀行間での規律付けも失われると論じた。この規律付けは、システミック・リスクを銀行業界全体で回避するもので、自行を律し他行を監視し牽制し合う規律である。この規律は、規制規律を補完する市場規律といえる。これについても、金融実務から納得できるものであり、銀行間での規律付けが失われることは問題があると考える。金融審議会答申では、銀行間の規律付けの喪失の観点は抜け落ちており、重要な指摘である。これについても、有事における決済用預金の保護の検討が十分になされていないこと、比較法的考察がなされていないことがあげられる。

　よって、本研究では、現代の金融システム・金融法環境に基づいた決済プロセスの保護に関する検証を行い、平時と有事を分けて決済プロセスの保護のあり方とシステムを考察し、さらに比較法的考察を遂行する。

(2) 「可変保険料率」制度の導入
1）市場規律の機能

　市場規律は、①市場からの監視（Market Monitoring）と②市場からの影響（Market Influence）により成立する[4]。これら2つがそろって、市場規律が働いているといえる。①の市場からの監視は、預金者等が銀行経営状況に応じて行動をすることである。銀行経営が悪化しているのであれば、預金者は預金を引き出したり、高い預金金利を求める。一方、②の市場からの影響は、そのような預金者の行動を受け、銀行経営者が銀行経営の健全化を図ることである。

　まず、①市場からの監視について、Park（1995）は、米国の銀行データを用いて銀行の経営指標と預金残高の関係を検証しており、両者に有意な関係を得ている。また、日本の銀行を対象とした同様の先行研究も、Hori and Murata（2005）、永田（2014）など複数ある。例えば、Hosono（2002）は、定期預金のペイオフ解禁後に預金者による市場からの監視行動がみられることを示している。Fueda and Konishi（2007）、大塚（2017）でも銀行の経営状況を預金者がみて行動をとっていることを示している。

　②市場からの影響について、内田・佐竹（2009）は、銀行の費用効率性と収益効率性を、預金・資産比率などで回帰分析し、収益効率性には影響を与えていないことを示した。細野（2010）は、総預金に占める定期預金の割合が高くなるほど、規律付けが強化されることを示したが、貸出金償却は増加するが、不良債権比率は低下しないことも示し、市場規律の有効性を限定した（貸出金の償却は促進するが、不良債権の削減までは促進しない）。大塚（2017）は、銀行のリスクの高まりを指摘されている銀行の経営者は銀行の財務状況が改善するような行動をとっていることが一部で確認されたが十分なものではないと分析した。これらから、銀行の経営者に預金保険制度のモラルハザードが発生したことが推察される。

---

[4] Bliss and Flannery "Market Discipline in the Governance of U.S. Bank Holding Companies: Monitoring vs. Influencing."（2002）p.362.

2）先行研究からの考察

①市場からの監視については、先行研究から有効に機能していることが明らかになった。一方で、②市場からの影響については、効果が限定的であることが明らかになった。

②市場からの影響について効果が限定的な理由として、大塚（2017）は預金保険制度の制度設計（均一保険料率であること）をあげ、「可変保険料率」制度の導入が必要であることを示唆した。

先行研究は、市場規律の有効機能の観点から決済用預金の全額保護と結びつけた考察、比較法的な考察が欠如している。本研究では、決済用預金の保護と関連付け預金保険制度のモラルハザードの解消を図り、銀行経営者の行動を規律付ける「可変保険料率」制度について、先進的な米国の制度を参考に日本の金融システム・金融法に適合した制度設計を考察する。

(3) 銀行の情報開示（ディスクロージャー）
1）情報開示（ディスクロージャー）充実の必要性

市場規律を機能させるためには、市場からの監視が的確に行われることが求められ、その前提となるのが預金者等による銀行の経営状況の分析力である。預金者等が銀行の財務状況や不良債権の状況などから当該銀行の健全性を的確に分析し評価することが求められ、そうした能力を高めることが必要であるが、預金者等は幅広い層にわたる。銀行にも、自行の経営状況を正確にわかりやすく市場に対して開示することが求められる。ここで、預金者等の分析能力を補完し、そうすることで預金者等を保護し、一方で銀行の情報開示（ディスクロージャー）を主に客観性から支える信用格付の役割が重要となる。

近藤（2010）は、競争環境の激しい地域銀行および預金量の大きい地域銀行ほど信用格付の取得に積極的であること、不良債権比率が低い地域銀行ほど米国大手3社からの信用格付取得に積極的であることを示した。矢島（2010）は、総資産が大きく、自己資本比率が高い地域銀行ほど信用格付取得による情報開示（ディスクロージャー）充実のインセンティブが強いことを明らかにした。

2）先行研究からの考察

　近藤（2010）、矢島（2010）は、信用格付取得を通じた市場規律が機能していることを示唆する。信用格付を取得することは、自行の経営状況について客観性を確保した上で市場に公表するということから、健全性を高め、評価の高い信用格付を取得したいというインセンティブが働く。近藤（2010）、矢島（2010）は、健全性の高い地域銀行が信用格付取得に積極的で、一方低い地域銀行が消極的であることを実証した。健全性の高い地域銀行は多くの信用格付会社（米国の大手3社も含め）から信用格付を取得し、健全性の低い銀行は信用格付を取得しない先もあることが明らかになった。

　近藤（2010）、矢島（2010）は、こうした状況に対して、改善策、例えば、健全性の低い銀行にも信用格付の取得を促進し市場規律を機能させる方策の提言まで踏み込んでいない。さらに、信用格付の仕組み（ビジネスモデル）上の課題である利益相反問題、実務上の課題である信頼性・公平性の確保の観点が欠如している。本研究では、先行研究を検証し、健全性の低い銀行にも信用格付を取得するインセンティブを付与し、利益相反問題の解決に結び付く仕組みを考察する。

3．小括

　以上のとおり、先行研究には不足部分、不十分な点がある。

　(1)「決済用預金の全額保護」については、金融審議会の答申（2002）が基礎となっている。本答申を受け、国会は、預金全額保護の特例措置終了に向けて、決済用預金の全額保護を恒久措置とすることで、金融システムの安定化を最優先に図り、国民の不安を払拭し、定額保護へのスムーズな移行を目指した。預金の定額保護から久しい現代において、その役割は十分に果たしたと評価できる。本答申で、決済用預金を全額保護とする理由を現代の金融システム・金融法環境で検証する必要があり、これが本研究の中心となる。

　(2)「可変保険料率」制度については、先行研究は、決済用預金の保護と関連付けておらず、制度設計の法的観点からの具体的な内容に踏み込んで

いない。(3)「銀行の情報開示（ディスクロージャー）」については、インセンティブおよび利益相反に関する問題の具体的な解決策が示されていない。全体を通して、比較法的考察が十分になされていない。

そして、先行研究は、主に経済学の研究者による経済学の観点からの考察であり、金融実務に基づく法学的な観点からの考察には一定の価値があると考える。

本書では、市場規律を有効に機能させる施策として、(1)決済用預金の全額保護の廃止（定額保護への移行）、(2)「可変保険料率」制度の導入を提言し、その基盤として(3)銀行の情報開示（ディスクロージャー）の改革を併せて提言する。上記(1)(2)(3)は、相互に密接に関連することから、一体的に研究を進める。

第2章
考察の方法

1．比較法的考察

　市場規律が有効に機能する預金保険制度に改革するための基礎的作業として、米国、EU、英国の預金保険制度について、市場原理に基づく「秩序ある清算権限（Orderly Liquidation Authority）」対応法制度を中心に検討し、考察の視点を獲得することとする。比較法の対象として米国、EU、英国を取り上げる理由は以下のとおりである。

　米国は、預金保険制度が最も先進的であり、日本を含め多くの国・地域が米国をモデルとして預金保険制度を設計・改正している。金融危機時に決済用預金の全額保護を時限的に行い、平時に回帰した段階で通常時の定額保護とした。また、預金保険における「可変保険料率」制度を開発し、現在においても改良を継続し、リスク・ベース評価制度は高いレベルにある。そして、世界金融危機を経て、「秩序ある清算権限（Orderly Liquidation Authority）」、ドッド＝フランク法に基づき預金保険制度を改革し、TBTF（Too big to fail）政策を終焉させるべく、ベイルアウトを明確に禁止し、市場規律が機能するセーフティネットを構築している。

　EUは、世界金融危機を経て、「秩序ある清算権限（Orderly Liquidation Authority）」に基づき「預金保険指令」（2009）（2014）を発し、①保護限度額の引き上げ、②付保預金の払戻しの迅速化、③リスクに応じた保険料の算出（「可変保険料率」制度）、④預金者に対する情報提供の強化、などの法制度化を加盟国に義務付けている。また、2016年に「銀行再建・破綻処理指令（BRRD）」を策定し、破綻処理当局が包括的な権限や破綻処理ツールを活用して金融機関の秩序ある破綻処理を実行するための域内共通の枠組みを整備した。

英国は、市場規律が機能する共同保険を廃止し、世界金融危機を経て、「秩序ある清算権限（Orderly Liquidation Authority）」および「EU指令の改正」に基づき預金保険制度を改正し、定額保護（保護限度額の引き上げ）と手続（保険金支払い手続きの迅速化）を整備した。そして、「可変保険料率」制度を導入した（2017年）。また、イングランド銀行（BOE）は方針文書（破綻処理アプローチを示した文書）に、破綻処理の主要な目的を、TBTF問題から生じるモラルハザードを解決することと定め、それに基づいた態勢が国内で整備されている。

2．本書の構成

　本書は、第Ⅰ編「序論」、第Ⅱ編「日本における銀行破綻処理と金融セーフティネット」、第Ⅲ編「金融機関の秩序ある処理の枠組み」、第Ⅳ編「預金保険制度と市場規律、提言」の四編構成となっている。

　第Ⅰ編では、問題の所在を明示し、本研究の目的を明確にし、先行研究を整理したうえで本研究の内容と進め方を確認し、考察の方法として、比較法的考察の内容を述べる。

　第Ⅱ編では、日本の法制未整備期から（1990年以降）の銀行破綻処理とそれを受けて形成・構築された金融セーフティネットについて考察する。銀行破綻処理の事例と破綻処理に対する考え方の変遷、預金保険制度の内容と改革などを整理する。破綻処理の経験を経て、市場規律を有効に機能させる金融セーフティネットを設計したものの、必ずしもそれに応えられていない（市場秩序が効いていない）ことを明らかにする。

　第Ⅲ編では、世界金融危機を経て、金融機関が破綻に至るような場合においても「秩序ある処理」を可能とする法的枠組みが国際的に整備されている状況を考察する。これは、TBTF政策を終焉させ、市場規律が有効に機能する預金保険制度を整備し、金融セーフティネットを再構築するものである。米国、EU、英国の法制化の取り組みを比較法的に考察する。そして、比較法的考察によって得られた示唆から日本への導入（法制化）に向けた論点・課題を整理・考察する。最後に、2023米国の信用不安危機

による銀行連鎖破綻の考察も加える。

　第Ⅳ編では、預金保険制度について比較法的に考察し、金融セーフティネットの原動力となる「市場規律」について法的・経済学的な観点から考察する。また、「市場規律」に直接的かつ間接的に関わる「信用格付」について有効活用すべきことを考察する。そして、預金保険制度と密接に関連し、セーフティネットを構成する破綻処理制度（法制）について比較法的に考察する。本書の問題提起に対し、結論となる部分として、決済用預金の全額保護廃止（定額保護への移行）と「可変保険料率」制度の導入について考察する。最後に、これまでの考察を整理し纏め、市場規律が有効に機能する金融セーフティネットの再構築に向けた預金保険制度の改正の主柱となる、新たな制度・法制の素案を提言する。

第 II 編

日本における銀行破綻処理と金融セーフティネット

　日本において、預金保険制度に基づく銀行破綻処理が行われ、その実績・評価を受け将来に向けて金融セーフティネットが形成・構築されてきた。本編では、法制未整備期（金融再生法以前：1990-1998年）、金融再生法下（1999-2001年）、現行制度下（2001年以降）の銀行破綻処理とそれを受けて形成・構築された金融セーフティネットについて考察する。

　そして、破綻処理の経験を経て、市場規律を機能させる金融セーフティネットを設計したものの、現在においても、必ずしもそれに応えられていない（市場秩序が有効に機能していない）ことを考察する。

第1章

法制未整備期（金融再生法以前）の銀行破綻処理

1．銀行不倒体制の構築

　日本は、戦後から長期間にわたって銀行が破綻しない体制を構築してきた。こうした体制は、金融当局による積極的な介入（規制規律）、具体的に「金融規制」「金融行政」「金融当局主導の救済合併」により支えられた[1]。

　まず、「金融規制」は、「業務分野規制」として、長期金融と短期金融の分離、銀行と証券の兼業禁止、銀行業務と信託業務の分離が法定され、こうした専門機能および資金需要に従い、金融機関は分業され、普通銀行、長期信用銀行、信託銀行、信用金庫、信用組合などが設立された[2]。この分業体制をより確実にするため、競争制限的に「金利規制」が課され、臨時金利調整法の施行（1947年）により、預金金利の上限が規制された。この結果、預金金利、預金金利を基準とする融資金利は低位に固定され、戦後の資金不足の企業には低金利の資金が広く行き届き、産業・経済の発展に結実した。

　次に、「金融行政」として、監督機関である大蔵省は、いわゆる「護送

---

[1] 服部泰彦「銀行の経営破綻と預金流出―預金者による市場規律―」『立命館経営学』第45巻第4号（2006）92頁。重田正美「戦後の金融改革の流れ」国立国会図書館調査及び立法考査局『経済分野における規制改革の影響と対策』（2009）103頁。

[2] 預金取扱金融機関として、(1)短期金融を主業務とする普通銀行（都市銀行、地方銀行等）、(2)長期資金の供給を主業務とする長期金融機関（長期信用銀行、信託銀行）、(3)中小企業金融を主業務とする中小企業金融機関（信用金庫、信用組合、労働金庫等）が設立された。なお、長期信用銀行は、2006年4月以降、該当銀行はない。全国銀行協会『図説 わが国の銀行』（財経詳報社.2010）30頁以下。

船団方式」[3]により、金融機関、特に銀行の経営を安定させ破綻を防ぎ、預金者に不安を与えないよう、手厚い行政指導を行ってきた。この時代は、戦後の産業・経済の復興さらに発展に向け、銀行を核とした「金融システムの安定」および資金の重要な担い手である「預金者の保護」が強く求められた。グローバルな競争力も勘案した決済システムの安定、企業への円滑な資金供給、預金者からの絶対的な信用を確保するために、「銀行を1行たりとも破綻させない」という金融行政のもと、不倒体制が構築された。

こうした金融規制および金融行政にも関わらず、金融機関の破綻を完全に防ぐことはできなかった。ここで、金融当局が主導する、大手銀行による中小金融機関の救済合併が行われた。このインフォーマルな手法は、当時の大手銀行にとって、多少の負担はあるものの、規制の障壁なく営業規模・支店を拡大することができ、総計で利益を得ることができた。本手法は、経営が悪化した中小金融機関を破綻の前段階で救済することができ、救済した大手銀行も総計で利益を得ることができ、さらに、預金者や債権者の負担が発生せず、信用秩序の維持に資する、極めて有効な金融セーフティネットと評価できる。大蔵省は、こうしたセーフティネットを構築するため、大手銀行と親密に情報交換を行い、国内の金融機関の経営状況を常に調査・把握し、地域別に具体的な救済構想案を策定していた。この代表的な事例として、住友銀行（現三井住友銀行）による平和相互銀行の救済合併（1986年）があり、関西を地盤とする住友銀行は、首都圏に103店舗を有する平和相互銀行を救済合併し、首都圏に急速に進出した。

2．金融自由化と不倒体制の崩壊

戦後の産業・経済の発展を支えた銀行不倒体制も、金融自由化の進展を

3）護送船団方式とは、銀行の破綻防止を優先し、最も競争力の弱い金融機関を基準として、金融規制および金融行政を行う方式を揶揄するものである。堀内昭義『金融システムの未来』（岩波新書.1998）122頁。鹿野嘉昭『日本の金融制度〔第2版〕』（東洋経済新報社.2006）111頁。

契機に崩壊に向かった。1980年代の金融自由化は、世界的な潮流であり、多数の国で預金金利規制が緩和・撤廃され、金融機関の間で高金利による預金獲得競争が繰り広げられた。同時に、融資獲得競争も発生し、最大の収益源である預貸金利鞘が縮小し、収益性が大きく低下した。また、金融自由化の進展は、各国の金融・資本市場を、国際金融市場を介し密接に結び付け、その結果、金融機関は国際的な競争環境に突入することとなった[4]。

こうした金融自由化の潮流下、不倒体制を支えた、金融規制、金融行政、当局主導の救済合併は、変容を遂げた。金利規制について、1979年に、譲渡性定期預金（CD）が導入され、金利自由化が始動し、1985年4月には、市場金利連動型預金（MMC）、1985年10月には、大口定期預金が導入された。1990年代に入り、普通預金金利の自由化が進展し、1994年には流動性預金金利の完全自由化が実行され、金利自由化プロセスは完結した。

業務分野規制は、1985年から金融制度調査会において具体的な検討が進められた。1993年には「金融制度及び証券取引制度の改革のための関係法律の整備等に関する法律」（いわゆる「金融制度改革関連法」）が施行され、銀行子会社、信託銀行子会社、証券子会社等の業態別子会社の設立が可能となり、都市銀行をはじめ多数設立された[5]。1999年には、子会社の業務範囲に関する制限が撤廃され、業務分野自由化のプロセスは完結した。

こうした金融自由化の進展に伴い、わが国の銀行間の競争は激化した。預金金利に関する規制緩和が進むにつれ、銀行は預金獲得競争を展開し、

4）堀内（1999）は、わが国の1980年代の金融自由化は、緩やかに銀行と金融機関のコンセンサスの下で、既存権益を可能な限り保護しようとする「漸進主義」と、欧米特に米国からの圧力により進められた「外圧」が特徴的な、「不徹底な金融自由化」であるとする。諸外国と同等の金融自由化は、1996年から実施された金融ビッグバン（金融制度改革）まで待つことになるとする。堀内昭義『日本経済と金融危機』（岩波書店.1999）65頁以下。鹿野・前掲注3）38頁以下も同旨。

5）業務分野規制の緩和に関しても、銀行等が新たに設立する証券子会社の業務範囲からコア業務となる株式関連業務が除外され、銀行や証券会社が設立する信託銀行子会社の業務範囲からコア業務となる貸付信託や年金信託などが除外され、大きな制約が課された。

特に1985年の大口定期預金導入後から競争が激化し、資金調達コストは急速に高まった。多くの金融機関は、資金調達コストの上昇に対し、融資を高い収益分野、すなわちリスクに伴い高い貸出金利が得られる、不動産関連分野へ積極的にシフトして行くことで収益性の低下を免れた。金融機関が、高リスク分野に取引を拡大させたことは、バブル経済を加速させるのと同時に不良債権の温床を醸成し、90年代における多数の金融機関の破綻と金融危機の要因となった。

また、護送船団式の行政により、金融自由化を一気に推し進めず、競争力の弱い金融機関を保護するため、規制緩和を漸進的に進め、変革のモラトリアムを設けたが、規制緩和の完結に従い、護送船団式行政は、役割を終えることとなった。このモラトリアムもリスクを高め、90年代における多数の金融機関の破綻と金融危機の要因となった。

そして、金融当局の主導による救済合併は、救済金融機関の負担を伴い、住友銀行による平和相互銀行の救済合併（1986年）以降、大正相互銀行による大阪北信用組合（大阪府）の救済合併（1989年）、東海銀行による三和信用金庫（東京都）の救済合併、スルガ銀行による熱海信用組合（静岡県）の救済合併、近畿銀行による大阪復興信用組合（大阪府）の救済合併（1991年）など続いた。しかし、1992年に、東邦相互銀行（愛媛県）および東洋信用金庫（大阪府）の経営が悪化した際、両者の負債が大きいこと、金融当局が計画した救済金融機関の体力が脆弱で、共倒れの危険性もあることから、従来の方式で救済することができなかった。救済金融機関が経営悪化先の負債を吸収した上で救済する方式は限界を迎え、これ以降、預金保険機構から資金が発動されることとなった。さらに、1994年には、東京協和信用組合（東京都）と安全信用組合（東京都）の経営が悪化した際、この東京二信組の経営内容が想定以上に厳しい状況であり、金融当局では救済金融機関すら探し出せない状況に陥った[6]。最終的に、大蔵省、日本銀行、東京都で協議し、1995年に東京二信組の受皿として、東京共同銀行を設立し、解決を図った。これにより、金融当局の主導による救済合併方式は廃止され、同時に不倒体制も崩壊することとなった。

3. 金融機関の破綻と法的処理

(1) 金融機関の破綻（定額保護期）

　金融自由化および規制緩和の進展に伴い、金融業界は業態を超えた競争環境に突入し、不倒体制崩壊後の1990年以降、金融機関の破綻が相次いだ[7]。こうした破綻に対し、奉加帳方式[8]の救済合併処理は限界を迎え、預金保険機構の資金援助が発動された。

　以下では、金融機関の破綻について、預金等が元本1,000万円まで定額保護された、1991年から1996年まで、金融機関の破綻、破綻先の概要、破綻処理の特徴について、整理する[9]。

１）定額保護期Ⅰ（1991年-1994年上期）
(i) 金融機関の破綻

　1992年には、東邦相互銀行（愛媛県）、東洋信用金庫（大阪府）が破綻した。

　東邦相互銀行は、海運・造船分門への集中的な貸出により業績・収益を拡大してきたが、プラザ合意以降の円高進行による主要貸出先の業況悪化に伴い、急速に貸出資産の不良債権化が進んだ。債権償却の負担、資金繰りの困難に加え、極端な海運・造船への取引傾斜による顧客基盤の脆弱性

---

6) 東京協和信用組合と安全信用組合は密接に関連しており、両組合の元理事長は関連企業や政治家の親族企業などに不正融資を主導し背任容疑で逮捕された。本件は二信組事件と言われ、本件をきっかけに大蔵省の過剰接待なども発覚し、バブル時代の金融機関の杜撰さや政治家や官僚との癒着を象徴し、大きな社会問題となった。
7) 本書での、「破綻金融機関」とは、業務もしくは財産の状況に照らし預金等の払戻し（預金等に係る債務の弁済）を停止するおそれのある金融機関または預金等の払戻しを停止した金融機関とする（預金保険法２条４項）。
8) 特定の金融機関の破綻処理に関し、金融当局が、健全である金融機関に支援参加の要請・指導を行い、金融機関が不承不承それに従い、資金を負担し救済する処理手法は、揶揄して「奉加帳方式」といわれた。堀内・前掲注３）80頁。
9) 本書での金融機関の破綻については、日本経済新聞、朝日新聞、預金保険機構『平成金融危機への対応』（金融財政事情研究会.2007）、有森隆『銀行の墓碑銘』（講談社.2009）等を参照した。

等から自主再建を断念し破綻した。同行の破綻に対し、伊予銀行（愛媛県）が、預金保険機構の支援金と低利融資を受け、救済合併を行った。

東洋信用金庫は、支店長が巨額の架空預金証書を偽造し、取引先はノンバンク等に偽造預金証書を担保に多額の融資を引き出すという不祥事事件を引き起こした。この結果、東洋信用金庫は、ノンバンク10社、日本興業銀行と富士銀行に多額の債務（2,512億円）を負い、単独営業が困難となり破綻した。同庫の破綻に対し、三和銀行（現三菱UFJ銀行）を中心とした金融機関が同庫の営業を譲り受ける形式で救済した。

東邦相互銀行と東洋信用金庫の破綻を契機に、金融機関の破綻は、2000年半ばまでほぼ毎年継続することとなった。1993年には、釜石信用金庫（岩手県）、大阪府民信用組合（大阪府）が破綻し、1994年には、信用組合岐阜商銀（岐阜県）が破綻した。

(ii) 破綻処理の特徴

この期間の破綻処理は、明確な制度やルール、セーフティネットが確立されておらず、状況に応じ、個別の対応がなされた。預金保険機構からの資金援助は、ペイオフコスト[10]を限度に実施された。債務超過額と破綻処理にかかるコスト等の合計額がペイオフコストを超える先に対しては、地方公共団体や救済金融機関が資金支援を行った。

破綻金融機関の債務超過額は、預金保険機構の資金援助、地方公共団体や関係金融機関の支援等により解消され、この結果、預金者だけでなく、一般債権者の債権も全額保護された。この後も、日本振興銀行の破綻（2010年9月）まで預金者のみならず債権者もすべて保護されることとなるが、これは、破綻処理を円滑に行うため、預金者以外の債務者から法的破綻処理手続の申立てが発生しないための対処法と考えられる[11]。なお、全債務保護に明確な法的根拠はないものの、定額保護期下では、外部支援を

---

10) ペイオフコストとは、預金者に保険金を支払った場合に預金保険機構が負担すると見込まれる費用（預金保険法64条2項）。
11) 預金保険機構・前掲注9）38頁。

行った地方公共団体や関係金融機関の負担により破綻処理が行われ、全額保護下では、特例資金援助を認める預金保険法附則16条が根拠とされている[12]。法的倒産手続を行わないため、預金以外の債務のみを毀損させることができず、結果として、全債務が保護された。

当時は、預金保険法上、資金援助としての資産買取りは救済金融機関からのみ可能とされ、破綻金融機関からの買取りはできなかった[13]。このため、救済金融機関が承継を望まない不良債権の受皿として、業界団体等が不良債権の買取り機関を設立し、不良債権を買取った。この結果、破綻金融機関の処理時点で不良債権の処理コストが表面化し、残りの資産負債を救済金融機関が承継する時に、大幅な債務超過を承継することとなる。こうした場合、資金援助を資金貸付方式で行うと、破綻処理時点に救済金融機関の自己資本が大幅に低下するため、金銭贈与方式が採用された。

２）定額保護期Ⅱ（1994年下期-1996年）
(ⅰ) 金融機関の破綻

1994年12月には、東京協和信用組合（東京都）、安全信用組合（東京都）が破綻した[14]。両組合の破綻は、東京二信組問題とよばれ、理事長の独裁体制の乱脈経営による破綻が社会に大きなインパクトを与え、二信組の理事長は背任罪により起訴された。

1995年には、友愛信用組合（神奈川県）、1996年には、コスモ信用組合（東京都）、兵庫銀行（兵庫県）、福井県第一信用組合（福井県）、太平洋銀行（東京都）が破綻した。このなかで、多額の預金が流出したコスモ信用組合、戦後初の銀行倒産となった第二地方銀行最大手の兵庫銀行の破綻が社会に

[12) 預金保険法附則16条（特例資金援助）は、当該特例資金援助申込みに係る合併等が信用秩序維持のため必要がある場合は、ペイオフコスト超の資金援助を認めている。
[13) 1996年の預金保険法改正により、破綻金融機関からの資産買取りも可能となった。
[14) 東京協和信用組合の総負債は138,061百万円、安全信用組合の総負債は114,715百万円となった。また、日本長期信用銀行（長銀）は東京協和信用組合のメインバンクとして積極的に支援し、二信組へ多額の出資も行ったため、多大な損失を被った。

大きなインパクトを与えた[15]。

　コスモ信用組合は、理事長の独裁体制のもと、普通銀行への転換を目指し、乱脈的に不動産業、金融・保険業へ融資を急速に拡大した。自由金利型定期預金「マンモス」により、他の金融機関よりも1.5-2.0％も高い利息を設定し原資を集め（預金者にモラルハザードが発生）、収益構造が逆鞘になりながらも、融資を拡大し続けた。バブル経済崩壊・景気悪化に伴う不動産価格の下落から急激に資産内容が悪化し、東京都の検査により、大幅債務超過状態が発覚し、業務停止命令が発動され、破綻に至った。破綻処理費用は、業界団体のほかに日本銀行が200億円、預金保険機構が1,250億円を支出した[16]。

　兵庫銀行は、バブル期において、本体と関連ノンバンクを通じ、不動産関連融資を急速に拡大した。原資は、安定的なコア預金ではなく譲渡性預金（CD）を中心とする不安定な市場性資金に多くを依存していた[17]。バブル経済崩壊・景気悪化に伴い不良債権化が進み、さらに阪神・淡路大震災の影響を受け、資産内容の悪化が加速し、破綻に至った。破綻処理に際し、地元財界、都市銀行、第二地方銀行、生命保険会社、損害保険会社などから709億円の出資を受け、みどり銀行が設立され営業譲渡が行われた。本件は民間により救済・再生された特殊な事例である。しかし、みどり銀行は、多額の不良債権を引き継ぎ、開業から財務体質が脆弱で、1998年5月に破綻に至った。みどり銀行の破綻処理は、阪神銀行が受皿となり吸収合併を行い、みなと銀行を設立した。

---

[15] コスモ信組の総負債額は610,631百万円、兵庫銀行の総負債額は3,526,531百万円と、従前に無い大型破綻に至った。

[16] 日本銀行の「最後の貸手機能」である「特別融資」の発動（旧日本銀行法25条）は、1965年の山一證券倒産以来、30年振りであった。

[17] 兵庫銀行の預貸率（預金残高に比べ、貸出残高が何倍あるか示す指標）は1992年3月末：0.83倍から、1992年12月末：1.30倍となった。兵庫銀行がインターバンク市場（銀行間）で集めた資金は、通常の銀行を0.1－0.15％上回るレートにより1992年12月末で8,000億円に上った。日本経済新聞社『銀行不倒神話の崩壊』（日本経済新聞社.1993）11頁。

(ii) 破綻処理の特徴

この期間は、金融機関の不良債権問題が深刻化し、救済金融機関の体力も脆弱となり、破綻処理手法の変革が求められた。前フェーズ（1991年-1994年上期）同様、預金等の保護が元本1,000万円までで、ペイオフコスト超過分は外部支援[18]により充足された。

破綻処理手法として、救済金融機関を設立する事例（みどり銀行、わかしお銀行等）がみられた。なかでも、東京協和信用組合と安全信用組合の東京二信組の救済金融機関として東京共同銀行が設立されたことは、破綻処理手法のターニングポイントとなった。同行は、両信組の救済金融機関の役割を果たし、その後、整理回収機構に改組され、破綻金融機関からの不良債権買取り・回収業務を担い、破綻処理において重要な役割を果たすこととなる。

みどり銀行破綻の要因として、資金援助がペイオフコスト内に限定されていたことがあげられ、ペイオフコスト内での資金援助のスキームに限界がみられた。その後も金融機関の破綻が相次ぎ、預金保険制度が定額保護から全額保護に向かうこととなった。

(2) 金融危機の深刻化（全額保護期）

1) 全額保護期Ⅰ（1996年後半-1998年）

不良債権問題が深刻化し、金融機関の破綻が相次ぎ、日本は金融危機に陥った。こうした事態を打開するため、金融システム安定化委員会が、「金融システム安定化のための諸施策（市場規律に基づく新しい金融システムの構築）」を答申した（1995年）[19]。

---

[18] 地方公共団体および金融機関が、低利融資による収益補塡、債権放棄、出資などの外部支援を行った。

[19] 「金融システム安定化のための諸施策」は、(1)不良債権問題の早期処理と今後の金融システム、(2)金融機関経営の健全性確保、(3)金融機関の破綻処理のあり方、(4)信用組合を巡る諸問題、(5)信用組合の破綻処理、(6)住専問題、で構成されている。なお、本答申に基づき、1996年以降の預金保険料が7倍程度に大幅に引き上げられた。

本答申は、従来の預金保険制度を革新する、金融機関のディスクロージャー、金融当局による早期是正措置を両輪に、「市場規律の発揮」と「自己責任原則の徹底」を基本とした金融システム（セーフティネット）を構築すべきことを提言している。「金融機関の破綻処理のあり方」において、基本的な考え方として、預金保険が保護すべきは「破綻金融機関」（経営者・株主・出資者・従業員）ではなく、「預金者」と「信用秩序」であることを明示し、破綻処理手続の整備、預金保険制度の見直しについて下記の様に提言した。

【提言内容】
金融システム安定化のための諸施策（市場規律に基づく新しい金融システムの構築）
１．不良債権問題の早期処理と今後の金融システムのあり方
　市場規律の発揮と自己責任原則の徹底を基本とした透明性の高い金融システムを早急に構築する必要があり、このためディスクロージャーの推進や金融機関経営の健全性確保のための透明性の高い新しい行政手法の導入が必要。また、破綻処理においては、先送りではなく果断な対応が必要であり、破綻処理手法の整備、預金保険の発動方式の多様化等が必要。一方、今後概ね５年の間は預金者保護、信用秩序維持に最大限の努力を払う必要があり、通常の預金保険の発動を超えた法制面、資金面、組織面からの特別の対応が必要。
２．金融機関経営の健全性確保のための方策
⑴ディスクロージャーの推進
　地域銀行においてはできるだけ早期の開示完了が、信用金庫、労働金庫及び信用組合においても原則として98年３月期までに不良債権のディスクロージャーの完了が必要。
⑵早期是正措置の導入
　自己資本比率等の客観的な指標に基づき業務改善命令等の措置を適時に講じていく早期是正措置を導入する必要あり。

以上

本答申に基づき、危機的な状況に対応すべく、ペイオフの凍結等を目的とする預金保険法の改正（1996年）がなされ、恒久的措置として、破綻金融機関からの資産の買取りが可能となった（預保法59条4項）[20]。これまで、破綻金融機関の不良債権を、救済金融機関ではなく、関係機関が設立した債権回収機関に移転させていたが、本改正により、破綻金融機関からの資産買取り資金を資金援助の対象にできることとなった。

　こうした改正に続き、預金保険制度の多様化を図り、預金者保護および信用秩序維持を目的とする預金保険法の改正（1997年）がなされた。主要な改正は、(1)今後の金融再編加速に伴い発生が予測される「新設合併」について、資金援助を可能とした。(2)2001年度までの時限措置として、経営が悪化した複数の破綻金融機関による特定合併に対し、資金援助を行うことを可能とした[21]。(3)特例業務にかかる日本銀行等からの借入限度額を、1兆円から10兆円に大幅に引き上げたことである。

(i)　金融機関の破綻

　1996年には、山陽信用組合（兵庫県）、けんみん大和信用組合（兵庫県）が、兵庫銀行破綻の影響を受け、破綻に至った。両組合には、預金保険法改正（1996年）によるペイオフコスト超の資金援助（特別資金援助）が適用された。

　1997年には、大阪信用組合（大阪府）、木津信用組合（大阪府）、三福信用組合（大阪府）、阪神労働信用組合（兵庫県）と、関西の4つの信用組合が放漫経営・杜撰融資により破綻した。1995年に発生した阪神・淡路大震災の影響もあり、関西地域の信用組合の破綻が目立ち、なかでも大規模破

---

20) 恒久措置として、本文の他に、「預金等債権の買取り制度の導入」および「更生・破産手続における預金者代理制度の導入」が、1997年4月1日から施行されたが、全額保護期において、前者は資金援助方式により全預金が保護され、後者は破綻処理に倒産法制が活用されなかったため、これまで適用事例はない。
21) 本措置に関し、「福徳銀行」および「なにわ銀行」は、特定合併に対する資金援助スキームの成立を見込み、合併を行い、合併銀行「なみはや銀行」は資金援助としての資産買取りが行われた（1998年10月1日実施）。

綻となった木津信用組合の破綻が注目される。

　木津信用組合は、理事長の独裁体制のもと、高金利の大口定期などにより預金量を急速に拡大し（預金者のモラルハザード発生）、最大時には１兆円を超える最大規模の信用組合であった[22]。こうして集めた預金を不動産融資に集中させ、バブル後期は大口融資規制を回避するため、ノンバンクを利用した迂回融資により貸出金を増加させた。バブル経済の崩壊、阪神・淡路大震災の影響を受け、資産内容の悪化が加速し、不良債権比率は８割を超えた。この結果、多額の預金が流失し、金融当局から業務停止命令が出され、破綻に至った（総負債額：１兆３千億円）。破綻処理において、預金保険機構から１兆340億円が金銭贈与され、東京共同銀行を改組した整理回収銀行に事業譲渡された。

　1998年には、阪和銀行（和歌山県）、土岐信用組合（岐阜県）、東海信用組合（岐阜県）が放漫経営・杜撰融資により破綻した。この期間（1996-1998年）における金融機関の破綻は、阪和銀行を除くと、すべて信用組合の破綻であった。唯一の銀行破綻となった、阪和銀行は、大規模な破綻（総負債額6,145億円）であり、戦後初の銀行への業務停止命令、副頭取の殺人事件も絡み、大きく注目された。

　阪和銀行は、最大規模の第二地方銀行で、和歌山県内において、紀陽銀行（第一地方銀行）に次ぐ、地域銀行であった。同行は、関西国際空港の建設を控え過熱するバブル期において、不動産融資を拡大し、大口融資規制に対しては、系列ノンバンクの迂回融資により貸出金を増加させた。しかし、バブル経済の崩壊、関西国際空港ブームの終了に伴い、資産の不良債権化が急速に進み、金融当局が業務停止命令を下し、破綻に至った。破綻処理は、整理回収銀行が信用組合からの資産買取りのみ受託する制度の

---

22) 木津信用組合は、三和銀行をはじめとした都市銀行から高利・大口の紹介預金を大量に集め、その結果、預金残高は、1987年：1,700億円→1991年：8,030億円と急速に増加した。こうした都市銀行のブローカー的な行動にも問題があり、大蔵省の銀行検査で厳重注意を受け、都市銀行は紹介預金を急速に引き上げた（回収した）。同組合は高金利預金で紹介預金をカバーした。服部泰彦「木津信組の経営破綻と預金流出」『立命館経営学』第41巻第6号（2003）232頁。

ため、預金保険機構が直接資産を買取り、当該資産の管理回収業務を整理回収銀行に委託した。また、救済銀行が出現しなかったため、預金の払戻しを中心とした整理清算のための紀伊預金管理銀行が設立され、預金債務を移転し、破綻処理が進められた[23]。

(ii) 破綻処理の特徴

　預金保険法の改正（1996年）により、預金保険機構からペイオフコスト超の資金援助が可能となり、1996年11月に山陽信用組合、けんみん大和信用組合に適用され、その後も多数の破綻した金融機関に適用され、多額の資金援助がなされた。全額保護への移行に伴い、地方公共団体および金融機関からの資金援助が減少した[24]。

　木津信用組合および三福信用組合の破綻処理において、救済金融機関が出現しなかったため、預金保険法62条（合併等のあっせん）[25]により、整理回収銀行が救済金融機関となった。木津信用組合の破綻処理において、「合併等のあっせん」が行われ、救済金融機関である整理回収銀行には、三和銀行が3,000億円（10年間返済）の低利融資を行い、預金保険機構が債務保証を行った（預金保険法附則7条1項2号）。また、阪和銀行の破綻処理においても、救済金融機関が出現しなかったが、整理回収銀行は、法的に信用組合以外の破綻金融機関を対象に合併・営業譲渡をすることができ

---

23) 紀伊預金管理銀行に引き継がれた預金は30万6,000口座、残高133億円であった。同行は2002年3月に解散し、解散までに払戻し請求がない預金は和歌山法務局に供託された。

24) 全額保護への移行後、金融機関と地方公共団体の支援は、資金援助から整理回収銀行への人材提供が中心となった。全国の地方銀行から多数の行員が派遣されたが、銀行にとっても、債権回収の知識・ノウハウ、ネットワークなどが得られ、メリットがあった。

25) 同条は、合併等について内閣総理大臣のあっせんを規定している。預金保険法では、米国FDICの場合と異なり、あっせんを行う行政当局と資金援助を行う預金保険機構とが別組織であり、行政当局のあっせんに適格性の認定と同じ法律効果を付与することが必要であると考えられた。佐々木宗啓『逐条解説預金保険法の運用』（金融財政事情研究会.2003）248頁参照。

なかったため、預金債務を管理する時限的な金融機関として、紀伊預金管理銀行を新設し、同行に預金債務を移転させた[26]。

2）全額保護期Ⅱ（1998年-1999年）

　1997年以降は、金融機関以外の複数の証券会社・生命保険会社も事業譲渡・破綻に至った。1997年4月には、戦後初の生命保険会社の破綻となる日産生命保険が、高利の年金・養老保険による逆鞘と外債投資の失敗により資産内容が急速に悪化し、金融当局から業務停止命令を受け破綻に至った。破綻処理には、生命保険契約者保護基金が上限となる2,000億円の贈与を行った[27]。また、同年5月には小川証券（大阪府）、10月には越後証券（新潟県）が破綻に至った。同年11月には、三洋証券（東京都）が、放漫経営と系列ノンバンクの破綻により経営が悪化し、破綻に至った。破綻処理には、寄託証券保証基金[28]から限度外支払が行われた。この三洋証券の破綻は、コールマーケットにおける債務不履行を発生し、日本金融危機のトリガーとされている。

(i)　金融機関の破綻

　1998年の預金保険法改正により、金融機関の破綻処理に公的資金[29]を

---

[26] 紀伊預金管理銀行は、承継した預金の払戻業務のみを行う銀行であり、引継負債額の範囲までの資産を保有することとされ、支払承諾（債務保証）は承継債務から除外された。

[27] 保険契約者保護基金は、1996年4月の保険業法の改正に伴い、経営危機対応制度として創設された。損害保険業界では「損害保険契約者保護基金」が設立され、1破綻先当たり300億円を上限としている。生命保険業界では「生命保険契約者保護基金」が設立され、1破綻先当たり2,000億円を上限としている。

[28] 寄託証券保証基金は、任意機関であり、投資者保護基金の1998年12月の設立に伴い、資産・負債はすべて同基金に承継された。同基金は、金融商品取引法の規定により設立され、証券会社による顧客資産と会社資産の分別管理を徹底すると同時に、顧客の預かり資産を対象に、証券会社につき1顧客あたり1,000万円を限度に補償する制度である。

[29] 本書における公的資金とは、金融機関から徴収した預金保険料ではなく、国の財源からの支出（特例業務基金に交付された国債の償還金）と定義する。

使用することが可能となった。本フェーズでは、公的資金による資金援助スキームが整備された1998年4月から1999年前半（金融再生法適用事例）までの期間の破綻事例を整理する。短期間において、37件もの金融機関が破綻した（このうち、銀行破綻は6件）。

1998年に、福徳銀行（大阪府）、なにわ銀行（大阪府）、京都共栄銀行（京都府）、北海道拓殖銀行（北海道）、徳陽シティ銀行（宮城県）、1999年にみどり銀行（兵庫県）が破綻に至った。なかでも、都銀である北海道拓殖銀行（以下、拓銀）の大型破綻が注目される[30]。

福徳銀行となにわ銀行の両行は、バブル期に不動産・建設関連、ノンバンクに融資を急拡大したが、バブル崩壊と景気低迷を受け、多数の資産が不良債権化し、破綻に至った。両行の破綻処理として、改正預金保険法（1997年）により整備された特定合併[31]により、1998年10月になみはや銀行が設立された。しかし、弱者同士の合併は、過小資本でスタートし、その後の経営改善も進まず、わずか10ヵ月で破綻に至った。

みどり銀行は、破綻した兵庫銀行の受皿銀行として、地元経済界からの出資を中心に1995年に設立されたが、兵庫銀行から多くの不良債権を引き継ぎ、当初より経営が難航した。その後も、震災後の地域経済の低迷を受け、破綻に至った。第二地方銀行である阪神銀行が、救済・吸収合併し、みなと銀行が設立された。

(ii) 破綻処理の特徴

当時の破綻処理の特徴は、特例業務基金に交付された国債（1998年2月

---

30) 北海道拓殖銀行の破綻と、ほぼ同時期に、当時の4大証券の一角であった山一證券が帳簿外債務の偽装により信用不安に陥り、格付の低下、資金調達の不能、資産の流出が発生し、自主廃業に至った。なお、両者に対し、日本銀行から巨額の特別融資が実行された。
31) 「特定合併」は、2先以上の破綻金融機関を当事者とする合併により金融機関を設立するものである（預金保険法附則6条の3-6条の8）。「特定合併」は、2001年3月末までの特例業務として新設されたが、その期限前の預金保険法改正（1998年10月）により、1999年4月1日に廃止された。

の預金保険法改正で、7兆円を設定）を償還し（公的資金の投入）、ペイオフコスト超の金銭贈与が行われた点である。この手法は、拓銀の破綻処理において初適用され、1兆387億円の公的資金が投入された。

　特定合併が特例業務として新設され、唯一の事例として、福徳銀行となにわ銀行が特定合併を行い、なみはや銀行が設立された。本件の資金援助について、金銭贈与は行われず、整理回収銀行により資産買取りのみが実行された。

　整理回収銀行の受皿銀行としての機能を信用組合に限定せず、銀行・信用金庫にも拡充した。福徳銀行となにわ銀行の破綻処理（1998年）以降、預金保険機構を経由し、すべての金融機関から資産買取りを行うことが可能となり、その後の破綻処理で多用された[32]。

4．北海道拓殖銀行の破綻と破綻処理

(1) 経緯・破綻への道程

　1980年代の銀行間の競争激化のなか、拓銀は、都市銀行内では預金・貸金量および収益力も最下位で上位行との差は拡大し、さらに有力地方銀行にも追い抜かれる状況であった。こうした状況下、拓銀は、1980年代中期から、「インキュベーター（新興企業振興）」戦略を掲げ、道内の観光・不動産関連の新興ベンチャー企業に融資を急速に拡大した[33]。しかし、首都圏でのバブル崩壊に続き、道内に本格的なバブル崩壊が訪れた時に、拓銀は、多額の不良債権を抱えることになった。

　拓銀は、不良債権を過少に公表したが、信憑性に乏しく信用力が大きく

---

32) 前述した、阪和銀行の破綻処理に関し、当時は、整理回収機構の資産買取りは破綻信用組合のみに限定されていたため、預金保険機構が資産の買取りを行い、その後、整理回収業務を整理回収銀行に委託するといった煩雑な手法を選択した。
33) 経営の中枢にある、鈴木会長、佐藤副頭取、海道常務の3名は、SSKトリオと呼ばれ、独裁的な推進体制を築き、新興ベンチャー企業に対する融資を急速に拡大した。行内のガバナンスは機能せず、彼ら役員等に対し、民事・刑事責任が追及され、共に認められた。

低下し、格付会社ムーディーズは最低のEランク（外部支援を要する評価）評価を付した（1995年）。拓銀は、北海道銀行との合併を目指したが難航し[34]、1997年9月に合併延期が公表され、これを受け、株価は急速に下落し、預金が大量に流出した。株価は、同年9月に100円を割り込み、11月には65円まで低下し、預金は9月中に2,500億円以上減少した。こうした市場の評価を受け、拓銀は、大口定期預金に高金利を設定したが、預金流失に歯止めがかからず、インターバンク・コール市場[35]で3,000億円を調達した。

　同時期に、三洋証券（東京都）が破綻し、10億円の無担保コールが債務不履行となった。このインターバンク市場における初のデフォルトは、市場（貸出先）を慎重にさせ、拓銀を始め信用力の低い先に資金は届かなくなった。この結果、拓銀は資金不足に陥り、1997年11月に都市銀行・上位20行として、初めての破綻に陥った。

(2)　破綻処理の特徴

　拓銀の破綻は、総負債9兆4,537億円の最大規模の破綻となった。また、営業基盤が北海道と首都圏に二分されているため、受皿となる金融機関の選定が難航した。金融当局は、地域への影響、行員の雇用、受皿先の規模なども考慮し、北海道銀行への営業譲渡を画策したが、拓銀は北洋銀行への営業譲渡を決断した。北洋銀行は、拓銀の資金量の4分の1程度の規模であり、「日銀の特別融資および預金保険の資金援助、営業譲渡は道内の

---

34) 北海道銀行が、拓銀の抱える不良債権を精査した結果、報告以上に劣化が進んでいることが判明し、また、確約した拓銀のリストラがいっこうに進まない状況にあったことから、合併の合意（1997年4月）をしたものの、同年9月に延期が公表され、そのまま決裂した。
35) インターバンク市場は、市場参加者が金融機関に限定された市場で、コール市場、手形売買市場、銀行間預金市場等がある。コール市場は、金融機関同士が短期資金（1日-1週間）の貸し借りを行う場で、当時は無担保コール市場が主流であったが、金融機関の破綻が相次ぎ、有担保コール市場の比率が上昇した。全国銀行協会・前掲注2）56頁。

店舗のみ」という条件のもと救済合併の要請に応じた。日本銀行は、金額無制限の特別融資（ピーク時2兆6,700億円）を行った[36]。預金保険機構は、受皿先の北洋銀行（北海道部分）、中央信託銀行（首都圏部分）に対し、ペイオフコスト超となる1兆7,947億円の金銭贈与を行った。このうち、1兆1,852億円は、公的資金から支出された。

　従来の破綻処理では、受皿先が引継ぐ資産の範囲は、明確なルールが無く、健全な資産は簿価で受皿先に譲渡し、不良資産は時価で整理回収銀行に譲渡するのが通例であった。しかし、拓銀の規模は、一部の不良資産も受皿先で引受けないと、道内経済・社会への打撃が懸念され、当局主導により要注意先債権も引き継ぐこととされた[37]。

　一連の拓銀の破綻処理は、破綻時に受皿先が確定していない場合の対応、破綻先から受皿先への資産承継の明確なルール整備（譲渡範囲、資産評価手法など）の必要性が強く認識され、その後の金融セーフティネット構築に向け、大きく影響した。

(3) 責任追及

　預金保険機構は、整理回収機構と連携し、金融機関が破綻し公的資金が投入された場合において、役員が裁量の範囲を超えた違法な行為により金融機関に損害を与える行為があれば、民事（損害賠償責任）・刑事（特別背任罪）の責任追及を行ってきた。

　拓銀の破綻処理において、1998年3月に与信調査委員会が設置され、旧役員の責任が検討され、この結果、元頭取らに対し民事提訴および刑事告訴がなされた[38]。最高裁により、「融資における銀行の取締役の注意義務の程度は、一般の株式会社取締役と比較し高い水準にある」と判示され、

---

36) 破綻までの10ヵ月で7,000億円もの預金が流出した。破綻公表日（1997年11月17日）以降、営業店に預金者が殺到し、3日間で約5,000億円の預金が流出した。これに対し、日本銀行は、17日に6,500億円、18日に3,200億円、その後も無制限の特別融資を行った。
37) 北海道新聞社編『拓銀はなぜ消滅したか』（北海道新聞社.1999）147頁。

民事（損害賠償責任）、刑事（特別背任罪）の責任が認められた。なお、民事では、カブトデコム事件の最高裁判決（2008年1月28日・最高裁第二小法廷）[39]、刑事ではソフィアグループ事件の最高裁判決（2009年11月9日・最高裁第三小法廷）[40] が、金融破綻に関する役員への責任追及に関するリーディングケースとなった。

(4) 地域経済・中小企業への影響

　拓銀は、基幹産業および食品等製造・販売地場産業への融資を通じて、北海道内の産業振興に貢献し、1997年3月末現在において預金残高で27%、貸出金残高で26%のシェアを有し、道内最大の金融機関であった。しかし、前述のとおり、バブル期に実行された多額の不動産融資が膨大な額の不良債権を生み、1997年11月17日に事実上の破綻となり、拓銀が有していた正常債権の大半は北洋銀行（道外支店は中央信託銀行）へ、問題債権は整理回収銀行へと引き継がれた。その影響は、様々な政策努力により最小限に抑えられたが、地域トップシェアの金融機関の破綻は地元経済および企業に様々な影響を与えた[41]。

　拓銀は、主に中堅以上の企業を取引対象としており、中小企業との取引は少なかったと言われているが、中小企業庁「中小企業白書」（平成12年）のアンケート調査[42] によると、預金・借入等で拓銀と何らかの関係があ

---

38) 拓銀の最後の頭取となり（1994年6月から97年11月の破綻まで頭取を務めた）、特別背任罪で実刑判決が確定し服役した河谷禎昌氏の著書として『最後の頭取―北海道拓殖銀行破綻20年後の真実―』（ダイヤモンド社.2019）がある。
39) 判例時報1997号148頁（2008年）、判例タイムズ1262号69頁（2008年）。
40) 判例タイムズ1317号142頁（2010年）、金融法務事情1896号71頁（2010年）。
41) 今仁（2022）は、拓銀の破綻が、カスタマー企業・サプライヤー企業間の取引の継続性に与える影響を分析し、その結果、カスタマー企業のメインバンクが拓銀であったペアは、拓銀の破綻後に取引関係が解消される確率が有意に高くなることを確認した。またサプライヤー企業と直接取引をしていない第2層カスタマー企業や第3層カスタマー企業が拓銀をメインバンクとしていた場合にも同様の効果を確認した。今仁裕輔「金融機関の経営破綻が企業間の商取引の継続性に与える影響」『金融経済研究』第45号（2022年3月）48-63頁参照。

った中小企業は特に道央地域で多く、全体で4割に及んでいる。破綻により何らかの影響を受けたとする企業は、拓銀を最多借入先としていた企業では5割となっており、影響の大きさが分かる。

また、地域トップバンクの破綻が道民及び道内企業へ、心理面も含め様々な影響を与えたようである。具体的な影響の内容を見ると、拓銀を最多借入先としていた企業では「新規借入先からの条件厳格化」「新規借入先からの早期償還要請」などの直接的な影響を受けた比率が高くなっている。そして、拓銀と取引関係はあったが、最多借入先ではなかった企業および取引関係がなかった企業では、取引先が破綻の影響を受けたことにより自社にも影響が及んだといった間接的な影響が中心となっている。なお、現在においても、道内には、拓銀の破綻の直接・間接的な経済的な影響があるといわれる。

5．小括

銀行不倒体制下において、金融当局が主導した、大手銀行による中小金融機関の救済合併は、インフォーマルな手法であるが、経営が悪化した中小金融機関を破綻の前段階で救済することができ、救済した大手銀行も総計で利益を得ることができ、さらに、預金者や債権者の負担が発生せず、信用秩序の維持に資する、有効・有益な金融セーフティネットと評価できた。その後、問題先金融機関の経営状況が想定以上に厳しくなり、金融当局は救済金融機関を探し出せない状況に陥り、金融当局の主導による救済合併は廃止され、銀行不倒体制が崩壊し、理想的な金融セーフティネットは成り立たなくなった。

1990年代後半に不良債権問題が深刻化し、金融機関の破綻が相次ぎ、日本は金融危機に陥った。こうした事態を打開するため、金融システム安定

---

42) https://warp.da.ndl.go.jp/info:ndljp/pid/11551249/www.chusho.meti.go.jp/pamflet/hakusyo/H12/index.html.

化委員会が、「金融システム安定化のための諸施策（市場規律に基づく新しい金融システムの構築）」を答申した（1995年）。本答申は、従来の預金保険制度を革新する、金融機関のディスクロージャー、金融当局による早期是正措置を両輪に、「市場規律の発揮」と「自己責任原則の徹底」を基本とした金融システム（セーフティネット）を構築すべきことを提言している。この提言に基づき、預金保険法の改正がなされたが、短期的な視点からの目先の対応であり、本答申に基づく、抜本的な改正はなされなかったと評価する。

　拓銀の破綻（1997年）は、総負債9兆4,537億円のこれまでの最大規模の破綻となり、あらゆる面でインパクトが大きく、一時的に国内に金融危機的状況が発生した。金融再生法が成立する前の、法制が未整備なこの時期の破綻処理は、国内の経済状況、各金融機関の経営状況、救済金融機関の有無などに応じた個別対応が行われた。拓銀の破綻処理も個別対応で行われたが、破綻時に受皿先が確定していない場合の対応、破綻先から受皿先への資産承継の明確なルール整備（譲渡範囲、資産評価手法など）の必要性が強く認識された。これは、明確な破綻処理法制が確立されていること自体が、金融セーフティネットの基盤・信頼となることを示す。

第2章
金融再生法に基づく銀行破綻処理

1．金融再生法の成立

　拓銀の破綻（1997年11月17日）以降も金融機関の破綻は相次ぎ、1998年には、福徳銀行、なにわ銀行、みどり銀行、32先の信用組合が破綻し、日本の金融システムは危機的状況に陥った[1]。こうした状況を受け、金融システム安定化委員会の答申に基づき、1998年のいわゆる金融国会において、「金融機能の再生のための緊急措置に関する法律」（以下、金融再生法）が制定され、従来の経済状況、各金融機関の経営状況、救済金融機関の有無などに応じた個別対応でなく、一律の法的な制度対応が可能となり、現行の破綻処理金融政策および情報開示制度（ディスクロージャー）の基盤が確立された。

　金融再生法は、ペイオフ（預金1,000万円までの定額保護）凍結と連動し、2000年度までの時限措置として、金融機関の破綻に関する施策を下記の原則のもと集中的に実施することとされた。(1)破綻した金融機関の不良債権等の財務内容その他の経営状況を開示、(2)健全性確保が困難な金融機関を廃止、(3)破綻した金融機関の株主および経営者等の責任を明確化、(4)預金の保護、(5)金融機関の金融仲介機能を維持、(6)金融機関の破綻処理費用の最小化。

1） 国民の金融に対する不安に加え、金融機関の「貸し渋り」（融資を控え、企業の資金繰りを悪化させる）を誘発し、経済・産業を低迷させ、国際金融市場で「ジャパンプレミアム」（貸出金利を他国より上乗せ）が発生し、金融機関の円滑な資金調達を困難にした。なお、「福徳銀行」と「なにわ銀行」は、1998年10月1日に特定合併（当時の商法上での新設合併）したものの、1999年8月6日に破綻した。

金融再生法の施行前は、破綻金融機関の経営も、基本的に旧経営陣が行っていたが、同法施行後は、金融整理管財人制度のもと、旧経営陣は退任し、責任追及が厳格に行われるようになった。また、破綻時に救済金融機関が直ちに現れなくても、当面の金融機能が維持できるスキームが整備された。

　米国では、連邦破産法（Federal Bankruptcy Law）は金融機関を適用除外としているが、日本では、銀行等の多くは株式会社で、倒産処理に特別法はなく、一般事業会社と同一であったが、金融再生法の施行により、金融当局による金融機関独自の破綻処理手法が確立したといえる。しかし、米国の連邦預金保険公社（Federal Deposit Insurance Corporation：FDIC）のように、司法手続を不要とし、預金保険機構の行政手続のみで完結処理できる制度ではない。

　金融再生法による破綻処理金融政策・破綻処理手法は、2000年度までの時限措置であったが、現在も、前述の「(1)破綻した金融機関の不良債権等の財務内容その他の経営状況を開示」が引継がれ、金融機関の不良債権は、同法に基づいた分類で開示されている。具体的に、金融機関の貸出債権を、破綻先などの「破産更生債権」、破綻懸念がある「危険債権」、財務内容に問題があり返済が3ヵ月以上延滞している「要管理債権」、「正常債権」に4分類し、決算期に公表され、金融機関の健全性を示す重要な資料となっている。金融庁は、金融再生法開示債権の状況等について、金融機関の3月期および9月期を基準にホームページで公開している[2]。

　なお、金融機関は、ディスクロージャーとして、不良債権の状況を、「金融再生法開示債権」「リスク管理債権」「自己査定」の3つの表示手法により公表している。銀行法に基づく「リスク管理債権」は、貸出金のみが対象となり、個々の貸出金ごとに「破綻先債権」「延滞債権」「3ヵ月以上延滞債権」「貸出条件緩和債権」に分類し、各債権額を開示している。

　2）金融庁ホームページ（https://www.fsa.go.jp/status/npl/index.html）を参照されたい。

そして、自己査定は、金融機関が保有する個々の資産について、回収の危険性または価値の毀損の危険性の度合いに従って区分し、適正な償却・引当を行うための準備作業である。自己査定では、債務者の状況等に応じて「破綻先」「実質破綻先」「破綻懸念先」「要注意先（「要管理先」と「要管理先以外」）」、「正常先」に区分している。

以下、金融再生法で定められた、3つの破綻処理スキーム、金融整理管財人制度、承継銀行制度、特別公的管理制度について概説する。

2．金融整理管財人制度

(1) 金融整理管財人制度の概要

本制度は、金融機関が、(1)自らの財産で債務を完済することができない場合、(2)預金等の払い戻しを停止するおそれがあると認められる場合、(3)預金等の払い戻しを停止し「一定の要件」[3]に該当する場合に、金融当局が旧経営陣に代わる金融整理管財人を選任し、破綻金融機関に派遣し、破綻処理を進める手法である。

金融整理管財人は、法的に業務執行および財産管理を遂行するが、破綻金融機関の法人格は存続し業務も継続されるため、金融機能は維持される。金融整理管財人には、資産劣化の防止等のため適切な業務執行および財産管理を実践すること、同時に、早期に譲受金融機関を見出し、預金者の保護および信用秩序の維持を図ることが求められる。また、破綻の経緯・要因などを調査し、金融再生委員会に報告のうえ、破綻金融機関の経営陣（旧経営陣も含む）に対する民事上・刑事上の責任追及をすることが求められる。金融整理管財人は、基本的に1年以内に、営業譲渡等により破綻金融機関の管理を終了しなければならないとされる（ただし、1年に限り延

3） 一定の要件とは、(1)金融機関の業務の運営が著しく不適切であること、(2)当該金融機関に関し、営業譲渡が行われることなく、その業務の全部の廃止または解散が行われる場合には、当該金融機関が業務を行っている地域または分野における資金の円滑な需給および利用者の利便に大きな支障が生ずるおそれがあること、である。

長可)。

(2) 金融整理管財人制度の適用

　金融整理管財人制度の導入(1998年10月)から、金融再生法の適用年限である2001年3月末迄の間に、7銀行、12信金、42信組、計61先が破綻した。

　このうち、1998年度に破綻した日本長期信用銀行および日本債券信用銀行には、銀行規模と特殊性から、後述する特別公的管理制度が適用された。しかし、1999年度まで、この2先を除いた19先の信用金庫・信用組合において、金融整理管財人制度が適用されず破綻処理が進められた。すなわち、金融再生法施行後の初期段階においては、破綻時に譲受(救済)金融機関がある場合、本制度が必ずしも適用されずに、破綻処理が進められた[4]。

　その後、2000年4月の、わかば信用金庫(東京都)の破綻処理以降は、業態に関わらずすべての金融機関の破綻処理において、金融整理管財人制度が適用されることとなった。なお、半数以上の先は1年以内に営業譲渡が行われず、金融整理管財人は管理期限を延長し対応した。特に、民族系信用組合の破綻処理は複雑な問題が内在し期間を要した[5]。

(3) 金融整理管財人制度の破綻処理事例

　金融再生法下において、金融整理管財人制度が活用された代表的な事例を整理する。

---

[4] 朝銀信用組合(在日本朝鮮信用組合協会加盟の信用組合)16先の破綻処理においては、金融整理管財人を選任せずに破綻処理が行われたが、相当期間を経て、行政当局から管理を命ずる処分が出され、金融整理管財人による管理に移行された。

[5] 破綻の要因は、北朝鮮への預金送金、朝鮮総連の政治工作資金への流用などもあり、実態把握と要因究明が困難であった。また、朝鮮信用組合の不明朗な経営姿勢に対し、金融当局のタブー視(実態把握・改善への意欲不足)も破綻を拡大させた。日本経済新聞朝刊(2002年4月24日)。

1）なみはや銀行
(i) 経緯・破綻への道程
　なみはや銀行は、金融当局の斡旋による特定合併方式[6]により、福徳銀行となにわ銀行の受皿金融機関として発足した。同行は、福徳銀行となにわ銀行の自己資本が大きく毀損していたため、過小資本で営業を開始した。金融当局は、1999年6月に連結自己資本比率の向上策等に関する報告命令（銀行法24条）、早期是正措置命令を発令し、同行は、130億円の第三者割当増資を実施した。しかし、1998年度決算は単体自己資本額▲1,117億円を計上し、同行は、金融再生法68条2項に基づく申出を行い、金融再生委員会は、管財人の管理を命ずる処分を実行した。
　こうして、特定合併方式の第一号となった[7]、なみはや銀行は、僅か10ヵ月で破綻に至った。破綻の主要因は、金融当局が、両行の債務超過の実態を把握していなかったこと、特定合併方式の慎重かつ実践的な検討が不足していたことがあげられる。

(ii) 金融整理管財人業務
　金融整理管財人には、弁護士、公認会計士、預金保険機構が選任された。
　営業譲渡について、国内外の可能性ある先に幅広い接触が行われ、大和銀行および近畿大阪銀行との間で、2000年7月に営業譲渡契約が締結された。預金保険機構が、資金援助として、金銭贈与6,526億円、資産買取り1,905億円を行った。
　旧経営陣の責任追及について、刑事責任として、旧頭取を特別背任で起訴したが、大阪高裁で無罪が確定した（2002年12月）。民事責任として、旧経営陣4名に対し、総額10億円の損害賠償を求める民事訴訟（2件）を大

　6）特定合併方式は、改正預金保険法（1998年12月）で整備された、財務体質の悪化した複数の銀行同士が合併する方式で、手続としては、会社法上の新設合併（会社法753条）にあたる。本件では、整理回収機構により公的資金3,000億円で不良資産の買取りが行われた。
　7）特定合併方式は、1999年4月に廃止され、なみはや銀行のみに適用された。

阪地方裁判所に提訴した（2000年8月）。

2）新潟中央銀行
(i) 経緯・破綻への道程

　新潟無尽が、1951年に相互銀行に転換し新潟相互銀行となり、1989年に第二地方銀行に転換し新潟中央銀行となった。同行は、創業者一族が世襲経営を行っていたが、バブル期には県内ニット産地を中心に堅実融資を行い、不良債権も少なかった。

　しかし、バブル崩壊期において、経営トップの独裁体制により経営方針・戦略を大きく転換させ、多くの金融機関が撤退するなか、テーマパークやゴルフ場などレジャー関連プロジェクト、さらにロシア投資プロジェクトに向け大型融資を行った。

　大型融資の大宗は不良債権化し、1999年3月期の自己資本比率は2％となり、金融当局から早期是正措置命令が発令された。同行は、200億円の第三者割当増資を計画したが資金が集まらず、大量の預金が流出した[8]。同行は、1999年10月に、金融再生法68条1項に基づく申出を行い、金融再生委員会は、管財人の管理を命ずる処分を行った。

(ii) 金融整理管財人業務

　金融整理管財人は、弁護士、公認会計士、預金保険機構が選任された。

　営業譲渡について、地域性が強く、店舗網の魅力が少なく、隣接する他県の店舗も多いため、地方銀行を中心に幅広く接触が行われた。都市部の銀行破綻と異なり、全営業店の譲受を希望する先は無く、譲受希望のない地域もあり、選定・交渉は難航した。こうした状況から、最終的に、入札ではなく相対の交渉を行い、同行は分割譲渡されることとなった。新潟県

---

8) 語学学校経営のNOVA（大阪市、2007年破綻）が40億円の出資を内諾し、公式に支援に名乗りを上げたが、追加融資に関する交渉不調、再建計画の脆弱性などから最終的に出資を見送った。この報道を受け、新潟中央銀行の預金流出が加速し、新たな出資先も見出せず、同行は自力再生を断念した。

内の営業店は、基本的に県内の第四銀行と大光銀行が、県外の営業店は、東日本銀行（東京都）、八十二銀行（長野県）、群馬銀行（群馬県）、東和銀行（群馬県）が譲渡先に決定し、これら6行と、2000年12月に営業譲渡契約が締結された。預金保険機構は、資金援助として、金銭贈与3,817億円、資産買取り1,021億円を行った。

旧経営陣の責任追及については、刑事責任として、旧頭取を特別背任罪で告訴した（2001年4月）。また、民事責任として刑事責任と同一の件で、旧経営陣11名に対し総額21億円の損害賠償請求の訴訟（2件）を新潟地方裁判所に提訴した（2001年3月）。

3．承継銀行制度

金融整理管財人制度の概要と適用事例を述べたが、破綻した金融機関の財務状況や地域性などから、譲受先を速やかに見出せない場合も想定され、承継銀行制度が整備された。本制度は、破綻先の業務を、承継銀行が暫定的に引継ぎ、承継銀行が譲受先を見出し、営業譲渡を行い、破綻処理を終了させるものである。

預金保険機構は、2001年3月末の期限まで、金融再生委員会の決定を経て、承継銀行を子会社として設立することが認められた。預金保険機構は、承継銀行の円滑な業務遂行のため、貸付と債務保証、さらに承継銀行の業務遂行により発生した損失補填を行うことも認められた。承継銀行は、管理処分開始から1年以内に、合併、営業の全部譲渡、株式の譲渡などにより自らの経営管理を終了させることが求められた。

なお、金融再生法の適用期間（1998年10月-2001年3月）において、破綻した金融機関は、すべて金融再生委員会による管理処分開始から2年以内に営業譲渡を行い、管理を終了させる見込みが立ったため、本制度を活用する必要性がなく、適用事例はない[9]。

4．特別公的管理制度

(1) 特別公的管理制度の概要

　特別公的管理制度は、破綻銀行の申出または金融当局の決定を経て、当該銀行のすべての株式を預金保険機構が強制取得することで国有化し、金融当局から選任された取締役および監査役が管理・運営する制度である。金融整理管財人制度が金融機関の経営陣を全面的に入れ替える制度であるのに対し、本制度は、それに加え、銀行の所有者（株主）も変更するものである。本制度は、すべての金融機関が対象ではなく、業務範囲の広い大規模な銀行、すなわち、他金融機関への破綻連鎖や金融市場に重大な影響を及ぼすなど、システミック・リスク発生の可能性がある破綻先に適用することが想定されていた。

　金融再生委員会は、特別公的管理開始決定と同時に、預金保険機構が当該破綻銀行の株式を取得することを公告する。特別公的管理銀行の株式は、公告時に預金保険機構が取得し、当該株券は、公告時に無効となる[10]。預金保険機構は、金融再生委員会の指名に基づき、取締役および監査役を選任すること、業務に必要な資金を融資し、業務の実施により発生した損失の補填を行うことができる。特別公的管理銀行は、管理開始決定に至った経緯などを調査し、金融再生委員会に報告の上、旧経営陣の民事上・刑事上の責任を追及することが求められる。

9）民族系信用組合（朝銀信用組合）については、破綻公表後に、統合構想の変更、譲受金融機関の破綻など、情勢の変化があったため、破綻公表から事業譲渡までに2年を超えている事例も多いが、すべての先において、金融再生委員会から途中に発出された管理を命じる処分の日から2年以内に事業譲渡を行い、管理を終えている。

10）この際、金融再生委員会に置かれる株価算定委員会（株価算定委員会令　平成12年6月7日政令第二百六十六号）は、公告時における当該特別公的管理銀行の純資産額を基礎として、取得株式の対価を決定する。

(2) 特別公的管理制度の適用

　特別公的管理制度は、日本長期信用銀行（1998年10月破綻）および日本債券信用銀行（同年12月破綻）に適用された[11]。ここで、預金保険上、保険料徴収の対象とされていなかった「金融債」[12]の保護が問題となった。金融債は、預金保険制度創設時（1971年）において、大部分が法人向け金融商品であり、また転々流通する有価証券で名寄せにより１人当たり一定限度額まで保護することが技術的に困難であることから、保護対象外とされた。これに対し、政府は、特例措置として特別資金援助を定めた預金保険法附則第16条（1996年改正預金保険法）を法的な根拠として全額保護を行った。その後、金融国会等で法律上明確にすべきとの意見を受け、2000年の預金保険法改正により、金融債（保護預かり専用商品に限定）を、預金保険の対象となる「預金等」の定義に加えた[13]。

１）日本長期信用銀行

(i) 経緯・破綻への道程

　日本長期信用銀行（以下、長銀）は、高度成長期において、鉄鋼や石油化学など製造業の設備投資に長期資金を提供し、日本経済・産業の発展に資した。長銀は、割引金融債「ワリチョー」、利付金融債「リッチョー」「リッチョーワイド」を中心に長期信用債券で資金調達を行い、設備資金

---

11) 金融再生法の施行日（1998年10月23日）と同日に、日本長期信用銀行（長銀）に対し、特別公的管理制度が適用された。すなわち、長銀の破綻処理を前提に、特別公的管理制度が整備されたこととなる。

12) 金融債とは、その設立根拠法により債券の発行が認められている金融機関が定期的に発行する債券で、利付金融債と割引金融債の２種類がある。当時は、日本長期信用銀行（長銀）、日本債券信用銀行（日債銀）、商工組合中央金庫、信金中央金庫の４機関が発行していた。長銀および日債銀の資金調達は、金融債に多くを依存していた。

13) 長銀および日債銀が破綻した時点においては、保険対象預金の全額保護だけでなく、付保対象預金以外の預金、預金以外の負債一般も実質的に保護された。長銀の破綻に関する小渕内閣総理大臣の談話は「預金、金融債、インターバンク取引、デリバティブ取引等の負債は全額保護され、期日通り支障なく支払われるとともに、善意かつ健全な借り手への融資も継続される」というものであった。

貸出を実行した[14]。

　1980年代に日本経済が成熟期に入ると、鉄鋼や石油化学など、いわゆる重厚長大産業の資金調達が直接金融へシフトし、長銀は、存在意義・特殊性が薄れ、一般の金融機関と同様に、幅広い業種に対し、運転資金、設備資金を融資するようになった。そうしたなか、頭取の独裁体制の下、不動産やレジャー産業に融資を急拡大し、特に、「イ・アイ・イ・インターナショナル」（以下、イ社）に6,000億円、同社に多額の融資を行う東京協和信用組合と安全信用組合の二信組支援のために多額の出資を行った。

　バブル崩壊後は、イ社をはじめとした不動産やレジャー産業、さらにノンバンク向け融資の多くが不良債権化し、二信組も破綻に至った。国策銀行のこうした状況に対し、1998年3月に、金融安定化法に基づく資本増強（1,766億円の公的資金投入）が行われたが、格付低下とともに株価が下落し、住友信託銀行との合併も破談となり、厳しい経営状況に陥った。1998年10月23日、金融再生法の施行当日に、長銀は同法68条2項に基づく申出を行い、同法36条1項に基づき特別公的管理が適用された。

(ⅱ) 特別公的管理制度

　長銀は、金融再生法36条により、特別公的管理が決定され、同法39条により、預金保険機構が100％株主となった。金融再生委員会の指名により役員が任命され、不良債権は整理回収機構に譲渡され、最終的に営業譲渡または株式譲渡によって特別公的管理を終了させることとなった（同法52条）。この結果、株主は権利を失効し、他方、多額の公的資金の投入により、預金、金融債を含め、すべての債権が保護された。

　特別公的管理制度の出口はM&Aであるが、受皿候補先は、資産のデュー・デリジェンスには消極的で、譲渡後の二次ロス対策を強く求め、この結果、契約書に民法上の瑕疵担保責任の法理を用いた瑕疵担保条項が盛

---

[14] 長銀の債券発行残高および融資残高は、1956年3月末に債券発行残高：1,078億円、融資残高：1,039億円、1962年3月末に債券発行残高：4,171億円、融資残高：4,059億円となり、債券発行と融資を急速に拡大させた。

り込まれることとなった[15]。最終的に、ニュー・LTCB・パートナーズ[16] 以外の候補先が現れず、同社は有利な契約交渉を進め、株式売買契約書を締結した。同社は、預金保険機構が保有する長銀の発行済株式24億1,707万5千株を10億円で購入し、加えて新生長銀の新規発行株式3億株を1,200億円で引受けた。そして、長銀保有株式含み益のうち2,500億円を譲渡後に実現させ、新生長銀の自己資本の増強に充当し、加えて金融機能早期健全化緊急措置法に基づき、優先株式2,400億円（6億株）の資本注入を行い、この結果、13％の自己資本比率が実現された。

長銀の破綻処理には、これまでで最大の公的資金が投入された。預金保険法に基づく資金援助は、金銭贈与が3兆2,391億円、整理回収機構の資産買取り資金が7,987億円、加えて金融再生法に基づく損失補填が3,498億円となった。さらに、長銀が保有していた株式（地方銀行など）の買取りが2兆2,641億円、早期健全化法に基づく資本増強が2,400億円となった。

長銀内に責任解明委員会が設置され、同会の検討を整理回収機構が引き継ぎ、旧経営陣の刑事・民事責任を追及した。整理回収機構は、元頭取等を、刑事責任について、虚偽記載有価証券提出罪（証取取引法違反）および違法配当罪（商法違反）で当局に告発し、民事責任について、損害賠償請求を提起した。2008年に最高裁は、刑事について、被告人すべてに無罪判決、民事責任について、整理回収機構の上告を棄却する決定を下した[17]。

---

15) 本来、民法上の瑕疵担保は引渡し時点の「隠れたる瑕疵」であり（改正前民法570条）、その後に発生した瑕疵ではない。本特約条項では、買付資産が劣化するリスクを売手（国）が負担し、著しく不利な条件となる。なお、米国において実例のあるロスシェアリング方式は、金融再生委員会等で検討されたが、金融再生法上に明文規定が無いことから、採用されなかった。本条項により、譲渡した貸付資産が劣化し20％以上評価が下がった場合、当初の評価で預金保険機構が買い戻すこととなった。さらに、法人税負担、訴訟リスク、偶発債務などで一定金額を上回るものについても預金保険機構が負担することとなった。全体として、売手（国）に不利な契約と評価される。

16) ニュー・LTCB・パートナーズは、米国のリップルウッドグループを中心とする欧米のファンドと金融機関が構成したリミテッド・パートナーシップ（投資組合）である。出資者が日本で課税されるのを避けるため、オランダでパートナーシップを構成した。

2）日本債券信用銀行
(i) 経緯・破綻への道程

　日本債券信用銀行（以下、日債銀）は、高度成長期において、中小企業の資金需要が多く、不動産関連融資を拡大させた。それに伴い、資金源となる利付金融債（ワリシン）、割引金融債（リッシン、リッシンワイド）の発行も順調に拡大させた。

　日債銀は、民族系企業への不透明な融資取引が多く、バブル期には、頭取の独裁体制により、不動産銀行として、ノンバンクや不動産向け融資を急速に拡大させた。バブル崩壊後は、不動産関連融資の多くが不良債権化し、経営を圧迫するようになった。1995年度決算では赤字を計上し、その後も経営は悪化し、1997年には、自己資本比率が4％以下となった。これに対し、日債銀は、2,900億円の増資[18]、米国大手投信銀行バンカース・トラストとの業務提携、金融安定化法に基づく公的資金の受入れ（優先株式600億円発行）などを行った。一方で、280社を格上げ査定し、不良債権の取立不能見込額の過小処理および貸倒引当金の大幅圧縮、外資系金融機関が販売するデリバティブ取引を組み込んだ金融商品を利用した巧妙な不良債権隠しも行った。

　金融当局の検査（1998年）で、944億円の債務超過、さらに1,803億円の有価証券等の含み損が判明した。金融当局は、銀行法24条に基づき、債務超過を解消するための資本充実策について報告を求めたが、日債銀からは資本充実策は提示されず、この結果、1998年12月に、当局は金融再生法36条1項に基づき、特別公的管理の開始を決定した。

---

17) 最高裁第二小法廷判決（平成20年7月18日）。判例時報2019号10頁、判例タイムズ1280号126頁。
18) 日本銀行拠出の金融安定化資金から800億円の出資、生保・損保の劣後ローンから1,400億円の出資、銀行からの700億円の出資、計2,900億円の増資が行われた。増資額は、当時の日債銀の資本勘定の3倍に相当する金額であったが、引受側の各金融機関には東京証券取引所規則により「原則として割当株式の2年間売却凍結」の制限が付いた。

(ii) 特別公的管理制度

　金融再生委員会による資産判定、不適資産の買取りなど各種措置、譲渡契約の締結などは、ほぼ長銀と同様に行われた。同委員会は、日債銀の譲渡先について、ソフトバンク、オリックス、東京海上火災保険を中心に構成された出資グループと、2000年6月30日に株式売買契約を締結し、同年9月1日に日債銀は同グループに譲渡された。同グループは、株式売買契約に基づき、預金保険機構が保有する発行済株式25億153万6千株を10億円で購入し、新生日債銀の新規発行普通株式3億3,333万株を1,000億円で引受けた。そして、日債銀保有株式含み益のうち850億円を譲渡後に実現させ、新生日債銀の自己資本の増強に充当し、加えて早期健全化法に基づき、優先株約2,600億円（8億6,666万株）の資本注入を行い、この結果、13％の自己資本比率を実現した[19]。

　日債銀の破綻処理には、長銀の破綻処理と同様に多額の公的資金が投入された。預金保険法に基づく資金援助は、金銭贈与が3兆1,497億円、資産買取りが3,812億円、金融再生法に基づく損失補填が931億円となった。また、別途、預金保険機構が、保有株式を6,494億円で買取り、早期健全化法に基づき2,600億円の資本注入が行われた。

　旧経営陣に対する責任追及として、「内部調査委員会」が設置され、1999年7月に調査報告書が新経営陣に提出された。これを受け、日債銀は、元頭取等を、平成9年度決算における有価証券報告書虚偽記載罪で告訴した[20]。民事責任については、1999年8月に、旧経営陣に対する損害賠償

---

19) 優先株式600億円（12千万株）について、241億円（約5千万株）に減資を行い、預金保険機構が保有した（簿価0円）。なお、早期健全化法に基づく資本注入分も含め、国の潜在的持株比率が33％以内になるように設定された。

20) 公判では、新基準で会計をしなかったことの違法性が争われた。最高裁判決（2009年12月7日）では、東京地裁および東京高裁の有罪判決に対し、「当時は金融の過渡期であり、旧基準による会計をしても違法性を問えない、しかし、ノンバンク等への貸出金を無価値とすべきかについて審理する必要がある」として東京高裁に差し戻した。東京高裁で無罪判決を下し（2011年8月30日）、検察側が再上告を断念したため、無罪判決が確定した。

請求権が整理回収機構に無償譲渡され、整理回収機構が旧経営陣に対し、損害賠償請求訴訟を提起した。

5．小括

　拓銀の破綻（1997年）以降も金融機関の破綻は相次ぎ、日本の金融システムは危機的状況に陥った。こうした状況を受け、金融システム安定化委員会の答申に基づき、金融再生法が制定され（1998年）、従来の経済状況、各金融機関の経営状況、救済金融機関の有無などに応じた個別対応でなく、一律の法的な制度対応が可能となった。金融再生法により、現行の破綻処理制度の基盤が確立され、市場におけるこの制度への信頼こそが金融セーフティネットの基礎となると考えることができる。

　米国では、連邦破産法は金融機関を適用除外としているが、日本では、銀行等の多くは株式会社で、倒産処理に特別法はなく、一般事業会社と同一であった。金融再生法により、金融当局による金融機関を対象とした破綻処理手法が確立した。これは、金融機関の破綻処理を迅速・的確かつ合理的に進めることを実現し、預金者・社会に便益をもたらすものである。しかし、米国のFDICのように、司法手続を不要とし、預金保険機構の行政手続のみで完結処理できる制度ではないことに留意が必要である。

　長銀の破綻処理には、これまでで最大の公的資金が投入された（約8兆円）。預金が全額保護されたため（全額保護期）、同順位である金融債等も全額保護せざるを得なかったことから公的資金の投入額が増加し、預金者優先権導入の必要性を感じる。そして、そもそも多額の公的資金の投入により、本当に救済する必要があったのか、現在の姿（SBI新生銀行）をみて、存在意義を明確に見出せず、疑問に思う。公的資金による救済（ベイルアウト）の効果検証の一つとして、再生後に公的資金を完済し、成長を果たすことがあげられる。大手銀行において、公的資金を完済していないのは、SBI新生銀行だけであり、ベイルアウトのあり方を考える事例である。

　日債銀の破綻処理には、長銀の破綻処理と同様に多額の公的資金が投入された（約4.5兆円）。現在、あおぞら銀行（旧日債銀）は、公的資金を全

額返済し、経営を継続している。前述の効果検証によれば、ベイルアウトの判断は妥当であったといえる。ただし、これはコスト面からのみの検証であり、総合的な検証手法ではないことに留意が必要である。

　金融再生法成立前は、銀行の情報開示（ディスクロージャー）は、不良債権の開示基準が業界による自主ルール（ソフトロー）で規定されるなど厳格性を欠いていた。情報開示（ディスクロージャー）が充実し、それを通じた「市場規律」が有効に機能していれば、不良債権の積極的な処理による財務内容の改善が市場に評価され、不良債権処理への動機（インセンティブ）となったはずである。市場規律を有効に機能させる上で、情報開示（ディスクロージャー）は重要であることを示唆する。

第3章
現行の銀行破綻処理

1．恒久的な破綻処理制度の構築

　金融再生法の適用年限および預金等を全額保護する特例措置は、2001年3月末までとされていたため、金融審議会で「特例措置終了後の預金保険制度および金融機関の破綻処理のあり方」について審議され、答申が取り纏められた（1999年12月）。

　同答申では、特例措置終了後の金融破綻処理のあり方として、「市場規律を有効に機能させ、問題のある金融機関を早期に発見し早期に是正・処理することを基本とし、預金者の損失および預金保険の負担を最小限にとどめるべき」ことが示された（一部略、下線は筆者）。

　これは、基本的に小さな金融セーフティネットを目指すべきとの考え方である。この基本理念に基づき、「破綻処理手法は、コストが最も小さい手法を選択し、社会・経済的混乱を最小限にとどめることが重要であり、資金援助方式を優先すべき」方針が示された（一部略）。加えて、通常の破綻処理の枠組みでは対応できない、危機的な事態に対応する手法の確立が必要であることが提言された。

　また、与党三党の間で、「日本の経済を確実な安定軌道に乗せるためには、一部の中小金融機関に関し一層強固な金融システムの構築を図る必要があるとの観点から、特例措置の期限を1年延長する」合意がなされた。

　こうした答申と合意等を踏まえ、金融機能の一層の安定化および破綻金融機関の的確な処理を図るため、破綻処理の恒久的な制度を整備し、預金等全額保護のための交付国債の増額および預金等全額保護の特例措置を1年延長[1]することを主な内容とする、2000年改正預金保険法が成立し、2001年4月から施行された。

本法の施行により、金融機関の破綻処理手法は、期限の定めのない恒久的な制度として整備され、通常の枠組みである「金融整理管財人制度・承継銀行制度」、危機的な事態の枠組みである「金融危機対応措置」によって構成されることとなった。

2．金融整理管財人制度・承継銀行制度

　恒久化された金融整理管財人制度は、金融再生法の金融整理管財人制度を預金保険法のなかで再構築したものである。金融庁長官は、当該金融機関が、(1)債務を完済することができない場合、(2)預金等の払戻しを停止するおそれがある場合、(3)預金等の払戻しを停止した場合、金融整理管財人による管理を命ずることができるとされた[2]。

　金融整理管財人は、破綻金融機関を代表し、業務執行や財産管理・処分、旧経営陣に対する責任追及として民事提訴や刑事告発などを行う。管理期限は、処分の日から最長2年以内とされる。こうした基本的な仕組みは、金融再生法下の制度と同様である。

　承継銀行制度は、金融整理管財人が、譲受金融機関を速やかに見出せない場合の破綻処理手法であり、破綻金融機関の業務を暫定的に承継銀行へ引継ぎ、承継銀行が受皿金融機関を見出し、営業譲渡を行い、破綻処理を終えるものである。本制度は、金融再生法の下で導入されたが、これまで適用事例はなかった。

　承継銀行制度も基本的な仕組みは金融再生法下の本制度と同様であるが、金融再生法下では、承継銀行の設立は業務承継が必要となる破綻金融機関

---

1) 預金保険法附則16条により定められたペイオフコストを超える特別資金援助制度の終了期限が「平成13年3月31日」から「平成14年3月31日」に延長された。また、本特例措置の延長に伴い、協同組織金融機関の公的資金による資本増強制度も1年延長された。
2) 金融機関は、(1)債務を完済することができない場合、(2)預金等の払戻しを停止するおそれがある場合は、その旨および理由を金融庁長官に申し出なければならない（預金保険法74条5項）。

が存在することが要件とされたが、恒久措置としての本制度では、破綻金融機関が存在しない場合でも、あらかじめ承継銀行を設立できることに改正された。

3．全額保護下での金融整理管財人による破綻処理

2001年度に破綻した金融機関から、2000年改正預金保険法に基づく恒久措置としての金融整理管財人制度が適用された。預金等を全額保護する特例措置が2002年3月末まで延長されたことに伴い、2001年度に破綻した、銀行2先、信用金庫13先、信用組合41先について、預金等は全額保護のうえ、破綻処理が行われた。

金融当局は、管理を命ずる処分と同時に、金融整理管財人を選任する。金融整理管財人は、基本的に、銀行の場合は、預金保険機構、弁護士および公認会計士の組合せ、協同組織金融機関の場合は、系列組織出身者や地元金融実務精通者および弁護士の組合せが選任された[3]。

破綻金融機関の経営管理・業務運営は、金融整理管財人に業務執行権、財産管理処分権など全権が専属されるため、その意思決定機関である「金融整理管財人会議」が設置され、経営事項の審議が行われた。また、適切な業務運営を遂行するため、破綻金融機関の幹部職員を含めた「業務運営会議」が設置され、融資案件、経費支出等の経営事項の審議が行われた。

営業譲渡先の選定に関しては、選定プロセスの透明性と説明責任が求められ、コストの最小化に向け、可能性ある多数の先に公平に情報を提供し、譲受・価格条件などを提示させ競争させる入札手法が行われた。譲渡先の選定は、破綻処理業務のなかで最重要事項であり、金融当局、金融整理管財人、預金保険機構本部が連携して行った。

破綻金融機関の資金繰りについては、最大限の自助努力による調達を前

---

[3] 協同組織金融機関のなかでも、比較的規模の大きい先や破綻原因に特殊性がある先については、預金保険機構が金融整理管財人に選任された。

提とし、それでも資金が必要な場合は、日本銀行からの貸付（日銀特融）により対処している。全額保護下において破綻した銀行8行は、すべて日銀特融を受けた。

　2001年度に破綻した、銀行2先、信用金庫13先、信用組合41先について、恒久措置として金融整理管財人制度が適用され、すべての事例で金融整理管財人が選任された。このなかで、石川銀行（石川県）および中部銀行（静岡県）については、特例措置の終了する2002年3月末までに譲受金融機関を見出せず、承継銀行制度が活用された。

4．定額保護下での金融整理管財人による破綻処理

　預金等を全額保護する措置は、2002年3月末で終了し、2002年4月以降は定額保護に移行した。ただし、2002年4月から2005年3月末までは特定預金（当座預金、普通預金、別段預金）の全額保護が継続された（いわゆる一部ペイオフ実施）。2005年4月以降は、預金保険で保護される預金等の額は、決済用資金は全額保護され[4]、それ以外の預金等は金融機関ごと、預金者1人当たり元本1,000万円と利息が限定保護されることとなった。

　定額保護下での金融整理管財人による破綻処理の基本的な枠組みは、下記のとおりである[5]。

　破綻処理は、資産劣化防止の観点から、金融整理管財人は、迅速に営業譲渡を行い、早期に終了させる。このため、迅速な営業譲渡手続を定め、金融整理管財人が破綻金融機関の業務執行権および財産管理処分権を持続できる民事再生手続きを活用する[6]。

　民事再生手続きは迅速な処理が求められ、全額保護下よりも、短時間の処理が要請される。このため、破綻処理のスケジュールは、破綻から半年

4）決済用預金とは、3つの要件（無利息、要求払い、決済サービスの提供）を満たす決済性の特定預金（当座預金、無利息の普通預金、別段預金［為替取引関係］）である。2002年の預金保険法改正により、2004年に導入が認められた。

5）預金保険機構・前掲第Ⅱ編1章注9）118頁以下参照。

後に営業譲渡を行い、1年後に再生計画に基づく債権者への第1回弁済を行い、金融整理管財人による管理を終了させる。

　裁判所の再生手続開始決定が速やかに受けられることが、営業再開に対する信頼を得て、企業価値の維持を図る観点から必要となる。このため、破綻金融機関と承継銀行との間で、破綻から半年後に営業譲渡の基本合意契約を締結する。

　破綻金融機関は、迅速に破綻時の預金等債権を確定し、預金者データを預金保険機構に提出し、機構から名寄せ結果を受け、付保預金の払戻等の営業再開準備を整える。融資業務は、資産劣化の防止が求められることに留意し、新たな損失の発生を回避する。

　破綻金融機関は、預金保険法に基づき、付保預金および決済債務の払戻資金、資産価値の減少防止のための貸出資金を預金保険機構から借り受け、破綻時の債務は弁済禁止とする原則に対し、例外的な取扱いが可能となる法的手続をとる。

　破綻から半年後の営業譲渡時に、譲受金融機関に譲渡しない不良債権は、一般債権者への弁済原資の極大化および公正な方法による資産処分の観点から、一般投資家への売却を試みる。当該不成立資産および不適切資産は、整理回収機構に売却する。

5．日本振興銀行の破綻処理

(1) 経緯・破綻への道程

　日本振興銀行（以下、振興銀）は、2003年に中小企業向けの融資、一般顧客の定期預金専門の新しいタイプの銀行として設立された[7]。振興銀は、

---

6) 破産法の「破産の宣告（現・破産手続き開始の決定）」、特別清算の「解散の決議」が預金保険法上の第二種保険事故に該当し、自動的に保険金支払方式が適用されることになる。また、会社更生法では金融整理管財人は旧経営陣とみなされるが、民事再生法では再生債務者として金融整理管財人が経営に留まることができる。預金保険機構・前掲第Ⅱ編1章注9）119頁。

高金利の定期預金、銀行株式の増資・出資により資金・資本の調達を行い、首都圏の中小企業を対象に無担保で第三者保証不要の高金利融資を推進するビジネスモデルを実践した。日本銀行の当座預金(準備預金制度)を開設せず、決済用預金である当座預金、普通預金を扱っていないことから、金融システムにも加盟していなかった。加えて、インターバンク市場にも参加しておらず、資金源である定期預金を獲得するため、店舗展開を急速に拡大し、2009年までに全国47都道府県すべてに店舗を開設した(105店舗)。

しかし、2010年に、振興銀の元役員が検査妨害の疑いで逮捕されたことを契機に預金流出が続き資産状況が急速に悪化し、同年9月の中間決算で1,804億円の債務超過を計上した。この結果、2010年9月10日に振興銀は金融庁長官に対し預金保険法74条5項に基づく申出、東京地方裁判所に対し民事再生法開始の申し立てを行った。同日、金融庁長官は当該申出および資産状況を踏まえ、管理を命じる処分を行った。

足利銀行の破綻以降(2003年12月)、景気回復に伴い金融システムは暫く安定を保っていたが、7年振りの銀行破綻となった。なお、総負債額は、6,195億円となった。

(2) 金融整理管財人業務

振興銀の破綻処理は、預金保険法制定以降初めて定額保護による破綻処理が行われ、大きな注目を集めた。金融整理管財人には、預金保険機構が選任されたが、受皿となる金融機関を見出せず、暫定的に第二日本承継銀行[8]を設立した。第二日本承継銀行が振興銀と譲渡契約を締結し、預金保険で保護される預金等の負債を承継した[9]。

---

7) 金融庁の分類で「新たな形態の銀行等」として位置づけられ、都市銀行と同様に金融庁長官の監督を受ける、本庁直轄銀行であった。
8) 預金保険機構の全額出資により設立された「日本承継銀行」は、石川銀行、中部銀行の破綻処理に活用された後、2004年3月に預金保険法上の存続期間が終了し解散した。同月に、今後の活用のため預金保険機構の全額出資により「第二日本承継銀行」が設立された。

本件は銀行の特殊性、および制度上初となる預金定額保護により、従来とは相違する手法で破綻処理が進められた。第一に、預金定額保護の場合は、付保預金と非付保預金を正確に区別・管理することが求められる。付保預金は払い戻し要求に応じられるが、非付保預金は精算の結果により一部支払いとなるため、即座に支払うことはできない。「金月処理の原則[10]」により、短期間に正確・迅速な作業が要請される。第二に、定額保護の場合は、管財人の手続きと並行し、裁判所による民事再生法の手続を進めることが求められる。本件では、9月10日（金）に金融庁から業務改善命令と管理を命ずる処分が行われ、同日に裁判所から保全処分と監督委員の選任がなされ、9月13日（月）には振興銀の営業再開にあわせ民事再生手続開始の決定がなされた。第三に、預金全額保護期のブリッジバンクの活用は、金融整理管財人の任期が超過する時に受皿が見出せない場合などを想定していたが、本件は任期とは関係なく早期にブリッジバンクへ譲渡を行った。

　預金保険機構は、資産分類を行い、適格資産はブリッジバンクに譲渡し、不適格資産は整理回収機構に譲渡した。また、預金保険機構は、振興銀へ656億円の金銭贈与、第二承継銀行へ1,041億円の金銭贈与、さらに振興銀から529億円の資産買取り（整理回収機構に委託）を行った。なお、本件資金援助はペイオフコストの範囲内にとどまり、すなわち、金融機関が負担する預金保険料により支出されるため、納税者の負担は発生しなかった。

9）承継銀行の存続期限は、業務を引継いだ破綻金融機関に対する管理を命ずる処分の日から原則2年以内（ただし1年の延長が可能）となっており（預保法96条）、同行は平成24年9月10日（最長で平成25年9月10日）迄の存続となった。

10）「金月処理の原則」とは、金融システム安定のため、「金曜日の市場終了後に金融当局が行政措置を行い、金融破綻を公表し、月曜日には営業を再開する」ものである。ただし、米国では、月曜日にはP&Aによる営業譲渡まで行い、譲渡先金融機関が営業を再開するのに対し、日本では、営業譲渡は通常1年後位に設定され、破綻金融機関が営業を再開する。

(3) 第二日本承継銀行の業務

　承継銀行は、金融整理管財人の下で営業を継続し、新規預金の預入および預金の継続書換えを受けた。なお、預金利息に関しては、主要金融機関の利息を参考とした利率を適用した[11]。預金の払戻しについては、預金者から希望のあった場合に、付保限度を超えた非付保預金について行われた。最終的な払戻し（清算配当）は受皿金融機関への譲渡も含めすべての資産処分の終了後に確定されるので、その期間まで払戻しは凍結された。ただし、期間を限定し、非付保預金者からの預金債権買取りによる概算払いが行われ、振興銀は25％の弁済率で概算払いを実施した。なお、振興銀の預金者の多くはペイオフ限度以下の預金額であり、概算払いの対象となる預金者は、全体の約3％となる3,403人であった。

　預金者以外の債権者に関しては、民事再生手続によって処理が進められ、現行制度上は、預金債権と一般債権は同順位であり、同じ比率で清算配当を受け取ることとなる。ここで、付保預金が優先保護されるのは、預金保険制度の効果である。すなわち、預金保険機構は資金援助の結果、付保預金相当額の預金債権を代位取得し、その後、預金保険機構、非付保預金債権者、一般債権者で清算配当を分配することとなる。

　振興銀の再生計画認可の決定が2011年12月になされ、預金の弁済率は39％に引上げられた。そして、2011年12月16日に、預金保険機構は第二日本承継銀行の全発行済株式を19.8億円で、貸付資産の一部を5億円で、イオン銀行に譲渡した。この結果、預金保険機構は、預金保険法94条に基づく経営管理を終了し、第二日本承継銀行は、イオン銀行の完全子会社「株式会社イオンコミュニティ銀行」となった。

　本件は、日本初の「定額保護の破綻処理」として歴史的な事例になる[12]。

---

11) 保護対象の既存預金に関し、事業譲渡以前に満期が来るものについては満期利率および中途解約利率がそのまま適用され、満期が事業譲渡以降になるものについては事業譲渡の際に同意書が送られ、同意するものは事業譲渡以前までの利率と、その後定められる満期利率が適用され、同意しない旨を伝えられた預金は、約定利率を破綻日まで適用した利息が払い戻される。　預金保険機構ホームページ（http://www.dic.go.jp/kanzai/kanzai.html）参照。

しかし、振興銀が下記の3点から特殊な金融機関であることに留意する必要がある。(1)当座預金、普通預金を取り扱わず決済システムとのリンケージがない。決済業務を行っていれば、システミック・リスク発生の可能性もあり、ペイオフ超の対応も考えられた。(2)インターバンク市場で資金調達・運用をしておらず、短期金融市場で混乱が起こる可能性が低かった。(3)店舗展開が小規模であり、名寄せ手続きが比較的容易で混乱が起こりにくかった。

最終的に、振興銀は破綻後6年間かけて非付保預金者に対し弁済したが、弁済率は61％にとどまった。そして、破綻した振興銀から損害賠償請求権を譲り受けた整理回収機構が元会長に50億円の損害賠償を求めた訴訟の判決で、東京地裁は2016年9月29日に、約37億5千万円の賠償を命じた[13]。

6．金融危機への対応

金融危機への対応措置として、「わが国または当該金融機関が業務を行っている地域の信用秩序の維持に極めて重大な支障が生じるおそれがあると認められるとき（すなわち「危機的な事態」）は、金融危機対応会議[14]を踏まえ、内閣総理大臣は、例外的措置を講ずる必要がある旨の認定を行うことができる」とされた（預保法102条1項）。

預金保険法102条（金融危機に対応するための措置の必要性の認定）に定められた3つの金融危機対応措置のなか、第一号措置が資本増強制度、第二号措置および第三号措置が金融機関の破綻処理制度である。第二号措置は、

---

12) 日本経済新聞経済教室「ペイオフ発動その意義と課題」（上）翁百合「『平時の原則』初めて適用」（2010年9月15日）、同（下）佐藤隆文「安全網とのバランス重要」（2010年9月16日）等参照。
13) 日本経済新聞朝刊（2016年9月29日）。
14) 金融危機対応会議は、内閣総理大臣の諮問に応じて開催され、金融機関等の大規模かつ連鎖的な破綻等の金融危機への対応に関する方針その他重要事項について審議を行うこととされている（内閣府設置法42条1項）。内閣総理大臣（議長）、内閣官房長官、金融担当大臣、財務大臣、日本銀行総裁、金融庁長官で構成される。

金融整理管財人が破綻金融機関を管理し、譲受金融機関等に対しペイオフコスト超の資金援助を行うもので、預金等は全額保護される。第三号措置は、金融再生法下の特別公的管理制度を恒久的な措置である特別危機管理制度に再構築したものであり、預金等は全額保護される。両措置とも、預金等の定額保護という平時の枠組みで対応することが適当でない「危機的な事態」における例外的な措置として預金等の全額保護を図るものである[15]。

(1) 第一号措置（資本増強）

　第一号措置は、破綻または債務超過に陥っていない金融機関に対し、預金保険機構が株式の引受等を行い資本増強し破綻を回避するものである。破綻状態に陥っている金融機関は、第二号措置または第三号措置により対応され、第一号措置の対象とならない。第一号措置が導入されたのは、破綻前に早期救済することで、破綻処理コスト、すなわち公的資金の導入額を抑え、さらに経済的・社会的な損失を小さくするためである。

　金融早期健全化法による資本増強は、「危機的な事態」を前提に、破綻または債務超過に陥る可能性の低い先も含め多数の金融機関に資本増強を行い、システミック・リスクおよび「貸し渋り」を回避するものであった。これに対し、第一号措置は、自己資本比率の低下した個別金融機関に対し資本注入を行い、当該金融機関の破綻およびシステミック・リスクを回避するものである。実例として、りそな銀行に適用された（2003年）。

(2) 第二号措置（特別資金援助）

　第二号措置は、ペイオフコスト範囲内の資金援助では、システミック・リスクの発生が想定される場合、全額保護期と同様に、破綻金融機関の預金等を全額保護し、金融システムの安定を図るものである。なお、財源は、金融危機特別勘定が充てられる。

---

15) 預金保険機構・前掲第Ⅱ編1章注9）108頁。

第一号措置により資本増強した金融機関が、経営改善が実現できず破綻した場合、また、早期発見・早期是正が図れず第一号措置では既に対処できない場合などに、第二号措置の適用が想定される。債権者平等原則により、すべての預金者および債権者が保護されることとなる。なお、第二号措置の実例は、現在までのところ無い。

(3) 第三号措置（特別危機管理銀行）

第三号措置は、金融再生法下の特別公的管理制度を修正した制度である。破綻金融機関のすべての株式を預金保険機構が強制的に取得し（一時国有化）、金融当局から選任された取締役・監査役が当該金融機関の管理・運営を行い、不良債権を整理回収機構に譲渡し、受皿金融機関に株式譲渡等を行って特別危機管理を終了させる。

金融再生法下の特別公的管理制度と、預金保険機構が金融機関の全株式を無条件に取得すること、特別危機管理金融機関が旧経営陣の責任追及を行うことなど基本的な仕組みは同様である。一方、金融危機対応会議を経由する開始決定手続（厳格化かつ客観・透明性確保）、開始決定要件が債務超過の場合に限定などの相違点がある。実例として、足利銀行に適用された（2003年）。

7．りそな銀行の救済（金融危機第一号措置）

りそな銀行（大阪府）は、大和銀行（大阪府）とあさひ銀行（埼玉県）が2002年に統合設立した、りそなホールディングスの子会社である[16]。りそな銀行は、発足当初から多額の不良債権を抱えた厳しい財務状況で株価も低迷していた。2003年4月に、朝日監査法人が繰延税金資産[17]の評価

---

16) りそな銀行と埼玉りそな銀行は、合併分割による経営統合を行った。この合併差益により自己資本の増強効果があり、悪化する経営を一時的に救う効果があったが、複雑な経営統合方法はシステム問題を含め、スケールメリットを阻害する要因となった。

をめぐり共同監査を辞退し、決算監査が遅延した。新日本監査法人は単独監査を行い、「将来の収益性」を問題視し、りそな銀行の主張する繰延税金資産5年分を否定し、3年分の組入れしか認めない方針を定めた。この結果、2003年3月期決算の自己資本比率が国内基準である4％を下回る2％に転落した。

　この事態を受け、「金融危機対応会議」が開催され、「現時点で、預金の流出や市場性資金の調達困難といった事実は認められないが、事態を放置すれば、預金保険法102条1項に規定する『地域の信用秩序の維持に極めて重大な支障が生じるおそれがある』と認められ、同法102条1項1号に定める措置を講ずる必要がある」[18]と判断され、内閣総理大臣により、同法102条1項1号措置（資本増強）を講じる認定が行われた。

　2003年5月30日に、りそな銀行は、同法102条1項1号措置（資本増強）の申込み、同法105条3項の規定に基づく「経営健全化のための計画」を金融庁に提出した。金融庁は、当該申込みの内容、経営健全化計画を審査した結果、同法105条4項各号に掲げる要件に該当することから、同年6月10日に資本増強を行うことを決定した。また、同法106条1項に基づき、繰越欠損の補填に充てるための資本の減少を資本増強の条件とした。

　金融庁の資本増強の決定に基づき、同年6月30日に、預金保険機構が普

---

17) 繰延税金資産は、将来の課税所得の発生に伴う法人税等の支払額を減額する効果を有し、会計上は一般に法人税等の前払額に相当するため、資産としての性格を有する。そのため、繰延税金資産の計上は、発生した将来減算一時差異等（会計上の税引前当期純利益と課税所得の差異のうち、将来解消が見込まれるもの）の解消によって将来の納付税額の減額が認められるかどうか、いわゆる「繰延税金資産の回収可能性」に依拠する。将来減算一時差異等が、将来の税金負担額を軽減する効果を有していると見込まれる場合には、繰延税金資産の回収可能性があるものとして、繰延税金資産の計上が認められ、それ以外の場合には、繰延税金資産の回収可能性はないものとして、繰延税金資産を計上することは認められない。実務上は「繰延税金資産の回収可能性の判断に関する監査上の取扱い」（日本公認会計士協会 監査委員会報告第66号）に従い、繰延税金資産の計上可否を判断している。あずさ監査法人「繰延税金資産の回収」（http://www.azsa.or.jp/knowledge）参照。

18) 金融庁「金融危機対応会議資料：平成15年5月17日付諮問に対する答申」（金融庁ホームページ）。

通株式、優先株式の引受を行った。金融危機対応会議の提言に従い、10％を超える1兆9,600億円の資本増強が行われた。預金保険機構による引受株式の内訳は、普通株式2,964億円、議決権付優先株式1兆6,636億円であり、この結果、国の議決権割合は7割超となった。

なお、りそな銀行の前身である旧大和銀行と旧あさひ銀行にも、約1兆1,680億円の資本増強が行われ、資本増強額は総計3兆1,280億円に上る。その後、りそなホールディングスは経営健全化計画を着実に履行し（半期毎に金融庁に結果報告・公表、PDCAを実践）、経営改善を進め、不良債権額を減らし（資産の健全化）、2015年6月に最大3兆1,280億円あった公的資金を完済した[19]。

8．足利銀行の救済（金融危機第三号措置）

(1) 経緯・一時国有化への道程

足利銀行（以下、足銀）は、栃木県の第一地方銀行であり、栃木県と県内31市町の指定金融機関、県内の貸出金のシェアは約50％、中小企業向けでは約80％を占めるリーディングバンクであった。足銀は、地元の繊維産業を中心に地元密着・堅実経営を行っていた。

バブル期に入ると、頭取の独裁体制のもと、レジャー産業や不動産業を中心に県外都市部へ向けた融資を急速に拡大させた[20]。併せて、審査部門と営業部門を統合する本部機構改革を行い、新規融資推進体制を整え、強力に推進し、この結果、県外店舗数および融資残高は急増した[21]。県内においては、当時のリゾート法（総合保養地域整備法）の追い風も受け、鬼怒川温泉や那須高原の観光・レジャー産業（宿泊施設、温浴施設、ゴルフ

---

19) りそなホールディングスホームページ：https://www.resona-gr.co.jp/holdings/about/hd_gaiyou/ayumi_kouteki.html 参照。

20) こうした戦略は、行内外で「鶴翼作戦」と呼ばれた。「鶴翼作戦」とは、3ヵ年経営計画の主要戦略であり、鶴の胴体が栃木、頭は仙台・郡山、右翼が茨城、左翼は群馬・埼玉、尾は東京・名古屋・大阪を指し、県外都市部へ向け融資拡大を推進するものである。

場等）に対する融資を拡大し、都市部においては不動産関連融資を拡大させた。

　バブル経済崩壊後は、大口融資先の倒産などもあり多数の資産が不良債権化した。1997年の、拓銀、山一証券の破綻により信用不安が高まるなか、足銀の不良債権比率が10％を超えたことなどから市場が反応し、株価が急落し、多額の預金が流出した（年間3,000億円減少）。こうした事態に対し、足銀は東京三菱銀行から1,000億円を資金調達するなどして、沈静化させたが、足銀の経営不安が広まった。

　1998年には、金融安定化法により劣後債300億円の公的資金を受け、1999年には428億円の第三者割当増資、金融早期健全化法により優先株式1,050億円の公的資金を受けた。しかし、不良債権処理は不調で、2002年にさらに299億円の第三者割当増資を追加した。なお、同行に栃木県および県内12市が総額10億2,000万円の支援を行った。

　2003年3月には、子会社の北関東リースとの株式移転により、金融持株会社「あしぎんフィナンシャルグループ」を設立し、足銀は同グループの完全子会社となった。その後、2003年9月期決算において、中央青山監査法人が「繰延税金資産」を計上しない方針を定め、この結果、1,023億円の債務超過を計上した。2003年11月29日に、足銀は金融庁に対し、預金保険法74条5項に基づき「債務超過等」の申出を行った[22]。

　同日、金融危機対応会議が開催され、「(1)預金保険法102条1項に定める措置が講ぜられなければ、同項に規定する『地域の信用秩序の維持に極め

---

21) 店舗数は、1975年：93店舗から1995年：212店舗と大幅増加し、貸出金は1985年：2兆3,000億円から、1995年：4兆8,000億円と倍増した。都内の貸出金は1兆円超となった。

22) 預保法74条5項は、金融機関の債務超過等の申出義務を定めている。払戻停止のおそれや債務超過は、当該金融機関が最も良く知ることのできる立場にあることから、免許制の下にある金融機関としては、そのような事態を把握するに至った場合には、文書をもってその旨の申出義務があるとしたものである。この申出義務については、罰則をもって実効性が担保されている。佐々木・前掲第Ⅱ編1章注25）330頁参照。

て重大な支障が生じるおそれ』がある、(2)足銀の規模や、栃木県における融資比率が極めて高率であることから、足銀が果たしている金融機能の維持が不可欠であることを総合的に勘案し、同条１項３号に定める措置を講ずる必要がある」と判断する答申がなされた[23]。

この答申を受け、2003年11月29日に、内閣総理大臣により、足銀に同法102条１項３号に定める措置を講ずる認定が行われ、金融庁は特別危機管理を決定・実行した。

(2) 特別危機管理銀行

2003年11月29日、金融庁は足銀に対し、特別危機管理を開始し、同時に、銀行法26条１項に基づき、資産劣化防止、業務適正化の観点から業務改善命令を発出した。同年12月１日、預金保険法111条２項に基づき、預金保険機構が足銀の株式を全部取得し、いわゆる一時国有化がなされた。

同年12月、預金保険法114条１項に基づき、取締役等の選任が行われ、受皿となる金融機関の選定は、「経営に関する計画」が３ヵ年着実に履行されたことを確認できた2006年９月頃より具体的に検討された。金融再生法下の特別公的管理制度と相違し、期限がないため、体力がある程度回復した後に株式譲渡をすることとされた。株式譲渡は、(1)金融機関としての持続可能性、(2)地域における金融仲介機能の維持、(3)公的負担の極小化、を基本的な視点として、進めて行くこととされた[24]。

2006年11月に受皿選定を進め、最終的に野村FP・NCPグループ[25]、地

---

23) 金融庁「金融危機対応会議資料：平成15年11月29日付諮問に対する答申」(金融庁ホームページ)。
24) 具体的な基準は、「(1)地域の中核的な金融機関として、適切な経営管理体制（ガバナンス）を確立し、財務の健全性とそれを維持できる収益性を確保することによって、金融仲介機能を持続可能な形で発揮できること。(2)栃木県を中心とする地域において、利用者の信頼を確立し、中小企業金融の円滑化に積極的に取り組むとともに、それを通じて地域の再生・活性化に持続的に貢献できること。(3)受皿への移行に際して預金保険機構による資金援助（金銭贈与）が実施されることとなるが、足銀の将来にわたる企業価値が適正に評価されることにより、全体としての公的負担をできる限り少なくできること。」である。

銀連合[26]に対し、足銀の企業価値の評価を実施した上で、譲受条件の提示を求め、公的負担の極小化の観点から、契約条件等を重視し審査を行い、2008年3月に野村FP・NCPグループを選定した。

2008年4月11日に、預金保険機構（売主）、足利ホールディングス（買主）、野村フィナンシャル・パートナーズ（買主株主）、ネクスト・キャピタルパートナーズ（買主株主）、ジャフコ・スーパーV3共有投資事業有限責任事業組合（買主株主）、足利銀行（対象会社）の間において株式売買契約が締結された。同年6月30日に株式譲渡が実行され、預金保険機構は足銀の全株式を、足利ホールディングスに1,200億円で譲渡した。

資金援助として、2008年6月に17億円の資産買取り[27]、預金保険機構から足銀に対しペイオフコスト内に収まる2,603億円の金銭贈与が行われた。

本件は、破綻処理（特別危機管理銀行）の期間が、2003年11月末から2008年6月末まで、4年7ヵ月と長期間に及んだ。この間、足銀は「経営に関する計画」に基づき、着実に経営改善を進め、毎年度の目標・実績・課題を明確にして真摯に改善に取り組み、債務超過を解消した。2008年7月1日に一時国有化（特別危機管理）を終了し、透明性を重視したガバナンスを確立し、預金残高の回復、資産の健全化、自己資本の充実を図り、再民営化を実現し、更に2013年12月に東証1部に再上場を果たした[28]。

---

25) 同グループは、野村フィナンシャル・パートナーズ株式会社、ネクスト・キャピタルパートナーズを中心に構成される企業連合。選定の要因は譲渡額で、後述する「地銀連合」より100億円高い1,200億円を提示したとされる（日本経済新聞朝刊（2008年3月15日））。
26) 地銀連合は、日興シティグループ証券が主幹事で、八十二銀行・横浜銀行・東邦銀行・山梨中央銀行・千葉銀行・常陽銀行を中心とした地方銀行と日本生命保険・東京海上日動による出資で設立する持株会社。
27) 2008年6月以前に、預金保険法129条に基づく資産買取りを、不良債権処理のために2004年7月、2005年2月、2006年1月、2008年3月の4回、合計982億円を行った。
28) 金融庁「競争政策と公的再生支援の在り方に関する研究会 資料」（2014年9月10日）および足利銀行「足利銀行の一時国有化と再生」（2014年9月25日）参照。

旧経営陣等に対する責任追及として、「内部調査委員会」が設置され報告書が作成された。これを受け、足銀は2005年2月に旧取締役13名に対し総額46億円、2005年9月に旧監査役および旧会計監査人に対し11億3,580万円の損害賠償請求訴訟を提起した。ここで、会計監査人に対し損害賠償を行ったことが注目される。

　その後、2006年6月に、違法配当事案に係る刑事事件の公訴時効が成立した。民事提訴に関して、(1)2007年7月に、「違法配当」の訴訟について、被告旧監査役4名および旧会計監査人と和解成立（2億6,200万円）、(2)2007年9月に、「建材会社への不正融資」等の訴訟について、被告旧取締役8名と和解成立（1億3,528万円）、(3)2008年3月に、「ゴルフ場経営会社への不正融資」の訴訟について、被告旧取締役1名と和解成立（1,499万円）した[29]。

9．小括

　日本における銀行破綻処理と金融セーフティネットは以下の様に整理・評価できる。

　金融審議会（1999年12月）で、特例措置終了後の金融破綻処理のあり方として、「市場規律を有効に機能させ、問題のある金融機関を早期に発見し早期に是正・処理することを基本とし、預金者の損失および預金保険の負担を最小限にとどめるべき」ことが示された（一部略、下線は筆者）。これは、「小さな金融セーフティネット」を目指すべきとする考え方であり、本書で提言する金融セーフティネットの原点となる考え方である。

　本答申に基づき、預金保険法が改正され（2001年）、金融機関の破綻処理手法は、期限の定めのない恒久的な制度として整備され、通常の枠組みである「金融整理管財人制度・承継銀行制度」、危機的な事態の枠組みで

---

29) 足利銀行「『業務及び財産の状況等に関する報告』の追加報告」（2008年6月30日）参照。

ある「金融危機対応措置」によって構成されることとなり、現行制度の基盤が確立した。「金融危機対応措置」の設置により、公的資金の投入（ベイルアウト）の判断基準、手順などが明確となった。

また、足利銀行をはじめとした多数の破綻先では市場規律が有効に機能していなかったと評価できる。市場規律が有効に機能していれば、不動産・建設分野などへの極端な融資拡大を抑え、リレーションシップバンキングに基づき堅実融資を実践し、健全化を図っていたと考えられる。このうち、足利銀行のベイルアウト事例は、地域内でのTBTF問題により市場規律が有効に機能しなかったことを示すものである。こうした、市場規律の不在、すなわち、「小さな預金保険制度（金融セーフティネット）により市場規律の有効機能を目指しているが到達できていない」実態が、本書の問題意識である。

なお、金融危機への対応（りそな銀行・足利銀行の公的再生支援）については、金融危機・事業再生と公的支援規制（State aid）の競争法上観点から再検討がなされている。日本にはState aid規制のような具体的な規制は存在しないが、日本航空（JAL）に対する公的支援が成功し、かえって競争者からの反発を招くなどしたことを契機に、EUのState aid規制への注目が高まり、公的支援に対する競争政策の観点からの規制のあり方について議論がなされるようになった。

世界金融危機（2008-2010年）において、EUでは、State aid規制が一定の役割を果たした。そこでは、金融システムの安定という価値が、競争政策との関係での調整を念頭に置きつつ、重視された。EUの事例・議論も参考に、日本においても公的支援に対する競争政策の観点からの規制のあり方（日本版State aid）について検討を進めるべきと考える。

第 III 編

金融機関の秩序ある処理の枠組み

　本編では、世界金融危機（2008-2010年）を経て、金融機関の実効的な破綻処理に関する国際的に協調した共通の制度設計が求められた、新たな枠組みである「金融機関の秩序ある処理の枠組み」について考察する。「金融機関の秩序ある処理の枠組み」は、「秩序ある清算権限（Orderly Liquidation Authority）」に拠り、市場原理に基づき金融機関の秩序ある処理を実現するセーフティネットである。

　「金融機関の秩序ある処理の枠組み」について、経緯・内容や米国、EU、英国の制度（どの様に自国法制・セーフティネットに組み込まれたか）などについて考察する。そして、主要な論点について日本への導入を勘案し考察する。

　最後に、2023米国の信用不安による銀行破綻からの考察を加えた。

第1章
世界金融危機後の預金保険制度・破綻処理制度

1. 世界金融危機と TBTF

　米国のリーマン・ブラザーズの破綻等に端を発した世界金融危機（2008-2010年）のなかで、金融システム上重要な金融機関等の破綻が、米国内外の金融市場を通じて伝播し、実体経済に深刻な影響を及ぼすことが明らかとなった。同時に、金融機関が大きすぎて潰せない（Too big to fail：TBTF）問題をいかに解決するかが国際的に最も重要な政策的課題となった[1]。

　金融危機への対応と再発防止を図るため、G20（Group of Twenty）[2]の枠組みにおいて、銀行の自己資本、流動性、レバレッジ規制の強化を図るバーゼルⅢの導入や店頭デリバティブ市場改革、シャドーバンキング監督・規制の強化、中央清算機関（central counterparty：CCP）を含む金融市場インフラ（financial market infrastructure：FMI）の強化など包括的な改革が行われた。なかでも、TBTFの終焉は優先すべき重要な政策目標として、その破綻が金融システムに重大な負の影響を及ぼしうる金融機関として、「システム上重要な金融機関（systemically important financial institutions：SIFIs）」を対象により厳格なプルーデンス規制を適用する一方で、SIFIsを破綻処理することを可能にするための様々な取り組みが行

---

[1] 小立敬『巨大銀行の破綻処理―ベイルアウトの終わり、ベイルインの始まり―』（金融財政事情研究会.2021）2頁。
[2] 日本、米国、英国、カナダ、フランス、ドイツ、イタリアのG7に加え、アルゼンチン、オーストラリア、ブラジル、中国、インド、インドネシア、韓国、メキシコ、ロシア、サウジアラビア、南アフリカ、トルコ、欧州連合（EU）を加えた20ヵ国・地域で構成される。

われてきた[3]。

　巨大で複雑な銀行がTBTFであると市場が認識している場合においては、巨大で複雑な銀行が破綻の危機に陥ると破綻処理が回避され、ベイルアウトが行われる蓋然性が高いと認識されることにより、市場参加者は当該銀行のデフォルトリスクを過小評価することとなる。ベイルアウトの可能性があることは、当該銀行の評価やプライシングを適切に反映せず、銀行に対して過度なリスクテイクのインセンティブを付与することとなる[4]。このようなTBTFの存在は、巨大で複雑な銀行に「暗黙の補助金 (implicit subsidy)」を与え、金融市場や市場参加者にモラルハザードをもたらすことが懸念されている[5]。金融危機の際に行われたベイルアウトは「暗黙の補助金」が「明確な補助金」となったものである。

　そして、TBTFが最もグローバルに解決すべき問題として認識されたのが、世界金融危機のトリガーとなったリーマン・ブラザーズ（Lehman Brothers：LB）の破綻である。サブプライムローン問題の影響を受け、投資銀行であるLBは経営危機に陥り、LBの持株会社であるリーマン・ブラザーズ・ホールディングス（Lehman Brothers Holdings：LBH）は、2008年9月15日に連邦倒産法（U.S. Bankruptcy Code）のチャプター11（Chapter11）を申請した[6]。こうした、LBHをベイルアウトしなかったことから、金融市場はパニックの状態となり、その影響は実体経済にも及び、これまでにない世界規模の金融・経済危機に発展した。国際通貨基金（International Monetary Fund：IMF）は、米国および欧州の大手金融機関に対しソルベンシーの懸念が高まっており、グローバルな金融システムがメルトダウンの危機に瀕していると警告していた[7]。

　2008年3月には、米国の投資銀行であるベア・スターンズ（Bear

3）小立・前掲注1）2頁。
4）小立・前掲注1）3頁。
5）IMFによると、当時、年間100億から200億ドルの補助金の効果があると指摘されている。IMF（2014）、小立・前掲注1）4頁。
6）リーマン・ブラザーズの証券子会社は、証券投資者保護公社（SIPC）の管理のもと、チャプター7（Chapter7）を申請した。

Stearns：BS）が流動性の危機に陥った際に、金融当局の支援のもと、JPモルガン・チェース（JP Morgan Chase）がBSを吸収合併した。また、LBHの破綻の影響を受け、経営危機に陥った米国の保険会社のAIGは、LBHがチャプター11を申請した翌日（2008年9月16日）に連邦準備制度理事会（Federal Reserve Board：FRB）の救済融資を受けてベイルアウトされている。ここで、なぜ、LBHだけがベイルアウトされなかったは明確な理由が不明である。LBHがベイルアウトされていれば、ここまで世界を巻き込み多額の公的資金を投じる大きな金融危機に発展していなかったと思われる。

米国では、LBHの破綻後、2008年10月に緊急経済安定化法（Emergency Economic Stabilization Act of 2008）[8]が成立した。同法に基づき財務省が導入した問題資産買取プログラム（Trouble Asset Relief Program：TARP）のもとで措置された資本注入プログラム（Capital Purchase Program：CPP）によって、大手の銀行持株会社に約1,600億ドルの公的資本増強が行われた。TARPによる公的資本増強のほかにも、連邦準備法（Federal Reserve Act）のもと、FRBが流動性ファシリティを提供した[9]。

また、金融危機の影響を受けた欧州連合（European Union：EU）では、2008年から2011年の間にEU加盟国は、総額4.5兆ユーロの公的資金を利用することを約定した。そのうち、銀行の資本増強に対して5,980億ユーロの公的資金が投じられた。最も多く公的資金が投じられたのは銀行に対する債務保証であり、3.3兆ユーロに上った[10]。

7）"IMF warns of financial meltdown," Reuters,October 12,2008（available at: https://www.reuters.com/article/us-financial3/imf-warns-of-financial-meltdown-idUSTER49A36O20081011）. 小立・前掲注1）5頁。
8）世界金融危機に対処するため、最大約7,000億ドルの公的資金を投入して、金融機関の不良資産を買取ることを定めたものである。このほか、不良資産の買取り価格を監視するための監視委員会の設置、制度を適用する金融機関の経営者報酬や退職金の制限、税制優遇措置の延長などが盛り込まれた。
9）小立・前掲注1）6頁。
10）小立・前掲注1）6頁。

このように金融危機の震源地となった米国・欧州では、公的資本増強による金融機関のベイルアウト、中央銀行による非伝統的な金融政策である、金融市場の安定化を図る流動性ファシリティの導入など、金融当局や中央銀行は政策を総動員して金融危機に当たることとなった[11]。

　LBの経験から、グローバルに展開する巨大で複雑な金融機関に対して、各法域においてそれぞれ異なる倒産手続を適用すると、市場の多大な混乱（市場型システミックリスク）が発生することが明らかとなり、各国・地域で調和のとれた破綻処理を実践する必要性が認識されることとなった。そこで、世界金融危機後には、国際的に、SIFIsに対し、ベイルアウトを回避して納税者負担を避け、同時に金融市場の混乱を予防しシステミック・リスクを抑制しながら、「秩序ある処理」を行うための枠組みを整備することが目標とされた[12]。

2．秩序ある処理の枠組み

　世界金融危機とTBTFに関する経験と課題を踏まえ、金融機関等が破綻に至るような場合においても、「秩序ある処理」を可能とする枠組みを整備するための議論が国際的に進められ[13]、2011年10月には、金融安定理事会（Financial Stability Board：FSB）において新たな指針である「金融機関の実効的な破綻処理の枠組みの主要な特性（Key Attributes of Effective Resolution Regimes for Financial Institution）」（以下、「主要な特性」（Key Attributes））が策定され、2011年11月にはG20カンヌ・サミットに

---

11) 小立・前掲注1）6頁。
12) 小立・前掲注1）7頁。
13) Delclaration,Summit on Financial Markets and the World Economy,November 15,2008（available at：www.mofa.go.jp/policy/economy/g20_summit/2008/declaration.pdf）.
　Declaration on Strengthening the Financial System, London Summit,2 April 2009（available at：https://www.imf.org/external/np/sec/pr/2009/pdf/g20_040209.pdf）.

おいて、合意された。「主要な特性」（Key Attributes）は、調和を図りながら国際的に展開する金融機関を破綻処理するために、各法域が法改正を通じて「主要な特性」（Key Attributes）に規定されたツールおよび権限を自法域の枠組みに適用することで、破綻処理制度の国際的なコンバージェンスを図ることを目的としている[14]。

こうしたFSBの主導、国際的な議論の進捗と並行して、各国・地域においてもSIFIsの秩序ある破綻処理を行うための法制度が整備されてきた。米国では、2010年7月に、TBTFの終焉を図り、ベイルアウトから納税者を保護するドッド＝フランク法 Title II「秩序ある清算権限（Orderly Liquidation Authority：OLA）」が成立した。また、EUでは、2014年7月に、域内共通の銀行の破綻処理制度を整備する「銀行再建・破綻処理指令（Bank Recovery and Resolution Directive：BRRD）が成立した[15]。

日本においても、こうした国際的な潮流を踏まえて、市場を通じて伝播するような危機に対して、金融機関等の秩序ある処理に関する枠組みを整備するため、預金保険法等が2013年6月に改正された。そして、2014年3月、預金保険法の改正に伴い、新たに「金融システムの安定を図るための金融機関等の資産および負債の秩序ある処理に関する措置」（以下、「秩序ある処理」）が導入された。なお、これにより、預金保険法の目的規定が改正され（預保法1条）[16]、新たに第7章の2を設け、126条の2から126条の39まで38ヵ条の条文を新設したほか、多くの条項を新設・改正している[17]。

---

14) 小立・前掲注1）8頁。
15) Directive 2014/59/EU of the European Parliament and of the Council of 15 May 2014 establishing a framework for the recovery and resolution of credit institutions and investment firms and amending Council Directive 82/891/EEC, and Directives 2001/24/EC, 2002/47/EC, 2004/25/EC, 2005/56/EC, 2007/36/EC,2011/35/EU, 2012/30/EU and 2013/36/EU, and Regulations （EU） No1093/2010 and （EU） No648/2012, of the European Parliament and of the Council.
16) 預金保険法1条（目的）に「金融危機への対応の措置並びに金融機関の資産及び負債の秩序ある処理に関する措置等の制度を確立し」との文言が加えられた。

3．主要な特性（Key Attributes）

(1)「主要な特性」（Key Attributes）の概要

「主要な特性」（Key Attributes）は、その前文において、「主要な特性」（Key Attributes）が実現を目指す実効的な破綻処理制度（effective resolution regime）のあり方を下記のとおり示している。

前文：実効的な破綻処理制度の目的として、清算手続における債権等の優先順位（hierarchy of claims）に従い、株主および無担保・無保証の債権者が損失を負担できるスキームを通じて、金融システムの深刻な混乱を回避し、納税者を損失の危機から遠ざけ、一方で重要な経済機能を保護しながら、金融機関の破綻処理を可能にすることである。

「主要な特性」（Key Attributes）は、納税者負担を回避し、システミック・リスクを抑止しながら、秩序ある破綻処理を実現することを目標としている。すなわち、G20の枠組みのもと、TBTFの終焉を図るために国際的に実現を目指すべき制度を示したものである。

「主要な特性」（Key Attributes）の破綻処理の基本的枠組みに関する部分を整理した（表3-1-1）[18]。

このうち、(7) G-SIFIsへの対応は、日本にとって基本的に全く新たな問題といえる[19]。しかし、この点は国内法制の整備の問題というよりは国際的な枠組み作りが先行すべき問題であると考えられる。

(2) 清算価値保存原則（no creditor worse off）

「主要な特性」（Key Attributes）は、債権等の優先順位に従って破綻処

---

17) 山本和彦「金融機関の秩序ある処理の枠組み」（金融財政事情研究会「金融法務事情」1975号.2013）30頁。

18)「主要な特性」（Key Attributes）は、本体が前文と12項目から構成され、さらに4つの付属文書が付された文書である。本書では、本体部分のうち、破綻処理の基本的枠組みに関する部分のみを取り上げる。山本・前掲注17）27頁参照。

表 3-1-1　主要な特性（Key Attributes）

(1)措置の対象	金融システム上その破綻が重要であり、かつ、決定的であるような金融機関とされる（1.1参照：Key Attributes の項目番号を示す。以下同様）。これらは、SIFIs：Systematically Important Financial Institutions とよばれる。このなかでも特にグローバルな重要性をもつ機関が G-SIFIs とよばれ、一定の特則が設けられている。「主要な特性」（Key Attributes）のなかでは、銀行等狭義の金融機関以外にどのような機関がここに含まれるかは特定されておらず、これについては、各国がそれぞれ明確かつ透明性のある形で定める必要があるとする。
(2)処理機関の権限	破綻処理を担当する機関は、経営者の解任・選任、管理機関の選任、事業経営権、株主の権利制限、事業譲渡、ブリッジバンク機関の創設、ベイルイン、期限前解約条項の暫定的停止、弁済禁止・執行中止、事業の閉鎖・清算等の広汎な権限を有する必要があるとする（3.2参照）。
(3)事業譲渡	事業譲渡においては、処理機関は、債権者その他の利害関係人の同意なしに措置を行う権限を有し、また事業譲渡が様々な契約との関係でデフォルトイベントにならないような形にする必要があるとする（3.3参照）。
(4)ベイルイン	処理機関はベイルインを行う権限をもつ必要があるとする。具体的には、株主や無担保債権者に必要な範囲で損失を負担させ、債務株式交換（DES）を行い、また契約上のベイルインの効力を承認することなどである（3.5参照）。
(5)相殺・ネッティング	措置手続の発動が法令上・契約上の相殺権や契約の期限前解約等のトリガーとならないような手当が必要であるとする（4.2参照）。そして、処理機関は暫定的な解約権の停止の権限を持つ必要があるが、それは2営業日を超えないといった期間的限定や十分な代償措置等が前提とされる必要があるとする（4.3参照）。
(6)セーフガード（前提条件）	処理機関が上記のような権限を有するとしても、それは無制限なものではない。債権者の利益を保障するため、一定のセーフガードが設けられる必要がある。具体的には、債権者の優先順位の尊重・債権者平等の原則であり（5.1参照）、清算価値保存原則（5.2参照。「no creditors worse off」の原則）である。
(7)G-SIFIs の特性	以上のような一般的な危機処理のスキームに加え、「主要な特性」（Key Attributes）は特にグローバルに重要な影響を与える金融機関を G-SIFIs とよび、それについての特則を定めている。破綻に関係する国の間で協力の枠組みを定める危機管理グループ（CMGs）の形成（8参照）、各金融機関に特化した国際共助の協定（9参照）、処理の戦略や信頼性について関係国際間で事前に評価する仕組みである処理可能性評価（Resolvability assessments：10参照）の実施、個別金融機関についての事前の再建処理計画の制定（11参照）などが定められており、事前の周到な準備と実行可能性が重視されている。

（出所）山本和彦「金融機関の秩序ある処理の枠組み」（金融財政事情研究会「金融法務事情」1975号.2013）30頁。

理権限を執行することが求められるとし、特にエクイティが最初に損失を吸収し、さらに劣後債務（規制資本商品を含む）が完全に元本削減されるまでシニア債権者に対して損失が求められることはないとする。しかし、金融機関の破綻による潜在的なシステミック・リスクを回避するため、または全体としてすべての債権者等の利益を最大化するために必要な場合には、同じ順位の債権者をパリパス（pari passu）に取り扱わないことも必要であるとする。すなわち、債権の公平性という一般原則から乖離する柔軟性も求めている[20]。

そのうえで、倒産法制のもとで金融機関が清算された場合に債権者が受け取ったであろう最低額を受け取れないときには、債権者は補償を受ける権利があるとする[21]。これは、no creditor worse off とよばれるセーフガードである。日本においては、民事再生法に、清算価値保障原則が定められている[22]。清算価値保障原則とは、一般に再建型手続において、債権者に対して破産手続が実施されていた場合に配分されたであろう価値（清算価値）を分配しなければならないことを意味する。「主要な特性」（Key

---

19) 山本・前掲注17) 30頁。なお、山本は、日本の「主要な特性」（Key Attributes）への適応について下記の通り評価する（同28-29頁）。日本においては、バブル崩壊後の金融機関の破綻処理の過程において、継続的な形で破綻処理の法的枠組みが整備されてきた。また、国際的な倒産処理については、UNCITRAL モデル法を採用する形で、国際倒産法制が整備されている。そのような意味で、日本の現行法制は、国際的にみて日本が早い時期から金融危機に対峙せざるを得なかったという事情もあり、既に相当程度に「主要な特性」（Key Attributes）の要請を充足しているものと評価することができる。

20) KA5.1. 例えば、ベイルインの対象となる債務が、預金（リテール預金、中小企業の預金）を含むその他の債務と同順位であるときには、パリパス原則からの逸脱も必要となると思われる。

21) KA5.2.

22) 民事再生法174条2項4号のもと、清算価値保障原則が再生計画の認可要件となっている。再建型倒産手続の実務においては、原則として手続開始時の解体処分価値をもとに財産の評価が行われ、これを参考に清算価値が算定されている。棚橋洋平「事業譲渡による再建における清算価値保障原則の意義(1)―米国における清算価値保障原則の生成と展開を参考に」（首都大学東京「法学会雑誌」第59巻第1号.2018年7月）179頁。

Attributes）が求める no creditor worse off セーフガードは、清算価値保障原則に相当するものと考えられる。

「主要な特性」（Key Attributes）は、破綻処理当局による破綻処理と司法当局の関係について、破綻処理当局は、憲法で保護された法的救済措置とデュープロセスのもと、スピードとフレキシビリティをもって破綻処理権限を行使する能力を備える必要があるとしている。それを踏まえ、破綻処理措置の適用に際して裁判所の命令が必要な法域においては、破綻処理当局は、破綻処理計画のプロセスにおいてその点を考慮し、裁判所の手続に要する時間が破綻処理措置の実効的な適用に影響を与えないようにする必要があると述べる。さらに、破綻処理制度を規定する法律は、法的権限の範囲内で誠実（in good faith）に行動する破綻処理当局の措置の実施を制約したり、否認したりする可能性のある司法権限を規定すべきではないとし、その代わりに正当な理由があれば保障による救済措置を提供すべきとする[23]。「主要な特性」（Key Attributes）は、破綻処理制度の法的安定性を確保するのと同時に、経済的な補償によって解決することを求めている。

4．小括

世界金融危機を経て、TBTF 問題をいかに解決するかが国際的に最も重要な政策的課題となった。巨大で複雑な銀行を市場が TBTF であると認識している場合においては、当該銀行が破綻の危機に陥ると、破綻処理が回避され、公的資金による救済（ベイルアウト）が行われる蓋然性が高いと認識されることにより、市場参加者は当該銀行のデフォルトリスクを過小評価することとなる。ベイルアウトの可能性があることは、当該銀行の評価やプライシングを適切に反映せず、銀行に対して過度なリスクテイクのインセンティブを付与することとなる。世界金融危機において、TBTF 問題は、銀行経営者にモラルハザードを発生させ、市場規律を機

23）KA5.5.

能不全とし、多額の公的資金の投入を必要とした。

　TBTF問題の解決を目的として開発された破綻処理ツールが「ベイルイン（bail-in）」である。ベイルインは、債権者によってファイナンスされる破綻処理手法であり、納税者負担を避け、金融機関の株主や債権者に損失負担を求めることを目的としている。ベイルインの課題・論点は、日本への導入の可否も含めて本編第5章1で考察している。

　また、秩序ある清算権限（Orderly Liquidation Authority）に不可欠な要素として「破綻処理計画」の作成がSIFIsに義務付けられた。「破綻処理計画」は、TBTF政策の廃止を市場に宣言するものである。

第2章
米国における預金保険制度・破綻処理法制の改革

1．世界金融危機の概要

　2007年にサブプライムローンの延滞増加により、格付機関が相次いで証券化商品の格付を引下げ始め、その影響は広範囲に拡大した。当初は、米国・欧州における投資銀行や大手商業銀行など一部の金融機関に混乱は限定されていた。しかし、2008年に入ると、これらの金融機関において、破綻、買収、さらに投資銀行の銀行持株会社への移行が公表されるなど、影響は深刻化した[1]。これらは、日本も含め世界全体を巻き込み、世界金融危機として、広範囲な金融機関、世界全体・各国の金融経済に大きな打撃を与えることとなった[2]。

　金融機関の破綻事例で俯瞰すると、2007年8月にフランスの銀行BNPパリバ[3]が傘下のミューチュアルファンドが顧客の解約を凍結した（パリバ・ショック）ことから[4]、欧州金融市場は金融リスクに対する不安が増大した[5]。連鎖的な金融不安を恐れた欧州中央銀行（European Central

---

[1] 水野伸昭「サブプライム問題と2008年の米国地方銀行の破綻について」名古屋大学「経済科学」第57巻第3号（2009）17頁。
[2] 世界金融危機の影響は、日本の地方銀行にも影響を及ぼし、多くの先が損失を被った。また、全国の信用金庫などにおいても、損失が発生した。
[3] 2000年にパリ国立銀行（Banque Nationale de Paris：BNP）とパリバ（Paribas）が合併しBNPパリバが誕生した。これにより、73ヵ国の拠点に20万人の従業員とフランス国内に2,200の支店、600万人の個人顧客と6万の取引企業があった。2001年まで、石油食料交換プログラムは同行を通じて送金された。なお、BNPパリバはメガバンクのなかで被害は限定的であったが、国際的なベイルアウトを受けた。
[4] ミューチュアルファンドをはじめ多くの欧州のファンドが融資先であるシャドーバンクの経営危機をきっかけとして顧客の取り付けが発生した。

Bank：ECB）は948億ユーロの資金供給を行ったが、事態は収束せず米国・欧州を中心に世界的に拡大し、前述のとおり、2008年に入り、米国において、ベアー・スターンズの緊急救済、リーマン・ブラザーズの破綻、AIGの緊急救済などが相次いだ。ワシントン・ミューチュアル銀行、インディマック銀行など、米国の銀行破綻が多数発生し、さらに、銀行だけではなく、投資銀行、保険会社、ノンバンク、銀行持株会社なども広範囲に破綻した。米国当局は、個別金融機関の救済だけではなく、緊急経済安定化法（Emergency Economic Stabilization Act of 2008）に基づき、システミック・リスクの回避、金融システムの安定・回復を目的とした資本注入、資産の買い入れなどを実行した。大規模な金融持株会社である、シティグループおよびバンク・オブ・アメリカに対し、システミック・リスク・エクセプションに基づく、オープン・バンク・アシスタンスを実行した[6]。

　緊急経済安定化法（Emergency Economic Stabilization Act of 2008）は、リーマン・ブラザーズの破綻による深刻な金融危機に対応し、金融システムを安定・回復するための緊急立法として、2008年10月3日、米国議会に

5）2007年9月には、英国のノーザンロック銀行に預金取り付けが発生し、英国当局は同行の預金の全額保護と国有化（2008年2月）を行った。そして、英国のブラッドフォード・アンド・ビングレー銀行（2008年9月）、ロイヤル・バンク・オブ・スコットランド（2008年10月）、アイスランドの3大銀行（2008年10月）、アイルランドのアングロ・アイリッシュ銀行（2009年1月）などが国有化された。藤井眞理子「イギリスにおける金融危機の展開と教訓」武藤敏郎編著『甦る金融―破綻処理の教訓』（金融財政事情研究会.2010）74-104頁参照。

6）Too big to fail の観点から例外的な処理手法を採用することがある。経済や金融システムに対して重大な悪影響を及ぼすとみなされた場合は、最小コスト原則が適用されない、例外的な措置が可能となっていた（システミック・リスク・エクセプション）。システミック・リスク・エクセプションにより、金融機関を閉鎖せず、資金援助等を実行し、営業を継続させる、いわゆるオープン・バンク・アシスタンスが可能となる。こうした措置は、コストの拡大、透明性の欠如、モラルハザードなどの問題を内在している。ドッド＝フランク法の成立までは、FRB 理事会およびFDIC 理事会の2/3以上の賛成があり、大統領との協議の上で財務長官が、当該金融機関の処理において「最小コスト原則」を使用すれば経済や金融システムに重大な負の影響をもたらすと認識し、かつ FDIC による活動がそうした影響を緩和すると判断した場合、「最小コスト」以外の方法で金融機関を処理できるとされていた（連邦預金法13条(c)(4)(G)）。

おいて可決された。本法案の議論は9月下旬に行われ、9月28日には米国議会の指導部と政府が法案の内容で合意に達し、翌29日に下院で採決が行われた。ここで、民主党の4割、共和党の7割が反対し、否決された[7]。同日、米国政府と上院が法案の修正を行い、預金保険額の上限の引き上げ、税制優遇の措置、公的資金を受けた企業の経営者の報酬制限などを追加し、上院・下院を通過し、成立した。しかし、下院では賛成263（民主172、共和91）、反対171（民主63、共和108）であり、ここで、市民、市民の代表である議員が、本法の施行に全面的に賛成ではなかったことに留意する必要がある。特に、共和党主導の法案であったが、同党において反対派が賛成派よりも多かった。

本法に基づき、7,000億ドルの公的資金により、広範囲の金融機関に資本注入を行い、または、不良資産を買取ることなどを内容とする問題資産買取りプログラム（Trouble Assets Relief Program：TARP）が発動された。公的資金予算額7,000億ドルのうち、2,500億ドルはただちに使用可能であったが、次の1,000億ドルは大統領の要請により使用でき、残りの3,500億ドルについては議会の承認が必要とされた。当初の2,500億ドルについては、TARPによる緊急的な対応として、資本注入プログラム（Capital Purchase Program：CPP）が策定され、多数の銀行等に資本注入が行われた。また、CPPとは別に、シティグループ、バンク・オブ・アメリカ、AIG、自動車産業（GM、クライスラー）の例外的な緊急救済として、約1,500億ドルが支出された。

2．破綻処理・救済と実例

銀行の破綻処理手法は、これまでの経験を踏まえ、FDICの主導により、1990年代半ばまでに、ペイオフ、P&A（Purchase and Assumption）、ブリ

7）こうした背景には、市民の反対運動があった。そして、法案が否決された日は、ニューヨーク証券取引所ではダウ平均株価が終値で777ドル安の史上最大の下げ幅を記録した。

ッジバンク、ロスシェアリングなど整備されている。2008年の世界金融危機以降も、破綻した銀行に対しては、こうした確立された破綻処理手法により対処している。これは、現在においても同様である（2020年には4件の銀行が破綻したが、従来のP&A方式で破綻処理が行われた[8]）。そして、シティグループやバンク・オブ・アメリカのような金融コングロマリットとなった銀行持株会社には、例外的に、オープン・バンク・アシスタンスによる救済が行われてきた。世界金融危機において、大規模銀行であったワシントン・ミューチュアル銀行はP&A手法で処理され、インディマック銀行もブリッジバンクを活用したP&A手法で処理された。

　世界金融危機においては、これまで想定されていなかった、預金取扱金融機関以外の投資銀行、保険会社、金融持株会社などの経営悪化がシステミック・リスクを発生させ金融システムを不安定にするリスクが顕在化した。FDICの規制・監督下になく、FDICが破綻処理を実行する対象先ではなかった。FRBと財務省が、システミック・リスクを防ぎ、金融システムを安定させるため、2008年にベアー・スターンズ（投資銀行）およびAIG（保険会社）を救済した。一方、リーマン・ブラザーズ（投資銀行）は前述のとおり、救済されず、破綻して連邦倒産法チャプター11の適用となった。さらに、銀行単体ではなく銀行持株会社であるシティグループ、バンク・オブ・アメリカに対しては、下記のとおり、資本注入等による救済が行われた。

(1) シティグループの救済

　シティグループ（銀行持株会社および金融グループ）に対して、金融システムの安定化を目的に、オープン・バンク・アシスタンスとして、金融安

---

8) 破綻金融機関と承継金融機関は下記の4件。処理手法は、すべてP&A（ロスシェアリング契約無し）。①破綻先：Almena State Bank of Almena City、承継先：Equity Bank of Andover　②破綻先：First City Bank of Florida、承継先：United Fidelity Bank, fsb　③破綻先：The First State Bank、承継先：MVB Bank　④破綻先：Ericson State Bank、承継先：Farmers and Merchants Bank.

定化法に基づく資本注入が、2008年10月１日に250億ドル行われた[9]。さらに、11月23日に、追加救済措置として、シティグループに対し、政府は200億ドルの資本注入（財務省が優先株式を取得）、不良資産3,060億ドルのうち、最初の290億ドルを除き今後発生する損失の90％を政府が負担することとした。さらに、財務省はシティグループから優先株式を70億ドル取得し、シティグループは役員報酬の抑制と配当の制限を受けた。そして、2009年２月27日、財務省はシティグループの要請により、保有する優先株式のうち250億ドルを普通株式に転換した。この結果、政府は全体株式の36％を保有することとなり、シティグループは政府管理下で再建を図ることとなった。

(2) バンク・オブ・アメリカの救済

バンク・オブ・アメリカ（銀行持株会社および金融グループ）に対しても、金融システムの安定化を目的に、オープン・バンク・アシスタンスとして、2008年10月に250憶ドルの資本注入が行われた[10]。しかし、バンク・オブ・アメリカはその直前の９月に500億ドルの株式交換により救済合併したメリルルンチから引き継いだ不良資産が重荷となり、経営不安状況に陥ったため、政府は、2009年１月16日に、200億ドルの資本注入（財務省が８％配当、議決権無しの優先株式を取得）、住宅ローンや不動産ローン等の証券化された資産1,180億円に対するノンリコース融資または保証を行った。また、その大部分に対する損失負担（最初の100億ドルを除き、発生した損失の90％をロスシェアリング方式で政府が負担）を行った。そして、バンク・オブ・アメリカも、一般株式の配当制限、役員報酬の抑制と配当の制限を受けた。

---

９) シティバンクの説明は、ヘンリー・ポールソン著・有賀裕子訳『ポールソン回顧録』（日本経済新聞社.2010) 507-523頁を参照した。また、FEBs（Federal Executive Boards) および財務省のプレスリリースを参考にした。

10) バンク・オブ・アメリカの説明は、ヘンリー・ポールソン・前掲注９) 536-544頁を参照した。また、FEBs（Federal Executive Boards) および財務省のプレスリリースを参考にした。

3.ドッド＝フランク法の概要

「ドッド＝フランク ウォール・ストリート改革および消費者保護法 (Dodd-Frank Wall Street Reform and Consumer Protection Act)」(以下、ドッド＝フランク法) は、2010年7月21日に、オバマ大統領の署名により成立した法律である。ドッド＝フランク法は、米国における金融危機の発生および短期的な金融危機対応措置を契機に成立した。その流れは、おおむね、①緩和された金融環境のもとで過度なリスクテイク、②いわゆるサブプライムローン問題の発生(住宅危機)、③リーマン・ブラザーズの破綻 (2008年9月15日) と流動性危機の発生、④AIGの流動性危機とFRBによる緊急支援の実施 (2008年9月16日)、⑤2008年10月3日に成立した「緊急経済安定化法 (Emergency Economic Stabilization Act of 2008)」に基づく「問題資産買取プログラム (Trouble Asset Relief Program 〔TARP〕)」のもとにおける金融機関の不良資産買取りと資本注入の実施などである[11]。このような観点から、ドッド＝フランク法は、「金融システムにおける説明責任および透明性 (accountability and transparency) の改善による米国の金融安定の促進、『Too big to fail』の終了、救済 (bailout) の終了による米国の納税者の保護、濫用的な (abusive) 金融サービス慣行からの消費者の保護」のための法律であるとされている[12]。ドッド＝フランク法は14本の新たな連邦法を含み、多数の調査分析と規則の制定を連邦諸機関に課した包括的かつ大幅な改革で、金融関連の米国連邦法としては過去最大のボリュームとなった。しかし、1930年代の大恐慌の金融立法をはじめとするこれまでの金融改革立法を通じて整備されてきた米国の金融システムおよび金融規制機構制度を抜本的に変更するものではない[13]。

ドッド＝フランク法は、合計16の「編 (title)」から構成されている。一

---

11) 松尾直彦『Q&Aアメリカ金融改革法—ドッド＝フランク法のすべて』(金融財政事情研究会、2010) 2頁。
12) 松尾・前掲注11) 2頁。
13) 松尾・前掲注11) 15頁。

部の編にはいくつかの「章（subtitle）」が、一部の章にはいくつかの「節（part）」がある。条文は1601条まである。ドッド＝フランク法の中核として、(1)監督体制の強化（マクロ・プルーデンス政策の導入、消費者・投資者保護の強化）、(2) TBTF 政策（Too big to fail）の終了（新たな整然清算制度）、(3)規制対象の拡大（店頭デリバティブ、ヘッジ・ファンド）、(4)その他（ボルカー・ルール、信用格付会社の監督強化、証券化プロセスの改善）がある。本書では、(1)(2)について概説する。

(1) 監督体制の強化（規制・監督体制の再編）

　金融危機の発生により、ミクロ・プルーデンス政策に加え、システミック・リスクを防止・軽減するマクロ・プルーデンス政策の重要性が認識された。このマクロ・プルーデンス政策には、単に大手銀行・金融持株会社・金融会社グループの総括的な監視だけでなく、これらの相互関係性や金融システム全体におけるリスクの分析や調査、システムが不安定になったときの政策対応なども含まれる[14]。

　ドッド＝フランク法の第１編は、マクロ・プルーデンス政策を担う会議体として金融安定監督評議会（Financial Stability Oversight Council：FSOC）を設置し、主要メンバーである連邦準備制度理事会（FRB）の権限を強化している。

１）マクロ・プルーデンス政策体制の整備
(ⅰ) 金融安定監督評議会（FSOC）
　これまでの米国には、金融に関連する連邦監督機関が連なる公的な性格を持った会議体として、①金融市場に関連する大統領ワーキング・グループ、②連邦金融機関検査協議会（FFIEC）が存在する。しかし、前者の機能は資本市場の調査・分析と立法過程に関するアドバイスに限定され、後

---

　14) 若園智明「米国における規制改革議論と包括的金融改革法の成立」『証券経済研究』第84号（2013.12）20頁。

者の機能は預金受入機関の検査や情報開示に限定されている。こうしたことから、FSOC は連邦法により、マクロ・プルーデンス政策に関する専任的な責任・権限を与えられた初めての組織である。

FSOC は財務長官を議長とし、連邦監督機関と州監督機関などで構成され、全般的な活動は、規範や相互連関性を基準に、銀行持株会社とノンバンク金融会社を監視対象とし、金融の安定性を揺るがすリスクの認識とその対策、市場規律の促進を目的とする[15]。FSOC の義務は、米国金融市場の公正性や効率性および安定性の強化を含む14の項目が112条に定められている[16]。一方、FSOC には、法執行（Enforcement）の権限は付与されておらず、規則制定の権限も限定されている[17]。FSOC の実態は、連邦監督機関または連邦と州の監督機関間の調整機関に過ぎないとの指摘もある[18]。

FSOC の活動目的である、①金融の安定性を揺るがすリスクの認識と対策、②市場規律の促進を効果的に実践するためには、資本市場に関連する情報の収集・分析、それに基づく調査が重要である。これらは、FSOC 自体ではなく、152条に基づき設置された金融調査局（Office Financial Research：OFR）が、新たな管理手法の開発とともに行う。

預金保険加入銀行や銀行持株会社などは、複数の連邦銀行監督機関が監督対象としているが、従来、ノンバンク金融会社に対する監督が不十分との指摘があった。ドッド＝フランク法は、いわゆる「大きすぎて潰せない（Too big to fail）金融会社」の問題に対応すべく、「システム上重要な金融

---

15) Dodd-Frank Act sec.112.
16) Dodd-Frank Act sec.112(a)(2)(A)-(N). このなかで、「(C)米国金融の安定性に対する潜在的な脅威を監視」、「(I)銀行 SIFIs およびノンバンク SIFIs に対する高度なプルーデンス基準等の確立を FRB に求める」が重要と考えられる。FSOC にはマクロ・プルーデンス政策の司令塔的な役割が求められているといえる。
17) FSOC の議長である財務長官に金融機関等の監督や規則を制定する法的な権限はない。組織として FSOC が制定する権限は、「ノンバンク SIFIs の指定基準（113条）」や「システム上重要な FMU（金融市場ユーティリティ）の指定条件（804条）」など基準やガイダンス的なものである。
18) 若園・前掲注14) 21頁。

機関 (SIFIs)」の概念を導入した。FSOC は銀行持株会社の SIFIs 指定、ノンバンク金融会社の監督・規制を FRB に要求する権限を付与されている[19]。

FSOC は、米国内のノンバンク金融会社、主に米国内で活動する外国のノンバンク金融会社に対して、ドッド＝フランク法113条(2)の定める11の項目（レバレッジや規模・範囲、業務の性質や簿外取引のありかたなど）を考慮して SIFIs に指定し、FRB の監督・規制の対象にすることができる。

(ii) 金融調査局 (OFR)

市場に関連する情報の収集は、マクロ・プルーデンス政策にとって、非常に重要となるが、こうした情報は FSOC に集約される。これら市場情報の収集・整理・分析は OFR が中核を担っている[20]。OFR は財務省内の局であるが、局長（Director）は大統領の指名と上院の助言と同意により任命され、スタッフの人事権は局長が有する。OFR の予算は、SIFIs より集めた金融調査ファンド（Financial Research Fund）を財源とする。当ファンドは米財務省の管理下にあり、こうしたことからも、OFR は独立機関といえる。

OFR は、具体的には、①FSOC の代わりにデータを収集し、当該データを FSOC およびメンバー当局に提供すること、②報告・収集されるデータの類型・様式を標準化すること、③応用調査および重要な長期調査を行うこと、④リスクの測定およびモニタリングの手法を開発すること、⑤他の関連するサービスを行うこと、⑥その活動の結果を金融規制当局に利

---

19) Dodd-Frank Act sec.113. 従来、銀行持株会社は FRB の監督下であるが、ドッド＝フランク法は121条などで総資産が500億ドル以上の銀行子会社を持つ銀行持株会社を特に SIFIs と定めている。FSOC は、この資産基準の引き上げをリコメンドすることができる（Dodd-Frank Act sec.115(a)(2)(B)）。ノンバンク金融会社に関して、FRB の監督および規制対象とする際に考慮される点は、国内会社は、Dodd-Frank Act sec.115(a)(2)、外国ノンバンク金融会社に関しては Dodd-Frank Act sec.115(b)(2)に規定されている。

20) Dodd-Frank Act sec.112(a)(2)(B).

用させること、⑦金融規制当局が収集するデータの類型・様式の決定を支援すること、である[21]。また、OFR内に設置したデータ・センターと調査・分析センターをもって、米国金融市場のデータ・バンクとしての役割と、調査分析機関としての役割を担うことが実現した[22]。OFRは評議会の事務局機能を実質的に担っている。

(iii) FRBの権限拡大

FRBは、従来の金融持株会社を含む銀行持株会社の監督に加え、FSOCが指定するノンバンクSIFIsも新たな監督対象となった。FRBには、これらノンバンクSIFIsに総資産が500億ドル以上の銀行持株会社を加えたSIFIsに対し、より高度な監督およびプルデンシャル基準の策定と適用が求められることとなった[23]。FRBは、165条を根拠に、高度なプルデンシャル基準の運用に関する広範な権限を新規に獲得した。この他、新たな「秩序ある処理」の手続き、ボルカー・ルールの執行に関してもFRBは中核的な役割を担う。こうしたことから、マクロ・プルーデンス政策におけるSIFIsの監督に関して、FRBがFSOCの代行執行機関であるといえる[24]。権限が拡大されると同時に、一方で、FRBの監督・規制に対する新たな監視体制が導入された。ドッド=フランク法1108条は、連邦準備法（Federal Reserve Act）10条を修正し、新たなFRBの副議長職（FRBの監督・規制を監視する役割）として、Vice Chairman for Supervisionを新設した。

---

21) Dodd-Frank Act sec.153(a).
22) 2012年4月には、外部の専門家から構成される金融調査アドバイザリー委員会（Financial Research Advisory Committee）を設置した。
23) Dodd-Frank Act sec.165.
24) 例えば、ドッド=フランク法622条の金融会社の集中制限（すべての金融会社の総負債の10％を超えての合併等を禁止）はFSOCの管轄であるが、一定の条件を満たしFRBが認可した場合に、この集中制限は回避することができる。若園・前掲注14) 38頁。

2) 消費者等の保護体制の強化

ドッド=フランク法は、これまで複数の連邦監督機関に分散していた消費者保護機能を集約・強化し、さらに、既存の証券に関連する投資家保護体制の整備も図っている。

(i) **消費者金融保護局 (CFPB)**

ドッド=フランク法は、第10章の1011条により、消費者保護を担う消費者金融保護局 (Consumer Financial Protection Bureau：CFPB) を FRB 内に設立した。CFPB は、消費者の金融商品やサービスへのアクセスや、市場の公平性・透明性・競争性を確保することを目的にしており、消費者金融に関する18の連邦法を管轄する。また、従来、FRB などの連邦銀行監督機関や連邦取引委員会 (Federal Trade Commission：FTC) などが分散して行ってきた消費者保護行政（調査・規制・監督等）は CFPB へ移行された[25]。CFPB の主要な機能は、消費者向けの金融商品・サービスの監督および規制・指令、市場機能に関する情報収集・調査・分析、金融教育プログラムの提供などである。

CFPB は、FRB の部局であるが、独立機関として活動し、FSOC のメンバーとしてマクロ・プルーデンス政策にも関わる。ドッド=フランク法1012条(c)は、CFPB の自治権を明記しており、規則や指令の設定において FRB の干渉を受けない。

ドッド=フランク法は、CFPB に広大な権限を与えている。CFPB は、銀行やノンバンクを問わず、消費者向けの金融商品やサービスの価格や商行為に関して、独占的に規則の制定を行い（1022条）、情報開示を求める権限（1031・1032条）を有している。消費者に対する不公正・詐欺的・濫用的な商行為や商慣習を禁止するドッド=フランク法1031条により、これらを防止するための幅広い法執行（Enforcement）や規則制定を CFPB に

---

25) CFPB の発足後も、FTC は連邦取引委員会法（Federal Trade Commission Act）で認められた権限を保持している（1061条(b)）。

認めている[26]。CFPB は、ドッド＝フランク法1031条に基づき強い法執行や規則制定の権限を有し、組織構造は長官を頂点とした縦割り（上下関係を中心に運営）となっている。

(ⅱ) 投資家保護対象の見直し

証券に関する投資家保護は、証券取引委員会（SEC）が、連邦証券諸法に基づき行っている。ドッド＝フランク法は、SEC に対し、投資家保護の強化を求め、投資家保護を目的とする新組織となる「投資家諮問委員会（Investor Advisory Committee）」の設置（911条）および「投資家擁護局（Office of the Investor Advocate）」の設置（915条）を課した。SEC では、ドッド＝フランク法成立以前から、投資家保護の取り組みを進めており、投資家諮問委員会は、2009年6月に設置されていた[27]。ドッド＝フランク法911条は、証券取引所法（Securities Exchange Act of 1934）に39条を追加し、投資家諮問委員会を恒久的な組織とした。同委員会は、証券規制の優先事項や証券商品・手数料体系・開示の有効性などに関する規制について SEC へアドバイスを行うことが主業務である。

従来、投資顧問法（Investment Advisers Act of 1940）の206条を根拠とする信認義務（Fiduciary Duty）は、投資アドバイザーのみに対して要求されてきた。ドッド＝フランク法913条は、証券に関するアドバイスを個人顧客等に提供するブローカー・ディーラーや投資アドバイザーに対して、SEC が現行法で課している「注意を払うべき諸基準（Standards of Care）」の有効性について調査することを求めた。また、ドッド＝フランク法913条は、証券取引所法および投資顧問法を修正し、ブローカー・ディーラーに対して投資アドバイザーと同様の行為基準（Standards of Conduct）を課し、ブローカー・ディーラーの信認義務を制定する権限を SEC に認めて

---

26) 法執行の内容は、Subtitle E 1051-1058で定められており、調査権限、排除命令（cease and desist order）を発令する権限、裁判所への民事制裁金や民事訴訟等を提起する権限などがある。若園・前掲注14) 38頁。

27) The Wall Street Reform and Consumer Protection Act of 2009（H.R.4173）.

いる[28]。

3）貯蓄金融機関監督庁（OTS）の廃止

　ドッド＝フランク法施行以前の預金取扱金融機関の監督機関は重複していた。このなかで、特に貯蓄金融機関監督庁（Office of Thrift Supervision：OTS）は、同じ財務省の通貨監督局（Office of the Comptroller of the Currency：OCC）と機能重複が多く、さらに監督の質も問題視されていた。ワシントン・ミューチュアル・バンク、AIG などの大型破綻などから、OTS の監督能力の信用力が大きく低下した[29]。

　預金取扱金融機関の監督体制に関して、ドッド＝フランク法は、OTS の機能を OCC 等に移管し、OTS を廃止した[30]。また、連邦レベルで保険監督を実施するため、ドッド＝フランク法502条により、財務所内に連邦保険局（Federal Insurance Office：FIO）を新設し、保険業界を連邦レベルで監視する体制を構築した[31]。しかし、FIO に保険業の活動に対する全般的な監督や規制の権限は与えられず、現行の州の権限は維持された。FIO は、FSOC の議決権のないメンバーであり、保険業務のシステミック・リスクに関して、財務長官を通じ FSOC へのアドバイス機能を持つものの、その主要な機能は、保険業界に関する情報の収集や、連邦レベルでの調整役に過ぎないと言える。

28）ドッド＝フランク法913条は、SEC に対して、ブローカー・ディーラーと投資アドバイザーに対する法執行を統一することを求めている。これに対し、SEC は、Post-Madoff Reform において、ブローカー・ディーラーと投資アドバイザーに対する検査を統一化している。若園・前掲注14）39頁。

29）連邦上院議会の調査によると、2008年からドッド＝フランク法の成立までに破綻した金融機関の資産額の73％は OTS が監督対象とした金融機関の資産であった。また、AIG は連邦監督機関として FRB や OCC を選択することも可能であったが、最も監督基準が緩い OTS を選択したといわれていた。若園・前掲注14）39頁。

30）Dodd-Frank Act sec.313.

31）ドッド＝フランク法502条は、米財務省に関する合衆国法典（31 USC Subtitle I）に FIO に関する313条を追加している。

(2) 新たな整然清算制度の導入（Too big to fail の終焉）

マクロ・プルーデンス体制の整備とともに、ドッド＝フランク法の重要な特徴として、「Too big to fail」を終焉させようとしている点があげられる。すなわち、システミック・リスクを発生させる可能性のあるシステム上重要な金融会社に対しては、通常の金融機関に比べてより厳格なプルーデンス規制を課してその破綻の確率を引き下げ、大規模な金融会社が破綻に至った場合には、システミック・リスクを回避するとともに納税者負担を回避しながら当該金融会社を清算するという政策方針である[32]。

保険加入金融機関の整理・清算については、連邦預金保険公社法に基づき、FDIC が管理人（conservator）または管財人（receiver）に任命されて、その処理を担う制度がすでに整備されている。管財人としての FDIC は、保険加入金融機関の清算（liquidation）または解散（winding up）を行うために任命される。ドッド＝フランク法第2編は「整然清算権限（Orderly Liquidation Authority）」を規定し、新たに金融会社の清算制度を整備するものである。金融会社の整然清算（orderly liquidation）は、金融安定への重要なリスク（significant risk）となる破綻しつつある金融会社に対して、当該リスクを軽減しモラルハザードを最小化するように清算するために必要な権限を付与することを目的とする[33]。そして、当該権限は、以下のことが実現されるよう当該目的を満たすように行使されなければならない[34]。

①債権者および株主が金融会社の損失を負担すること、②当該金融会社の状況に責任を有する経営者（management）がその地位を保持されないこと、③ FDIC および他の適切な当局が、当該金融会社の状況に責任を有するすべての関係者（経営者、取締役および第三者を含む）がその責任に応じた損失を負担することを確保するため、必要かつ適切なすべての措置

---

32) 小立敬「米国における金融制度改革法の成立―ドッド＝フランク法の概要―」『野村資本市場クォータリー』2010夏号132頁。
33) Dodd-Frank Act sec.204(a).
34) Dodd-Frank Act sec.204(a).

（損害賠償請求、原状回復請求など）を講じること。

１）整然清算の対象となる金融会社

整然清算（orderly liquidation）の対象となる「対象金融会社（covered financial company）」は、財務長官によるシステミック・リスクの決定（203条(b)）がなされた金融会社（保険加入預金取扱金融機関を除く）である[35]。ここで、金融会社とは、①米国連邦法または州法に従って設立または組織され、②銀行持株会社、FRB監督ノンバンク金融会社、FRBが本源的金融業務またはその付随業務と判断した業務を支配的に行う会社、またはこれらの会社の子会社であって、FRBが本源的金融業務またはその付随業務と判断した業務を支配的に行う会社（保険加入預金取扱金融機関または保険会社を除く）であって、かつ③1971年農業信用法（Farm Credit Act of 1971）のもとで免許付与される農業信用システム機関（Farm Credit System institution）を除くものである[36]。

こうした金融会社の定義は、FSOCが指定するSIFIsよりも広義である。SIFIsの指定を受けずFRBの監督対象にならない会社でも、金融業およびその付随業務からの総連結収入が総収入の85％以上であれば金融会社と扱うことが可能である[37]。

金融会社が金融システムを不安定化させるおそれが生じた場合、FDICおよびFRBは、自らまたは財務長官の求めに応じて、財務長官が金融会社の管財人（receiver）としてFDICを任命するべきかについて、書面による勧告を行うかを検討することが求められる[38]。当該勧告をするには、FRBおよびFDICそれぞれの在籍理事の３分の２以上の賛成が必要である[39]。当該書面勧告は、下記の内容を含まなければならない。

---

35) Dodd-Frank Act sec.201(a)(8).
36) Dodd-Frank Act sec.201(a)(11).
37) FDICが財務長官と相談のうえで定める規則に基づき、付随業務を含む金融業務からの連結収入の85％未満の会社は「金融会社」に含まれない（Dodd-Frank Act sec.201(b)）。若園・前掲注14）39頁。
38) Dodd-Frank Act sec.203(a)(1)(A).

①当該金融機関がデフォルトまたはデフォルトの危険にあるかの評価、②当該金融会社のデフォルトが米国の金融安定に与える影響の説明、③当該金融会社のデフォルトが低所得、マイノリティまたはサービス提供が不十分な地域社会の経済状況または金融安定に与える影響の説明、④当該金融会社について講じられる措置の性質・程度に関する勧告、⑤当該金融会社のデフォルトを防止するための民間代替措置の見込みの評価、⑥当該金融会社について破産事件とすることが適切でない理由の評価、⑦当該金融会社の債権者・取引相手方（カウンター・パーティ）・株主およびその他市場参加者に与える影響の評価、⑧当該会社が「金融会社」の定義（201条）を満たすかの評価。

　財務長官は、当該書面勧告を受けて、大統領と協議し、対象金融会社についてFDICを管財人として任命すべき一定の基準のすべてに該当することを決定しなければならない[40]。当該基準は、以下のとおりである[41]。

　①当該金融会社が「デフォルトまたはデフォルトの危険（default or in danger of default）」にあること[42]。②当該金融会社が破綻して他の連邦・州法により整理された場合には米国の金融安定に深刻な悪影響を及ぼすこと、③当該金融会社のデフォルト防止のために実行可能な民間代替措置が利用可能でないこと、④整然清算措置が米国の金融安定に及ぼす影響に照らして当該金融会社の債権者・取引相手方・株主およびその他市場参加者に与える影響が適切であること、⑤整然清算措置が金融システムへの潜在

---

39) Dodd-Frank Act sec.203(a)(1)(A).
40) Dodd-Frank Act sec.203(b).
41) 松尾・前掲注11) 138-139頁。
42)「デフォルトまたはデフォルトの危険」とは下記のいずれかに該当することである（Dodd-Frank Act sec.203(c)(4)）、①当該金融会社について破産事件が開始または早期に開始されそうな（likely）こと、②当該金融会社がその資本のすべてまたは実質的にすべてを枯渇させる損失を被りそうであり、かつ、当該枯渇を回避する合理的見通しがないこと、③当該金融会社の資産がその債権者その他の者に対する債務より少なく、または少なそうなこと、④当該金融会社が正常な業務の過程でその債務（善意で争われているものを除く）を支払うことができず、または支払うことができなそうなこと。松尾・前掲注11) 138頁。

的な悪影響を軽減する効果、一般国庫へのコスト、および当該金融会社の債権者・取引相手方・株主の側の過度なリスクテイクを増大させる潜在性を考慮して、当該措置が悪影響を回避または軽減すること、⑥連邦規制当局が当該金融会社に対してすべての転換債務商品（convertible debt instruments）の転換を命じたこと、⑦当該会社が対象金融会社の定義（201条）を満たすこと。

　財務長官は、システミック・リスクの決定を行った場合には、FDIC および対象金融会社に通知しなければならない[43]。対象金融会社の取締役会がFDIC管財人任命に黙認または同意する場合には、財務長官はFDICを管財人として任命しなければならない。対象金融会社の取締役会メンバーは、誠実な黙従・同意について、株主・債権者に対して責任（liable）を負わない[44]。

　連邦地方裁判所は、対象金融会社が「デフォルトまたはデフォルトの危険」にあり、当該金融会社が対象金融会社の定義（201条(a)(11)）を満たすとの財務長官の判断が恣意的でない（not arbitrary and capricious）と判断される場合には、直ちに財務長官によるFDICの管財人任命権限を付与する命令を発出しなければならない。恣意的であると判断される場合には、直ちに財務長官に当該申立てを修正して再申立てをする機会を与えなければならない[45]。連邦地方裁判所が財務長官の申立受付から24時間以内に決定しない場合には、財務長官の申立ては認められる。

2）FDICの権限

　FDICの管財人としての任命期間は、原則として3年間である[46]。FDICは、管財人として任命された場合、対象金融会社の管財人として行動しなければならない[47]。また、FDICには、対象金融会社の整然清算に

---

43) Dodd-Frank Act sec.202(a)(1)(A).
44) Dodd-Frank Act sec.207.
45) Dodd-Frank Act sec.202(a)(1)(A).
46) Dodd-Frank Act sec.202(d)(1).

必要な広範な権限が付与されている。包括的権限（General Powers）は下記のとおりである[48]。

①対象金融会社とその資産、および対象金融会社の株主、メンバー、役員、取締役が有するすべての諸権利（Rights,Titles,Powers,Privileges）および対象金融会社の前管財人や他の法定管理人（Custodian）の帳簿上の権利、記録、資産の承継。②整然清算期間における対象金融会社の操業。③対象金融会社のメンバー、株主、役員、取締役が果たす機能の提供。④対象金融会社の資産売却やブリッジ金融会社への資産移転等を含み、対象金融会社を清算ないし解散する。⑤対象金融会社の子会社がデフォルトないしはデフォルトの危険にある場合、FDICは自らを対象子会社（Covered Subsidiary）の管財人に任命する。⑥ブリッジ金融会社の設立。⑦対象金融会社を他社と合併、いかなる認可や同意等も得ずに対象金融会社の資産および負債の移転。⑧本タイトルの規定および制約に従い、保有する資金の範囲において、合法なる債務を支払う。⑨対象金融会社の株主と債権者が保有するすべての権利と債権を集結し、株主および無担保の債権者に請求優先権に従った損失を保証する。⑩国外に資産を保有する、業務を行う対象金融会社の整然清算について、外国の適切な金融当局と調整する。

この包括的権限に含まれるブリッジ金融会社は、対象金融会社を清算する目的によりFDICにより設立される金融会社であり、その機能等は210条(h)に規定されている。ブリッジ金融会社はFDICが任命した経営陣により運営され、対象金融会社の自己資本を除く負債の継承と、FDICが適当と認める資産を対象金融会社から購入することができ、対象金融会社のすべての権利等も継承する。また、FDICが認める限りにおいて、ブリッジ金融会社は自己資本や剰余金を有さず業務を行うことが可能であり、会社およびその収入は課税の対象外となる[49]。

---

47) Dodd-Frank Act sec.204(b).
48) Dodd-Frank Act sec.210(a). 若園・前掲注14) 28頁。
49) ブリッジ金融会社の存続期間は設立より2年間であるが、FDICは1年間の延長を3度まで実施することができる（210(b)(12)）。若園・前掲注14) 28-29頁。

FDICは、管財人として、その裁量により整然清算基金（Orderly Liquidation Fund）を利用できる[50]。資金使途は下記のとおりである[51]。

　①対象金融会社・対象子会社への貸付または債務買取り、②直接的またはFDICが設立した事業体を通じた対象金融会社・対象子会社の資産の買取りまたは損失の保証、③対象金融会社・対象子会社の第三者に対する債務の引受けまたは保証、④対象金融会社・対象子会社の資産への担保権（担保に入っていない全資産への第1順位の担保権を含む）をとること、⑤対象金融会社・対象子会社の資産・負債・債務の全部または一部を売却または移転すること、⑥所定の支払いを行うこと。

3）新たな整然清算制度の特徴
(i)　経営者や株主等の責任の明確化
　新たな整然清算の手法は、対象金融会社に適用することで、米国の金融安定に対する危険および危険を及ぼす可能性のある金融会社のモラルハザードを減少させることが目的である。整然清算の実行には、債権者や株主が当該金融会社の損失を負担し、経営を失敗した経営者の排除が求められ、FDICを中心に規制機関には、経営陣に相応の責任を負担させることが求められている[52]。

　ドッド＝フランク法は、FDICに対して、下記の義務を課している[53]。

　①当該措置が米国の金融安定化の目的のために必要であり、対象金融会社の維持が目的ではないと取り決めなければならない。②すべての他の債権および整然清算基金がすべて支払われるまで対象金融会社の株主は支払いを受けないことを保証しなければならない。③210条の請求優先権の条項に従って無担保債権者が損失を被ることを保証しなければならない。④対象金融会社の破産に責任がある経営者が解職されることを保証しなけれ

---

50) Dodd-Frank Act sec.210(n)(9).
51) Dodd-Frank Act sec.204(d).
52) Dodd-Frank Act sec.204(a).
53) Dodd-Frank Act sec.206. 若園・前掲注14）29頁。

ばならない。⑤対象金融会社に責任がある取締役会メンバーが解職されることを保証しなければならない、⑥対象金融会社もしくは対象子会社の株式を取得、もしくは株主になってはならない。

　ドッド＝フランク法206条は、FDIC に対し、利益相反を防止し、対象金融会社の経営陣への責任追及を規定している。また、ドッド＝フランク法210条は、すでに退職している者を含めて、対象金融会社の破産に責任がある経営陣から、彼らが過去2年間において受領した報酬を回収する権限を FDIC に認めている[54]。

(ii) 「整然清算」に使用する資金

　FDIC は、ドッド＝フランク法206条の義務を満たし、財務長官に容認された整然清算計画に従い、整然清算基金を使い、清算を実行することができる。FDIC の対象金融会社の秩序ある処理、管理費用の支払や財務長官に対して発行される FDIC 債の元利金の支払および FDIC の権限行使に要する資金をまかなうために、国庫（Treasury of the United States）に「整然清算基金（Orderly Liquidation Fund）」が設置される[55]。FDIC が基金を管理し[56]、基金は「預金保険基金（Deposit Insurance Fund）」とは別のものであり、相互流用はできない[57]。

　管財（receivership）の対象とされたすべての金融会社は、清算されなければならず、金融会社の清算を防ぐために納税者の資金が使われてはならない[58]。また、金融会社の清算にあたって支出されたすべての資金は、当

---

54) 本報酬（Compensation）には、給与・ボーナス、インセンティブ、手当（Benefit）、退職金（Severance）や買収時の退職金（Golden Parachute Benefit）の他に対象金融会社の証券を売却することによって得られた利益も含まれ、その詳細は FDIC が規則で定める。また、回収の適用となる2年間は FDIC が管財人に任命されてより遡るが、詐欺的行為が認められた場合は、その期間は無制限に遡ることができる。若園・前掲注14) 39頁。
55) Dodd-Frank Act sec.210(n)(1).
56) Dodd-Frank Act sec.210(n)(3).
57) Dodd-Frank Act sec.210(n)(8).
58) Dodd-Frank Act sec.214(a).

該金融会社の資産処分により回復され、または賦課金を通じて金融セクターの責任でなければならず[59]、納税者はいかなる損失も負担してはならない[60]。いかなる政府関係機関（governmental entity）もドッド＝フランク法第2編（整然清算権限）の目的を回避する（circumvent）措置を講じてはならない[61]。

4．ドッド＝フランク法のOLA

　ドッド＝フランク法の大きな特徴として、複雑で大規模な金融機関の破綻処理に関して、新たな整然清算権限（Orderly Liquidation Authority：OLA）を導入したことを述べた。金融会社の整然清算（orderly liquidation）は、金融安定への重要なリスク（significant risk）となる破綻しつつある金融会社に対して、当該リスクを軽減しモラルハザードを最小化するように清算するために必要な権限を付与することを目的とする[62]。ドッド＝フランク法のOLAについて、さらなる考察を行う。なお、前文と重複する部分もある。

(1)　Cornell Law School LII,s Organizing the main points of Title Ⅱ

　Cornell Law School Legal Information Institute（LII）は、ドッド＝フランク法タイトルⅡについて要点を下記のとおり整理している。

Cornell Law School Legal Information Institute（LII）：Dodd-Frank：Title Ⅱ - Orderly Liquidation Authority - [63]

59）Dodd-Frank Act sec.214(b).
60）Dodd-Frank Act sec.214(c).
61）Dodd-Frank Act sec.212(b).
62）Dodd-Frank Act sec.204(a).
63）Dodd Wex US Law LII/Legal Information Institute（https://www.law.cornell.edu/wex/dodd、https://www.law.cornell.edu/wex/dodd-frank_title_ii_-_orderly_liquidation_authority）.

1） 序論

ドッド＝フランク法の秩序ある清算条項であるタイトルⅡは、破綻危機にある大規模で複雑な金融会社を迅速かつ効率的に清算する手続を定める。タイトルⅡは、連邦預金保険公社（FDIC）が当該会社の管財人となって、秩序ある清算処理を進める権限を定める。FDICには、管財人として権限が与えられ、清算手続を完了するために3年から5年の期間が与えられる。タイトルⅡは、金融の安定を保護し、株主と債権者に破綻した金融会社の損失を負担させ、経営責任を有する経営陣を排除する。そして、債権者が破産清算よりも不利にならないように措置する（no creditor worse off：清算価値保障原則）。

2） 目的

2008年には、「大きすぎて潰せない（Too big to fail）」と考えられていた大規模な金融機関は、危機的な財務状況に陥っていた。政府は、ベアー・スターンズ、ファニーメイ、フレディマック、AIGなどを救済するため、1.7兆ドル以上の資金を投じ、シティグループ、バンク・オブ・アメリカに問題資産買取プログラム（Trouble Asset Relief Program: TARP）の下で資本注入を行った。ベイルアウト（公的資金による救済）をしたにもかかわらず、2008年から2010年の間に250以上の銀行が破綻し、米国で4番目に大きい投資銀行であるリーマン・ブラザーズは、米国史上最大の連邦倒産法第11章を適用した破綻となった。これらの「大きすぎて潰せない（Too big to fail）」金融機関の破綻処理のあり方に対し、議会は、大規模で複雑な金融機関の「秩序ある処理」を提案し、政府当局は、将来にわたり、ベイルアウトの可能性を排除する必要性を認識した。

3） 規定

対象金融会社にFDICを管財人として任命。

金融会社に対しタイトルⅡの下でFDICを管財人として任命する時期を決定する際に、財務長官は2部構成のテストを行う（12U.S.C.§5383、

ドッド=フランク法203条)。最初に、長官は、当該金融会社が「デフォルトまたはデフォルトの危険（default or in danger of default）」にあることを調査する（ドッド=フランク法203条(c)(4)）。デフォルトまたはデフォルトの危険とは、金融会社が破産を申請する可能性が高い場合、資本の全部または大部分を使い果たす債務を負っている場合、資産よりも多くの債務を抱えている場合、正常な業務の過程で債務を支払うことができない可能性がある場合である（ドッド=フランク法203条(c)(4)）。次に、長官は、金融会社の潜在的なデフォルトに伴うシステミック・リスクを調査する（ドッド=フランク法203条）。したがって、長官は、財政の安定、低所得・マイノリティまたはサービス提供が不十分な地域社会の経済状況、および当該金融会社の債権者・株主およびカウンター・パーティに対するデフォルトの影響を考慮する必要がある（ドッド=フランク法203条(b)）。さらに、長官は、実行可能な民間代替措置、および今後どのような措置を講じることができるかについても考慮しなければならない。これらの問題が考慮され、長官が、FDICを管財人として任命すると、FDICは当該金融会社の管財人としてすべての権限を行使できる。

4）　FDICの管財人としての義務

　FDICは、管財人として、資産の譲渡または売却、清算手続中に資産または負債の引き受けを行うブリッジ金融会社の設立、整然清算に要する資金を利用することができる。清算手続の資金を支援するために、タイトルⅡは、このタイトルの金融会社の清算の管理コストをカバーするために米国財務省によって作成されたファンドである「整然清算基金（Orderly Liquidation Fund）」が利用される（12U.S.C.§5390、ドッド=フランク法210条(n)(9)）。FDICは、対象金融会社およびその資産ならびにその株主、役員、取締役のすべての権利、権原、権限、特権を承継する（ドッド=フランク法210条）。金融会社がブローカーまたはディーラーである場合、FDICの管財人としての任命に加えて、「証券投資保護基金」（Securities Investor Protection Corporation Fund）が清算受託者（信託管理人）として任命され、FDICによってブリッジ金融会社に譲渡されな

い資産の管理を承継する（12U.S.C.§5385、ドッド＝フランク法205条）。

5）　請求者の優先順位

　タイトルⅡは、債務不履行の金融会社に対して請求を主張するための手続と、優先支払い順位リストに従って資産の清算と請求者への支払いを行う規則を規定する（12U.S.C.§5389、12U.S.C.§5390、ドッド＝フランク法210条(a)(2)、210条(b)）。請求は以下の順序で支払われる。

　(1)管財人の管理費、(2)米国政府の負担する金額、(3)従業員の賃金、給与、報酬、(4)従業員福利厚生プランへの拠出、(5)会社等の一般的または優先的債務、(6)ジュニア債、(7)会社の役員および取締役の給与、(8)株主、社員、無限責任者、およびその他のエクイティ保持者への債務（12U.S.C.§5389、ドッド＝フランク法210条(b)）。

　優先支払い順位リストは、株主、役員、取締役に対し、支払いを受け取る最後に順位付けることで、彼らが破綻した金融機関の損失を負担することを明確にする。タイトルⅡには、FDIC が会社の破綻の2年前から役員に支払われたインセンティブ報酬およびその他の報酬を回収できるようにする「クローバック条項」を含む役員に責任を負わせる条項が定められている（12U.S.C.§5390、ドッド＝フランク法210条(s)）。なお、取締役および経営陣は、重大な過失およびその他の悪質な行為の場合の損失に対して個人的に責任を負うこともある（ドッド＝フランク法210条(f)）。

　FDIC が清算を行う際には、特定の基本要件を満たす必要がある（12U.S.C.§5386、ドッド＝フランク法206条）。タイトルⅡに基づくすべての措置は、対象金融会社の存続を目的とするのではなく、米国の金融の安定を維持するために講じる必要がある。対象金融会社の株主は、他のすべての債権および基金が全額支払われるまで、配当を受け取ることができない。保証されていない債権者は、優先支払い順位リストによる債権の優先度に従って、損失を負担する。経営陣と株主は最後に配当を受ける。対象金融会社の破綻に責任のある経営者と取締役会のメンバーは排除される。そして、FDIC は対象金融会社または対象子会社の株主になったり、株式から利益を得てはならない。

6） 経営難に陥った金融機関に対する政府の救済（ベイルアウト）の撤廃

　重要な最後の規定は、タイトルⅡの下で管財の対象とされた金融会社を救済するための納税者資金の使用の禁止である（12U.S.C.§5394、ドッド＝フランク法214条）。本質的に、この規定は、金融機関の破綻がどれほど大きく、またはどれほど影響力があるとしても、経営難に陥った金融機関に対する政府の救済（ベイルアウト）を禁じるものである。この規定により、タイトルⅡに基づく清算が迅速かつ効果的に機能することが期待され重要となる。ベイルアウトのセーフティネットがなければ、破綻した金融機関は清算せざるを得ないであろう。

7） 実行

　タイトルⅡの下では、大規模な金融会社等は、事業継続の処理手法を検討し、経営危機に陥った場合のために迅速かつ的確に秩序ある破綻処理計画を作成する必要がある。FDIC は、会社が作成しなければならない破綻処理計画と信用エクスポージャーレポートの基準を定める。さらに、FDIC による整然清算の下での処理手法は、破産法典の処理手法と同様に体系化されているが、タイトルⅡの清算の処理方法と数点の違いがある。大規模な金融会社は、タイトルⅡで成文化された処理手法と、その手法を明確にする FDIC 規則の両方を念頭に置く必要がある。

以上

(2) 債権等の優先順位

　ドッド＝フランク法の OLA は、米国の金融の安定に重大な影響をもたらすリスクを軽減し、モラルハザードを最小化する方法により対象金融会社の清算手続きの実行を目的にしている[64]。無秩序な破綻を回避するための手段として OLA が創られ、これによりベイルアウトを回避し納税者の負担を発生させないものとする。そこで、FDIC に対しては、①株主お

---

64) Dodd-Frank Act sec.204(a).

よび債権者が対象金融会社の損失を負担すること、②対象金融会社の資産価値を最大化し、損失を最小化し、リスクを軽減し、モラルハザードを最小化するように対象金融会社を清算することが求められている[65]。

OLAでは、株主および債権者の損失負担を図るため、レシーバーシップにおける支払い順位として、前述のとおり、下記の優先順位が具体的に定められており、支払額に不足が発生した場合は、債権カットが行われる[66]。

① レシーバーの管理上の支出
② 米国政府に対して負う債務
③ 従業員の賃金・給与等の支払（レシーバー任命日の180日前までに獲得したもの、1人当たり最大1万1,725ドル）
④ 従業員の年金制度への拠出金（レシーバー任命日の180日前までに提供されたもの、1人当たり最大1万1,725ドル）
⑤ その他の一般債権またはシニア債権
⑥ その他の劣後債権
⑦ 執行役員、取締役の賃金・給与等の支払
⑧ 金融会社の株主、ジェネラル・パートナーまたはリミテッド・パートナー等に対する義務

上記①-⑧のとおり、OLAのもとでは、法律に定められた支払順位に従って弁済・配当が行われ、対象金融会社の株主および債権者が金融会社の破綻に伴う損失を負担することが求められる。対象金融会社の株主は、他のすべての債権者に対して支払いが完全に行われた後でないと配当を受けることができない[67]。

ただし、OLAでは、対象金融会社の債権者が公正な取り扱いを受ける

---

65) Dodd-Frank Act sec.204(a),sec.210(a)(9)(e).
66) Dodd-Frank Act sec.210(b).
67) 小立・前掲第Ⅲ編1章注1）79頁。

ことを確実にするための手続が定められている。債権者はレシーバーであるFDICに対して自らの権利を申し立てることが定められており、レシーバーの決定に不服がある場合には裁判所に提訴することもできる[68]。また、権利が確定した時点でFDICが支払順位に従い暫定的な支払を行うこともでき、それにより破綻金融会社が閉鎖された場合に債権者に与える影響を経済的に緩和することが期待される[69]。

さらに、「主要な特性」（Key Attributes）に規定されている、債権者のセーフハーバールールである、no creditor worse off セーフガードもOLAに整備されている。すなわち、OLAを適用した場合に破綻金融会社の債権者が受け取る最低限の支払額として、清算型倒産手続である連邦倒産法のチャプター7の手続を対象金融会社に適用した場合に受け取れる額を保障している[70]。なお、連邦倒産法においては、再生型手続であるチャプター11において、no creditor worse off が規定されている[71]。

一方、ドッド＝フランク法に規定されるOLAには、対象金融会社のエクイティおよび無担保債務の元本削減やエクイティ転換を図るベイルインに関する明文規定はない。しかし、FDICは、シングル・ポイント・オブ・エントリー（SPE）において、OLAの権限のもと、対象金融会社を対象として元本削減およびエクイティ転換という事実上のベイルインを実践することを想定している[72]。

5．破綻処理計画の策定

(1) 2つの破綻処理計画

ドッド＝フランク法は、システム上重要な金融会社として、2,500億ド

[68) Dodd-Frank Act sec.204(a)(2)-(4).
[69) Dodd-Frank Act sec.204(a)(7).
[70) Dodd-Frank Act sec.204(d)(2)(B).
[71) 11 U.S.C. §1129(a)(7)(A)(ii). 小立・前掲第Ⅲ編1章注1）80頁。
[72) 小立・前掲第Ⅲ編1章注1）80頁。

ル以上[73]の銀行持株会社およびFRB監督ノンバンク金融会社に対して「破綻処理計画」(living will) の策定を求めている[74]。これにより、FDICは2011年11月にFRBと共同で、「破綻処理計画」に策定に関する規則を策定している[75]。一方で、FDICはFDI法によって、総資産500億ドル以上の預金保険対象機関に対して「破綻処理計画」の策定を求める規則もFDIC単独で策定している[76]。

これは、銀行が破綻した場合にはFDI法のもとでFDICがレシーバーとなって破綻処理が行われ、ドッド＝フランク法のOLAは銀行や銀行子会社を対象としていないことから、銀行および銀行子会社と、銀行持株会社、FRB監督ノンバンク金融会社、ノンバンク金融子会社とでは、破綻処理を行う枠組みが異なることが背景にある[77]。後者は、連邦倒産法チャプター7、システミック・リスクの場合はOLAで破綻処理が行われる。

ドッド＝フランク法に基づく「破綻処理計画」は、米国にシステミック・リスクを発生させることなく、連邦倒産法のもとでシステム上重要な金融会社の破綻処理を可能にすることを目的としている。FDI法に基づく「破綻処理計画」は、預金保険対象機関の破綻処理を行う際にFDICがレシーバーとなった日の翌営業日（2営業日以内）に預金者が預金にアクセスすることを可能とすることを目的としており、両者の「破綻処理計画」の位置づけは相違している[78]。

これにより、総資産500億ドル以上の銀行子会社を傘下に持つ銀行持株

---

73) 経済成長・規制緩和・消費者保護法（Economic Growth,Regulatory Relief, and Consumer Act）が2018年5月に成立し、連結総資産の閾値が500億ドルから2,500億ドルに引き上げられた。
74) Dodd-Frank Act sec.165(b) and (d).
75) FDIC,12 CFR Part 381,Resolution Plans Required,Final Rule,76 FR 67323 (November 1 ,2011).
76) FDIC,12 CFR Part 360,Resolution Plans Required for Insured Depository Institutions With $50 Billion or More in Total Assetes,Final Rule,77 FR 3075 (January 23,2012).
77) 小立・前掲第Ⅲ編1章注1）98-99頁。
78) 小立・前掲第Ⅲ編1章注1）99頁。

会社（連結総資産2,500億ドル以上）は、システム上重要な金融会社であることから「破綻処理計画」をFRBおよびFDICに提出し、さらに預金保険対象機関であることから「破綻処理計画」をFDICに提出することが求められる[79]。

(2) ドッド＝フランク法の破綻処理計画
1）概要

「破綻処理計画」に記載すべき事項は、①対象金融機関の関連会社である預金保険対象預金受入機関が、対象金融機関のノンバンク子会社の活動から生ずるリスクからどのように、また、どの程度適切に保護されているかについての情報、②対象金融機関の所有者、資本、負債、契約上の義務に関する完全な説明、③異なる証券と結びつけられた相互保障の特定、主なカウンター・パーティの特定、担保は誰に入担されているかを判断するためのプロセス、④FRBおよびFDICが規則または命令によって共同して要求するその他一切の情報、とされる[80]。さらに、ドッド＝フランク法の施行規則は、上記の事項の具体的内容として、①要旨、②破綻処理計画の方策の分析、③破綻処理計画に関するコーポレート・ガバナンスについての説明、④対象金融機関の全体的な組織構成および関連情報、⑤対象金融機関の経営上の情報システムについての情報、⑥対象金融機関とその重要な子会社などとの間の相互関連性および相互依存性についての情報、⑦対象金融機関に対する監督・規制についての情報と対象金融機関の窓口、についての記載も求めている[81]。

そして、FRBおよびFDICは、当該計画に対する信頼性を審査することとされている。しかし、その審査基準は、ドッド＝フランク法やFDIC

---

[79] 小立・前掲第Ⅲ編1章注1）99頁。
[80] 12U.S.C.§5365(d)(1).
[81] 12C.F.R.§381.4(b)-(i). より詳細には、小出篤「海外金融法の動向 アメリカ ドッド＝フランク法におけるノンバンク金融会社および金融持株会社の破綻処理計画（"living will"）提出制度」金融法学会『金融法研究』第28号（2012）180-183頁を参照されたい。

およびFRBの作成する施行規則には明確に規定されておらず[82]、金融規制当局のガイダンスにおいて、対象金融機関による対応が「期待される事項（expectations）」として示されている[83]。FRBおよびFDICが、当該破綻処理計画に対し共同審査を行い、「信頼性に欠ける、あるいは迅速かつ秩序だった破綻処理を促進しない」と認定した場合、両者は共同でその旨を対象金融機関に通知する[84]。通知で示された指摘事項を充足する計画を作成できない場合、当該金融機関に対して、より厳しい資本・流動性規則や、業務制限が課される可能性がある[85]。そして、こうした措置を採ったうえでも、2年以内に適切に修正された破綻処理計画が再提出されない場合、FRBおよびFDICは共同で資産や業務の売却（divestiture）を命じることができる[86]。

FRBとFDICは、2016年4月に、2015年に提出された「破綻処理計画」のうち5つの対象金融機関に対して不備事項を共同認定した[87]。そして、当該審査で特定された脆弱性（vulnerabilities）を踏まえたガイダンスを公表した[88]。本ガイダンスでは、2017年に提出される破綻処理計画（2017 Plan）に関して、資本、流動性、ガバナンス構造、業務機能、法人再編、デリバティブ取引・トレーディング業務、当局要請への対応能力の分野について、対象金融機関による対応が「期待される事項」として示されている。これに基づき、2017年には、8つの対象金融機関が「破綻処理計画」

---

82) 小出・前掲注81）178頁。
83) 平良耕作「金融規制の効率性と透明性：米国における金融規制の見直しを題材に」日本銀行金融研究所『金融研究』第38巻第4号（2019.10）139頁。
84) 12C.F.R.§381.5(b). 通知を受けた対象金融機関は、90日以内に指摘事項に対応した破綻処理計画を再提出することが求められる（12C.F.R§381.5(c)）。
85) 12C.F.R.§381.6(a).
86) 12U.S.C.§5365(d)(5).
87) このうち、4先の対象金融機関の破綻処理計画は、その後の再提出において適切性が認められた。他方、残りの1先の対象金融機関の破綻処理計画は、不備事項が解消されていないと評価され、当該金融機関は国際業務およびノンバンク業務の拡大が制限された。
88) Guidance for 2017§165(d) Annual Resolution Plan Submissions by Domestic Covered Companies that Submitted Resolution Plan in July 2015.

を提出し、この結果、FRB と FDIC は、4つの対象金融機関に対して不備事項を認定した[89]。

2）破綻処理計画の見直し（財務省の提言）

　破綻処理計画には、制度導入時から根本的な問題、手続的な問題、実務的な問題など問題点が多い。これに対して、財務省は、2017年6月に、Department of the Treasury（2017）を公表し、破綻処理計画の提出制度について、規制負担の軽減および審査基準の透明性強化の提言を行った。

(i)　規制負担の軽減

　Department of the Treasury（2017）は、同規制の対象金融機関のうち銀行持株会社に関する閾値を、従来の連結総資産500億ドルから引き上げること、提出頻度についても、年1回から2年に1回にすることを提言している[90]。

(ii)　審査基準の透明性確保

　Department of the Treasury（2017）は、金融当局は、「破綻処理計画」の提出および審査枠組みとガイダンスをパブリックコメントの対象とすべきことを提言している[91]。この提言は、金融規制当局によるガイダンスが、実質的には対象金融機関に対して流動性および資本の保有水準の引上げを求める機能を有するとの理解に基づいている[92]。

---

89)　4つの先は、バンク・オブ・アメリカ（BAC.N）、ゴールドマン・サックス（GS.N）、モルガン・スタンレー（MS.N）、ウェルズ・ファーゴ（WFC.N）である。その後の再提出により適切性が認められた。

90)　Department of the Treasury（2017）p.67. ドッド＝フランク法に「破綻処理計画」の提出頻度について明文規定はなく、同法施行規則において、毎年の提出が義務付けられている。なお、Department of the Treasury（2017）p.67. は、「提出頻度を2年に1回とし、その間に重大な事象が生じた場合には、金融当局は対象金融機関に「破綻処理計画」の再度の提出を求めることが可能である」としている。

91)　Department of the Treasury（2017）pp.67-68.

Department of the Treasury（2017）による提言を受け、2019年に提出された破綻処理計画にかかるガイダンスは、パブリックコメント手続きを経て、最終化された[93]。

(iii) 課題（実効性の問題）
　破綻処理計画は、導入に際して、根本的な問題、手続的な問題、実務的な問題などあらゆる面から問題視されてきた。金融当局は、ドッド＝フランク法に基づき、施行規則を制定し運用、すなわち対象金融機関に「破綻処理計画」の策定・提出を課し、審査を行っているが、現在においても、こうした制度に対し実効性とコストの面からの批判的な意見が多い。実際の「破綻処理計画」は非常に重要な内容で、機密性が高く、金融当局や策定に関わった弁護士、公認会計士、コンサルタントなどにも守秘義務が課され、実際の内容を窺い知ることはできない。
　実効性の観点から、①平時に破綻時の計画を立てることができるか、②計画の内容と金融当局・第三者との関係、が論点となる[94]。

(ア) 平時に経営破綻時の計画を立てることができるか
　銀行が健全な状況にある時に、破綻時に発生しているであろう状況を正確に想定して実効性の高い計画を策定することは極めて難しいと考えられる。健全時には十分に想定できなかった事態が発生することで破綻に至るのであって、最初から想定されていた通りに事態が進むのであればそもそも破綻は防げるはずである。たとえば、新型コロナウイルスの蔓延による金融危機は、全く想定できない事態であった。破綻処理計画の意義は、想

---

92) 2016年に公表されたガイダンスは、対象金融機関に対し、破綻処理計画上重要な拠点と指定した全拠点について、危機時および破綻処理時に必要となる流動性や資本バッファーを推計し準備しておくことを求めている。
93) Federal Register Vol.83,No.163/Monday,July16,2018/Notices.,Federal Register Vol.84,No.23/Monday,February4,2019/Notices.
94) 三谷明彦「Too big to fail 問題と金融規制」（『みずほ総研論集』2010年Ⅱ号.2010）23-24頁を参照した。

定されていなかった事態により破綻に追い込まれることを回避することに有用であるという意見もあるが、そうであれば、「破綻処理計画」を策定しなくても、通常の金融監督の枠組みのなかで、リスクシナリオに備える態勢が構築されているかの検証で対応可能であると思われる。

(イ)　計画の内容と金融当局・第三者との関係

　破綻処理計画の内容として、どこまで定め、それに対し金融当局と第三者はどこまで関わる必要があるかは、難しい問題である。例えば、「A 銀行は破綻に陥った場合、リテール部門を B 銀行に売却する」という具体的な計画まで求めているのであろうか。そうであれば、A 銀行は B 銀行と調整するのであろうか。金融当局は、両行の間（調整）に入るのであろうか。

　A 銀行が事前に B 銀行の了解なく策定したのであれば、B 銀行に対し強制力を持たせることは不可能であり、その計画の実効性は担保されない。しかし、対象機関のすべての業務について、計画のための合意を事前に取り付けることは不可能であると考えられる。また、仮に事前の合意の上、「B 銀行に売却する」という計画を策定したとしても、実際に A 銀行が破綻寸前時に、B 銀行は資金面などから購入できるか不確実性が高い。銀行が破綻する状況では銀行を取り巻く経営環境、経済全体が悪化している場合が想定され、多数の銀行は厳しい状況に陥る。また、金融当局が、こうした計画に、どこまで関与するか、たとえば、独占禁止法的な観点から、破綻処理の最小コスト実現的な観点からなど、難しい問題である。

　破綻処理計画は、ある程度具体性のある内容でないと実効性が無いし、その実効性をどのように担保するか課題である。

　破綻処理計画は、実際に意味のある実効性の高い内容を策定すべきであるが、これについては非常に難易度の高い作業であり、労力とコストは相当なものになることが想定される。ここで、内容の実効性とコストをどのように調整するかが重要となる。Department of the Treasury（2017）は、これらを勘案し、対象先を減少させ、提出頻度を減らすといった緩和策を

提案し、金融当局はそれに従っている。

　実効性については、破綻時の処理に役立つということがそもそも前提とされているが、合理的なコストで実際に役に立つものを策定するにはどうすべきか、従来の金融監督の実態から再考すべきである。「破綻に至らなくても通常時の監督に役立つ」「金融機関自身にとっても組織や業務を見直す良い契機となる」という主張もあるが、これらは副次的効果であり、それだけでは破綻処理計画の策定を義務化する十分な理由にはならない[95]。そのような目的であれば、金融当局による通常の監督・検査の枠組みのなかでグループの組織構造や取引関係等を的確に検証することによって対応すべきである[96]。金融当局の監督・検査も含めて多角的な視点から検討を重ね、総合的に合理的なコストも勘案した実効性が確保できるスキームの構築が望まれる。

6．FDIC・FSB による評価

(1)　リーマン・ブラザーズ社の整然清算が可能であったとする報告書

　FDIC は、2011年4月18日に、ドッド＝フランク法の第1編「金融安定」の規定と、第2編「整然清算権限（Orderly Liquidation Authority）」の規定をリーマン・ブラザーズの危機時に適用できていれば、2008年の危機的状況は回避でき、債権者も、現行の破産法（チャプター-11）による処理に比べて、はるかに多くの資金回収が可能だった（97％回収可能）とする報告書[97]を公表した[98]。

---

95) 三谷明彦「金融危機の再発防止に向けた金融機関のモラルハザードへの対応—"too-big-to-fail" 問題と『リビング・ウィル』—」みずほ総合研究所「みずほリポート」（2009）28頁。

96) 三谷・前掲注95) 28頁。

97) "The Orderly Liquidation of Lehman Brothers Holdings Inc. under the Dodd Frank Act," FDIC Quarterly, Volume 5,No2, 2011.

98) 淵田康之「リーマンの整然清算が可能だったとする FDIC 報告書」『野村資本市場クォータリー』2011夏号を参照した。

同報告書によると、ドッド＝フランク法では、①事前にリゾリューション・プランニングが可能であること、②流動性を提供できること、③破綻と同時に買い手も発表されること、④柔軟な破綻処理が可能であること、といった点で、リーマン・ブラザーズに適用された破産法による処理に比べて優れているとする。

　①ドッド＝フランク法の下では、リーマン・ブラザーズはSIFIに認定されていたはずであり、リビング・ウィルの制度が適用され、危機時における整然清算の計画が事前に規制当局に提出されている。この枠組みを通じ、FDICは他の当局と協力し、リーマン・ブラザーズの破綻に先立って、リゾリューション・プランニングを目的とした情報収集・分析ができた。そして、レゾルバビリティ（破綻処理のしやすさ）を改善させるアクションをとれた。

　②破綻処理プロセスを混乱なく進行させるためには、リーマン・ブラザーズのシステム上重要なオペレーションを継続させることが重要であるが、FDICはこのために必要な流動性を提供できた[99]。この資金は、株主と債権者が損失を被ることで返済され、納税者の負担はない。

　③リーマン・ブラザーズが破綻し、receivershipの対象となる前段階でFDICはデュー・デリジェンス、潜在的な買い手の特定、問題資産の特定、取引ストラクチャーの決定、入札の実施などを行うことができた。そして、破綻した時点で、買い手が買収を完了する準備ができていた。この際、経営陣の退陣、株主や劣後債の損失負担を求めることができる。

　④FDIC主導の破綻処理では、裁判所主導の倒産法による処理よりも金融機関という業種の特性を踏まえた柔軟な対応が可能である。例えば、入札では、潜在的買い手は、問題資産も含めて入札するか、それを除いて入札するかを選択できる。P&A以外に、資産のスピンオフ、IPO、デッ

---

99) FDICは対象金融機社の整然清算に要する資金を提供できる（ドッド＝フランク法204条）。この基金には国庫に設置される整然清算基金が利用される。同基金には、FDIC債の発行代り金、対象金融機関からの返済、SIFIに対するリスク・ベース賦課金などが預託される（ドッド＝フランク法210条）。

ド・エクイティ・コンバージョン、など様々な手法を選択可能である。また、債権者に対して、一部、仮払いを実施するなど、必要に応じて柔軟な対応が可能である。

ドッド＝フランク法の下では、2008年3月のベアー・スターンズの危機の後、FDICはリーマン・ブラザーズのデュー・デリジェンスを行い、7月までに会社売却か自力での資本調達ができなければ、破産法かFDIC主導による破綻処理しかないと通告し、8月にはそれまでに準備されたプロセスに従い、リーマン・ブラザーズの入札プロセスを開始する。そして9月の破綻処理と同時に、既に決定している買い手であるバークレイズに、混乱なくリーマン・ブラザーズの事業や資産と一部の負債が承継される。資産2,100億ドルのうち、400億ドルの損失が発生したと見込まれるが、これは、まず200億ドルのエクイティと150億ドルの劣後債で負担され、残り50億ドルが他の債権の毀損分となる。破産法での処理は、企業再建会社や破産法専門の法律事務所などへの手数料支払いも、2011年2月までに12億ドルに上った。

本報告書に対しては、肯定的な議論もあるものの[100]、①バークレイズへの売却に関するストーリーが楽観的過ぎるため、非常に高い回収率が示されている、②現実には納税者の負担が生じる可能性がある、③国際的な協調は困難である、④行政が的確に介入できるとは限らない、などの批判が優勢である。内容について、下記の①－④が対応している。

①本報告書で、債権が97％も回収されるとされているが、セント・ホール・ロー・スクールの破産法の専門家であるステフェン・ルベン教授は、以下の理由からあり得ないとする[101]。『同報告書の計算のポイントは、まず損失につながったのが、500億ドルから700億ドルの問題資産であり、こ

---

100) John Dearie,EVP of policy at the Financial Services Forum. また、本報告書では、破産法による処理の結果、各種の専門家に12億ドルもの手数料が支払われているという指摘がある（企業再建会社 Alvarez & Marsal LLC は、30.5ヵ月分の中間的な手数料として4億2,290万ドルを受領、また破産専門法律事務所 Weil,Gotshal & Manges LLP は2億8,600万ドルを受領している）。 Bloomberg（2011.4.29）、淵田・前掲注98）74頁。

こで400億ドルの損失が発生したと仮定している点にある。しかし、この資産は、複数の金融機関が購入を全面的に拒否したものである。また、金融危機が進行するなかで、この問題資産以外の資産の価値が安定しているという前提は疑問である。競合相手が無かったにもかかわらず、こうした楽観的な資産価値評価のまま、バークレイズが、実際に起きたケースよりも高い値段でリーマン・ブラザーズを買収したという想定になっていることが、高い回収率に結実している。そして、全体として、同報告書は、どうして破産法による処理は適当ではなく、FDIC主導の処理が適切なのか明確に示しておらず、前述の高額の手数料の問題に対しても、FDICという行政組織が関与することのコストを勘案すべきである』と批判する。

②この手法では、本当に金融危機を起こさずに済むという自信が当局にない場合は、結局、金融機関を公的資金で救済（ベイルアウト）するのではないか、という指摘もある。ベイルアウトすることも、当然、様々な問題を惹起するが、その問題は想定の範囲内にとどまるであろう。これに対し、ベイルアウトしない結果、危機が拡大した場合のコストは非常に大きなものとなる可能性があることから、当局がベイルアウトを採用することは十分に予想される。損失が大きすぎる場合、破綻処理のファンディングには、結局、税金を投入することが必要になるという指摘もある[102]。

③クロスボーダーの協調は、実際には困難であろうとする指摘も多い。MITのサイモン・ジョンソン教授は、本報告書はクロスボーダーの法的な問題の複雑さを考慮していないと指摘する[103]。また、ジョージ・ワシントン大学ロースクールのアーサー・ウィルマース教授も、海外で同様な規制が採用されていなければ、FDICが資産を保全しようとしても、海外当局が資産を接収する可能性もある、と指摘する[104]。

---

101) Lubben,J.Stephen, "The FDIC,s Lehman Fantasy",New York Times April 29,2011.
102) Wall Street Journal,April 19,2011.
103) Wall Street Journal,April 19,2011.
104) Wall Street Journal,April 19,2011.

④リビング・ウィルの段階で、当該金融機関の規模が過大で、組織が非常に複雑であるという問題に対応できているとすれば、こうしたクロスボーダーの処理は、円滑に進む可能性もある。しかし、当局が実際に、大手金融機関の大きさ、複雑さの問題を解消することを求め、組織変更などを実行させるということは、政治的には相当困難である、という指摘もある[105]。リーマン・ブラザーズの件に関し、FDIC が関与していたとしても、ワシントン・ミューチュアル、ワコビア、シティグループなど次々に大手金融機関の危機が進行するなかで、適切な対応ができたかどうかという疑問がある。過去に遡り、金融当局が必ずしも有能であるということは明言できないとする[106]。

(2) 金融安定理事会（FSB）のTBTF改革の評価

　金融安定理事会（FSB）は、2020年6月28日、「Evaluation of the effects of too big to fail reforms」と題する市中協議文書を公表しており[107]、これを要約する。本文書は米国を中心にグローバルな観点から述べられている。

　なお、本文中のG-SIBs とは「グローバルなシステム上重要な銀行」のことで、FSB が G-SIBs バッファー[108]を基準に毎年リストアップしている。

　本文書は、「大きすぎて潰せない（Too big to fail：TBTF）システム上重要な銀行」の問題に対する改革（TBTF 改革）の効果に係る評価結果を提

---

105) Wall Street Journal, April 19, 2011.
106) Lubben, J. Stephen, "The FDIC,s Lehman Fantasy", New York Times April 29, 2011. MIT のジョンソン教授も、ベアー・スターンズの経営危機後において、ポールソン財務長官が、リーマン・ブラザーズなど金融機関に介入することに消極的であったこと、そしてドッド＝フランク法では、FDIC を管財人に任命するかどうかの決定権限が財務長官にあることを指摘し、本報告書通りに破綻処理が進行するとは考えられないとしている（The Baseline Scenario, 2011年4月28日）。淵田・前掲注98）76頁。
107) FINANCIAL STABILITY BOARD　Consultation Report "Evaluation of the effects of too-big-to-fail reforms"（2020.6.28）.

示するものである。TBTF改革は、2008年の金融危機後にG20首脳から承認を受けた、グローバル金融の安定性を向上させ、経済を支えるための広範な改革パッケージの一つである。分析の大部分はCOVID-19パンデミックの発生以前に行われたため、評価は、最近の市場動向を踏まえた検証を含んでいない。

　本評価の対象となる改革には、1）資本サーチャージや総損失吸収力（Total loss-absorbing capacity：TLAC）による追加的な損失吸収力の基準、2）強化された監督や高められた監督上の期待に関する提言、3）銀行の破綻処理可能性（resolvability）を向上させるための実効的な破綻処理制度や破綻処理計画の実施に係る政策が含まれる。

　本評価の全体的な結果は3つの項目に分けて要約できる。(1)システミック・リスクとモラルハザードを示す指標は正しい方向に推移してきた。(2)実効的なTBTF改革は社会にネットの便益をもたらす。(3)引き続き取り組みが必要な課題が残っている。

1）　システミック・リスクとモラルハザードを示す指標は正しい方向に推移してきた。

　破綻処理の実行可能性として、とりわけグローバルなシステム上重要な銀行（G-SIB）の母国である法域では、破綻処理改革の実施が大幅に進展した。これは、SIBに対する破綻処理の枠組みが欠如していたグローバル金融危機以前の状況からの大きな改善である。ほぼすべてのG-SIB母国法域と主要なホスト法域で、破綻に直面している銀行を破綻処理する選択肢を与える包括的な制度が導入されているうえ、数多くの当局がG-SIBの破綻処理計画を策定している。ほとんどのG-SIBは

---

108) G-SIBsは、バーゼルIIIのレバレッジ比率のエクスポージャー合計額が2,000億ユーロ（直近に終了した連結会計年度末の為替レートでユーロに換算）を超える国際統一基準行が評価対象とされ、①「規模」、②「相互連関性」、③「代替可能性／金融インフラ」、④「複雑性」、⑤「国際的活動」の5基準に基づき、FSBにより選定される（毎年更新）。

TLACの最終的な最低所要水準をすでに満たしており、市場はこれまでのところ発行されたTLAC債を問題なく吸収してきた。

破綻処理制度に対する信頼度（市場価格と信用格付からのエビデンス）について、SIBの調達コストの優位性は、TBTF改革の実施後低下しているものの、少なくとも2007-2008年の危機以前と同程度の高さにとどまっている。試算によれば、SIBの調達コストの優位性は、因果関係があると解釈すべきではないものの、2012年から改革が実施されて以降に低下している。しかし、平均的な調達上の優位性は、（歪みが生じていた可能性がある）危機以前の水準を大幅に下回るところまでは低下していない。なお、調達コストの優位性は、破綻処理改革の実施がより完全な形で行われている法域において、より低い傾向にある。

市場の規律は改善したように見える。SIBの（期待デフォルト頻度によって計測される）リスクに対するCDS（Credit Default Swap）の価格の感応度は、2007-2008年の危機以降上昇した。また、TLAC適格債務のイールドは、TLACに優先する類似の債務のイールドを上回っており、このイールドの差はリスクのより高い銀行についてより大きくなっている。これは、投資家がG-SIBの破綻リスクと潜在的なベイルインを少なくとも部分的にプライシングに反映させていることを示唆している。

SIBの行動として、銀行の財務の強靭性は、2007-2008年当時と比較して顕著に高まっている。資本と流動性は、G-SIBおよびD-SIBに対する資本サーチャージを含む銀行規制改革（バーゼルⅢ）によって改善した。銀行のリスクアセット・ベースの自己資本比率及びレバレッジ比率は上昇し、SIBのこれらの比率は、低い水準からではあるものの、さらに大きく上昇している。加えて、バーゼルⅢ改革は規制資本の定義を大幅に厳格化し、損失吸収力を改善させた。銀行の予想デフォルトリスクは改革後の期間に低下している。

銀行の収益性は、資本やリスクテイクの変化を反映し、低下している。SIBの強靭性は高まった一方で、収益性はその他の銀行よりも低下しており、特にG-SIBで低下した。これは、他の条件が同じであると仮定すれば、改革が成功し、SIBの資本が増加する一方で、政府によるSIB

に対する（暗黙の）調達保証および SIB のリスクテイクが縮小している場合に期待される結果である。

2）　実効的な TBTF 改革は社会にネットの便益をもたらす。
　本評価では、社会的な費用と便益の観点から TBTF 改革を評価している。本評価では、TBTF 改革の社会的な便益は金融危機の確率と深刻度の低下であり、社会的な費用は貸出金利の上昇によって発生するという、シンプルな枠組みを用いて、社会的な費用と便益を推計した。保守的な仮定のもとで推計すると、社会的なネット便益はプラスとなった。この枠組みは、すべてのタイプの社会的費用・便益を捕捉しているわけではない。このため、本評価は、銀行の競争、市場構造、相互連関性、債券価格の変化などの他の要因も考察した。
　全体的に見て、TBTF 改革は社会にネットで大きな便益をもたらしていることを分析は示唆している。観察された変化からは、頑健性が向上したこと、調達コストは顕著には増加しなかったことのほか、市場規律が改善したことが示唆される。また、総貸出の減少や大きな意図しない金融市場の分断といった、潜在的な負の副作用は観察されなかった。SIB が縮小した業務には、他の金融サービス提供者が参入している。
　SIB の国内シェアや市場集中度は低下している。SIB から他の金融機関へビジネスが移る動きは、予期された TBTF 改革の結果である。平均的には、SIB の国内シェアは低下しているものの、こうした傾向は法域や地域によって異なる。総じて、銀行の規模の分布には、引き続き大きな偏りが見られる。すなわち、ほとんどの国では、少数の規模が非常に大きい銀行と多数の中小規模の銀行が共存している。このため、大規模な金融機関に影響するショックは、全体的な結果に影響を及ぼす。
　こうした市場構造の変化から、信用供給は大きく影響を受けていない。経済への資金供給は低下していない。TBTF 改革導入後、信用供給と国内総生産（GDP）は同程度の伸び率で増加している。G-SIB が GDP 対比で国内への信用供給を減らしていたとしても、他の銀行や金融機関がそれを補っている。

市場ベースのシステミック・リスク指標は低下した。金融システム全体として資本が不足しているときに資本不足に陥る可能性のある銀行や、ディストレス（困窮）や破綻が金融システムに多大な損失を与える可能性がある銀行は、システムに及ぼすリスクがより高いと考えられる。市場データに基づく指標によれば、システミック・リスクは、グローバル金融危機の期間を除けば、2000年から2019年にかけて概ね安定してきた。

2007-2008年の金融危機は、グローバルな金融の統合に向かう長期的なトレンドを鈍化させたが、こうしたトレンドを逆転させたわけではない。欧州以外の銀行によるクロスボーダーの貸出は拡大し続けた。クロスボーダーの連関性を表す指標は、金融危機初期にピークに達し、2008年に急落後、危機前またはそれ以上の水準に戻った。

本評価は、内部TLACが市場分断をもたらすとの仮説を裏付けることはできなかった。内部TLACは、秩序ある破綻処理を支えるほか、母国・ホスト当局間の連携を促すものである。FSBの基準では、ホスト当局は、自法域内の主要子会社グループに内部TLACを課し、その水準調整係数を75-90％の範囲で設定するよう要求している。市中から意見を募集した際、こうした内部TLACの要求は市場分断をもたらし得るといった意見が一部に上がった。本評価はこうした主張を支持しない。むしろ、内部TLACは秩序ある破綻処理を支え、母国・ホスト当局間の連携を促すものである。

3）　引き続き取り組みが必要な課題が残っている。

政策の設計は関連するグローバルな主体の任務であり、本評価は具体的な政策提言を行うものではない。しかし、対処すべきいくつかの課題が残っていることを提言する。

破綻処理可能性への障壁が残っている。本評価は、SIBの破綻処理可能性をさらに改善し得るいくつかの分野を特定した。これらには、TLAC基準の実施、破綻処理時の資金調達メカニズム、破綻処理時の銀行資産のバリュエーション、業務継続性と金融市場インフラへのアクセスの継続性、クロスボーダーの協調が含まれる。

破綻に直面した銀行に対する公的支援は引き続き存在している。ここ数年で破綻処理が行われたSIBは3行のみである。しかし、破綻処理の枠組みが十分に発達している法域であっても、中小規模の銀行を支援するために公的資金が使われ続けている。これらの数少ない銀行破綻は、極めて異なる状況によって特徴づけられており、一般的な結論を見出すことは困難である。しかし、政府による支援が行われた事例はいくつかある。これは、破綻処理改革が最近実施されたものであることや、システムが未だ移行時期にあること、当局が特定の状況下では他の手段が適切であると判断したことを反映している可能性がある。また、政府による支援が、破綻処理制度が相対的に整備されていない一部の法域で行われ得ることは、破綻処理制度改革が完全に実施されることの必要性を示している。他のケースをみると、公的支援は主に、株主や（いくつかの事例では）低位債権者による損失吸収後、銀行の秩序だったリストラや清算を容易にした。

　データの提供と利用可能性を改善し、また、現在の透明性のレベルの妥当性を検討する余地がある。改革が意図したとおりに機能するためには、市場参加者と当局が十分な情報を持つことが必要である。市場参加者は、破綻処理がどのように実行されるのかを理解し、リスクを評価したり価格に織り込んだりする能力が、情報の不足によって低減してしまう可能性がある。ただし、透明性の向上はコストを伴わないわけではなく、また、本来は機密扱いであった情報が破綻処理時において悪影響をもたらす可能性もある。そうした点はあるものの、本報告書は、破綻処理の枠組みの運用、TLACを含むSIBの破綻処理可能性、イベント発生後の破綻処理措置の詳細に関する情報開示を強化することで、改革への信頼度を高める機会があることを提言する。

　当局、FSB、基準設定主体が利用できる情報についても、モニタリングおよび評価能力の低下につながる課題がある可能性もある。このような例として、ベイルインが金融システムや経済に与える潜在的な影響を評価するために必要な、G-SIBが発行したTLACの保有者に関する情報などがあげられる。実効的な破綻処理を確実にするために必要な情報

について、当局やグローバル主体は慎重に検討することが求められる。

信用仲介機能のノンバンク金融機関へのシフトに起因するリスクについては、引き続き注視していく必要がある。ノンバンク金融機関が市場シェアを拡大したことに伴い、一部のリスクが銀行システムの外部に移行している。このようなシフトは、資金調達源の多様化につながることなどから、金融システムの安定性を高める可能性がある一方、金融システムの不安定化の原因となる可能性もある。本評価ではノンバンク金融機関に係る影響は検証されていない。しかし、銀行セクターに係る分析結果は、FSBや基準設定主体において、脆弱性を評価し、これに関連する金融システムの安定性のリスクに対処する政策提言を策定するための、継続的な取り組みが重要であることを補強するものとなっている。

以上

(3) **考察**

1）の評価からは、破綻処理改革はグローバルに着実に始動していることが窺われる。市場においても、破綻処理改革の一連のスキーム（セーフティネット）に対応し、TBTF政策への訣別、ベイルアウトの廃止、ベイルインの徹底を理解した上で行動し、市場規律が有効に機能する市場への変換に向かっていることが確認できる。

2）の評価は、TBTF改革の成果を実証する、重要なものと評価できる。平時では、TBTF改革が、金融セーフティネットにおいて良い働きをし、社会にネットで大きな便益をもたらすことが実証された。しかし、この分析は、短期間によるもので、金融危機（有事）、もしくは経済・金融環境が悪化した場合（本分析は新型コロナ禍拡大の期間を対象としていない）の分析が行われていない。有事、もしくは経済・金融環境が悪化した期間における、TBTF改革の社会に対するネットでの成果を検証していないことに留意する必要がある。

3）の評価は、改革の課題を整理し、引き続き改革に向けて取り組むべきことを提言している。そのなかで、中小規模の金融機関に対しベイルアウトが実施されていることを問題視しているが、これが改革が進んでいな

いこと、破綻処理法制が整備されていないことが原因であればその判断は妥当であると思うが、当該法域が適法な手順・手続で鋭意検討し、ベイルアウトを選択し実践するのであれば、問題ないと考える。TBTF問題と、中小規模の金融機関に対するベイルアウトの問題は、切り離して考えるべきである。破綻処理制度改革を引き続き実施すべきことはそのとおりである。改革を意図したとおりに機能させるためには、市場（預金者等）への的確な情報提供が重要であるが、透明性の向上・確保にはコストが必要であるとする。これに対して、格付会社の実施する信用格付が有効であると考える。機密性の高い情報をどの様に管理・使用するかは法的な検討が必要である。そしてSIBの破綻処理可能性を示すものが、「破綻処理計画」であり、可能な限り市場に公開すべきである。金融当局による金融セーフティネットの周知活動も含め、広く市場への情報開示（ディスクロージャー）は改革の成功を後押しするものである。

7．小括

　米国の預金保険制度・破綻処理制度の改革の特徴として以下の様に整理できる。

　ドッド＝フランク法の特徴として、TBTF問題を終焉させようとしている点があげられる。すなわち、SIFIsに対しては、通常の金融機関に比べてより厳格なプルーデンス規制を課してその破綻の確率を引き下げ、破綻に至った場合には、システミック・リスクを回避するとともに納税者負担を回避しながら当該金融会社を清算するという政策方針である。同法は、金融機関の破綻に際して公的資金を投入して救済しないこと（ベイルアウトの廃止）を早期に明確に立法化したものとして評価できる。同法は、市場規律が例外措置なく有効に機能する金融セーフティネットの再構築につながるものである。

　世界金融危機における多額のベイルアウトの経験を踏まえ、ドッド＝フランク法の主柱として導入された、整然清算権限（Orderly Liquidation Authority：OLA）は非常に重要である。新たな整然清算の手法は、対象金

融会社に適用することで、米国の金融安定に対する危険および危険を及ぼす可能性のある金融会社のモラルハザードを減少させることが目的である。整然清算の実行には、債権者や株主が当該金融会社の損失を負担し、経営を失敗した経営者の排除が求められ、FDICを中心に規制機関には、経営陣に相応の責任を負担させることが求められている。

破綻処理計画は、TBTF問題の終焉、大規模な金融機関をベイルアウトしないことを市場に向けて宣言するものであると考えられる。市場規律を有効に機能させるための重要な手段（方策）である。金融機関による計画書の作成、金融当局からの評価が非常に難しいことが確認でき、試行錯誤を重ね、解決を図ることが求められる。

FDICによる評価「リーマン・ブラザーズ社の整然清算が可能であったとする報告書」はFDICが自らを評価するもので客観的かつ公正的な視点が欠如している。本報告書を通して、ドッド＝フランク法の施行により、ノンバンクに対して、秩序ある破綻処理スキームが理論的には一定程度整備されたことが確認できる。しかし、Title Ⅱが実際にどのように機能するかは、本報告書への批判も踏まえ、FDICのシナリオ通りに進むことは困難で、「やってみないとわからない」点が相当ある。

FSBによるTBTF改革の評価は、グローバルに改革が進められ成果が十分に確認できるとするものである。TBTF改革の一連のスキームに市場が適応し、市場規律が有効に機能する市場への変換に向かっていることがわかる。また、平時では、TBTF改革が、セーフティネットにおいて良い働きをし、社会にネットで大きな便益をもたらすことが実証された。しかし、本分析は、金融危機（有事）、もしくは経済・金融環境が悪化した場合の分析が行われていないことに留意する必要がある。そして、本評価では、TBTF問題と、中小規模の金融機関に対するベイルアウトの問題を一体として考察しているが、両者は切り離して考察すべきである。TBTF改革を意図したとおりに機能させるためには、市場（預金者等）へ的確な情報提供が重要であるが、透明性の向上・確保には高いコストがかかるとする。これに対して、信用格付の有効活用が有効であると考える。機密性の高い情報をどの様に管理・使用するかは慎重な検討が必要である。

第3章
EUにおける預金保険制度・破綻処理法制の改革

1. 金融監督体制の整備

　EU（欧州連合）では、EUの市場統合の拡大・深化を背景に、金融機関の国境を越えた展開が進展している。2008年の金融危機により、①EU域内全体の金融システムの安定に明確な責任を持つ当局の不在、②市場、金融機関、金融セーフティネットなどに係る諸規制の不備や域内での調和不足、③域内で国境を越えて展開している金融機関グループが危機に陥った際に国境・業態横断的な対応を迅速に行うための制度枠組みの未整備が明らかになり、EU当局者の間では、域内の金融監督・規制枠組が単一市場の現状に十分に対応できていないとの認識が強まった[1]。このため、EUでは、金融規制改革が進められた。

　米国では、ドッド＝フランク法の下で金融システム全体に関わるマクロ・プルーデンス金融政策を強化する金融監督体制の見直しが行われたが、欧州でも同様の動きがみられ、EUレベルでは2011年から新しい金融監督体制（European System of Financial Supervision：ESFS）がスタートした。新たな金融監督体制は、域内全体の金融システムのリスクを監視する欧州システミック・リスク理事会（European Systemic Risk Board：ESRB）、域内規制の制定やその適切な実施の監督などを通じてミクロ・プルーデンスの実効性向上を図る欧州監督機構（European Supervisory Authorities：ESAs）[2]の新設という両軸から構成されている（European Commission

---

[1] 御船純「欧州における金融規制改革の動向―監督・セーフティネット・破綻処理―」預金保険機構『預金保険研究』第十三号（2011）48頁。

〔2010〕）。

　欧州システミック・リスク理事会（ESRB）、欧州監督機構（ESAs）、各国監督当局は、相互に補完的な関係にあり、密接に協力していくことが求められる。ESRB は、ESAs などからミクロ・プルーデンス情報の提供をタイムリーに受け、ESAs に対してはマクロ・プルーデンス情報を提供するものとされた。

　ESRB は、①EU の金融システムの安定に関してリスクとなる対象の認定、②リスクが認定された加盟国、監督当局、ESAs に対する早期警告や対応策の勧告の発出、③これらの動向に関するフォローアップ等を行う。

　ESAs は、域内規制の制定やその適切な実施の監督などを通じてミクロ・プルーデンスの実効性を向上させる重要な役割を担っている。ESAs は、既存の 3 つの EU レベルの委員会を改組して新設されたが[3]、この改組で一層強い権限を付与された。例えば、危機時に各国の監督当局で協調対応が必要となった場合、従来の委員会は勧告を行う以上の権限を持っていなかったが、ESAs は、必要とされる措置の実施を要請しても関連当局がそれに従わなかった場合、状況に応じて措置の実施を強制することもできるようになった[4]。

2．金融セーフティネット（EU 指令）の見直し

(1) 預金保険指令の改正

　EU では、2014年 4 月に預金保険指令（Deposit Guarantee Scheme Directive：DGSD）が改正された。この改正は、1994年の制定以来、2 回目とな

2） 欧州監督機構（ESAs）は、欧州銀行監督機構（European Banking Authority：EBA）、欧州証券・市場機構（European Securities and Markets Authority：ESMA）、欧州保険・企業年金機構（European Insurance and Occupational Pensions Authority：EIOPA）の 3 つの機構の総称である。
3） ESAs の 3 つの機構の前身は、欧州銀行監督委員会（CEBS）、欧州証券規制当局委員会（CESR）、欧州保険・年金監督者委員会（CEIOPS）の 3 委員会である。
4） 御船・前掲注 1 ）50頁。

る。前回の改正は、世界金融危機を受け2009年に行われたが、保護限度額の引き上げなど一部の項目の改正にとどまっていた[5]。今回は、全面的な改正が行われ、特に、預金保険制度の実務に関する規定が詳細化され、クロスボーダー破綻における預金保護に関連する規定も整備された。さらに、金融危機を経て預金保険制度が破綻処理制度との結びつきを強めたことを受けて、同時に成立した銀行再建・破綻処理指令（Bank Recovery and Resolution Directive：BRRD）との関連も有している[6]。

EUでは、1992年に欧州連合条約が締結され、経済通貨同盟（Economic and Monetary Union：EMU）を構築することにより域内の経済統合の強化を図ることとし、預金保険制度に関しても、前述のとおり1994年5月に「預金保険指令[7]」が制定された。指令では、各国が預金保険スキーム（deposit guarantee schemes）を整備すること、保護限度額は2万ユーロ以上とすることなどが定められた。

預金保険指令（1994）の制定を受けて各国で預金保険制度の導入・整備が進められたが、2008年の世界金融危機において、金融セーフティネットとしての預金保険制度が十分に機能せず、預金者の信用不安が広がったことから、早急な対応が必要と広く認識された。2009年に改正された預金保険指令[8]は、金融危機への対応措置として、①保護限度額の引き上げ（最低2万ユーロ → 2009年6月末までに最低5万ユーロ → 2010年末までに一律10

---

5) 域内金融サービスの利用者保護と信頼性を向上させ、ひいては金融システムの安定を高めるため、欧州委員会は、預金者および投資家の保護制度に関するEU指令の改正案と、保険契約者の保護制度に関するEU指令の導入方針を2010年7月に同時に公表し、欧州議会へ提出した。金融危機の反省を踏まえ、いずれも域内制度の一層の調和と強化を図る内容であった。

6) 澤井豊＝鬼頭佐保子「EU：預金保険指令の改正」預金保険機構『預金保険研究』第十八号（2015）63頁。

7) Directive 94/19/EC of the European Parliament and of the Council of 30 May 1994 on deposit guarantee schemes.

8) Directive 2009/14/EC of the European Parliament and of the Council of 11 March 2009 amending Directive 94/19/EC on deposit guarantee schemes as regards the coverage level and the payout delay.

万ユーロ）、②付保預金の払い戻しの迅速化（3ヵ月程度 → 20営業日）、③2010年末までに共同保険の廃止、とするものであった。しかし、こうした改正のみでは、金融機関のクロスボーダー業務の拡大に対応した制度設計が担保されていないなど、EUレベルで取り組む中長期的な課題があることも認識され、預金保険指令の更なる改正に向け、引き続き検討されることとなった。

　欧州委員会（European Commission）は、2010年7月に預金保険指令の改正案を提案した。改正案は、①保護限度額を2010年末までに一律10万ユーロとし、通貨の種類および企業規模にかかわらず、金融機関および公的機関を除くすべての預金者の預金を付保対象とする[9]、②迅速な払い戻し（2010年末までに4週間、2013年末までに7日以内）、③クロスボーダーでの払い戻しを行う際の対応の明確化、④預金者に対する情報提供の強化、⑤長期的かつ責任ある資金調達手段の確保、などを主な内容としていた[10]。また、預金保険料の「可変保険料率」制度の導入も提案された。

　こうした提案を受け、関係機関において協議・調整が行われ、2013年12月に、欧州議会と欧州閣僚理事会が政治的な合意に達した[11]。最終的な合意内容は、①10万ユーロの保護限度額の共通化、②付保預金の払い戻し期間の段階的な短縮、③資金調達手段に係る事項、④リスクに応じた保険料の算出（「可変保険料率」制度の導入）、⑤預金者に対する情報提供の強化、などである。この合意を受け、2014年4月に欧州議会で改正指令案が採択され、改正指令は、2015年7月に施行された。

(2)　改正預金保険指令の概要

　改正された預金保険指令は、全体で23条から構成されている。本書において重要と考えられる、1）保護限度、2）基金の資金調達（リスクに応じた保険料）について概説する。

9）ただし、投資商品、債務証券（debt certificates）は対象外。
10）澤井＝鬼頭・前掲注6）65頁。
11）https://www.europa.eu/rapid/press-release_MEMO-13-1176_en.htm.

1）保護限度

保護限度額は、1預金者ごとに1金融機関あたり10万ユーロ[12]（利息は内数）である（6条1）。ただし、例外規定（6条2）として、

(a)個人の所有住宅に関連した取引から発生する預金

(b)各国の法律で認められた特別のライフイベント（結婚・離婚・退職・解雇・失業・就業不能・死亡など）に関連する預金

(c)各国の法律で認められた保険金の支払や犯罪・違法行為に対する補償金に基づく預金の10万ユーロを超える部分（temporary high balance）については、預け入れ後、少なくとも3ヵ月（ただし最長12ヵ月）、一定限度まで保護されることが規定されている[13]。

2）基金の資金調達（リスクに応じた保険料）

加盟金融機関が負担する保険料は付保預金（covered deposits）と当該金融機関が負うリスクの程度（degree of risk）に基づく（13条1）。ただし、指令はそれ以上の詳細な算定方法を示しておらず、欧州銀行監督機構（EBA）に対し、各国での指令の整合的な適用を確保するため、保険料の算定に関するガイドラインを2015年7月3日までに制定しなければならないと規定している（13条3）。

この規定を受け、EBAは、2015年5月28日に最終ガイドラインを公表した[14]。EBAはガイドラインの策定にあたり、リスクに応じた保険料体系を採用しているEEA（欧州経済圏）10ヵ国の実態調査を行った。その結果、保険料の算定にあたり、単独のリスク指標に基づく国（スウェーデンなど）、複数のリスク指標を等しいウェイトで評価する国（フランスなど）、複数のリスク指標を異なるウェイトで評価する国（ドイツなど）など、各

---

[12] ユーロを使用していないEU加盟国については、最初は10万ユーロを2015年7月3日時点の為替レートで換算した金額が保護限度額として適用された。その後は、5年ごとに調整が行われる（6条5）。

[13] これらの具体的な保護期間や保護限度額は各国が決定する。

[14] http://www.cba.europea.cu/-/eba.

国でリスク指標やそのウェイト付けが異なることが明らかになった[15]。続けて、EBAは3種類のテスト・システムを開発し、各国レベルでの適合性を検証するため、24ヵ国でテストを実施した。この結果から、EBAは「資本」「流動性・資金調達」「資産の質」「ビジネスモデル・マネジメント」「DGSにとっての潜在的な損失」の5つのリスクカテゴリーを設定し、このうち「DGSにとっての潜在的な損失」は、「付保預金対比での担保差入れされていない資産〈(Total Assets - Encumbered Assets)／Covered Deposits〉」をコアとなるリスク指標として採用した[16]。

(3) 銀行再建・破綻処理命令（BRRD）における預金者優先の規定

預金保険指令には規定されなかったものの、欧州委員会で預金者優先の導入の必要性が検討され、銀行再建・破綻処理命令（BRRD）に規定された。

預金者優先（Deposit Preference）は、他の無担保非優先債権に対して、預金の弁済順位を優位に設定するものであり、一般的には、預金者の預金保護に対する信頼維持に結び付き、預金保険制度（Deposit Guarantee Scheme：DGS）に対しても、付保預金の払い戻し費用を抑える効果が期待できる。

預金者優先の導入の是非については、FSBの「主要な特性」（Key Attributes）に明示されることはなかった（2011年）。また、欧州委員会がBRRDを提案した際にも、預金者優先に関する規定はなかった（2012年）。

しかし、その後の協議において、預金者優先の導入が検討され、既に預金者優先を導入していたEU加盟国も存在していたことなどから、最終的には、付保預金が最優先、次に個人・中小企業の預金が優先されるという2段階の預金者優先が規定された。

---

15) 澤井＝鬼頭・前掲注6）72頁。
16)「担保差入れされていない資産」の程度に関しては、金融機関の破綻処理においてDGSにとっての潜在的な損失に直接的に影響するとして多くの関係者がリスク指標として採用することに賛成したと説明されている。また、これらのリスクカテゴリーを用いて集計されたリスクウェイトは、基準料率の50-200％のレンジとされている。澤井＝鬼頭・前掲注6）72頁。

(BRRD 108条)
倒産処理における預金の優先順位（Ranking of deposit in Insolvency hierarchy）

加盟国は、通常の倒産手続に係る各国の国内法において、以下の点を確実にするものとする。

(a)以下は、通常の無担保非優先債権の請求権より優位のものとして、同順位で扱われる。
(i) EU指令2014/49/EU（預金保険指令）で規定される保護範囲を超えた、自然人および中小企業（micro,small and medium-sized enterprises）の付保対象預金（eligible deposits）
(ii) EU域内で設立された金融機関のEU域外の支店の預金であって、EU域内の支店を通じて預けられていれば、自然人および中小企業の付保対象預金となる預金[17]

(b)以下は、上記(a)より優位のものとして、同順位で取り扱われる。
(i) 付保預金（covered deposits）
(ii) 付保預金者に代位したDGS

以上のとおり、倒産手続における預金者の優先順位として、①自然人および中小零細企業から受け入れた預金保険の対象範囲を超える適格預金、②域内で設立された金融機関の域外に所在する支店でなければ自然人および中小零細企業から受け入れた適格預金となりうる預金については、通常の無担保債権者よりも高い優先順位が与えられ、加えて、保険対象預金および倒産手続において保険対象預金者を代位する預金保険制度に関しては、

---

17) (i)および(ii)により、EU域内で設立された金融機関の支店の預金であれば、支店の所在地（EU域内か域外か）にかかわらず、同等に優先されることになる。

適格預金等よりも高い優先順位が与えられている[18]。

3．危機管理の枠組みの整備

EUでは、域内で国境を越えて活動している金融機関グループの存在感が高いにも関わらず、破綻処理の枠組みは各国によって相違していた。このため、2008年の金融危機において、域内複数国にまたがった金融機関の破綻処理が求められた際には、域内各国が自国の破綻処理法制に基づきながら任意に協調することで対応せざるを得ず、EU域内共通の枠組みの欠如に伴う以下のような問題があった[19]。

① 共通の介入手段の欠如が各国の政府の協調行動を困難にした。
② 早期かつ効果的な対応に必要な介入手段を十分持っていなかったため、「甚大な影響の波及を覚悟で破綻させるか、公的資金の投入により救済するか」という究極の選択を迫られ、公的資金の投入を行った結果、各国納税者に多額の負担が生じた。
③ 特にシステム上重要な大規模金融機関の破綻（リーマン・ブラザーズ等）に対処する場合、現行の枠組みでは対応できない多くの問題があることが明確になった。

このため、EUでは、金融機関の規模や種類に関わらず、円滑に破綻処理を進める（コアとなる金融サービスの提供を維持しつつ、破綻に伴う金融システムへの影響を最小化する）ことを可能とするため、域内共通の枠組み作りに向けて検討作業を進めた。この枠組みは、(1)危機に対する準備的・予備的な措置、(2)早期介入、(3)再生困難となった場合の破綻処理の3段階を含み、「危機管理の枠組（crisis management framework）」とよばれている。

---

18) Directive 2014/59/EU art.108.
19) 御船・前掲注1）57頁。

このなかで、本書において重要と考えられる、(1)再生・破綻処理計画 (Recovery and Resolution Plan)、(2)早期介入、(3)破綻処理について概説する[20]。

(1) 再生・破綻処理計画（Recovery and Resolution Plan）
　再生・破綻処理計画の作成は国際的な流れに沿ったものである。再生計画は銀行が作成し、破綻処理計画は銀行の密接な協力を得て金融当局が作成する。再生・破綻処理計画は、規模や国際展開をしているかに関わらずすべての銀行に義務付ける。ただし、作成内容の要求水準については、銀行の規模、資金調達の性質、グループ構造などを勘案し差をつけるものとする（国際的活動を行っているシステム上重要な大規模銀行に対しては詳細な内容を求め、国内活動のみを行っている小規模な銀行には簡便な内容とする）。

(2) 早期介入
　現状においては、監督当局は銀行が自己資本指令の要件を満たせない場合に早期介入が可能である（同指令136条）。これをさらに踏み込んで、銀行が同指令の必要条件を満たせなくなると見込まれる場合にも早期介入できるようにする。
　早期介入に関する監督権限を拡大し、明確化する。新たな監督上の措置には、配当の禁止、経営陣交代の要求、過度なリスクをもたらす事業の売却などを求める権限が含まれる。
　現状直面する特定の問題に対応するための再生計画（事前に提出された計画の緊急時対応策をベースが多いと予測される）の提出・実行を銀行に要求する。
　一定の状況下において、特別管理人（special manager）を任命する権限を与える。特別管理人は、期間限定で既存経営陣に代わって銀行経営を行うか、または既存経営陣を支援する。なお、特別管理人の任命は、当該銀

---

20) 御船・前掲注1) 59-61頁参照。

行に対する当局の支援を意味するものではない。

(3) 破綻処理

　早期介入の実施にもかかわらず、銀行の破綻が不可避となった場合、破綻処理として3つのオプション（下記1）－3））が用意されている。なお、破綻処理手段の発動条件としては、支払不能（insolvent）に陥る前に破綻処理手段を利用できるようにする方針である。

1）金融システムの安定に懸念がない場合
　一般的なルールに則って通常の破綻処理法制（bankruptcy code）に基づき処理される。

2）金融システムを不安定化させる懸念がある場合
　当該銀行の清算（gone concern）を前提として、破綻に伴う影響を最小化し、必要不可欠な一部業務の継続を図るため、秩序だった清算（orderly wind down）を行うこととなる。当局は、与えられた法的権限に基づき、承継銀行（ブリッジバンク）[21]、事業の売却、不良資産の分離などの破綻処理手段を実現する[22]。

3）オプション2）では秩序立った清算が困難な場合
　当該銀行の継続（going concern）を前提として事業再構築を行わせることもある。そのための必要手段として、当局に対し、前述の諸手段に加え、債務の削減（bail in）や株式転換を行う権限を与える。このように継続（going concern）を前提とした破綻処理枠組みを整備していることは、米国のドッド＝フランク法のもとでの新しい破綻処理枠組みと相違している。

21）承継銀行の設立期間は原則1年、最長2年（半年の延長を2回まで可能）。
22）破綻処理当局が、これらの手段を用いて金融取引を移転させる場合、当該金融取引のカウンター・パーティのクローズアウト・ネッティングの権利行使は一時的に制限される。

ただし、European Commission（2010）では、このオプションの行使については、極めて例外的な金融環境のもとで、金融システムの安定化の観点から、当該銀行の本質的に存続可能な業務を継続させることが十分に正当化される場合のみに限定されるべきとの方針が示されている。

4．BRRDによる破綻処理の枠組み

世界金融危機以降、システミック・リスクを発生させる可能性のある大規模で複雑な金融機関のクロスボーダーの破綻処理を実現することを目的として、「銀行再建・破綻処理指令（BRRD）」が策定され、これにより、破綻処理当局が包括的な権限や破綻処理ツールを活用して金融機関の秩序ある破綻処理を実行するための域内共通の枠組みが整備された。

BRRDは、金融システムに対する重大な影響を回避することを含め必要不可欠な場合に適用されるものであり、システミック・リスクの発生の可能性がある場合に適用される例外的な破綻処理の枠組みである。したがって、システミック・リスクが発生しない金融機関の場合には、BRRDに規定された破綻処理の枠組みは適用されず、各加盟国の倒産手続のもとで解体（wind up）されることになる。

欧州委員会は2012年6月に法案を公表し、欧州議会および欧州連合理事会（Council of European Union）の審議を経て2014年5月15日にBRRDが成立した。各加盟国は2015年末までにBRRDを国内法化することが求められ、現在、BRRDはすべての加盟国で国内法化されている[23]。

BRRDのもとで破綻処理を担う破綻処理当局について、加盟国は破綻処理の権限を有する単一または複数の破綻処理当局（resolution authority）を指定し、EBAに通知することが求められる[24]。破綻処理当局は行政当

---

[23] BRRDは、各加盟国が2014年12月31日までに国内で法制化させたうえで、2015年1月1日に施行することを定めている。ベイルインに関する規定に関しては、2016年1月1日から適用することを定めている。

[24] Directive 2014/59/EU art.3.

局 (public administration authority) または行政権限を有する複数の当局であると定められており、BRRDの破綻処理手続は行政手続であることがわかる。

BRRDの主要部分は、下記のとおりである。

銀行再建・破綻処理指令 (BRRD)[25]
(1) 破綻処理制度

欧州委員会は、2012年6月に「銀行再生と破綻処理の枠組みに関する指令案」の提案を行い、各加盟国における破綻処理制度の統一化を進め、2014年5月にDIRECTIVE 2014/59/EU (Bank Recovery and Resolution Directive: BRRD)[26]を制定、2015年1月1日に施行した。

BRRDは、「TitleⅡ:準備 (preparation)」、「TitleⅢ:早期介入 (early intervention)」「TitleⅣ:破綻処理 (resolution)」の段階に分けて、銀行破綻処理において、導入すべき措置を規定している。

1) 準備 (preparation)

信用機関または投資サービス会社に対し、財務状況が悪化した場合に、業務継続に向けて発動する手段を規定する再生計画 (recovery plan) の策定を要求 (BRRD5条)。

破綻処理計画 (resolution plan) は、銀行の破綻処理に関する責任を負う破綻処理当局 (resolution authority) が作成する (BRRD10条)。再生計

---

25) European Commission, "Press Release: New crisis management measures to avoid future bank bail-outs" (2012) (http://europa.eu/rapid/press-release_IP-12-570_en.htm?locale=en).

26) DIRECTIVE 2014/59/EU OF THE EUROPEAN PARLIAMENT AND OF THE COUNCIL of 15 May 2014 establishing a framework for the recovery and resolution of credit institutions and investment firms and amending Council Directive 82/891/EEC, and Directives 2001/24/EC, 2002/47/EC, 2004/25/EC, 2005/56/EC, 2007/36/EC,2011/35/EU, 2012/30/EU and 2013/36/EU, and Regulations (EU) No1093/2010 and (EU) No648/2012, of the European Parliament and of the Council.

画および破綻処理計画は、個別行レベルとグループレベルの両方について作成する（BRRD7・12条）。

　破綻処理当局が、計画策定時に破綻処理にあたっての障害があると判断した場合には、銀行に対して法的あるいは業務上の構造を変更するよう要求することができる（BRRD17条）。

　金融グループは、監督当局及び個々のグループ企業の株主の承諾を得て、財務上の困難に陥ったグループ企業に対して、金銭援助を行うためのグループ内財務扶助協定（group financial support agreements）を締結することができる（BRRD19・20・21条）。

2）　早期介入（early intervention）

　資本要求基準を充足できない、あるいは充足できなくなる可能性の高い銀行に対し、破綻処理当局が以下のような早期介入を行えるようにする（BRRD27条）。

・銀行に対し、再生計画で規定している措置の実施を要求
・状況把握と当該措置の実施のための障害除去、および行動計画及びタイムテーブルの作成を要求
・検討を求められる決定を行うために、株主総会召集を要請
・不適任とみなされた経営層の除去／交代の要求

　財務状況の悪化が深刻で、上記のような手段では対処しえない場合、破綻処理当局は特別管理人（special manager）を任命し、銀行の経営に介入することができる（BRRD35条）。

3）　破綻処理（resolution、各加盟国における破綻処理方式及び権限の共通化）

　破綻処理方式としては、以下を導入する（BRRD37条）。

・破綻した銀行の全部又は一部の売却
・承継機関（bridge institution）方式
・不良資産の分離
・ベイルイン（bail-in）方式（減資、債務の減免や株式への転換などを実施

し、損失を株主及び債権者の負担によって処理すること）

(2) 金融機関による再建・破綻処理計画の策定

BRRDでは、準備措置の1つとして銀行に対し、再生計画（recovery plan）を策定し、財務状況が悪化した場合に業務継続に向けて発動する手段について規定することを要求している。

(3) 破綻処理費用の負担

BRRDでは、破綻処理に際しての一般的原則として、下記を定めている（BRRD34条）。
・破綻した機関の株主が最初に損失を負担する
・当該機関の債権者が、通常の清算手続きにおいて定められる優先順位に従って、株主の後に損失を負担する
・同順位の債権者は平等に扱われる

以上

5．小括

2009年改正「預金保険指令」は、金融危機への対応措置として、保護限度額の引き上げ、付保預金の払い戻しの迅速化を域内に指示した。ここで、金融危機においても預金が無制限に保護されなかったことは、市場を規律の機能不全状態にせず、平時へのスムーズな移行および平時のセーフティネットへの回帰を牽引したと評価できる。また、付保預金の払い戻しの迅速化が対応措置として示されたことは、セーフティネットは、付保預金の限度額以外にも、手続的な要素も備えるべきことを示唆する。

2014年改正「預金保険指令」は、リスクに応じた預金保険料の算出、預金者に対する情報提供の強化を域内に指示した。前者、すなわち「可変保険料率」制度の導入は、預金保険制度のモラルハザードを抑制し、市場規律を有効に機能させる重要なものである。EUの事例も含め、第Ⅳ編第6章で考察する。後者、情報開示（ディスクロージャー）の強化は、預金者

を保護し市場規律の基盤となる監視機能を支える重要なものである。信用格付を活用した情報開示（ディスクロージャー）については第Ⅳ編第 3 章で考察する。

　BRRD は、システミック・リスクの発生の可能性がある場合に適用される「例外的な破綻処理の枠組み」であり、BRRD の破綻処理手続は行政手続であることに留意する必要がある。米国の様に、司法手続も兼ねた破綻処理手法を制度化するかは重要な論点であり、本編（第Ⅲ編）第 5 章で考察する。また、システミック・リスクの発生の可能性があるかないか、この判断は、「例外的な破綻処理の枠組み」を採用するか否かに結び付くこととなるが、非常に困難な問題と考えられ、論点を本編（第Ⅲ編）第 5 章で考察する。

第4章

英国における預金保険制度・破綻処理法制の改革

1．英国の金融機関・監督制度

　英国の預金取扱金融機関は、銀行（Banks）、住宅金融組合（Building Societies）、信用組合（Credit Union）の大きく3つにわけることができる[1]。銀行が、99％の資産を保有している。G-SIBs は、HSBC、Barclays、Standard Chartered である[2]。

　銀行（Banks）は、約230行あり、根拠法は2009年銀行法で、総合金融サービスを提供している。住宅金融組合（Building Societies）は、約40機関あり、根拠法は1986年住宅金融組合法で、株式会社化および大手組合への統合が進んでいる。信用組合（Credit Union）は、約600機関あり、根拠法は1965年産業・共済組合法および1979年信用組合法で、銀行にアクセス困難な人々向けで、小規模な組合が多い。

　英国はユーロ圏ではないため、ユーロ圏を中心とする枠組みである単一監督メカニズム（Single Supervisory Mechanism：SSM[3]）や単一破綻処理メカニズム（Single Resolution Mechanism：SRM）には参加していない。このため、ロンドンを本拠地とする欧州銀行監督機構（European Banking Authority：EBA）を中心とした非ユーロ圏を含む EU レベルでの枠組み（EU 指令および規則等）において規制される。

　英国では、規制の枠組みについて、Her Majesty's Treasury（HM

1）英国の金融機関・監督制度、預金保険制度、破綻処理制度については、大内聡＝鈴木敬之「EU 諸国の預金保険制度の最近の動向について―イギリス、フランス、スペイン―」預金保険機構『預金保険研究』第十九号（2016）を参照した。
2）FSB,2023 List of Global Systemically Important Banks（G-SIBs）（2023.11.27）.

Treasury)、マクロ・プルーデンス政策について、Bank of England (BOE)、Financial Policy Committee (FPC) が企画機能を有している。監督機能は、金融機関の健全性（ミクロ・プルーデンス）については、Prudential Regulation Authority (PRA)、金融機関の行動については、Financial Conduct Authority (FCA) が担っている。

2．預金保険制度

英国では、1979年銀行法に基づき、1982年に預金保険制度が成立し、Deposit Protection Board (DPB) による預金保険基金が発足した。本基金は、加盟機関が破綻すると一定限度で補償する、いわゆるペイボックス型で[4]、DPB は BOE を中心に運営されていた。

その後、1995年に EU 基準（1994年 EU 預金保険指令）に従う保護制度となり、また運営主体が BOE から Financial Services Authority (FSA) に変わった。そして、2001年には、預金保険機関として、Financial Services Compensation Scheme (FSCS) が2000年金融サービス法に基づき設立され、銀行・証券・保険等の8業態にわたる金融サービスの消費者に対する補償制度を総合的にカバーすることとなった。FSCS は付保預金

---

3) SSM 下における ECB の監督（情報提供、一般検査、実施検査）対象は下記のいずれかの条件を満たす機関。①総資産300億ユーロ超、②特定の国の経済または全体として EU 経済への重要な影響がある、③総資産50億ユーロ超かつ他の加盟国に存するクロスボーダー資産／負債の総資産／負債に対する比率が20％超、④当該金融機関が欧州安定メカニズム（European Stability Mechanism：ESM）または欧州金融安定ファシリティ（European Financial Stability Facility：EFSF）から資金を受入れまたは要請した場合、⑤特定の国において設立された3つの最も重要な銀行のうちの1つである場合。大内＝鈴木・前掲注1) 86-87頁。

4) FSB の報告書では、預金保険機関について、その任務（mandate）に応じて、①ペイボックス型（付保預金の払い戻しのみを行う）、②ペイボックス・プラス型（付保預金の払い戻しに加えて追加的な責任（特定された破綻処理等）を有する）、③ロス・ミニマイザー型（最小コストでの破綻処理を選択して行う）、④リスク・ミニマイザー型（監督権限や広範な破綻処理権限等の包括的なリスク最小化機能を有する）の4類型に分類している。大内＝鈴木・前掲注1) 87頁。

の払戻しに加えて追加的な責任（特定された破綻処理等）を有する、ペイボックッス・プラス型に分類される。

預金保険制度の変遷は以下のとおりである[5]。従来の預金保険制度に関して、2,000ポンドまでが全額保護され、超過部分に関しては35,000ポンドまでは90％を保護するという仕組みであったが、2007年10月に、この仕組みを撤廃し、一律35,000ポンドまでを保護対象とした。2008年10月には限度額が50,000ポンドに引き上げられたが、EU指令の改正によってEU加盟国に100,000ユーロの預金保険の設定が義務付けられたことから、2010年10月には85,000ポンドまで限度額が引き上げられた（適用は2010年12月31日から）。限度額は5年毎に見直される。ユーロでの限度額に変更は無いものの、ポンドがユーロに対して上昇したことから、2015年7月にPRAは、2016年1月より限度額を75,000ポンドに引き下げることを公表した。しかし、2016年6月に行われたEUからの離脱（Brexit）の是非を問う国民投票で離脱が選択されて以降、逆にポンドが下落したため、2017年1月30日より限度額は85,000ポンドに戻され[6]、現在に至っている。

3．破綻処理制度

(1) 世界金融危機以前

英国の倒産法制は、1986年倒産法（Insolvency Act 1986）、2006年会社法（Companies Act 2006）等により定められている。主な倒産手続として、会社任意整理（Companies Voluntary Arrangement：CVA）、会社整理計画（Scheme of Arrangement：SA）、会社管理手続（Administration）等がある[7]。特に2000年代に入り、事業再生に関する手続の整備が進展した。

英国では、金融機関の倒産時には清算人（liquidator）を選任し、弁護士や会計士とともに金融機関の清算手続きを進める。裁判所は清算手続の開

5）一般財団法人ゆうちょ財団調査 United_Kingdom-1.pdf（yu-cho-f.jp）を参照した。
6）FSCS https://www.fscs.org.uk/what-we-cover/ compensationlimits /deposit-limits/.

始、配当（弁済）等の手続きを公に周知する目的で関与するが、清算手続に関する実質的な意思決定は清算人（および清算委員会の関与）のもとに行われる。

　なお、英国では、破綻処理に際して「最小コスト原則」は適用されない。1機関についての最小コストの処理が経済全体にとって最適な処理とは限らず、むしろ消費者保護および経済全体へのインパクトを軽減することを優先すべきと考えられている[8]。

　2009年まで、英国では金融機関に対する特別の破綻処理法制は存在しなかった。金融機関は通常の倒産法制に従い、清算人が破産時に選任され、支払手続は、(1)銀行を暫定的清算（保全）、清算もしくは管理の決定を裁判所がしたとき、(2)銀行の財務状況から預金支払ができないもしくはできる見込みがないと、監督当局が判断したときに開始された。個々の預金者は債務証明や払戻請求を清算人や管理人に行わなければならなかった。これにより、世界金融危機の際には、システミック・リスクを回避するためにベイルアウトで対処せざるを得なかった。

　英国政府は2008年10月に、BOEの特別流動性スキームを通じ、資産2,000億ポンド以上の銀行に対し短期融資を行い、政府が設置した250億ポンドの銀行資本再構築資金（Bank Recapitalization Fund）により、優先株式の購入を通じ銀行の資本増強を行い、銀行間の中間的な貸出を促すための銀行間与信に対する2,500億ポンドの政府保証を含む、5,000億ポンドの銀行救済パッケージを手当した[9]。

7）英国の倒産法における管理手続は、会社が債務を支払うことができない場合の主な手続であり、管財人（insolvency practitioner）には通常、経営者に代わって、会社を救済し、ビジネスを保護し、可能な限り最も良い結果を得ることが法的に求められる。管理手続が適用されると会社が行う行為は一時的に停止されるが、会社の清算はできる限り回避される。米国の連邦倒産法のチャプター11に相当する手続である。一方、管理レシーバーシップとは、不動産担保権を実行するため、会社の債権者によって開始される手続であり、任命された管理レシーバーのもと、必要に応じて会社は清算される。小立・前掲第Ⅲ編1章注1）186頁。

8）大内＝鈴木・前掲注1）90頁。

(2) 世界金融危機以後

世界金融危機を受けて英国は、2009年銀行法（Banking Act 2009）を策定し、金融システムの保護を図る観点から銀行を対象とする破綻処理制度を整備した。これにより、銀行が破綻し、2000年金融サービス市場法（Financial Services Market Act 2000：FSMA）に定める規制要件を満たす合理的な見込みがない場合の措置として、以下の、①銀行倒産手続（Bank Insolvency）、②銀行管理手続（Bank Administration）、③特別破綻処理制度（Special Resolution Regine）の3つの破綻処理に関する措置が整備された[10]。

1）銀行等倒産手続（Bank Insolvency）

銀行倒産手続は、秩序ある清算（liquidation）の実現を目的とした、1986年倒産法の清算手続を修正したものであり、裁判所の命令のもとで実施される手続である。銀行が破綻した場合、預金保険の機能を担う金融サービス補償スキーム（FSCS）によって保護される適格預金者への支払を確実にすることを目的としており、FSMAのもとで預金受入れが認められている銀行に対象を限定している。

2）銀行管理手続（Bank Administration）

銀行管理手続は、2002年企業法（Enterprise Act 2002）で修正された1986年倒産法における管理手続を修正したものであり、特別破綻処理制度の措置を支援するため、銀行の事業、資産または負債の一部を民間セクタ

9）HM Treasury, "Statement by the Chancellor on financial stability," Chancellor,s Statement,8 October 2008. 小立・前掲第Ⅲ編1章注1）186頁。

10）2009年銀行法に規定された、①銀行倒産手続、②銀行管理手続は、銀行が破綻した場合に1986年倒産法に規定された既存の倒産・管理手続を修正したものである。また、住宅金融組合（building society）に関しても2009年銀行法のもと、銀行手続および銀行管理手続と同様の手続が手当てされている（The Building Societies (Insolvency and Special Administration) Order 2009.）小立・前掲第Ⅲ編1章注1）187頁。また、本文の1）銀行倒産手続（Bank Insolvency）、2）銀行管理手続（Bank Administration）、3）特別破綻処理制度（Special Resolution Regine）の内容は小立・前掲第Ⅲ編1章注1）187-188頁を参照した。

一承継者（private sector purchaser）またはブリッジバンクに移管した後に残った清算法人の重要なサービスまたは金融機能を一定期間、継続させることを目的として清算法人に適用される手続である[11]。

3）特別破綻処理制度（Special Resolution Regine）

　特別破綻処理制度は、①英国の金融システムの安定性の保護および改善、②英国の銀行システムの安全性に対する一般の信認の保護および改善、③預金者の保護、④公的資金の保護、⑤所有権侵害の回避、を目的としてシステミック・リスクに対応する枠組みである。2009年銀行法では、金融システムの安定化を図る安定化オプション（stabilization option）として、①民間セクター承継者、②ブリッジバンク、③一時国有化（temporary public ownership）の3つの破綻処理ツールが整備された。

　一時国有化は、英国の金融システムの安定に対するリスクを解消または低減することが必要な場合に発動される[12]。こうした一時国有化においては財務省（HM Treasury）による金融支援も可能であり、ベイルアウトを実行する仕組みである。このように英国では、ベイルアウトの金融政策が策定されたが、その後、ベイルインの政策に転換することとなった[13]。2013年金融サービス法（Financial Service Act 2013）のもと、後述する預金者優先原則やリングフェンスの導入などとともに、銀行再建・破綻処理指令（BRRD）の成立に先駆けてベイルインが導入された。具体的に、同法は2009年銀行法を改正し、ベイルイン・オプション（bail-in option）を追

---

11) Banking Act 2009 sec.138.
12) Banking Act 2009 sec.13.
13) ベイルインへの金融政策転換には、2011年9月の独立銀行委員会（ICB）の報告書が関わっている。同報告書は、システム上重要な銀行に倒産手続を適用することの困難さ、さらに特定の債務に損失を負担させることが困難であることを指摘した。そして、長期無担保債務に損失を負担させることが容易であることを説明し、英国においてベイルインの導入を加速させた。（ICB（2011））。小立・前掲第Ⅲ編1章注1）189頁。

加した[14]。同法は、no creditor worse off（清算価値保障原則）に係る規定についても2009年銀行法に導入した[15]。

同法に基づき、倒産法の改正がなされ、債務カテゴリーが見直された。具体的には、"Preferential Debts" が "Ordinary preferential debts" と "Secondary preferential debts" に分けられた。付保預金は "Ordinary preferential debts"、非付保預金は "Secondary preferential debts" に区分され、預金者優先が明示された。

さらに、独立銀行委員会（Independent Commission on Banking：ICB）の提案に従い、「リテール・リングフェンス」が確立された。これは、銀行業務について、ホールセール業務とリテール業務を分離することとし、破綻処理においては、英国内外で預金取扱業務等のリテール業務を行うリテール・リングフェンス銀行として、より高い損失吸収力の保有を義務付けるものである[16]。

(3) BRRD の国内法化

2014年の BRRD 成立を受け、英国では2013年金融サービス法（Financial Service Act 2013）が改正され、さらに財務省による2014年銀行再建・破綻処理に関する省令（Bank Recovery and Resolution (No.2) Order 2014）によって BRRD の国内法化が図られた。これにより、ベイルイン・オプションについては、コモンエクイティ Tier1、その他 Tier1、Tier2の順に損失吸収およびエクイティ転換を図り、それでも損失吸収が不十分な場合には、通常の優先順位に従って適格債務の元本削減またはエクイティ転換ができることとされた。また、BRRD の資産分離ツールに相当する資産管理会社（asset management vehicle）が安定化オプションに追加されている[17]。これにより、破綻処理当局である BOE は、破綻銀行やブリッジバンクの

---

14) Banking Act 2009 sec.12A.
15) Banking Act 2009 sec.60B.
16) 大内＝鈴木・前掲注１）93頁。
17) Banking Act 2009 sec.12ZA.

事業を資産管理会社に譲渡し、事業の価値最大化を図りながら売却・清算することが可能になる[18]。

なお、BRRD の国内法化において2009年銀行法の安定化オプションである一時公的管理の枠組みも維持されているが、財務省がこの枠組みを適用する場合には EU の競争政策に関する国家補助ルール（State aid rule）を踏まえることが求められている。BRRD の非常時公的金融支援を適用するときは、既存株主の損失負担が求められることになる。「主要な特性」（Key Attributes）では、一時国有化の費用について、国が被った損失は無担保債権者等、必要に応じてより幅広く金融システムから回収することを求めており、「主要な特性」（Key Attributes）の要件を満たしていると評価できる。

なお、英国は2020年３月31日に EU から離脱（Brexit）したが、離脱後も2009年銀行法をはじめ英国に国内法化された BRRD の枠組みは継続する方針である[19]。

4．BOE の破綻処理の進め方

(1) 破綻処理と倒産手続

BOE は、破綻処理当局として、2017年10月に破綻処理アプローチを示した文書（以下、「方針文書」）を策定し、グローバルなシステム上重要な銀行（G-SIBs）を含む銀行の破綻処理戦略を公表した。BOE は、2009年銀行法のもと、破綻処理目的（resolution objective）を実現することが求められ[20]、そのため破綻処理戦略を策定している。BOE の破綻処理目的は下記のとおりである（Banking Act 2009）[21]。

---

18) 小立・前掲第Ⅲ編１章注１）190頁。
19) The Bank Recovery and Resolution and Miscellaneous（Amendment）（EU Exit）Regulation 2018.
20) Banking Act 2009 sec.3A-9.
21) 小立・前掲第Ⅲ編１章注１）192頁参照。

① 英国における銀行サービスおよび極めて重要な機能の継続性を確保すること
② 英国の金融システムの安定性を保護し、強化すること
③ 英国の金融システムの安定性に関する国民の信頼を保護し、強化すること
④ 例外的公的金融支援への依存度を最小化することを含め、公的資金を保護すること
⑤ 補償スキームで保護される預金者および投資者を保護すること
⑥ 必要に応じて、顧客資産を保護すること
⑦ 欧州人権委員会（Convention）に関する権利に違反する財産権の侵害を回避すること

BOE は、方針文書のなかで、「破綻処理（resolution）」と「倒産（insolvency）」の概念を明確に分類している[22]。「破綻処理」は銀行の破綻を管理するために講じる措置であり、そのプロセスは「倒産」とは明確に相違すると定める。BOE が金融の安定の確保に必要と判断した場合に限定して破綻処理当局である BOE が実施する破綻処理が破綻した銀行に適用されることになる[23]。

方針文書は、市場参加者の TBTF に関する認識が暗黙の政府保証につながっているとする。そこで、信頼性のある破綻処理の枠組みを構築することによって TBTF 政策を否定することが、市場規律を機能させ、大規模銀行が過度のリスクを選択しなくなるインセンティブを生むとする。破綻処理の主要な目的は、TBTF 問題から生じるモラルハザードを解決することととする[24]。

BOE の破綻処理戦略において開始要件は、BRRD に従った以下の手順となっている[25]。第 1 の要件は、プルーデンス監督当局である PRA また

---

22) BOE（2017）p 11.
23) 小立・前掲第Ⅲ編 1 章注 1) 192頁。
24) 小立・前掲第Ⅲ編 1 章注 1) 192頁。

はFCAが金融機関を「破綻または破綻のおそれがある（FOLTF）」と認定することである。資産の価値が負債の価値を下回る（債務超過）前にFOLTFのトリガーが引かれる。

　第2の要件は、破綻処理以外に金融機関のFOLTFを回避する措置がないと合理的に判断されることである。FOLTFを回避する措置には、株主への配当の停止、上級管理職の報酬の支払の停止といった金融機関の財務資源を回復するための監督上の措置が含まれる。

　第3の要件は、公益（public interest）に照らして破綻処理措置が必要であることを示す公益テストを満たすことである。公益テストに関しては破綻処理目的に該当しているか否かについてPRAおよびFCAと協議のうえ、BOEが判断することになる。

　このように、英国の破綻処理に関しては、破綻処理当局であるBOEがPRAやFCA、財務省と協議のうえ、破綻処理の適否を判断することとなる。ここで、財務省も破綻処理の開始の決定および破綻処理ツールの選択についてBOEから協議を求められる。特に、一時国有化を適用する場合は財務省にその要否を決定する権限がある。

(2)　破綻処理の種類

　2009年銀行法に基づくBOEの破綻処理ツールは、1）ベイルイン、2）民間セクター承継者への譲渡、3）ブリッジバンクへの譲渡、4）資産管理会社への譲渡、5）清算法人を対象とする銀行管理手続というオプションがある。こうしたなか方針文書は、英国の金融機関の望ましい破綻処理戦略として、当該金融機関の規模や事業の性質を踏まえて、下記の①ベイルイン、②一部譲渡（partial transfer）、③倒産手続という3つのオプションを示している[26]。

　25）小立・前掲第Ⅲ編1章注1）193頁参照。
　26）小立・前掲第Ⅲ編1章注1）194-196頁参照。

① ベイルイン

　規模が最も大きく複雑な金融機関の破綻処理である。ベイルインを適用する基準としてBOEは、バランスシートの規模が150億から250億ポンド以上という基準を示しており、これには英国のG-SIBs、D-SIBsが該当し、また多くの中規模銀行も含まれる。ベイルインによって短期間で自己資本が再構築されることによって、さらに事業の買い手を探したり、オペレーションを分離したりすることが可能となる。

② 一部譲渡

　公益テストを満たす規模の中小金融機関に対する破綻処理戦略である。一部譲渡の対象はバランスシートの規模が150億から250億ポンド未満の金融機関、または極めて重要な機能として顧客が決済に利用する当座預金口座（transactional account）が4万から8万口座以上ある金融機関である。一部譲渡を適用する場合には、正常資産を裏付けに法的な優先順位のもとで無担保シニア債務に優先する預金（預金者優先の対象となる保険対象預金、個人および中小企業から受け入れた非付保対象預金）を民間セクター承継者またはブリッジバンクに譲渡する。

③倒産手続

　当座預金口座や極めて重要な機能がなく、破綻処理ツールの適用が正当化できない小規模金融機関の破綻処理戦略である。倒産手続を適用する場合は、FSCSによる預金の払出しが行われるか、FSCSの基金を使って他の金融機関に預金を承継させた後に金融機関の資産は売却または清算される。

EUの預金保険制度を規定する預金保険指令（DGSD[27]）のもとで保護される保険対象預金に関してはBRRDのもとで最優先シニア（super-

---

27) Directive 2014/49/EU.

表 3 - 4 - 1　倒産手続における債権者等の優先順位

1	確定担保保有者（モーゲージ、確定担保、抵当権で保全された債権） ・資本市場の取引（例えば、カバード・ボンド） ・トレーディング勘定における債権者（例えば、担保付ポジション）
2	清算人（フィーおよび支出）
3	優先債権者（通常） ・FSCS（8.5万ポンドまでの保険対象預金者の地位を承継） ・労働債権にかかわる従業員
4	優先債権者（第2位） ・8.5万ポンドを超過する個人、中小零細企業の預金者
5	浮動担保保有者
6	無担保シニア債権者 ・債券の保有者 ・トレーディング勘定の債権者（例えば、無担保ポジション） ・マスター・ネッティング契約を有する債権者（ネット・ポジションのみ） ・物品やサービスの提供から生じる一般債務、取引債務 ・8.5万ポンドを超過する個人、中小零細企業ではない預金者 ・FSCS（投資サービス会社で投資した個人の地位を承継（上限5万ポンド））
7	倒産手続後の発生利息
8	無担保劣後債権者（例えば、劣後債の保有者）
9	株主（優先株式）
10	株主（普通株式）

（注）英国の金融担保契約規則（Financial Collateral Arrangement Regulation）および金融市場・決済ファイナリティ規則（Financial Markets and Insolvency（Settlement Finality）Regulations）に基づく金融担保契約または担保保証で構成される浮動担保は、優先債権者および清算人の手数料や支出よりも上位に順位づけられる。
（出所）BOE（2017）、小立敬『巨大銀行の破綻処理』（金融財政事情研究会.2021）197頁を基に筆者作成。

preferred）の債権クラスに位置づけられる[28]。これにより、倒産手続のなかで預金債権を承継するFSCSにはより高い優先順位が与えられ、世界金融危機以前よりもFSCSはより多くのコストをカバーすることができるよ

28）Directive 2014/59/EU art 108.

うになった[29]。銀行の倒産手続における優先順位ついて、方針文書は、具体的な例をあげ整理している。同一クラスの債権者はパリパス（pari passu）として公平に扱われる。

倒産手続における債権者等の優先順位を、表3-4-1で示した。

(3) SPEベイルイン戦略

BOEはFDICと共同文書により、2012年12月に、英国と米国におけるSPE戦略の概要を公表した。英国においては、米国のようにブリッジ金融会社を用いるのではなく、ベイルイン権限の行使による処理を想定している[30]。また、BOEは、2014年10月に公表資料「BOEによる破綻処理への対応[31]」において、英国における破綻処理制度の枠組みとその活用について全体像を示し、そのなかでベイルイン手続を説明している。

BOEは方針文書において、英国でも海外でもG-SIBsは一般にグループが一元化され相互に依存しながら組織化されて運営されていることから、多くのG-SIBsにとってSPE戦略が適切であるとする。ただし、少数のG-SIBsに関しては、主要法域においてローカル市場で運営されファンディングされる子会社や中間持株会社を通じて運営されていることから、それらのG-SIBsにはMPEが適切であるとしている[32]。方針文書は、英国のG-SIBsおよびD-SIBsを含む大銀行を対象にグループ内のエンティティ、通常はグループ最上位の持株会社を対象にベイルインを適用するSPEベイルイン（Single Point of Entry Bail-in）を提示している[33]。

---

29) 小立・前掲第Ⅲ編1章注1）198頁。
30) 共同文書では、SPEが、必ずしもすべての英国のG-SIFIsにとってあらゆる環境下において適当な破綻処理戦略とは限らず、グループ構造、業務の内容、損失の規模と発生場所によっては、他の戦略が適当なケースもあるとする。
31) Banking of England,The Banking of England,s approach to resolution, October 2014.
32) 具体的には、英国のG-SIBsである「HSBC Holdings plc」が想定される。小立・前掲第Ⅲ編1章注1）207頁。
33) 小立・前掲第Ⅲ編1章注1）207頁。

英国における SPE 戦略の概要は、下記のとおりである[34]。
① FCA は、破綻処理対象となる金融機関の株式、ベイルインの対象となる債券の取引を停止。
② 英国の破綻処理当局である BOE は PRA、FCA、財務省と協議を行い、ベイルイン手続きによる破綻処理を決定。
③ 破綻処理開始直後、BOE は保管人 (Depository) に指名した第三者である商業銀行 (以下、「保管銀行」という) に破綻した持株会社 (破綻 HD) の株主名義 (legal title of the shares) を移転する。子会社は破綻処理の対象とはならないため、重要な機能は継続する。
④ BOE は破綻処理管理人 (resolution administrator) を任命する。管理人は、BOE の指示に従い、破綻 HD の株式の議決権を行使する。
⑤ 資産負債会社を経て決定されたベイルインの条件に従い、債務の削減が行われ、保管銀行の保管する株式は代償として債権者に交付される。
⑥ 破綻 HD は破綻原因に対処するための事業再編計画を策定、実施する。

5．小括

英国は、2007年に共同保険制度を撤廃し、標準的な定額保護制度に移行した。金融危機下、英国においても、預金が無制限に保護されなかったことは、市場を規律の機能不全状況にせず、平時へのスムーズな移行および平時のセーフティネットへの回帰を牽引したと評価できる。

英国では、2009年まで、金融機関に対する特別の破綻処理法制は存在しなかった。そのため、世界金融危機の際には、システミック・リスクを回避するために公的資金による金融機関救済 (ベイルアウト) で対処せざる

---

[34] 岸道信「主要国における G-SIFIs 破綻処理戦略：Single Point of Entry について」(預金保険機構.2015年3月16日) 13-14頁参照。

を得なかった。これにより、世界金融危機後、英国は、2009年銀行法（Banking Act 2009）を策定し、金融システムの保護を図る観点から銀行を対象とする破綻処理制度を整備した。このことから、銀行破綻処理法制が確立されていることが、迅速な対応を可能にし、社会的コストを抑制する金融セーフティネットを構築することが確認できる。

　BOE は、破綻処理当局として、2017年10月に破綻処理アプローチを示した「方針文書」を策定し、グローバルなシステム上重要な銀行（G-SIBs）を含む銀行の破綻処理戦略を公表した。「方針文書」は、市場参加者の TBTF に関する認識が暗黙の政府保証につながっているとする。そこで、信頼性のある破綻処理の枠組みを構築することによって TBTF 政策を否定することが、市場規律を機能させ、大規模銀行が過度のリスクに対し慎重になるとする。これらから、破綻処理の主要な一つの目的は、TBTF 問題から生じる預金保険制度のモラルハザードを解決することであることを確認できる。

第5章

抽出される課題・論点（日本への導入に向けて）

　「金融機関の秩序ある処理の枠組み」について、内容と米国、EU、英国における内国（域）制度化の対応を考察してきた。全体を通して下記の課題・論点が抽出され、日本への導入を勘案し、考察を行った。

1．ベイルイン

　ベイルインとは、金融機関を救済することを意味するベイルアウトに対する造語であり、金融機関の経営が悪化した際に、株主だけでなく、債権者にも損失吸収力を担わせて、納税者負担を回避する必要があるという視点から発生した考え方である[1]。

　米国では、ドッド＝フランク法 Title Ⅱ に破綻処理当局が実施する破綻処理のための具体的なツールとして、明文でベイルインが定められているわけではない。Title Ⅱ に拠り、FDIC が銀行持株会社などの管財人となることを定め、FDIC に SPOE（Single Point of Entry）の手法で、持株会社の株主や債権者に損失を負担させる権限を与えている[2]。もともと米国では、預金取扱金融機関の破綻処理については、連邦破産法の適用除外となっている。連邦預金保険法に基づき FDIC が清算（ペイオフ）、多くは健全銀行に破綻銀行の資産を承継させる資産負債承継（P&A）の手法で破綻処理を実施しており、システミック・リスクの発生が懸念される場合のみ、特別な対応として救済（ベイルアウト）が実施できることとなって

---

[1] 翁百合「ベイルインをめぐる動きと金融市場への影響について」JRI レビュー Vol.3,No.22（2015）104頁。
[2] 翁・前掲注1）108頁。

いた。なお、米国では、銀行単体の破綻処理の場合、預金者優先弁済制度（depositor preference）があり、非付保預金においても、一般債権者よりも優先的に弁済されるため、損失を負担するのは社債などの債券保有者が先となる。

　欧州では、「主要な特性」（Key Attributes）を受け、2014年 BRRD（再建破綻処理枠組指令）に拠り、各国の破綻処理当局に、破綻前に介入する権限および破綻時にベイルインも含む包括的な破綻処理手法を与えた。BRRD は、ベイルインを、①認可の条件を充足し、認可された事業を行い、市場の十分な信認を維持するために必要な程度に、対象会社の資本増強をする目的、②承継機関に資本を提供する目的で、承継機関に移転されたり、事業売却・資産分離によって移転される債権について、資本に転換したり、元本を減額する目的で用いることができると定める（37条2）。この規定は、ベイルインに関し、①破綻処理手続の対象である金融機関や持株会社を清算することなく対象会社の財務状況を改善するためのツールとして用いること、②承継会社の資本充実の手法や、損失を債権者に吸収させることによって債務額を減少させるためのツールとして用いることを可能とする。欧州において、ベイルインは2015年から導入されている。ベイルインは、最初に資本、劣後債について実施し、それでもまだ損失吸収が必要な場合は他の債権者が負担することとなり、非付保預金に対しても実施する。ただし、個人、中小企業の大口の非付保預金者に対しては、他の無担保債務より優先的に弁済することとした。すなわち、ベイルインを実施するものの、個人、中小企業の預金はできるだけ保護しようという政策的意図を反映したものといえる[3]。

　ベイルインは、「契約上のベイルイン」と「法的ベイルイン」の2つに分けて整理される。「契約上のベイルイン」は、債権やローンなどに損失吸収条項を含む契約を結ぶという概念である。これは、バーゼルⅢの契約上の損失吸収条件のない優先株式、劣後債、劣後ローンは、バーゼルⅢに

3）翁・前掲注1）108頁。

おいては広義の自己資本とは認めないこととし、そうした契約がある証券等だけを広義の自己資本として認めることによって制度化された。一方、「法的ベイルイン」は、金融機関の破綻処理の際、司法手続によらず、金融当局が、清算にかかる優先順位（債務弁済順位）を尊重する手法で、金融機関の資本および無担保・無保証債権を元本削減または株式転換を行う権限を持つという概念である。日本では、預金法の改正により、「契約上のベイルイン」が実施できるようになった。これにより、金融機関等の破綻時には、契約上のベイルイン商品（損失吸収条件のある劣後ローン、劣後債など）は元本削減または株式転換されることになる。現在、日本の多くの銀行においてバーゼルⅢ対応債務免除特約付劣後債が発行されている[4]。一方、「法的ベイルイン」は、裁判所の関与無しに金融当局の権限だけで債権者の権利（財産権）を大きく変更することは難しいとの考え方から、日本では導入されていない。

　ベイルインが各国で導入されるメリットは、銀行グループの経営が悪化した場合の「納税者負担の軽減」、「市場規律の発揮」、「経営ガバナンスの強化」が期待できることである。一方、ベイルインの実施は、金融当局の実務上の困難が想定され、必ずしも金融システムの安定化に結びつかない可能性がある。金融当局が市場価格に基づいて算出される自己資本の額をある時点で正確に把握することは困難であり、ベイルインを実施すること

4）日本では、預金保険法改正後の契約上のベイルイン対応の債券の発行は2014年に始まった。メガバンク３行が発行し、地方銀行においても、千葉銀行が嚆矢となり続いている。千葉銀行は（［払込日］2014年８月２日：300億円（実質破綻時免除特約および劣後債特約付社債）、2016年９月15日：100億円（同）、2016年９月27日：100億円（同）、2019年10月30日：300万米ドル〔米ドル建無担保債〕）。また、群馬銀行は、2019年４月に期限前償還条項付無担保社債（実質破綻時免除特約および劣後債特約付〔グリーンボンド〕）を100億円発行した。そして、新型コロナ禍の中小企業支援として社債発行で融資資金を確保（自己資本比率を高める）するため、横浜銀行などを傘下に持つコンコルディア・フィナンシャルグループは2020年９月に期限前償還条項付無担保社債（実質破綻時免除特約および劣後債特約付社債）を200億円、中国銀行（岡山県）は2020年10月に期限前償還条項付無担保社債（実質破綻時免除特約および劣後債特約付社債）を100億円発行した。

で、金融不安が増大されるおそれもある。ベイルインは、単独の銀行の破綻に際して有効であるかもしれないが、金融システムは密接に関連しており、ベイルインを契機とした危機の伝播のリスクは大きいと考えられる[5]。

日本では、こうしたベイルインの広がりのメリットと、金融当局にとってのベイルイン実施の高いハードルとベイルインの市場の不安定化要素を比較衡量した上で、米国・欧州・英国の法制・事例・議論を参考に、見直しを重ねて、運用していくべきである。「法的ベイルイン」の導入は、慎重な検討が求められる。

2．裁判所の関与のあり方

破綻処理手続に対し、ドッド＝フランク法 Title II および枠組指令と SRM 規則は、事前の裁判所の審査はごく限定的とし、行政当局が主導するよう規定する。「主要な特性」（Key Attributes）は、行政当局に拠って迅速に破綻処理手続きを進める重要性を指摘している。このように行政当局の主導で手続が進み、裁判所による関与が限定的であることに対し、米国・欧州ともに憲法上の問題（財産権、権限の分離、倒産における債権者の平等など）があると主張されている[6]。米国・欧州では、専門性を持った行政機関が手続の処理にあたることを積極的に評価する見解と、少なくとも大規模な金融機関の破綻処理との関係では、行政機関よりも裁判所の方が適しているのではないかといった見解がある[7]。特に、米国では、一般の銀行破綻処理手続においても、行政機関による主導は同様にみられるが、通常の銀行の場合には、債権者の多くは預金者であり、FDIC 自身も債権者となるのに対し、Title II の対象となるようなシステム上重要な金融機関の場合には、多様な債権者が存在し、行政裁量による不透明さは、

5）翁・前掲注1）110-111頁。
6）森下哲朗「欧米における金融破綻処理法制の動向」（金融庁金融研究センター「FSA リサーチ・レビュー」第8号.2014）86頁。
7）森下・前掲注6）86頁。

より深刻な問題となると指摘されている[8]。この点に関して、米国の11州が、Title Ⅱは憲法違反であると主張して訴訟を提起した。

　これらを踏まえ、森下哲朗教授（上智大学法学部・大学院法学研究科教授）は、「裁判所の事後的審査と損害賠償で債権保護は十分ではないか、裁判所による独立の審査に意味はあるのか」という見解を述べ[9]、これに対し、山本和彦教授（一橋大学大学院法学研究科教授）は下記のように述べている（以下、コメントを要約）[10]。

　「森下氏の疑問は基本的に正当であり、司法の関与は必然的要請ではないと思われる。ここで最大の問題は、no creditor worse off の原則（清算価値保障原則）の担保である。これが保障されていれば、司法手続は必然ではない。上記原則を担保するためには、適切な資産評価、負債の確定、否認権の行使など様々なツールが必要となる。現在、このようなツールを揃えている制度として裁判所の倒産手続があるので、これを利用するのが簡便であるが、理論的には、倒産手続を個別要素に分解してその中から不可欠な要素を洗い出す作業は有用であり、それに基づき行政型手続を仕組むことも可能であろう。ただ、それほど行政手続にこだわる必然性はあるのかという疑問も逆にある。日本の裁判所の手続は、JALや大規模保険会社の処理においても大きな問題を生じておらず、行政と司法との適切な役割分担を模索する方が生産的であるという気も

8）Jackson & Skeel,supra note 27,442ff.
9）森下・前掲注6）86頁。
10）山本和彦「『欧米における金融破綻処理法制の動向』に対するコメント」（金融庁金融研究センター「FSAリサーチ・レビュー」第8号.2014）98頁。なお、松下淳一・東京大学大学院教授（当時は学習院大学助教授）も同様の見解である。「〔（行政手続のみの破綻処理を可能とすることは〕、実際の必要性や設置コストとの関係では、現段階のわが国にとって唯一の選択肢ではないように思われる。むしろ、一般の倒産処理制度等現行制度の運用論や何らかの特則を設けるという立法論では対処しきれないという事態がより切迫し現実味を帯びてきた段階で検討すべき問題であるように思われる」と記述している。「金融機関の破綻処理に関する若干の考察」（学習院大学法学部研究年報第28号.1993）134頁。

する。」

　日本では、預金保険法（定額保護）に基づく破綻処理は、全額保護期とは相違し、複雑な手続が想定される。これについては、日本振興銀行の破綻処理が参考となる。現行制度で破綻処理を進めると、1,000万円までの付保預金とその利息については預金保険による支払いまたは資金援助がなされ、これにより預金保険を代位取得した預金保険機構、付保されない預金の保有者、一般債権者、担保権付債権者は破綻した金融機関の財産から弁済を受けることとなり、倒産法制の適用が必要となる。このように、定額保護の場合は、行政手続と倒産手続（司法手続）が必要となる。
　金融危機対応および「秩序ある処理」スキームではない、通常の銀行破綻処理においては、金融整理管財人制度が活用され、実務を担当する預金保険機構は、金融整理管財人が破綻金融機関の業務執行権および財産管理権を保持できる民事再生手続の適用を想定している。
　金融整理管財人制度は、民事再生手続と両立できるが、その場合は金融整理管財人による手続（行政手続）と民事再生手続（司法手続）が並行して行われることになる。金融機関の法的倒産手続の特例として、銀行の破綻処理に適用される民事再生手続の特例においても、民事再生手続開始申立、保全処分申立、再生計画案の作成、債権者集会などかなりの労力を要するものである。また、金融整理管財人は、預金保険法の目的である「信用秩序の維持」を図ることが求められ、これより、金融庁の監督を受け、報告をしたり承認を受けなければならない。金融整理管財人が、行政、司法の二重の手続を踏むことは、負担が大きく時間も要し、早期処理の原則からは改善すべきである。これに対し、立法により解決を図り手続の一本化（債権者間の調整も含め、すべての手続を行政手続で処理する）をすべきとの見解もある。「信用秩序の維持」は、国民全体の公共の利益であり、倒産処理の債権者平等という当事者の利益より優先度が高いという考え方に基づくものである。米国のFDICは、破綻処理を裁判所の関与を限定的にして主導しており、早期処理の原則に応えている。
　日本では、銀行破綻処理において司法に基づく倒産手続（民事再生法）

が行われたのは、日本振興銀行の例だけであり、すなわちそれまでは全額保護で、経験が浅い。そうした段階では、行政による手続の一本化、預金保険機構が裁判所の関与を限定的にして破綻処理を主導する法制を構築することは、時期尚早で困難が予想され高いコストが発生すると思われる。日本の裁判所の手続は、JAL や大規模保険会社の処理においても大きな問題を生じておらず、現段階においては、預金保険機構（行政）が主導し、米国・欧州・英国の法制・議論も参考に、早期処理の要請に応える裁判所（司法）との適切な役割分担・連携態勢を構築すべきである[11]。

3.「可変保険料率」制度

　預金保険料率制度は、「均一保険料率」制度と「可変保険料率」制度に分類され、「均一保険料率」制度は、すべての金融機関に同一料率を適用する制度で、保険料の算定と管理が容易である。日本では、預金保険制度創設以来、「均一保険料率」制度が適用されているが、破綻するリスクに関係なく均一保険料が徴収されるため、リスクの低い金融機関はリスクの高い金融機関のために不当に多額の保険料を支払わされ（不公平）、リスクの高い金融機関にはモラルハザードが発生することとなる。世界的に、米国とカナダの成功事例から、「可変保険料率」制度がリスクの高い金融機関の行動是正に有効であるとの認識が広く高まり、1990年代後半から多数の国で導入されている。英国では、2017年7月に導入された。

　日本では、金融行政方針（令和元年）において、「地域金融機関の将来にわたる健全性を確保するための規律付け・インセンティブ付与としての機能も視野に入れ、現行制度を前提にしつつ、預金保険料率のあり方の方向性について、関係者による検討を進める」ことが提示され、「可変保険

---

11) 銀行規制ワーキング・グループの第5回会合において、岩原紳作座長は、「日本においては憲法上の要請（財産権）があって、債権者等の権利を大きく変えるには裁判所の手続を経なければならないという考えが、アメリカなんかと比べると強いと思います。」と述べている。

料率」制度を導入する方針が明らかになった[12]。金融行政方針を受けて、預金保険機構は、「保険料率のあり方の方向性について、関係者とともに検討していく所存」であることを表明し[13]、預金保険料のあり方について中長期的な観点を踏まえて検討するため、預金保険料率に関する検討会（第1回）を2021年7月30日に開催した[14]。

　日本においても、「可変保険料率」制度を導入し、問題金融機関に対し保険料率低下を目指し問題行動を是正するインセンティブ、健全な金融機関に対し不公平感の解消、健全経営を維持するインセンティブを付与し、金融機関のモラルハザードを解消すべきである。保険料は実質的には主に当該銀行の借主（融資先）が負担していることに留意すべきである。

　制度の導入に向けては、「国際預金保険協会」（International Association of Deposit Insurers：IADI）のガイダンスのとおり、リスク・プロファイルが異なる銀行間で適切な差別化を図る方法を設定し、それに応じてどのように保険料を割り当てるかが、最大の課題であると思われる。この難局に対し、金融当局は監査法人等による外部監査および格付会社の信用格付を有効活用すべきと考える。

　金融当局のモニタリングと監査法人等による外部監査は、その目的や実施方法は相違しているものの、類似した機能や専門性などを有し、外部監査機能を当局のモニタリングに有効活用し、効率性および実効性を高めることが求められる。両者は、金融機関の実態を検証・把握する業務において相互補完的であり、当該金融機関の財務状況・経営実態を長期・継続的に把握するといった面では、外部監査に優位性がある。こうしたことから、外部監査人が監査の過程で知り得た情報に関し、守秘義務を解除し金融当

---

12) これについては、外部有識者を含めた諮問会議などを経ておらず、金融庁主導で唐突の感がある。「預金保険料率に関する検討会」が2015年1月に公表した報告書は、今後の課題として可変保険料率を指摘し、その導入に対する賛否双方の意見をあげたものの、具体的な結論は示さなかった。
13) 預金保険機構「預金保険料率のあり方の方向性について」（令和元年8月28日）。
14) 座長は、岩原紳作教授（早稲田大学大学院法学学術院教授）で、内容（会議資料、会議議事録等）は非公開となっている。

局に伝達する仕組みを構築すべきである。グローバルな観点から、外部監査人の金融当局への情報提供は認められている。各国において、金融破綻などを背景に両者の協調関係は強化され、金融危機、特に国税負担に伴い、外部監査人の積極的な関与が認められるようになった。

　また、金融当局のモニタリングと信用格付は、銀行の経営内容・健全性を調査・評価する際に破綻リスクを重視するなど共通性が高く、信用格付調査を金融当局のモニタリングに有効活用し、効率性および実効性を高めることが求められる。両者は、金融機関の健全性を検証・把握する業務において相互補完的であり、当該金融機関の破綻可能性を十分な人員・労力で専門的に検証するといった面では、信用格付に優位性がある。こうしたことから、信用格付機関が調査の過程で知り得た情報に関し、守秘義務を解除し金融当局に伝達する仕組みを構築すべきである。

4．預金債権の優先権

　米国では、預金者が一般債権者に優先することとされている。これに関しては、過去に議論があり争われたが、1978年に平等分配を認める判決（ファースト・エンパイア銀行事件[15]）があり、その後は立法をめぐる動きとなり、1993年の包括財政調整法（Omnibus Budget Reconciliation）による預金保険法の改正により、預金者を優先することとなった[16]。具体的には、金融機関を清算する際に管財人は、①管財費用、②預金債務、③その他の一般債務および優先債務、④預金者または一般債権者に劣後する債務、⑤株主等に対する義務の順序で支払いを行うことが規定された（12U.S.C.sec.1821(d)(11)）。この結果、FDIC は保険金相当額を負担しても清算配当による回収分が増加してコストの減少に寄与した。また、非付保預金者は清算配当が増額、一般債権者は清算配当が減額となった。

　欧州では、預金保険指令（DGSD）が、2014年4月に改正され、BRRD

　15）First Empire Bank v. FDIC,572.2d.1361（9th Cir,),cert.genied439U.S.919（1978）.

に預金者優先（depositor preference）が導入された。具体的には、倒産手続における預金者の優先順位として、①自然人および中小零細企業から受け入れた預金保険の対象範囲を超える適格預金、②域内で設立された金融機関の域外に所在する支店でなければ自然人および中小零細企業から受け入れた適格預金となりうる預金については、通常の無担保債権よりも高い優先順位が与えられ、さらに、保険対象預金および倒産手続において保険対象預金者を代位する預金保険制度については、適格預金等よりも高い優先順位が与えられている[17]。BRRDに従い、加盟国は自国で法制化しており、英国では、2013年金融サービス法において、1986年倒産法の改正がなされ、債務カテゴリーが見直された[18]。具体的には、Preferential Debts が Ordinary preferential debts と Secondary preferential debts の2つに分けられた。付保預金は Ordinary preferential debts、非付保預金は Secondary preferential debts に区分され、預金者優先が2015年1月から導入された[19]。

IADI「国際預金保険協会による実効的な預金保険制度のためのコアとなる諸原則（改訂版）（以下、コア・プリ）」(2014) は、コア・プリを適用する上での特別の課題として、「預金者優先」が採り上げられている。そのなかで、「預金者優先には、……（一部略）結論として、預金者優先の

---

16) 松下淳一「米国におけるDepositor Preferenceの導入とその影響について」（日本銀行金融研究所『金融研究』第13巻第4号.1994）45-59頁参照。本論文では、預金者優先の副作用（預金債権以外の一般債権あるいは優先債権が預金債権に劣後する結果、FDICは倒産による損失を一部または全部回避することができ、それを一般債権者が負担することとなる）について生ずる問題を懸念しているが、その後米国では現在まで特段問題もなく、預金者の優先が定着している。米国における「Depositor Preference」の影響と対策については、星野一郎「保護対象としての債権者間における優先順位について―米国預金保険制度におけるDepositor Preference」（広島大学経済論叢第25巻第3号.2002）6-7頁を参照されたい。

17) Directive 2014/59/art.108. 小立・前掲第Ⅲ編1章注1) 158-159頁。

18) Insolvency Act 1986 (sec.175,328,schedule6)、The Bank Recovery and Resolution Order 2014、The Banks and Banking Building Societies (Depositor Preference and Priorities) Order 2014.

19) 大内＝鈴木・前掲第Ⅲ編4章注1) 93頁。

導入を検討している国は、自国の法律と司法の枠組み、金融システムの構造に即して、利点と欠点を比較考慮すべき」ことを提言している。

　日本において、預金者は、付保の範囲（1人元本1,000万円とその利息）で保護されるが、これは預金保険の効果であり、倒産法上は、付保預金者、非付保預金者、一般債権者は債権者平等の原則が適用される。すなわち、預金保険機構が付保預金を支払うかまたは資金援助を行うと、預金保険機構は付保預金者に代位するので、付保預金者に代位した預金保険機構、非付保預金者、一般債権者に対する清算配当は、平等に比例分配される。

　日本において、米国や英国と同様な対応ができるのか検討すると、まず、債権者平等の原則は絶対の制度ではなく、労働債権、租税債権など政策的に特定の種類の債権を優先して保護することが可能である。預金債権は他の金融商品と違い、貯蓄の手段だけでなく決済の手段として金融経済の安定に重要な役割を果たしている。預金が流出すれば銀行は流動性を失い、資金繰り破綻によってシステミック・リスクを発生させる可能性があり、預金保険による保護に加えて、一般債権との関係でも、預金債権を優先させる合理性はあると考えられる。さらに、預金債権の優先により、付保預金についても、預金保険のコストを削減する効果があり、同じ金額の預金保険基金で金融機関の破綻に対応できる範囲が拡大されることとなる。よって、預金者優先（depositor preference）制度は、国際的な潮流も踏まえ、導入すべきと考える。

5．公的資金の投入のあり方

　米国のドッド＝フランク法 Title II と欧州の枠組み指令や SRR（Special Resolution Regime）規則は、①納税者負担の回避を重視し、公的資金の投入に関する厳格な要件や投入された資金の回収を確実にするための制度が定められていること、②株主は当然として無担保債権者の元本の削減や株式への転換等による損失の負担、いわゆるベイルインを基本的な原則としている。米国・欧州における制度設計の根幹にあるのは、金融機関の破綻処理において、納税者負担はなんとしても避けなければならないという強

い社会的・政治的要請への対応である。ドッド＝フランク法では従来のようなベイルアウトの排除が色濃く打ち出され、欧州の「枠組指令」で重要な役割を担うベイルインは、納税者負担から株主・債権者負担への移行を実現するツールとして提案された[20]。

米国の Title Ⅱ に対する批判として、FDIC が政府から資金を借り入れることができる点を捉えて、Title Ⅱ がベイルアウトを助長するものであると批判する意見もあるが、破綻処理の過程で必要な流動性資金を一時的に供給するために公的資金を利用する措置（一種の DIP ファイナンス）、最終的に納税者負担となるような公的資金による救済を行う措置を区別することが重要である[21]。

欧州の「枠組指令」では、欧州議会の主張が容れられるかたちで、公的資金による資本注入と一時国有化という破綻処理ツールが盛り込まれることとなった。金融機関のグループの破綻がどのような事態をもたらすかを正確に予測することは困難であるし、経済全体としての損失を最小限に止めることは特に重要である。安易な公的資金の投入が許されないことは当然であるが、上記のような観点からは、有事の時には公的資金を投入して金融危機の拡大を止める余地を残しておき、完全な公的資金投入の可能性を排除しないという選択は合理的な考え方と思われる[22]。

日本では、基本的に、平時においてはベイルイン、有事においてはベイルアウトを破綻処理ツールとしており、米国および欧州に比べ、公的資金の投入に「寛容」であるように思われる[23]。米国・欧州との違いの背景にあるのは、公的資金を用いることに対する世論の違いであると考えられ

---

20) 森下・前掲注6）82頁。主要な特性（Key Attributes）は、ベイルアウトを否定しており、米国はベイルアウトを法律で禁止し、欧州は公的資本増強を行う前提としてベイルインの実施により納税者負担を回避する仕組みを構築している。
21) 森下・前掲注6）82頁。山本教授は「公的資金の投入の在り方について、森下氏は、流動性資金の一時供給（一種の DIP ファイナンス）と納税者負担となる公的資金による救済との区別の必要性を説かれるが、大変重要な指摘と思われる。」と述べている。山本・前掲注10）99頁。
22) 森下・前掲注6）82頁。

る。米国・欧州では、世界金融危機を経て、納税者の負担により金融機関が救済されているといった批判が高まり、そうした総意が、公的資金を投入禁止とする制度を強く支持している[24]。日本でも1996年の「住専救済」をピークに公的資金投入への批判が高まったが、1997年の「日本金融危機」（山一証券・拓銀の破綻）で急速に公的資金投入が理解されるようになった。これは、市場原理・市場規律を重視する米国・欧州と、金融当局による規制と保護が強い日本との違いを反映していると思われる[25]。なお、日本において、これまで金融機関に対し、預金保険機構を通じ、資本増強として123,809億円が投入されたが、121,309億円が回収・処分され、残額

---

23) 金融法学会第30回大会シンポジウム（2013年10月14日）において、岩原紳作理事長は、「今回の預金保険法等の改正は、Too big to fail 防止については、ベイルインに係る規定を入れたことぐらいであり、それも非常に生ぬるいものであって、これからベイルインをあらかじめ約定した債券等を発行できます、それには効力を認めますという規定で、一体それぐらいのことを入れてどれだけの意味があるのかというのが正直なところであります。むしろ今回、Too big to fail で事件が起きてしまったら、日本の場合はアメリカやヨーロッパで政治的に主張されているような、国費を使って救ってはいけないということは言わず、そういうところも救って危機を防ぎますというのが、むしろ今回の預金保険法の改正であると私は思っております。……やはり、金融システム全体を、国費を投入しても守るほうが、長い目で見て国全体の経済にとっても、あるいは世界に迷惑をかけないためにも、望ましいという思想で今回の法改正はなされていると私は理解しています。」と述べている。（一部省略）

24) リーマンショック・世界金融危機での公的資金投入への激しい世論の批判を経て、米国・英国を中心に、公的資金投入を不要化するための事前の強い規制を志向する動きがみられる（日本などは行き過ぎに反対してきた）。危機の反省に立って必要な規制を整備することはもちろん必要である。しかし、"政治的非難を招かないよう公的資金投入を不要にする"強度の規制は、第1に無理であり、第2に過度となる可能性が極めて高い。すなわち、第1に公的資金投入が不要になることは想定しにくく、その制度の準備を解くのは誤りであろう。第2にそうした過度に強度の規制は金融機関の収益性を低める。伊藤修他『日本金融の誤解と誤算』（勁草書房.2020）81頁。

25) 銀行規制ワーキング・グループの第4回会合において岩原紳作座長は納税者負担について「最終的には納税者の負担もあり得るという前提で日本の預金保険法はできていると思います。それは平成10年のときの金融危機の非常に苦い経験がそういう負担も必要だという国民の理解となって、そういう規定になっているのだろうと思います。」と述べている。

は2,500億円である（2020年9月末現在）[26]ことに留意する必要がある。

　世界金融危機において、EUでは、State aid 規制が一定の役割を果たした。そこでは、金融システムの安定という価値が、競争政策との関係での調整を念頭におきつつ、重視された。日本には、State aid 規制のような具体的な規則は存在しないが、日本航空（JAL）に対する公的支援が「成功」し、かえって競争者からの反発を招くなどしたことから、EUの State aid 規制への注目が高まり、公的支援に対する競争政策の観点からの規制のあり方について議論がなされるようになった[27]。預金保険法による銀行への公的支援については、詳細な法令の枠組みが存在し、そのなかで、一定の競争政策的な配慮も行われてきた[28]。公的資金の投入（公的再生支援）のあり方に関しては、金融システムの安定の要請が前面に出されるものの、競争政策的な観点からの検討も求められる。

6．預金保険機構の機能

　破綻処理当局の権限・機能については、米国のFDICとの比較が最も参考となる。米国においては、預金保険機関としてFDICとNCUA（National Credit Union Administration）があり、FDICが銀行（Bank）、貯蓄金融機関（Saving Association）の預金者を保護し、NCUAが信用組合（Credit Union）の預金者を保護している。FDICは、預金加盟金融機関5,116先、人員6,096人、日本の預金保険機構は預金加盟金融機関552先、人員411名となっている（数値は2020年9月末）。人員の大きな差は、単に預金保険加盟金融機関が多いだけでなく、FDICが金融監督機能をはじめ様々な機能を担っていることによる。

　預金保険機関は、ペイボックス型とリスク・ミニマイザー型に分けられ

26）預金保険機構「資金援助等の実施及び回収状況等」（令和2年9月末現在）。
27）白石忠志「金融危機・事業再生と公的支援規制」（日本銀行金融研究所『金融研究』第34巻第3号.2015）1頁。
28）白石・前掲注27）7頁。

表 3-5-1 預金保険機関の分類（ペイボックス型とリスク・ミニマイザー型）

	ペイボックス	リスク・ミニマイザー	米国	日本
預金保険	—	—	—	—
・保険料決定・徴収			○	○
・預金保険基金の管理			○	○
・資金調達			○	○
・加盟審査			○	
・除名			○	
リスク・モニタリング	—	—	—	—
・オフサイト・モニタリング			○	
・金融機関の検査			○	
・可変保険料			○	
破綻処理				
・保険金の支払			○	○
・受皿金融機関の決定			○	△
・管財人（金融整理管財人等）			○	△
金融機関の監督			○	
決済債務の保護				○
金融教育			○	△

(出所) 原和明「米国における銀行破綻処理」預金保険機構『預金保険研究』第十号（2009）91頁を基に筆者作成。

る[29]（表3-5-1）。前者は、預金払戻に業務が限定されている預金保険機関であるのに対し、後者は、金融機関のリスク・モニタリング、検査、預金保険制度への加盟審査、破綻処理などを通じて、預金保険基金に生じる損失（ロス）を最小化する手立てを有する預金保険機関である。

FDICは、預金保険に加え、リスク・モニタリングや検査を通じて、経営の悪化している金融機関を把握し、是正措置を講じることで、金融機関の破綻を予防している。FDICが監督しているのは、連邦準備制度（Federal

---

29) FSB・前掲第Ⅲ編4章4）を参照されたい。

Reserve System：FRS）非加盟の州法銀行と貯蓄銀行（Saving Bank）であるが、預金保険制度に加盟している金融機関の他監督機関とは情報交換・共有を行っている。さらに、FDIC は、適当な是正措置を講じるように監督機関に対して要請することができ、要請が受け入れられなければ、直接是正措置を講じることができる。

　また、FDIC は、預金保険制度に加盟できるか否かを決定する権限を有しており、金融機関は預金保険制度への加盟の際に FDIC の承認を得る必要がある。FDIC は、金融機関に対して、預金保険制度からの脱退命令を下すこともできる。FDIC は、預金保険加盟金融機関から保険料を徴収しているが、その保険料は金融機関の経営状況（破綻リスク）に応じて保険料率が変わる「可変保険料率」制度となっており、経営改善のインセンティブを付与する手段として運用されている。

　日本の預金保険機構に、FDIC の制度から最も導入すべき制度として、「事前準備」制度があげられる。米国においては、金融機関の自己資本比率が2％以下になると[30]、当該金融機関（以下、問題金融機関）に免許を付与している監督機関は、FDIC に問題金融機関が破綻の危機に瀕しているという通知（failing bank letter）を送る。なお、米国における早期是正措置は「表3-5-2」のとおりである。通知を受け取った FDIC は問題金融機関へ破綻処理準備チームを派遣し、情報を収集して状況を把握し（デュー・デリジェンスの実行）、さらに秘密裏に入札を行って、受皿金融機関を決定する。この「事前準備」制度により、多くの金融機関の破綻処理において、金融機関の破綻が公表される前に、受皿金融機関が選定される[31]。すなわち、「事前準備」制度は、早期処理の要請に応え、金月処理を実現している。日本においては、金融庁と預金保険機構の的確な役割分担と密

---

30) 正確には、総資産に対する有形資本の割合が2％以下。有形資本の定義はTier1に累積永久優先株を足し合わせ、一定の条件を満たす住宅ローン管理債権以外の無形固定資産を除いたもの。

31) 原和明「米国における銀行破綻処理」預金保険機構『預金保険研究』第十号（2009）97頁。

表 3-5-2　米国における早期是正措置

	リスク・アセット比率		Tier1/総資産	強行規定 (Mandatory provisions)	裁量規定
	(対自己資本)	(対Tier1)			
「第1区分」 自己資本充実 (Well-capitalized)	10％以上	and 6％以上	and 5％以上		
「第2区分」 自己資本適正 (Adequately capitalized)	8％以上	and 4％以上	and 4％以上	ブローカー預金の取り入れ禁止 (FDICによるウェーバーあり)	
「第3区分」 自己資本不足 (Under-capitalized)	8％未満	or 4％未満	or 4％未満	・配当、役員報酬支払い停止 ・資本回復計画の提出 ・資産拡大の抑制 ・買収、支店開設、新規業務開始に関し承認が必要 ・ブローカー預金の取り入れ禁止	・資本再構築の命令 ・子会社間の取引制限 ・預金金利の制限 ・その他の一定業務の制限 ・その他必要な措置
「第4区分」 かなり自己資本不足 (Significantly under-capitalized)	6％未満	or 3％未満	or 3％未満	・上記「第3区分」の措置 ・資本再構築の命令 ・子会社間の取引制限 ・預金金利の制限 ・その他の一定業務の制限 ・その他必要な措置	・上記「第3区分」の措置 ・資本再構築計画の不提出ないし不履行の場合、レシーバーもしくはコンサベーターを任命 ・その他「第5区分」の強行規定中の必要措置
「第5区分」 極めて自己資本不足 (Critically under-capitalized)		2％以下 (有形資本/総資産ベース)		・上記「第4区分」の措置 ・90日以内にレシーバーないしコンサベーターを任命 ・劣後債の返済停止 ・その他の一定業務の制限	

(出所) FDIC資料を基に筆者作成。

接な連携のもと、ソフトローも有効に活用し、早期処理に資する「事前準備」制度の導入を検討すべきである[32]。

　また、金融機関の破綻処理の際の流動性の供給に関しては、従来は、日本銀行が「最後の貸し手」(Lender of Last Resort：LLR) として、破綻金融機関に日銀特融を実施してきたが、「秩序ある処理」スキームでは預金

保険機構が流動性を提供する主体となる[33]。一方、世界金融危機を踏まえ、市場流動性の低下時に市場への流動性供与を通じて市場機能の維持や市場流動化の回復を図る中央銀行の「最後のマーケット・メーカー」（Market Maker of Last Resort：MMLR）の役割に対する議論がグローバルになされている[34]。日本においては、日本銀行と預金保険機構の流動性供与に関し、LLR や MMLR としての役割分担をどのように図っていくか検討する必要がある[35]。

7．銀行の早期破綻処理

米国では、監督当局または FDIC が、当該金融機関が、債務超過、資産

---

[32] 預金保険機構は、金融機関の預金者の口座の名寄せのためのシステムについて検査の権限が認められている。今後、金融庁との連携によって権限を拡大し、事前準備を実現できるように工夫する余地は十分にあると思われる。

[33] 日本銀行は、金融システム安定化のための緊急融資について、内閣総理大臣および財務大臣からの要請を受け政策委員会において、①システミック・リスクが顕現化するおそれがあること、②日本銀行の資金供与が必要不可欠であること、③モラルハザード防止の観点から、関係者の責任の明確化が図られるなど適切な対応が講じられること、④日本銀行自身の財務の健全性維持に配慮すること、の4原則により可否を判断し、融資を実行している（日銀法38条）。鹿野・前掲第Ⅱ編1章注3）123頁。

[34] 小立敬「わが国の金融機関の秩序ある処理の枠組み―改正預金保険法で手当てされた新たなスキーム―」『野村資本市場クォータリー』2013夏号67頁。

[35] 預金保険機構は危機対応勘定においては、日本銀行もしくは金融機関等からの借入または預保債（預金保険機構債）の発行が可能となっており、流動性の原資に関してもあらかじめ整理する必要があると考えられる。小立・前掲注34）67頁参照。金融法学会第30回大会シンポジウム（2013年10月14日）において、岩原紳作理事長は、「今回の126条の2以下の規定を読んでいきますと、預金保険料の支払いによって基金を作って、そこから資金を投入するという形をとっていますが、それに対して日本銀行が保証を与えたり、あるいは日本銀行が一部それに資金を出すということが、制度として今回の条文の中にも書き込まれているわけで、結局、中央銀行資金に大きく依存した形の制度になっています。それが中央銀行の資産の劣化を招いて、日本の通貨の信頼を揺らがせるのではないかといった根本問題、スペインみたいになりかねないのではないかという問題をはらんでいることも、また否定できないところだと私は思っております。」と述べている。

の流失、危険または不健全な業務、資産の隠匿、支払不能等のうちいずれか1つに該当すると判断した場合に、FDICが破綻処理手続きを開始する[36]。また、連邦預金保険公社改善法（Financial Deposit Insurance Corporation Improvement Act of 1991：FDICIA）により導入された「早期是正制度」に基づき、監督当局またはFDICが、金融機関の自己資本が著しく毀損しており（自己資本比率が2％を下回った場合）、かつ、90日以内に回復の見込みがないと認めた場合にも、破綻処理手続の開始が予定されている[37]。そして、保全管理人は保全管理手続（conservatorship）のもと、金融機関の健全な状態を保ちつつ、資産保全のための行為を行うのに対し、破産管財人は、レシーバーシップ手続（receivership）のもと、金融機関の資産を清算し、利害関係人に分配を行う[38]。これらの破綻処理手続きが開始された場合には、保全管理人または破産管財人であるFDICは、破綻金融機関のすべての権利義務を承継し、株主総会決議なしに事業譲渡を行うことが認められている[39]。米国では、金融機関の破綻処理手続開始時に債務超過状態にある場合はもちろん資産超過状態である場合であっても、また、仮に債務超過状態か否かに関する当局の判断に誤りがあった場合であっても、それにより公的収用に基づく国に対する損失補償請求が認められることはないとされている[40]。こうしたことにより、米国では、未だ債務超過に陥っていない金融機関に対し、当該金融機関の株主の権利を強制的に消滅させ、早期に破綻処理を行うことができる[41]。

　欧州において、BRRDは、加盟国ではすでに国内法化されており、加盟国の破綻処理当局は、BRRDに基づいて破綻処理を進めている。BRRDは破綻処理開始の要件として、債務超過状態あるいはそれに近い状態にあ

---

36) 12 U.S.C. § 1821(c)(4), (5)（s.11(c)(4), (5) of FDIA）.
37) 12 U.S.C. § 1831(h)(3)(A)（s.38(h)(3)(A) of FDIA）. U.S.C. § 1821(c)(9)（s.11(c)(9) of FDIA）.
38) 山本慶子「金融機関の早期破綻処理のための法的一考察：破綻した金融機関の株主の権利を巡る欧米での議論を踏まえて」（日本銀行金融研究所『金融研究』第33巻第3号.2014）86頁。
39) 12 U.S.C. § 1821(d)(2)(A), (G).
40) 山本・前掲注38) 111-112頁。

ることを求めており、債務超過より早期の段階での手続開始が可能となっている[42]。ただし、破綻処理手続は、株主の権利への介入が正当化される場合についてのみ開始される必要があるとして、債務超過状態あるいはそれに近い状態にあることに加えて、適時に再建するその他の方法がないこと、当該介入が公共の利益に資するものであることが求められている[43]。また、BRRD は、破綻処理当局が、金融機関の株主や持分権者の権利すべてを行使できること、組織に関する重要な決定（事業の譲渡、取締役の任免など）を株主総会決議なしに行うことができることも定めている[44]。欧州においては、株主の権利の縮減や消滅が財産権の侵害に該当する可能性を認めつつ、その場合には、正当な補償および公共の利益によって正当化されるアプローチをとっていると解される[45]。

　米国および欧州では、早期の破綻処理手続の開始が認められており、株主の権利の消滅や縮減を伴う迅速な処理が実現されている。米国と欧州とは、株主の権利の縮減や消滅の問題に対するアプローチ、そして、国家による損失補償の要否という点で違いがある。

　日本の金融機関の破綻処理は、前述のとおり、預金保険法に基づく破綻処理に加え、司法上の倒産手続を通じて行われる。そして、いずれの手続においても、米国・欧州と同じく、債務超過より早期の段階で手続開始が可能である。例えば、預金保険法に基づく破綻処理において、金融整理管

---

41) 山本・前掲注38) 87頁。こうした理解の形成において主要な役割を果たした下級審判例として、ゴールデン・パシフィック・バンコープ事件判決（Golden Pac. Bancorp v. Robert L. Clarke, Acting Comptroller of the Currency, et al.,837 F.2d 509（1998））、フランクリン事件判決（Franklin Sav. Corp. v. United States,46 Fed.Cl.533,535（2000),aff,d97 F.App,x.331（Fed Cir. 2004）[Franklin IV]）、ワシントン・ミューチュアル事件判決（Thykkuttathil v. United States, 88 Fed Cl.283,296（2009), aff,d,No.2010-17109,2010 U.s.App.LEXIS17109（Fed.Cir. Aug.12,2010））がある。
42) 山本・前掲注38) 109頁。
43) 山本・前掲注38) 109頁。
44) 山本・前掲注38) 109頁。
45) 山本・前掲注38) 112頁。

財人による管理が開始されるには、当該金融機関が、債務超過である場合、または、預金払戻を停止した場合、もしくはそのおそれがある場合であって、かつ、所定の事由があると認められる必要がある（預保法74条1項）。さらに、金融機関が自ら、債務超過が生じるおそれがあると申し出た場合であり、かつ、内閣総理大臣が、当該事態が生じるおそれがあると認めた場合にも、金融整理管財人による管理が開始される（預保法74条2項）[46]。しかし、「秩序ある処理」スキームが導入される以前は、債務超過よりも早期に手続が開始されたとしても、当該金融機関の事業を、受皿金融機関やブリッジバンクへ譲渡するためには、別途、「株主総会の決議」を得ることが原則とされており、こうした点が米国・欧州の破綻処理法制と異なっていた。

そして、2014年の預金保険法改正により、債務超過またはそのおそれの段階で、「株主総会の決議」を不要とし、裁判所の「代替許可」により、迅速に事業譲渡を行うことが可能となった。結果的に債務超過に至っていなかった場合に、事業譲渡によって生じ得る株主の権利の縮減については、預金保険機構からの衡平資金援助[47]というかたちでの手当てがなされるというアプローチが構築された[48]。この一連の手法について、「秩序ある処理」スキームに限定するのではなく、米国・欧州と同様に「金融整理管財人制度・承継銀行制度」においても導入すべきである。それが、全体・総合的な早期処理の実現に資すると考える。

---

[46] 預金保険法74条1項および2項の処分を受けた金融機関は「みなし金融機関」とされる（同条3項）。

[47] 預金保険法59条の2。本条は合併等の実施に伴って、本来受けることのできた弁済額の低下という不利益を受ける破綻金融機関に残される債権者の損失を解消し、付保預金に係る債権者とその他の債権者との間の衡平を図るため、資金援助として破綻金融機関に対する金銭の贈与を可能とするものである。すなわち、本条の金銭贈与制度は、破綻金融機関から救済金融機関への営業譲渡に対する倒産法上の否認権行使を防止するためのものである。佐々木・前掲第Ⅱ編1章注25）237頁。衡平資金援助は日本振興銀行のペイオフ処理に関し、1,153億円実施された。

[48] 預金保険法126条の13。預金保険法59条の2。なお、従来の法制度では、金融機関が債務超過の場合、株主総会の特別決議を要する資本金の減少、事業の全部または一部の譲渡、解散に関しては、裁判所の代替許可を得て実施することができる措置がある（民再43条1項）。

第 6 章

2023米国信用不安による銀行の連鎖破綻

　本編では、前章（第5章）まで、世界金融危機を経て、「金融機関の秩序ある処理の枠組み」について、比較法的に考察し、主要な論点について日本への導入を勘案し考察した。その後、米国では、2023年に信用不安による銀行破綻が発生し、スイスにも伝播し、その破綻処理やベイルインなどに特徴がみられ、金融セーフティネットに関して重要な示唆も得られることから、追加的に考察する[1]。

1．米国の銀行破綻

　世界金融危機を経て、システミック・リスクに備える態勢が整備された。その後、米国では、COVID-19パンデミックを経験したが、特に経済社会に大きな影響を与える金融機関の破綻は発生しなかった。金融機関の破綻も低位で推移した（図3-6-1）。そうしたなか、2023年3月にカリフォルニア州のシリコンバレー・バンク（SVB）と、ニューヨーク州のシグネチャー・バンク（SBNY）が相次いで破綻した。その後、米国の地方銀行を中心に信用不安が伝播し、クレディ・スイスの信用不安を増大させ実質的な破綻となった。そして、米国のカリフォルニア州のファースト・リパブリック・バンク（FRC）が破綻した（史上2番目の規模）。

　SVBの破綻を契機にした、これら連鎖的な破綻は、ベイルアウトは回避された上で、非付保預金も含め預金は全額保護され、一方で株主・債権

　1）本章は、飯塚徹「2023米国信用不安による銀行破綻からの考察―預金保険制度の改革、ベイルインの実現、金融制度改革に関する法的課題の検討―」松本大学『教育総合研究』第7号（2023）を修正を加え掲載したものである。

図 3-6-1　米国の金融機関の破綻件数推移

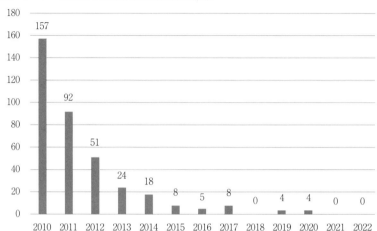

単位：件数
出所：FDIC ホームページ

者にはベイルインが実行された。そして、米国では、連鎖的な地方銀行の破綻を受け、預金保険制度の改革を検討している。

(1) シリコンバレー・バンクから始まった連鎖破綻

　主にテック系やライフサイエンス系のスタートアップ企業向けの融資を展開し急成長を遂げてきたシリコンバレー・バンク（以下SVB、総資産2,090億ドル〔全米16位〕、総預金1,754億ドル〔いずれも2022年末時点〕）が、2023年3月10日に破綻した。この破綻は、世界金融危機以降で最大であり、ワシントン・ミューチュアルに次ぐ史上2番目の規模となった。このSVBの破綻の影響を受け、富裕層の特定顧客と個人的な関係を構築し、暗号資産事業に参入し暗号資産関連企業と取引が多かったシグネチャー・バンク（以下SBNY、総資産1,104億ドル〔全米29位〕、総預金826億ドル〔いずれも2022年末時点〕）も2023年3月12日に破綻した（史上3番目の規模）。こうした史上2番、3番の連鎖的な大型破綻により、米国の地方銀行を中心に信用不安が波及した。

　両行の破綻を受け、米国の金融当局（米財務省、FRB、FDIC）は、両行

の預金の全額保護を公表し迅速な政策措置を講じたが、一部の銀行では預金の流失が継続し、2023年5月1日には、プライベートエクイティ、モーゲージサービス、ベンチャーバンキングなどのサービスを提供していたファースト・リパブリック・バンク（以下FRC、総資産2,291億ドル〔全米14位〕、総預金1,764億ドル〔いずれも2022年末時点〕）が破綻し、SVBを抜いて金融危機以降で最大規模、史上2番目の破綻事例となった。

1）SVBの経営破綻

　米国銀行の連鎖型破綻のトリガーとなった、SVBは、ベンチャー・キャピタルやスタートアップ企業との取引が多く、新型コロナ禍以降の過剰流動性の下で業容を拡大する一方、ALM（資産負債総合管理）の歪みが大きくなっていった[2]。2020年末と2022年末を比較すると、預金は750億ドルから1,857億ドルと2.5倍に増加し、預貸率は49%から37%に低下した。そして、満期保有目的の有価証券が131億ドルから953億ドルと7倍以上に増加した。こうしたなか、FRBによる急速な利上げ（1年で4.5ポイント）により、SVBは巨額の含み損を抱え、その額は売買可能な有価証券で25億ドル、満期保有目的の有価証券では150億ドルに上った（2022年末時点）。粘着性の高い個人預金の割合も相対的に低く、流動性管理を含めたALM上の課題は明らかであった[3]。金利上昇が進むなか、新規の資金調達が困難となった多くのスタートアップ企業が運転資金を確保するためにSVBから預金を引き出し、大量の預金流失が始まった。SVBは手元流動

2）SVBの概要、破綻までの流れは、「米銀2行の破綻が浮き彫りにしたデジタル時代の取り付けリスク」金融財政事情研究会「週刊金融財政事情」（2023年3月21日号）6-7頁を参照した。SVBのALMについて分析、課題を整理・考察した論稿として、伊藤彰一「SVBの破綻が示唆する地域金融機関経営への教訓—経営破綻に追い込まれたALMの失敗—」金融財政事情研究会「週刊金融財政事情」（2023年4月11日号）32-35頁がある。

3）オールニッポン・アセットマネジメントの永野竜樹社長は「経営陣は業績連動報酬の下、過大なリスクテイクを選好していた可能性がある」とする。金融財政事情研究会「週刊金融財政事情」・前掲注2）6頁。

性を確保するため売却可能な有価証券210億ドルを売却し、それに伴う18億ドルの損失（税引後）を計上することを公表し、22.5億ドルの増資計画（普通株・優先株）を発表した。これに対し、SVBの財務状況に不信感を抱いた著名なベンチャー投資家が預金の引き出しをSNSで広く呼びかけ、預金の流失が一気に加速した[4]。2023年3月9日には、総預金の2割を超える420億ドルが一気にインターネットバンキングを中心に引き出され資金不足に陥り、破綻した。

銀行の破綻は、基本的に、バランスシートが毀損して債務超過になる場合と、資金繰りに行き詰まるという流動性の枯渇を原因とする場合があるが、SVBの破綻は、預金者の取付けという典型的なバンクラン（Bank Run）といえる[5]。SVBの保有預金（負債）は、前述したとおり、粘着性の高い個人預金の割合が相対的に低く、9割超が非付保預金であったことが特徴的である。また、SNSやインターネットバンキングの普及により、信用不安の伝播や預金流失の速度がこれまでよりも格段に速くなっていることが確認された（Digital Bank Runといわれる）[6]。

2）SBNYの経営破綻

SBNYは、ニューヨークを本拠とする州法銀行で、連邦準備制度（FRS）の加盟銀行ではなく、FDICが監督担当であった[7]。創業当初は、商業不動産（CRE）貸出と商工業（C&I）貸出が主要業務で、中堅企業からの預

---

[4] ムーディーズとS&PがSVBの信用格付の格下げを検討していることが明らかになったことやシルバーゲート・バンクが預金流出を原因に自主精算を公表したことが預金者心理の悪化に影響したとされる。小立敬＝橋口達「米国SVBの破綻要因の分析と預金保険制度改革の検討―米国当局による反省と今後の課題に学ぶ―」『野村資本市場クォータリー』2023夏号5頁。

[5] 小立敬「米国SVBの破綻と銀行システムの不安定化―背景の分析と初期的な論点整理―」『野村資本市場クォータリー』2023春号4頁。

[6] グレッグ・ベッカー前最高経営責任者（CEO）は、10時間において420億ドルが流出し、およそ秒速100万ドルの預金流出であったと述べている。"Gregory Becker,Written Testimony before the U.S Senate Committee on Banking,Housing,and Urban Affairs," May 16,2023.

金保険対象外の大口預金が主な原資であった。SBNYは、2018年にプライベートエクイティ業界に対する資金と銀行サービスの提供を行うファンドバンキンググループを設立し、取引先の開拓と預金の受入に注力した。同年、デジタル資産バンキンググループも設立し、様々なデジタル資産関連業者の取引口座の獲得と預金の受入に注力した。SBNYは、デジタル資産業界に、ブロックチェーン技術を活用したプラットフォーム「Signet」を提供した。2019年にはベンチャーバンキング部門を設立してベンチャー・キャピタル企業へのサービス提供を開始するなど、近年積極的な事業展開を行ってきた。2020年末、2021年末、2022年末の預金額の推移をみると、633億ドル、1,062億ドル、886億ドルとなっている。2022年には、金利上昇の影響とデジタル資産市場の変動拡大により預金が176億ドル減少した。

　SBNYは、SVBの破綻、暗号資産関連企業との取引が中心であったシルバーゲート・バンクの自主的な清算に大きな影響を受け、直接的には非付保預金の急速な流出による資金繰りの行き詰まりが要因となり、2023年3月12日に破綻した[8]。

3）FRCの経営破綻

　FRCは、サンフランシスコに本社を置く商業銀行および信託会社であった。創業当初は貯蓄銀行であったが、California-chartered thriftと、Nevada-chartered Silver State thrift 子会社と合併し、1997年に銀行へ転換した。銀行転換後は多くの買収を行い組織と業務を拡大していった。2007年9月にはメリルリンチに18億ドルで買収され、2010年7月にはメリルリンチを買収したバンク・オブ・アメリカは、FRCをコロニー・キャピタルなど個人投資家グループに約10億ドルで売却した。2010年12月には、新規株式公開（Initial Public Offering：IPO）を通じて公開会社となった。

　7）SBNYの概要、破綻までの流れは、佐志田晶夫「FDICによるシグネチャーバンク（SBNY）の監督に関する報告書の概要」https://www.jsri.or.jp/publish/topics/pdf/2306_03.pdf（日本証券経済研究所.2023年6月12日）を参照した。
　8）佐志田・前掲注7）3頁。

その後も、買収を繰り返し、プライベートエクイティ、モーゲージサービス、ベンチャーバンキングなどのサービスを展開し短期間で成長した。

2023年3月10日にSVBが破綻すると、財務基盤が脆弱な多くの地方銀行に信用不安が拡大した。SBNYの破綻後は、FRCの経営不安がトピックとなり、非付保預金を中心に、預金流出が加速し、株価も下落した[9]。預金残高は、2022年末に1,764億ドルあったが、2023年3月末には744億ドルに減少した（1,000億ドル以上の減少）。こうした事態を受け、FRBからの資金供給や連邦住宅貸付銀行（FHLB）から低利融資を受け、3月16日にはJPモルガン・チェースなど大手金融機関11行から資金繰り支援として300億ドルの預金を受け入れた。4月24日にはFRCの決算発表で3月末の預金が22年末比で大量流出したことが公表されると、経営不安が再び懸念され、預金が急速に大量流出し株価の下落が加速した。株価は、2月末に123.01ドル、3月末に13.99ドル、4月末に3.51ドルとなった。こうした事態に対し、FRCの対応・体力は限界となり、2023年5月1日に破綻した。

4）考察

2023年3月10日にSVBが破綻し、連鎖的にSBNYが3月12日に破綻した。世界金融危機以降で最大規模の連鎖破綻となった。米国発の信用不安は欧州にも飛び火し、スイスのクレディ・スイスは自力での経営継続が困難となり、スイス金融当局が介入し救済買収される事態となった。クレディ・スイスの実質的な破綻までの流れ、救済措置の内容については後述する。米国では、SVBとSBNYの破綻処理において、金融当局は早期に預金の全額保護を公表し破綻処理を迅速に進め、事態の収束を図った。米国金融市場において、更なる地方銀行の連鎖破綻も予想されたが、小康状態を保った。しかし、くすぶっていた信用不安は再燃し、2023年5月1日に

9）FRCの破綻と破綻処理については、廉了「米地銀ファースト・リパブリック銀行の破綻と教訓—金融危機の再来はあるか？」三菱UFJリサーチ＆コンサルティングレポート（2023年5月2日）を参照した。

FRCが破綻した。本件は、SVBの規模を超える破綻となった。

破綻した、SVB、SBNY、FRCの3行には共通点が見出せる。これら3行は、新設新興銀行の代表的な存在であり、米国の大都市部のITベンチャー、スタートアップ企業、富裕層の取引に特化している。いわゆる高成長業界にフォーカスするユニークなビジネスモデルで急成長し注目されていた（表3-6-1）[10]。そして、最も留意すべき共通点は、非付保預金の割合が高いことである。2022年末において、米国の預金保険限度額25万ドルを超える大口預金の比率は、SVBが88％、SBNYが90％、FRCが67％となっていた[11]。破綻の直前には、これらの割合は上昇していたと思われる。3行とも都市部の富裕層との取引に特化しており、大口預金が集まる傾向となっていた。3行の顧客（非付保預金者）は、リスクに敏感で、市場の動向によって資金移動が激しく、粘着性は低く市場調達の属性に近似する。大口預金への依存度が高くなると、非常に高い流動性リスクを抱えることとなる[12]。彼らは情報リテラシーと金融リテラシーが相当高く、SNSにも精通し、インターネットバンキングを常時利用していると思われる。これまでにないスピードで大量の預金が引き出され、3行とも流動性不足により破綻に至った。まさに新時代のデジタルバンクランといえる。

日本への影響を考えると、まず、米国のような急激な利上げの可能性は低く、金融庁によると、米国の3行のように顧客の構成や預金の種類が極端に偏っている金融機関は確認されておらず、一定の粘着性は確保されていると評価できる[13]。金融機関側の認識として、みずほ銀行の加藤勝彦頭取は、全国銀行協会の会長の就任会見（2023年4月3日）で、「邦銀は、シリコンバレー・バンクと異なり、日銀による長期の量的・質的緩和によって潤沢な資金も保有しており、その預金は企業や個人などに分散されて

---

10) 廉・前掲注9）3頁。
11) 廉・前掲注9）3頁。
12) 廉・前掲注9）5頁。
13) NHK経済コラム「日本も金融不安は起こる？カギを握る『粘着性』」（2023年4月16日）https://www3.nhk.or.jp/news/html/20230414/k10014038691000.html。

表 3-6-1　SVB、SBNY、FRC の概要

	SVB	SBNY	FRC
設立	1983年	2001年	1985年
本部	カリフォルニア州サンタクララ市	ニューヨーク州ニューヨーク市	カリフォルニア州サンフランシスコ市
設立経緯	学生起業をサポートするため、スタンフォード大学教授が、銀行専門家と設立。	リパブリック・オブ・NY（HSBCが買収したPB）の役員と従業員によって設立。	銀行家ジム・ハーバート氏が設立（2007年メリルリンチが買収、2010年メリルリンチを買収したバンク・オブ・アメリカが同行を売却）。
当初のビジネスモデル	IT等のベンチャー、スタートアップ企業、ベンチャー・キャピタルへの銀行業務、出資や当該企業の経営者向け富裕層業務で成長。	NY市内の不動産会社、コンサル、会計事務所やその経営者にフォーカスし、各業界に精通した金融スタッフが専門的に対応することで急成長。富裕層取引が中心。	米国大都市（サンフランシスコ、ロサンゼルス、サンディエゴ、オレゴン、ボストン、ニューヨーク等）の富裕層顧客に富裕層向けサービスを提供。
近年のビジネスモデル	同上	対象顧客を拡大し、近年は暗号資産取引業との取引を活発化。	同上
買収銀行	ファースト・シチズンズ・バンク	フラッグスター・バンク（NYCB傘下）	JPモルガン・チェース

(出所) 廉了「米地銀ファースト・リパブリック銀行の破綻と教訓」三菱UFJリサーチ＆コンサルティングレポート（2023年5月2日）3頁。

いる。すなわち、預金の『粘着性』が高く、同様の事象が起こる可能性は低い」と述べている。総合的に勘案し、日本においては、米国で発生したデジタルバンクランが同様に発生し地方銀行が破綻する可能性は低いと考えられる。

　金融庁は、3メガバンクや一部の地方銀行を対象に、預金が大量流出し

表3-6-2　金融庁の重点検証のポイント

1	想定外の急速な預金流失に備えたストレステストを実施しているか。
2	固有の弱点を特定し、最も陥りたくないシナリオを想定しているか。
3	信用不安が発生した時、どのように鎮静するか。
4	ストレス時の対応手順や報告方法などリスク管理体制が徹底されているか。
5	万が一、信用不安が顕在化した場合にどの順番で資産を現金化していくか。

(出所) 日本経済新聞電子版（2023年10月2日）

た場合に十分対応できる体制が整っているかを検証する[14]。銀行がデジタル時代の預金流出に備え、自行が抱えるリスクを把握し、いざというときの流動性確保などの対策を早急に整備するよう求める。2024年6月までの事務年度中に、約20行をめどに重点的に検証する（表3-6-2）。

(2) 破綻処理と預金保険制度改革案

　SVBとSBNYの破綻処理は、特例措置となるシステミック・リスク・エクセプションが措置された。そして、両行の破綻と破綻処理を受け、FDICは預金保険制度を改革する検討を行った。これらの内容について整理し考察する。

1）破綻処理

　SVBは非付保預金者による大量の預金流出により流動性が枯渇し、2023年3月10日にカリフォルニア州監督当局に閉鎖され、連邦預金保険法（FDIA）に基づきレシーバー（管財人）に任命されたFDICの管理下に置かれた。週末を挟んで13日月曜日の朝には、SVBのすべての預金と資産は、

---

[14] 日本経済新聞電子版（2023年10月2日）。検証の対象先は、預金規模が大きく想定外の事態が起きた時に影響度の大きいメガバンクなど大手銀行、比較的規模の大きい地方銀行、口座数が急増しているネット銀行となる。検証内容は、信用不安で預金流出が始まった際にどう鎮静化するかというプロセスである。バーゼルⅢは、危機が1ヵ月続いた場合に想定される資金流出に応じた流動性の確保などを求めている。各銀行はストレステストも実施しているが、金融庁は現状の想定では不十分とみている。

FDICが設立・運営するブリッジバンクに承継され、預金へのアクセスを含む銀行サービスの継続性は維持された（金月処理）[15]。

　米国財務省、FRBおよびFDICは、下記の共同声明を公表し、SVB（およびSBNY）の破綻処理の方針を明らかにし、破綻処理をすすめた[16]。

- すべての預金者は保護される
- 納税者はSVBの破綻処理に関する損失を負担しない
- 株主および無担保債権者は保護されない
- 上級経営者は更迭される
- 保護対象外の預金者の支援に伴う預金保険基金（Deposit Insurance Fund）の損失は、法の定めに従って銀行の特別な課金によって回収される

　米国の預金保険の限度額は25万ドルであり、超過する預金（非付保預金）は、通常の破綻処理においては、破綻銀行の資産売却を通してFDICが回収した資金から一般債権者と同様に清算配当を受けることになる[17]。ただし、米国では預金者優先権が法定化されていることに留意が必要である。この共同声明は、財務長官がSVBの破綻は経済環境や金融システムの安定に重大な悪影響を及ぼすおそれがあると判断したことにより、システミック・リスク・エクセプションとしてすべての預金を保護することを示し、これに従い非付保預金を含む全預金が保護された。SVBの預金は非付保預金が9割超であったため、SVBの閉鎖直後から非付保預金の割合が高い地方銀行からの預金が流失し、銀行システム全体がリスクに直面していることが認識され、システミック・リスク・エクセプションが発動

---

15) FDIC, "FDIC Acts to Protect All Depositors of the former Silicon Valley Bank,Santa Clara,California," Press Release,March 13, 2023.
16) Joint Statement by the Department of the Treasury, Federal Reserve, and FDIC, March 10, 2023.
17) 小立・前掲注5）45頁。

された[18]。

　FRBは、預金保険対象機関に対して、連邦準備銀行が適格証券を担保に（その額面金額で）最長1年で融資するバンク・ターム・ファンディング・プログラム（Bank Term Funding Program：BTFP）を導入した[19]。BTFPはすべての地区連銀が提供するプログラムであり、両行の破綻が他の銀行に波及しないように通常よりも緩和的な基準で預金の払い出しに必要な流動性を提供することによって、銀行システムの信用不安を払拭し、その安定性の回復を図るもので、預金保険対象機関で幅広く活用された[20]。

　両行の預金は非付保預金も含め全額保護されるシステミック・リスク・エクセプションによる破綻処理となったが、ペイオフ超資金は公的資金ではなく、銀行セクターの事後負担によるものとされた。米国では、世界金融危機の反省から、ベイルアウトの回避が至上命題となっており、両行の破綻処理は、その命題に従い実行された。こうした一方で、株主や債権者には損失の負担が求められた（ベイルイン）。

　SVBの銀行持株会社[21]の監督を担っていたFRBは、監督・規制上の問題を検証する報告書を公表した（2023年4月28日）（以下、FRB報告書）[22]。FRB報告書は、SVBが破綻した要因として、①取締役会と経営陣がリスク管理を怠ったこと、②SVBが規模と複雑さを増していたがFRBはその脆弱性の程度を十分に認識していなかったこと、③脆弱性を認識した際にはSVBが速やかに問題を是正できるよう十分な監督措置をFRBが講

---

18) FDIC, "Remarks by Chairman Martin J.Gruenberg on Recent Bank Failures and the Federal Regulatory Response before the Committee on Financial Services,United States House of Representatives," March 29,2023.
19) FRB, "Federal Reserve Board announces it will make available additional funding to eligible depository institutions to help assure banks have the ability to meet the needs of all their depositors," March 12,2023.
20) 小立・前掲注5）46頁。
21) SVBは銀行持株会社であるSVBフィナンシャル・グループ（SVBFG）に所属する銀行である。
22) FRB, "Review of the Federal Reserve,s Supervision and Regulation of Silicon Valley Bank," April 28,2023.

じなかったこと、④経済成長・規制緩和・消費者保護法（EGRRCPA）に対応したFRBの規則（テーラリング・ルール）および監督姿勢の変化によって適用される規制の種類が減らされ、複雑さが増し、適度に慎重な監督アプローチが促されたことで実効的な監督が妨げられたことをあげる[23]。SVBの破綻は、相対的に規模が小さい銀行であってもシステミック・リスクを発生させる可能性があることを認識させた。FRB報告書は、システム上重要な銀行のみフォーカスするのではなく、システミック・リスクを発生させる可能性があるより幅広い範囲の銀行について多面的な監督を講じる必要性を指摘する。FRB報告書は、FRBの監督に関して検討すべき課題として、①リスク特定の強化、②レジリエンス（強靱性）の促進、③監督当局の行動変化、④プロセスの強化をあげる。

　また、SBNYの監督当局であったFDICはFRBと同時期にFDICの監督の課題を検証する報告書（以下、FDIC報告書[24]）と預金保険制度の改革を提案する文書（以下、FDIC改革案[25]）を公表した。FDIC報告書は、SBNYが破綻した主因として、SVBの預金流出とともにシルバーゲート・バンク（2023年3月8日に自主清算）で生じていた預金流失の影響を指摘する。シルバーゲート・バンクも暗号資産関連企業との取引を中心としていたことから、FDICは暗号資産交換業者であったFTX Trading Limitedの破綻をはじめとする暗号資産業界の混乱のあおりを受けたシルバーゲート・バンクの清算がSBNYのレピュテーションに与えた影響を強調している[26]。

　FDIC報告書は、SBNYが破綻した要因として、①取締役会と経営陣は、銀行の規模や複雑性、リスク・プロファイルを踏まえた適切なリスク管理をせず成長を追求したこと、②経営陣は優れたコーポレート・ガバナンスを実施することなく、FDICが発出した監督上の勧告[27]に対して迅速な

---

23) 小立＝橋口・前掲注4）6頁。
24) FDIC, "FDIC,s Supervision of Signature Bank," April 28, 2023.
25) FDIC, "Options for Deposit Insurance Reform," May 1, 2023.
26) 小立＝橋口・前掲注4）15頁。

対応を講じなかったこと、③流動性リスク管理の実務とコントロールを欠きながら、非付保預金に過度に依存して資金調達を行っていたことをあげる。FDIC は SBNY の破綻は、SVB と同様に経営の失敗（基本的なリスク管理の欠如）と捉えている。

FRC の破綻処理については、FDIC がレシーバーに就任し、競争入札を行い、JP モルガン（総資産32,019億ドル〔全米１位〕2022年末時点）が FDIC に106億ドルを支払い、FRC のすべての預金と実質的な全資産を引き継いだ[28]。ドッド＝フランク法は、銀行が買収により米国内10％以上、州内30％以上の預金シェア（連結ベースの負債シェア）を超えることを禁じている。これよりすでに全米シェアが10％を超えている JP モルガンは通常銀行の買収はできないが、本件は破綻銀行の買収であるため、例外として認められた[29]。FDIC と JP モルガンは、FRC から引き継ぐ貸出で損失が発生した場合、今後5-7年は FDIC が損失の８割を負担するロスシェア契約を締結した[30]。また、FDIC は JP モルガンに５年固定金利で500億ドルの融資を実行した。

FRC の破綻処理は、SVB と SBNY と相違し、システミック・リスク・エクセプションは発動されず、通常の破綻処理がなされた。FRC の非付保預金を含む全預金は JP モルガンに引き継がれ、全額保護されることとなった。一方で、株主や債権者は損失の負担が求められた（ベイルイン）。

---

27) FDIC 報告書は、FDIC は、特定のテーマに関するレビューや日常的なモニタリングを行いながら、監督レターを発出し、数多くの監督上の勧告を行ってきたとする。その上で、FDIC のスタッフ不足が SBNY の検査の適時性と質に影響を与えたことを指摘する。
28) JP モルガンが引き継ぐ預金は920億ドルとなった。FDIC によると2023年４月13日時点で1,039億ドルの残高であり、約２週間で119億ドルが流出したとみられる。
29) 廉・前掲注９）２頁。
30) JP モルガンは、世界金融危機において、ベアー・スターンズやワシントン・ミューチュアルを当局の要請により買収した。当該金融機関で発生した住宅ローン担保証券（MBS）の不正販売に関し、巨額の訴訟費用・制裁金が発生したが、JP モルガンの負担となった。このようなリスクを回避するため、JP モルガンが買収するにあたって、当局に要請した契約と推測される。廉・前掲注９）２頁。

2）預金保険制度改革案

　米国において、預金保険の限度額は、預金保険創設（1933年）当初の2,500ドルから段階的に引き上げられ、金融危機（2008年）を踏まえてそれまでの10万ドルから現在は25万ドルとなっている[31]。米国の銀行システムにおける預金口座の99％は、2022年末の時点で25万ドル未満となっている。そうしたなか、米国の銀行システムが金融危機以降、非付保預金への依存度を高めていることに留意する必要がある。米国内預金に対する非付保預金のシェアをみると、金融危機後に急上昇しており、2021年には46.6％と1949年以来の高水準となった。非付保預金は少数の預金口座にしか存在しないが、銀行の資金調達においては非付保預金が重要な役割を占めている可能性があり、特に資産規模で上位10％以内の大手銀行に非付保預金の集中がみられ、FDIC改革案は、非付保預金の集中はバンクランの可能性を高め、金融安定性に影響するおそれがあるとする[32]。

　非付保預金に関する状況の変化に加え、FDIC改革案は、米国の銀行システムは、ソーシャルメディアと金融テクノロジーの発展により、金融危機以降、預金保険制度の設計に関わるレベルで変化が生じているとする。このような環境変化を踏まえ、FDIC改革案は、虚偽の情報を含め情報拡散される速度とともに預金者が預金を引き出す速度も速くなっており、これまでと比較しバンクランが発生したときにより大きなコストが生じる可能性があるとする。FDICは、ソーシャルメディアで情報が拡散され、預金者が夜間や週末にも資金を移動するようになることで、監督当局が迅速にバンクランに介入することが難しくなることに懸念を示す[33]。

　また、FDIC改革案は、金融セクターで進展するオープンバンキングの動きにも警戒感を示す。消費者のデータにアクセスできるプロバイダーの

31）預金保険限度額は、緊急経済安定化法（2008年）により一時的に25万ドルに引き上げられた後、ドッド＝フランク法（2010年）により恒久的に25万ドルに設定された。
32）小立＝橋口・前掲注4）16頁。
33）小立＝橋口・前掲注4）17頁。

独占力を低下させることで顧客の厚生が高まるとする一方、プロバイダーを切り替える障壁が低くなることで、預金者が銀行の支払能力に懸念を有したときに預金引き出しを促進する可能性を指摘する[34]。

こうした背景と問題意識（非付保預金のシェアが拡大しているなかで、テクノロジーの変化から現金預金引き出しのリスクが高まっている）のもと、FDIC改革案は、①25万ドルの保護上限の引き上げを含む限定的な預金保護、②無制限にすべての預金を保護する全額保護、③企業の決済用預金口座により高い保護または全額保護を与える決済用預金の保護、という3つの選択肢を検討している。預金保険制度の改革オプションの比較を示した（表3-6-3）。

FDICは、それぞれの選択肢のメリットとデメリットを検証し、銀行のリスクテイクや資金調達、広範な金融商品市場への影響を踏まえ、金融安定性を向上させる最善策として、③決済用預金の保護をあげる。なお、決済用預金の保護の実現には、連邦預金保険法（FDIA）の改正が必要となる。

限定的な預金保護は、米国の預金保険制度創設期から採用されている、全世界でスタンダードな預金保険モデルである。FDIC改革案は、限定的な預金保護の仕組みを維持することは、制度移行に伴って発生するコストとともに、制度変更に伴って金融商品に与えるより広範な影響を最小限に抑えることができるとする。

バンクランは、大口預金を有する少数の預金者によって引き起こされることが、SVBとSBNYの破綻で実証された。限定的な預金保護が金融安定性に与える効果は保護上限の引き上げ幅に関係するが、SVBでは非付保預金に関わる口座の平均預金額が400万ドルを超えており、仮に預金保険の限度額を10倍の250万ドルに引き上げても非付保預金者は残存する[35]。そこでFDIC改革案は、上限の引き上げに加えて、金融安定性を促進する観点からバンクランのリスクが残る大口預金に対する追加的措置として、

---

34) 小立＝橋口・前掲注4）17頁。
35) 小立＝橋口・前掲注4）18頁。

表3-6-3　預金保険制度の改革オプションの比較

	メリット	デメリット	潜在的な補完ツール
限定的な預金保護	・預金保険制度として最もテストされているモデル ・モラルハザードの影響は限定的 ・他の市場に与える混乱は限定的	・非保険対象預金が金融の安定への懸念を高める	・非保険対象預金への依存を減らす流動性規制 ・追加的な流動性リスクに関するプライシングへの反映 ・大口預金に対する引出し制限 ・透明性と複雑性に対応する対象範囲の拡大と預金保険の簡素化 ・破綻処理を支える長期債規制
全預金保護	・バンクランを除去 ・透明性の向上（預金者が保険状況を明確に認定可能） ・破綻処理プロセスを簡素化	・預金者の規律を排除するため、市場規律は債権者と株主が負担 ・より広範な市場の混乱の可能性 ・預金保険基金への大きな影響と保険料の増加	・モラルハザード軽減を図る長期債規制と自己資本規制 ・預金への依存を制限する規制 ・預金の付利制限
決済用預金保護	・決済およびオペレーション上の必要性を満たすものを対象化 ・対象範囲の拡大に応じて金融の安定を向上 ・対象口座の種類によっては預金者の規律低下は限定的 ・過去に導入された実績あり（取引口座保証プログラム）	・対象口座の定義の難しさ、規制アービトラージのリスク ・複雑化に伴う透明性の低下 ・破綻処理における複雑性の増加 ・預金保険基金の追加的な積み立てが必要	・追加的に対象となる口座の付利制限 ・複雑性を軽減する預金カテゴリーの簡素化 ・一部のみ保険対象となる場合、大口預金の保全が必要 ・一部のみ保険対象となる場合、大口預金の引出し制限を設定

（出所）小立敬＝橋口達「米国SVBの破綻要因の分析と預金保険制度改革の検討」『野村資本市場クォータリー』2023夏号18頁。

　銀行システム内の大口預金を減少させることや銀行の破綻が差し迫った状況で大口預金者の引出しを抑制することをあげる。
　全預金保護は、預金加盟金融機関が破綻しても預金は全額保護されることから、預金者が金融機関を監視して預金を引き出すインセンティブが消

減し、金融安定性には大きく貢献する。これに対し、FDIC 改革案は、全預金保護はモラルハザードを増長させることから、金融システム全体としてのリスクが増大して、かえって金融安定性に影響を与える可能性を指摘する。これは、預金者が金融機関のリスクを調査し預入先を選定する監視機能およびモニタリング機能を発揮するインセンティブを消滅させ、預金者による規律付けは失われることを示す。ただし、株主や債権者等による市場規律は存続し、SVB と SBNY の破綻処理におけるベイルインの実現により、彼らによる市場規律の意識は高まったと考えられる。

　FDIC 改革案は、預金者による規律付けがなくなる全預金保護においてはモラルハザードを軽減する必要があるとして、自己資本規制の強化や米国 G-SIBs に適用されている長期無担保債務の発行を求める規制の対象拡大を指摘する[36]。また、FDIC 改革案は、全預金保護により金融セーフティネットが大きく拡大されることを鑑み、モラルハザード軽減のため預金の付利制限を検討事項にあげる。そして、FDIC 改革案は、全預金保護により、預金金利と金融商品の価格調整を通じて新たな市場均衡が得られるまで金融商品から預金へのシフトが大規模に生じること、預金保険対象の拡大により預金保険基金（DIF）が80％程度拡大し、預金保険加盟金融機関が FDIC に支払う預金保険料が大幅に上昇することを懸念する。

　決済用預金保護は、決済を目的とする預金口座、特に企業の決済口座により高い預金保護または全額保護を手当てし、その他の預金口座には限定的な預金保護を行う提案である。決済用預金保護は、預金者による規律を機能させ、預金に競合する金融商品の市場の混乱を抑制しながら、保護上限の引き上げや全額保護と同様に、金融安定性を向上させることを目的とする[37]。本案は、日本の現在の預金保険制度の仕組みに近い[38]。決済用預金保護は、FDIC が金融危機時にシステミック・リスク・エクセプションに基づいて時限的に導入した取引口座保証プログラム（TAGP）[39]を参

---

36) 長期無担保債務に関しては、FRB が G-SIBs 以外にも適用対象を拡大するように検討を進めている。小立＝橋口・前掲注4）19頁。

37) 小立＝橋口・前掲注4）20頁。

考にしたとする。TAGP は、プログラムに参加した銀行の取引口座（決済用預金口座）に預金全額保護を手当てするものであり、FDIC が保護上限を超えて預金保険を提供した初めての例となる。

　FDIC 改革案は、決済用預金保護を採用するには、最近の金融技術の進展を踏まえつつ、抜け道がないよう決済用口座を厳密に定義するための実務的な検討が課題であるとする[40]。その上で、決済用口座と他の預金口座は、容易に識別でき、すべての預金者が理解できるようにわかりやすく明確に定義されることが必要であるとする。金融安定性に与える影響に関しては、バンクランの発生源はオペレーションの目的で利用される決済用口座を含む要求払い預金であり、企業の決済用口座は銀行間の分散が困難で、預金額が極めて大きくなる可能性がある[41]。また、FDIC 改革案は、決済用預金保護においては、預金者が銀行の支払い能力に懸念を持ったときは、預金引き出しを行うのではなく、同じ銀行内でより高い保護を受ける預金口座に資金を移動すればよく、預金者による規律は弱体化するが、金融安定性は高まるとする。決済用預金保護は預金者による規律を弱体化させ、銀行のリスクテイクに影響を与えることに留意する必要がある。決済用預金を定額保護とすることがモラルハザードを軽減し、市場規律を有

---

38) 日本の現在の預金保険制度の仕組みは、以下のとおりである。一般預金等（利息の付く普通預金、定期預金、定期積金など）は金融機関ごとに預金者１人当たり、元本1,000万円までと破綻日までの利息等が保護され、決済用預金（当座預金、利息の付かない普通預金など）は全額保護される。
39) TAGP は、ドッド＝フランク法（2010年）により法定化され、2012年末まで利用された。
40) FDIC 改革案は、預金者がより高い保険の適用を受けるために口座の定義を悪用したり、納税者番号（TIN）や雇用主番号（EIN）を取得したりするようになるとする。また、より高い保険が適用される預金口座への制限を預金者や銀行が回避する可能性があるとして、①銀行が無利子口座を提供する一方でポイントを付与したり、ギフトカードやキャッシュと交換したりすること、②銀行が無利子口座を有する顧客に低金利の貸出金利を提供すること、③銀行が保険適用のメリットを得ながら、別の種類の口座に定期的に預金を振り込むスイープ契約のある口座を提供することといった例を想定する。小立＝橋口・前掲注４) 20頁。
41) 小立＝橋口・前掲注４) 21頁。

効に機能させることに繋がる。

　決済用預金保護は、全額保護と比較すると銀行の破綻に伴い FDIC が負担する損失は減るが、現行の預金保険制度の枠組みよりも DIF は拡大させる必要があり、どの程度拡大する必要があるかは決済用口座の定義、他の口座や金融商品からのシフトに依存する[42]。

3）考察

　筆者は、決済用預金の全額保護を問題視しており、この FDIC 改革案（決済用預金の保護）は重要な論点である。FDIC 改革案は、世界金融危機下で行われた、システミック・リスク・エクセプションに基づいて時限的に導入した取引口座保証プログラム（TAGP）を参考にしている。TAGP は、あくまでも有事の例外的措置であったことを再確認すべきである。詳細な理由については後述するが、筆者は、平時における決済用預金の全額保護はすべきではないと考える。企業の決済用預金の保護上限を上げる改革案については、一般的に企業は取引金融機関に対する監視能力が高いことから、市場規律の有効機能を重視すべきと考える。

　SVB の破綻は、世界金融危機の主役だった、その後金融危機再発防止のため規制・監督が強化されたシステム上重要な銀行（G-SIBs）以外でも、システミック・リスクをもたらす可能性があることを明らかにした。FRB 報告書は、システム上重要な銀行（G-SIBs）のみに焦点を当てるのではなく、システミック・リスクを引き起こすおそれがある幅広い範囲の銀行について多面的な監督を講じる必要性を指摘する。SVB と SBNY の全額預金保護に伴うペイオフ超コストは FDIA の下、銀行業界が事後負担するものとされたが、この方針については、今後の金融危機において常に採用できる施策ではないと考える。今回の信用不安による連鎖的破綻は、一部の地方銀行への限定的な広がりであったが、大規模で多くの金融機関が巻き込まれるシステミック・リスク型の金融危機においては、銀行業界が事

42）小立＝橋口・前掲注4）21頁。

後負担する財務的な余裕はなく、強いて負担するとなると業界全体の回復・再生に多大な悪影響を与えることが懸念される。

2．クレディ・スイスの救済措置

(1) クレディ・スイスの経営悪化と救済買収

　クレディ・スイスは、1856年創業で、2006年末時点で時価総額1,000億スイス・フラン（CHF）（約14兆円）を上回っていたスイス第2位のグローバルなシステム上重要な銀行（G-SIBs）であった[43]。クレディ・スイスは、2023年3月以前から経営不安を抱えており、市場などからの信認を大きく失ってきた[44]。クレディ・スイスの筆頭株主（サウジ・ナショナル・バンクのフデイリ会長）が2023年3月15日に同行への追加出資を否定したことにより、株価は大きく下落した。そして、2023年3月10日に発生したSVB破綻から始まった金融システム不安が、クレディ・スイスにも波及するといった市場の懸念が高まった。SVB破綻の影響がクレディ・スイスに波及した背景には、SVB破綻を契機とした金融システム不安が高まるなかで、クレディ・スイスがグローバルな大手金融機関における「最も弱い鎖の環」とみなされていたことがあった[45]。クレディ・スイスは欧州におけるG-SIBsと比較しても十分な水準の自己資本や流動性を備えており、規制要件を満たしていた一方で、収益性は極めて低位であった[46]。

　こうした直接的、間接的な要因により、クレディ・スイスの株価は継続

---

[43] クレディ・スイスの救済までの流れ、救済については、関田智也「クレディスイス救済買収の示唆―金融規制・監督及びビジネスの観点から―」『野村資本市場クォータリー』2023夏号24-38頁、小立・前掲注5）61-63頁を参照した。

[44] クレディ・スイスは、欧州・米国を中心に、アジア、アフリカ、中東欧において、マネーロンダリングや汚職、脱税、企業スパイなど多岐にわたり事件を起こし、罰金刑や元幹部の懲役刑など法的措置を受けてきた。

[45] 関田・前掲注43）27頁。

[46] 関田・前掲注43）28頁。規制要件について、普通株式等 Tier1：14.1%、流動性カバレッジ比率：144%、安定調達比率：117%となっていた（2022年末時点）。

的に下落し預金は加速的に流失した。これに対し、スイス国立銀行（SNB）およびスイス金融市場監督機構（FINMA）は共同で声明文を2023年3月15日に公表した[47]。同声明文は、クレディ・スイスがG-SIBsに適用される自己資本および流動性の要件を満たしていることを確認・強調し、必要に応じSNBが流動性供給を実行するといった内容であった（最大で500億CHF〔約7兆円〕）。しかし、声明文の公表を受けても、市場の信用不安は収まらず、株価の下落と預金の流失は継続した。そして、声明文の公表から4日後の19日には、スイス政府主導により、スイス第1位の金融機関であるUnion Bank of Switzerland（UBS）がクレディ・スイスを救済買収することが公表された[48]。FINMAは救済買収を承認するプレスリリースにおいて、クレディ・スイスは流動性不足に陥るリスクがあったことを確認し公表した[49]。クレディ・スイスの実質的な破綻と米国SVB等の破綻の共通する要因として、従来にない高速度で、大量の預金が流失し流動性不足に陥ったことが確認できる。

　クレディ・スイスの救済買収において、FINMAは同行の発行していた合計160億CHF（約2兆2,800億円）のAT1（Additional Tier1）債[50]を元本削減することを決定し公表した[51]。日本においても、金融庁によると、当該AT1債は1,400億円程度の販売実績があった[52]。

　対象AT1債の要項には、「Contingency Event（偶発的事象）」および「Viability Event（存続可能性に関する事象）」の2つの元本削減事由が定められ、これらの事由が発生した場合、当該対象AT1債の元本は、自動的

---

47) FINMA, "FINMA and the SNB issue statement on market uncertainty," March 15, 2023.
48) FINMA, "FINMA approves merger of UBS and Credit Suisse," March 19, 2023.
49) FINMA・前掲注48)。
50) 債券と株式の中間的な特性を備える証券の種類で、原則、償還期限のない永久債として発行される。銀行の中核的自己資本であるTier1の一部として組み入れられる証券。
51) FINMA・前掲注48)。

表 3-6-4　対象 AT1 債の要項に定められていた 2 つの元本削減事由の概要

Contingency Event	CET1比率と Higher Trigger Capital Ration の合計が5.125%を下回った旨を発行体（クレディ・スイス）が保有者に通知した場合。
	CET1比率が 7 ％を下回った旨を発行体が保有者に通知した場合。
Viability Event	a) 規制当局（FINMA）が、発行体に対し、発行体の自己資本比率を改善するための通常の措置がその時点で不十分または実行不可能であるため、債券の元本削減を行うことが、発行体の支払い不能、破産、債務の重要部分の支払い不能、または事業停止を防ぐために不可欠であると判断した旨を通知した場合 または b) 発行体の自己資本比率を改善するための通常の措置がその時点において不十分または実行不可能であり、発行体が、発行体の自己資本比率を改善する効果があり、または直ちにその効果が見込まれる、公的セクター（スイス連邦政府および中央銀行）による取り消し不能の特別な支援（通常の取引やアレンジを超えるもの）の約束を受け、かつ、それがなければ、発行体は債務超過、破産、債務の重要部分の支払い不能、または事業停止になっていたであろうと規制当局が判断していた場合。

（注）正確な内容については、各対象 AT1 債の Information Memorandum の原文等を参照されたい。
（出所）吉良宣哉「クレディ・スイス『AT1債』の元本削減メカニズム」金融財政事情研究会「週刊金融財政事情」（2023年 4 月18日号）19頁。

かつ永久に全額削減される旨が規定されていた（表 3-6-4)[53]。そして、目論見書に、普通株式の価値が残存するなかでも、当該債券の元本削減が

---

[52] 三菱 UFJ モルガン・スタンレー証券は、クレディ・スイスの AT1債を2017年度から2022年度に取り扱い、累計で約950億円販売した。約1,550の顧客口座で保有があり、内訳は個人が1,300口座、法人が250口座であった。みずほ証券も AT1債を2019年11月から2022年 9 月に取り扱い、累計で40億円程度販売していた。 日本経済新聞 https://www.nikkei.com/article/DGXZQOUB281F10Y3A420C2000000/（2023年 4 月28日）

[53] 吉良宣哉「クレディ・スイス『AT1債』の元本削減メカニズム─債権者ヒエラルキー『逆転』との指摘も市場への影響は限定的か─」金融財政事情研究会「週刊金融財政事情」（2023年 4 月18日号）19頁。

行われる可能性が明示してあったことに留意すべきである。FINMAは、2023年3月19日に、クレディ・スイスとUBSとの合併を承認し、スイス連邦憲法184条3項[54]および185条3項[55]に基づく「システム上重要な銀行に対する追加的な流動性支援融資およびスイス国立銀行による流動性支援融資に対するスイス連邦によるデフォルト時保証の付与に関する緊急規則」[56]（以下、緊急規則）により、FINMAおよびSNBから、政府保証付きの特別な流動性支援融資（最大1,000億CHF）を決定し公表した。これにより、前述の「Viability Event」のうち、クレディ・スイスに対する「政府による特別な支援」（extraordinary government support）が認められた場合に該当したとして、FINMAは対象AT1債につき元本削減事由が発生したと判断した[57]。FINMAは、クレディ・スイスに対し、契約条件および緊急規則に基づき対象AT1債の元本削減を命じる旨の命令（decree）を発し、2023年3月19日に元本削減が実行された。

　UBSはクレディ・スイスを30億CHFで救済買収した。この買収額は、クレディ・スイスの2022年3月中旬の株価の9分の1未満で、救済買収が公表される直前の3月17日終値の半分にも満たなかった。

　UBSによるクレディ・スイスの救済買収の概要を「表3-6-5」に示した。ここで、UBSがSNBおよびスイス政府から大規模な流動性供給枠や政府保証を引き出していることに留意すべきである。UBSは、SNBによる最大1,000億CHFの流動性供給を受けることが可能となっていることに加えて、買収資産から将来発生し得る損失に関し、スイス政府から最

---

54) 国家の利益を守るために必要な場合、時限的な規則を制定できるとする条項。
55) 公共の秩序または内外の安全が著しく害されるような現存または急迫の脅威に対抗するために必要な場合、時限的な規則を制定できるとする条項。
56) Emergency Ordinance on Additional Liquidity Assistance Loans and the Granting of Federal Default Guarantees for Liquidity Assistance Loans by the Swiss National Bank to Systemically Important Banks.
57) スイス連邦参事会は、緊急規則を改正し、FINMAには「流動性支援融資の借り手および当該金融グループに対してAT1資本の元本削減を命じる権限」が付与された。吉良・前掲注53) 19頁。

表 3-6-5　UBS によるクレディ・スイス買収の概要

1	UBS がクレディ・スイス株を 1 株0.76CHF で取得した。買収額は30億CHF。
2	本件買収に係る株主投票は実施せず。
3	クレディ・スイスが発行する合計160億CHF の AT1債は全額減損（無価値化）。
4	UBS の規模拡大により追加の G-SIB バッファーが必要となる点については、移行期間を設定する。
5	スイス政府および国内外の中央銀行は、本件買収に係る政府保証および流動性支援策等を公表した。 UBS が買収資産から損失を被った場合、スイス政府が最大90億CHF を補填することを保証する（当該保証は、UBS が先に50億CHF の損失を負担した後に利用可能となる）。 SNB は1,000億CHF の流動性支援枠を UBS に提供する。 FRB 等の主要 6 中銀が協調してドル資金を市場に供給する。

（出所）関田智也「クレディスイス救済買収の示唆」『野村資本市場クォータリー』2023夏号29頁。

大90億CHF の補填を受ける保証を得ている（ただし、当該政府保証は、UBS がまず50億CHF 分の損失を負担した後に利用可能となる）[58]。こうしたスイス政府からの流動性供給枠と保証については、ベイルアウトのリスクが潜在していると考えられる。

(2)　考察

　世界金融危機の反省から、FSB は2011年に、金融機関の破綻処理制度の新たな国際基準として「Key Attributes」を策定し、日本も含め国際的な合意がなされた（2014年に改定）。これは、TBTF 政策の終焉を目指し、ベイルアウトを回避し、G-SIBs の「秩序ある処理」を実行可能にすることを目的としている。「Key Attributes」には、破綻処理は清算時の債権者階層を尊重した方法で行われること（KA3.5）、エクイティが最初に損

---

[58] Federal Department of Finance, "FAQ Credit Suisse," May 17, 2023. 関田・前掲注43）29頁。

失を吸収し、すべての規制資本を含む劣後債が完全に元本削減されるまでは、上位債権者に損失が課されるべきではないこと（KA5.1）といった基本原則が規定されている。今回のベイルイン（AT1債の元本削減）については、株式の価値は維持され[59]、債権者階層の逆転が発生し、国際合意である「Key Attributes」、および一般的な清算時の弁済順位（株式は債権に劣後）に反し、従来の米国・欧州の金融機関において、このような債権者階層が逆転する事例がなかったため、市場から大きな注目を集めた。なお、AT1債無価値化に関しては、FINMAに対して、120件以上の訴訟が提起されている状況であり、判決が注目される[60]。

こうした事態を受け、欧州中央銀行（ECB）、欧州銀行（EBA）および単一破綻処理委員会（SRB）は、2023年3月20日に、欧州連合（EU）におけるAT1債の元本削減は、普通株式の価値が完全に失われた後にのみ行われるという認識を示す声明文を公表した[61]。また、イングランド銀行（BOE）やシンガポール、マレーシア、香港の金融当局も、同様の声明文を公表している[62]。

今回のベイルインに関しては、「Key Attributes」に規定されている破綻処理における債権者階層の遵守の原則論を踏まえ、（少なくとも going-

---

59) 株主は合併に際して33億ドル相当のUBSの株式が割り当てられる。
60) "Swiss Hit With 120 Lawsuits Over Credit Suisse AT1 Bond Wipe-out," Bloomberg, May 4, 2023.
61) 関田・前掲注43) 31頁。European Central Bank, "ECB Banking Supervision, SRB and EBA statement on the announcement on 19 March 2023 by Swiss authorities," March 20, 2023.
62) 関田・前掲注43) 31頁。これに対し、秀島は、「欧州中央銀行（ECB）とイングランド銀行（BOE）は3月20日に共同声明を公表し、その中で『欧州連合や英国では、優先劣後関係は維持される』と述べた。市場では、これを『スイスとは違う』と説明したと解釈されているが、筆者はこれらの声明は『破綻処理の枠組みの中では』とされているに過ぎないとみている。すなわち、破綻処理の枠組みに入る前の今回のクレディ・スイスの処理と同様のケースでどうなるかについては何も述べていないということだ。」とする。秀島弘高「市場を驚かせたクレディ・スイスAT1債の真実―救済処理時における優先劣後逆転は想定された事態―」金融財政事情研究会「週刊金融財政事情」（2023年5月30日号）20頁。

concernトリガーではなくPONVトリガーが発動するような場合においては）AT1債が株式より劣後することはないだろうという投資家の「期待」があったものと思われる[63]。しかし、対象AT1債の元本削減は、その要項に従って実施されており、当該目論見書において、リスクファクターとして、株式よりも先に損失を被る可能性がある旨が明記されている。これについて、対象AT1債の要項と当該目論見書の不備を争う余地は小さいと考えられる[64]。

一方、スイス法の問題となると思われるが、緊急規則の制定およびそれに基づくFINMAの命令の適法性や、クレディ・スイスに対する流動性支援融資の約束が「政府による特別な支援」に該当するとの認定が争点となりえる[65]。現在、提起されている訴訟は、これらに関するものと思われる。

そして、対象AT1債を販売した証券会社について、「適合性の原則[66]」にもとづき、リスクを顧客に的確に（内容・程度など）説明し販売したかが争点となりえる。日本において、個人投資家など66の原告が、クレディ・スイスのAT1債の販売先である三菱UFJモルガン・スタンレー証券に対し、「特殊な規定のあるAT1債の一般投資家への販売は適合性原則に違反」として、取引による損失や弁護士費用など総額約52億円の損害賠償を求める集団訴訟を2023年8月31日に提訴した[67]。なお、日本国内で販売されたクレディ・スイスのAT1債総額約1,400億円のうち、3分の2にあたる約950億円を三菱UFJモルガン・スタンレー証券が販売しており、相対的にリスクが高いとして個人向けに販売していなかった野村ホールディングスなど他社と比較し、当社の積極的な販売スタンスが際立っていた。

ここまで整理・確認すると、一般的な清算時の弁済順位では、株式は債

---

[63] 吉良・前掲注53) 21頁。
[64] 吉良・前掲注53) 21頁。
[65] 吉良・前掲注53) 21頁。
[66] 顧客の知識、経験、財産の状況、契約締結の目的に照らして不適当な勧誘を行ってはならないという原則（金融商品取引法40条1号）。

権に劣後し、従来の米国・欧州の金融機関において、債権者階層が逆転する事例はなかった。そして、「Key Attributes」には、破綻処理における債権者階層の遵守の原則論が定められている。ここで、これらはあくまでも破綻処理の枠組みの行為に限定していることに留意が必要である。今回のAT1債の元本削減は破綻処理の枠組み内で実現されたものではなく、前段階の金融当局支援下の買収合併により実現されたものである。そして、前述のとおり、対象AT1債の元本削減は、その要項に従って実施されており、当該目論見書において、リスクファクターとして、株式よりも先に損失を被る可能性がある旨が明記されている。よって、筆者は、今回のAT1債の元本削減自体については基本的に国際的な法的問題はないと考える。スイス法の問題については、今後、司法の判断とスイス内外の議論を注視したい。

　筆者は、AT1債に代表される複雑な金融商品を販売する、金融商品取引業者の「適合性の原則」に基づく顧客保護（説明義務）が改めて重要であることが日本も含め世界に知らしめられたと考えている。また、米国・

---

67) ブルームバーグが入手した訴状によると、クレディ・スイスに公的支援が入るなど「存続の危機イベント」が起きた際にAT1債の価値がゼロになるとした規定について、世界的にも特殊なもので原告ら一般投資家がその発生を判断するのは極めて困難であったと指摘する。そもそも一般投資家に販売されるべきではなかったとし、顧客の投資経験や方針を踏まえた金融商品の販売や勧誘を求める「適合性の原則」に違反したと主張している。三菱モルガンがこうした規定について契約時の説明書類や口頭で十分に説明しておらず、同社自身が規定を正しく認識していなかった責任もあるとしている。訴状によれば、2人の原告はスイス当局から必要があれば流動性を供給するとの表明があった後の3月16日に営業担当者からAT1債の勧誘を受け新たに購入。また、三菱モルガンはこの声明後に多くの原告から同AT1債を保有し続けて良いかと照会を受けたが、存続の危機イベントが生じる恐れが高まっているなどと説明することはなく、むしろ継続保有を勧めたという。代理人弁護士を務める山崎大樹氏はブルームバーグに対し、一般投資家に適合しないクレディ・スイスのAT1債を販売した三菱モルガンには、「適合性原則の違反がある」とした上で、同社が提供した情報も説明義務などに違反するものであり「損害賠償義務を負うことは明らかと考えている」とコメントした。三菱モルガンの広報担当者は、訴状を確認していないのでコメントを差し控えるとしている。https://www.bloomberg.co.jp/news/articles/2023-08-31/RZXTKIT0AFB401.

欧州では、行政当局の権限で発行体の債券の価値を強制的にゼロにする「法的ベイルイン」(statutory ball-in) が一般的で、それに対し、日本では、憲法上の財産権保障（29条）の観点からこの制度を採用しておらず、あくまで契約条件に基づき債券の元本削減が行われる「契約上のベイルイン」(contractual ball-in) のみを認めていることを再認識すべきである。

3．金融制度改革の潮流

米国では、これまで、金融危機が発生する度に、金融制度改革が行われてきた。世界金融危機を経て、ドッド＝フランク法により規制強化がなされたが、結果として、今回の信用不安による地方銀行の連鎖的な破綻は回避できなかった。今回の地方銀行の連鎖的な破綻を受け、金融制度改革（規制強化）はなされるのであろうか。ここで、これまでの米国の金融制度改革の潮流を整理・考察する。

1930年代の金融恐慌期において、多数の金融立法が制定された。こうした立法の主な目的は、セーフティネットの構築、競争の制限や業務範囲の制限にあった。これらの金融規制法は米国を世界第1位の経済・金融大国に発展させることに貢献した。

1970年代は、インフレーションに陥り、連動し高金利化が進み、預金金利の上限規制がなされた。同時に、資金取引のロットが大規模化した。しかし、S&L業界は旧態依然とした経営を行い、時代の変化に乗り遅れていた。金融環境の変化は、金融非仲介 (Dis-intermediation)[68] を引き起こし、金融機関、中小企業などに悪影響を与えた。

こうした深刻な事態に対応する形で、連邦議会、規制当局、さらに金融業界は、金融制度改革を行い新たな事態に対応してきた。ここで、制定された主な金融改革法を概観することで、その時々に制定された制度改革の目的を確認する[69]。

---

68) 間接金融の中心的な役割を担う銀行を通じた資金の流れが縮小する現象。

(1) 金融改革法の概要
1) 1980年預金金融機関規制緩和および通貨量管理法 (DIDMCA：
   Depository Institutions Deregulation and Monetary Control Act of 1980)

　本法は、FRBにすべての金融機関を強制的に加盟させ、必要準備の変更の権限付与など、通貨管理に対応したものであった。しかし、貯蓄金融機関 (Thrift) はこの法律下にあっても満期構造のミスマッチを解決できなかった。そのため、貯蓄金融機関 (Thrift) の利益は圧迫され、急速に資本が枯渇していった[70]。

2) ガーン＝セイントジャーメイン預金金融機関法 (DIA：Garn-St.
   Germain Depository Institutions Act of 1982)

　本法は、貯蓄金融機関 (Thrift) の経営悪化に対応するために制定された。本法は、FDICや連邦貯蓄貸付組合保険公社 (FSLIC) の権限の強化、州を超えた金融機関の同種・異種の合併を許容すること、連邦免許のS&Lに認められた「正味資産証書 (net worth certificates)」の発行を貯蓄金融機関 (Thrift) にも許容すること、商業用不動産担保貸出とジャンクボンドへの投資を許容すること、短期金融市場商品 (MMDA) の提供をすべての金融機関に許容するものであった。

　本法は、金融自由化を進展させるという側面を有しているが、貯蓄金融機関 (Thrift) の総資産の50％まで投資の自由化を認めたことで、S&L破綻を惹起するものとなった[71]。

---

[69] 米国の金融改革法の概要は、戸田壯一『アメリカにおける銀行危機と連邦預金保険制度』(白桃書房.2014) 202-208頁を参照した。
[70] ThriftやS&Lの危機は、流動性危機ではなく、資本の枯渇が問題であった。しかし、通貨監督局 (OCC) は、一貫して流動性の問題であると主張していた。戸田・前掲注69) 202頁。
[71] S&L業界の要求を実現するため「ネット・ワース・サーティフィケイト (自己資本)」の水増しや時価会計の導入が図られた。

3）1987年銀行競争力平等化法（CEBA：Competitive Equality Banking Act of 1987）

　本法は、ノンバンク・バンクの設立禁止、住宅金融専門機関の資格取得のための QTL テスト（Qualified Thrift Lender Test）の導入、第2次 S&L 危機への対応のため資金調達公社を設立し、そこから連邦貯蓄貸付組合保険公社（FSLIC）へ最大85億ドルを融資する仕組みを構築した。

4）1989年預金金融機関改革、再建、および規制実施法（FIRREA：Financial Institutions Reform, Recovery and Enforcement Act of 1989）

　本法は、著しい痛手を被った S&L の預金保険機関（FSLIC）の財務状況を改善するために制定された。本法の主要な内容は、①州または連邦免許の貯蓄貸付組合、建築貯蓄組合、貯蓄銀行を貯蓄金融機関（saving association）という名称に統一、②貯蓄金融機関規制当局と FDIC の再編成の実施、③整理信託公社（RTC）と整理資金調達公社（REFCORP）の設立と速やかな業務の実施、④貯蓄金融機関の資本基準と QTL テストの設計、である。

5）1991年連邦預金保険公社改善法（FDICIA：Federal Deposit Insurance Corporation Improvement Act of 1991）

　本法の主な内容は、①預金保険制度の強化、②早期是正措置（PCA）の導入、③リスク対応型の預金保険料（「可変保険料率」制度）の導入、さらに、④FDIC は破綻処理を最小コストで行い、TBTF 政策は原則として禁止された（これを発動するためには、FRB および FDIC の理事会において、それぞれ3分の2以上の同意、さらに大統領の承認を経て、財務長官が決定する）。

6）1994年リーグル・ニール州際銀行業および支店銀行効率化法（IBBEA：Riegle-Neal Interstate Banking and Branching Efficiency Act of 1994）

　運輸や通信の著しい発展、経済規模の拡大などが、経済圏を州境で区切ることを難しくし、銀行は州際銀行業務を行うこととなった。銀行の州際

業への進出は、連邦レベルよりも、州レベルで先行した。こうしたことから、急速に多くの州が「地域州際銀行業協定（regional interstate banking arrangement）」を締結することとなった。州際銀行業務の禁止は州レベルでの解禁を追認する形で、連邦レベルで州際銀行支店設置解禁に関する法案が、1994年3月に可決された。

7）1996年預金保険基金法（DIF：Deposit Insurance Funds Act of 1996）
　本法は、FDICIA の後継にあたる法である。FIRREA で預金保険基金残高を付保預金総額の1.25％まで積み立てることが求められたが、1995年5月時点で貯蓄金融機関保険基金（SAIF）はその条件を満たしていなかった。DIF は、SAIF 対象金融機関に対して、1996年11月27日を期日として45億ドルの払い込みを要請する、同基金の財務内容の改善を図るものであった[72]。

8）グラム・リーチ・ブライリー法（G・L・B 法：Gramm-Leach-Bliley Act）
　本法は、商業銀行業務、投資銀行業務、保険業務の兼業を禁止するために1993年に制定された、グラス・スティーガル法の一部を無効にするための法律で、1999年に制定された。銀行業界では1980年代から、グラス・スティーガル法の廃止を求めていた。同法により、商業銀行、投資銀行、証券会社、保険会社それぞれの間での統合が許可され、銀行持株会社（BHC）と金融持株会社（FHC）が併存することとなった。FHC は、その子会社経由で非銀行業務に参入可能となった。そして、FRB は BHC と FHC を監督・規制することになった。
　本法により、金融サービスが、「銀行業へ密接に関連する」から「金融の性格を有する」範囲へと拡大し、これまでの業態別金融サービス産業は、

72）松本和幸「アメリカの銀行監督と破綻処理」（大蔵省財政金融研究所「フィナンシャル・レビュー」第51号.1999）6-7頁。

制度上の枠組みを超えた総合金融サービス産業に転換できることになった。

9）2005年連邦預金保険改革法（Reform Act：Federal Deposit Insurance Reform Act of 2005）および2005年連邦預金保険公社改善法適合化等に関する改正法（Federal Deposit Insurance Reform Conforming Amendments Act of 2005）

　2つの法律の主な内容は、①2つの預金保険基金、すなわち、銀行保険基金（Bank Insurance Fund：BIF）と貯蓄組合保険基金（Savings Association Insurance Fund：SAIF）の統合による預金保険基金（Deposit Insurance Fund：DIF）を新設、②すべての金融機関に預金保険料を賦課、③法定準備金比率（DRR）を一定範囲で毎年決定、④保険基金からの配当、1回限りの保険料控除の実施、⑤インフレ調整ルールの導入と退職年金口座の保険限度額の25万ドルへの引き上げであった。

　両法に基づく、この改革は、金融機関のリスクと保険料のあり方、準備金の適正規模と保険料の割り増しおよび割り戻しの関係を明確化し、さらには、インフレ調整後の付保限度額を特定年金口座について25万ドルに引き上げた。

10）ドッド・フランク・ウォール・ストリート改革および消費者保護法（Dodd-Frank Act：Dodd-Frank Wall Street Reform and Consumer Protection Act）

　本法の契機には、米国における金融危機の発生および短期的な金融危機対応措置がある。本法の目的は、「金融システムにおける説明責任および透明性（accountability and transparency）の改善、『Too big to fail』の終了、救済（bailout）の終了による米国の納税者の保護、濫用的な（abusive）金融サービス慣行からの消費者の保護およびその他の目的」とされている[73]。

　本法の5本柱として、①金融安定へのリスクの抑制、②大規模相互連関

73）松尾・前掲第Ⅲ編2章注11）2頁。

金融会社の整理計画および整然清算の整備、③消費者および投資者の保護、④金融市場における透明性および説明責任の確保、⑤金融規制機構の強化があげられている（金融安定監督評議会〔FSOC〕2010年10月1日報道発表）。本法の詳細は、第Ⅲ編第2章3に記載。

11）経済成長・規制緩和および消費者保護法（ドッド＝フランク法改正法、Economic Growth, Regulatory Relief, and Consumer Protection Act）

　ドナルド・トランプ前大統領は、2018年5月24日、経済成長・規制緩和および消費者保護法（Economic Growth, Regulatory Relief, and Consumer Protection Act）に署名した[74]。これにより、トランプ前大統領が、公約としてきた、ドッド＝フランク法の見直しが、一定の範囲で実現した。ドッド＝フランク法改正法は、中小銀行の規制負担の軽減を主目的とするものである[75]。

　ドッド＝フランク法改正法は、TBTF問題の解決やベイルアウトの回避といった基本理念を維持しつつ、中小金融機関に対する規制緩和を実現するべく、ドッド＝フランク法の一部を改正している。

　ドッド＝フランク法改正法は典型的な金融規制緩和法であり、ドッド＝フランク法により規制が強化された、厳格なプルーデンス基準の改正、レバレッジ比率規制の緩和、ボルカー・ルールの緩和、流動性カバレッジ比率規制の緩和を主な内容とする。ここでは、最も注目すべき、厳格なプルーデンス規制の改正を概説する。マクロ・プルーデンス規制は、ドッド＝フランク法の中核を担うものであった。主な内容は下記の2点である。

　ⅰ）システム上重要な米国銀行に対する厳格な規制の適用基準の引き上げ

　　ドッド＝フランク法改正法における最大の注目点は、システム上重要な金融機関（SIFIs）の閾値を変更したことである。ドッド＝フランク

---

74) S.2155- Economic Growth, Regulatory Relief, and Consumer Protection Act.
75) Remarks by President Trump at Signing of S.2155,Economic Growth, Regulatory Relief, and Consumer Protection Act.

法165条は、安定的な金融システムに脅威を与えるシステミック・リスクを抑止するために、FRB に対し、厳格な金融規制を策定する権限を付与した。具体的には、下記の9つの規制の策定権限である。①リスク・ベースを資本規制およびレバレッジ制限、②流動性規制、③包括的リスク管理要件、④破綻処理計画およびクレジット・エクスポージャー報告規制、⑤集中制限、⑥コンティンジェント・キャピタル規制、⑦ディスクロージャー強化、⑧短期債務制限、⑨その他 FRB が必要と認める規制。これらは、厳格なプルーデンス基準（Enhanced Prudential Standards：EPS）とされる。ドッド＝フランク法165条は、FRB の監督下にあるノンバンク（米国ノンバンク SIFIs）および連結総資産500億ドル以上の銀行持株会社（米国銀行 SIFIs）を EPS の適用対象としている。

　ドッド＝フランク法改正法401条は、米国銀行 SIFIs に対する EPS の閾値を連結総資産500億ドル以上から2,500億ドル以上に引き上げた。また、改正法401条は、連結資産1,000億ドル以上2,500億ドル未満の銀行持株会社について、施行日から18ヵ月後の発行日以降において、FRB の裁量によって EPS の適用対象にできるという権限を付与した。

ⅱ）ドッド＝フランク法ストレステストの適用範囲の変更

　ドッド＝フランク法165条は、銀行持株会社に対してストレステスト（Dodd-Frank Act Stress Tests：DFAST）の実施を求めている。DFAST は、FRB が実施する「監督上のストレステスト（Supervisory Stress Test)」と銀行自らが実施する「会社実施のストレステスト（Company-Run Stress Test)」の2種類がある。ドッド＝フランク法165条に基づき、閾値として、「監督上のストレステスト」は連結総資産1,000億ドル以上、「会社実施のストレステスト」は連結総資産500億ドル以上と規定されていた。

　ドッド＝フランク法改正法401条は、「監督上のストレステスト」「会社実施のストレステスト」両方について、適用対象を、連結総資産2,500億ドル以上の米国銀行 SIFIs に引き上げた。ただし、連結総資産1,000億ドル以上2,500億ドル未満の銀行持株会社に対して DFAST を適用す

るかは、FRB の裁量とした。その上で、「監督上のストレステスト」は、定期的に実施するとした。

　さらに、ドッド＝フランク法165条に基づく、「監督上のストレステスト」は、少なくとも、「ベースライン（base）」「悪化（adverse）」「最悪（severe adverse）」の３種の経済シナリオで実施することが求められたが、改正法401条は、こうした３種の経済シナリオから、「悪化（adverse）」を削除した。これは大統領令に基づく財務報告の提言通りの変更であり、DFAST に関する実務的な負担を削減するものである。

(2)　**考察**

　米国におけるこれまでの金融規制改革の歴史を俯瞰すると、規制強化と規制緩和を交互に繰り返していることがわかる。1930年代の大恐慌時代におけるグラス＝スティーガル法[76]（銀行業務と証券業務の分離）に代表される規制強化が行われ、1970年代以降は規制緩和へ転換し、1990年代には金融持株会社や銀行持株会社のもとで幅広い金融業務を認めたグラム＝リーチ＝ブライリー法（Gramm-Leach-Bliley Act）の制定（グラス＝スティーガル法の事実上の撤廃）により規制緩和が図られた[77]。グラス・スティーガル法の撤廃は、グローバル化を加速し、金融機関の大型化を促進させ、金融コングロマリット（Conglomerate）やシャドーバンキング（Shadow Banking）を産み出した。また、金融技術の発展は、複雑な仕組みの金融商品やローンなどを派生させ、リスクも拡大したが、金融当局・金融業界はテールリスク、市場型システミック・リスクを想定していなかった[78]。

　こうした潮流下、世界金融危機の発生により、米国では再度規制強化へと方向転換し、ドッド＝フランク法が成立した。ドッド＝フランク法は規制強化を象徴する法律であった。ドッド＝フランク法については、1930年

---

76) Glass-Steagall Act（1933年銀行法）。FDIC は本法に基づき創設された。
77) 澤井豊＝米井道代「ドッド＝フランク法による新たな破綻処理制度」預金保険機構『預金保険研究』第十五号（2013）34頁。
78) 戸田・前掲注69) 207頁。

代以来の包括的な金融改革を図る法律であるとする評価があるものの、従来の米国の金融システムや金融規制機構制度を抜本的に変更するものではなく、1930年代の金融改革以来の大改革とはいえないと考えられる[79]。

　米国を震源地とした世界金融危機は、金融規制改革の必要性に対する意識を国際的に高めることとなった。金融危機発生直後のG20ワシントンサミットから「金融セクター改革」（金融市場と規制枠組みを強化する改革）に関する議論が開始され、FSBが主導し議論・検討がなされた。こうした議論の中核には、TBTF問題への対応があり、ドッド＝フランク法は、金融機関の破綻に際してベイルアウトを回避、すなわち公的資金を投入して破綻金融機関を救済しないことを早期に立法化したものとして評価できる。

　ドッド＝フランク法改正法は、ドッド＝フランク法成立時からあった、同法が規定する各種の規制に金融機関が対応するためのコスト（規制コスト）が過大であり、最終的にそのコストが消費者（納税者）に転嫁されるだけでなく、米国の金融機関の競争力や経済成長にとってマイナスであるという批判的な考えを、共和党とトランプ前大統領が、米国民や金融機関を含む産業界から支持を受け、法改正を実現したといえる。

　ここまでを俯瞰すると、経済・金融環境のパラダイムシフトにより、銀行の実態がめまぐるしく変化するのに対し、万全の規制改革が実行されたきたかは評価が難しい（明確に肯定できない）。

　米国の信用不安による地方銀行の破綻を受け、バイデン大統領は、トランプ政権で緩和された総資産1,000億ドルを超える大手地方銀行に対する監督・規制の強化を2023年3月末に指示した[80]。これは、総資産2,500億ドル未満の銀行に適用されていた規制の復活に加え、閾値を超えた場合の準備期間の短縮、大幅な金利上昇やその他のストレスに耐えるためのスト

---

79) 松尾・前掲第Ⅲ編2章注11) 15頁。
80) White House, "Fact SHEET:President Biden Urges Regulators to Reverse Trump Administration Weakening of Common-Sense Safeguards and Supervision for Large Regional Banks," March 30, 2023.

レステストを含む監督ツールの強化といった厳格な監督を確保するための措置である[81]。2023年の信用不安による地方銀行の連鎖的な破綻により、金融規制のベクトルは再び強化に向かっている。

4．小括

　本章では、米国地方銀行3行の破綻の経緯・要因および破綻処理、FDICの預金保険制度改革案、クレディ・スイスの救済合併の処理、特にベイルイン（AT1債の元本削減）の法的問題点をみてきた。そして、米国の金融制度改革の潮流を確認した。

　SVBの破綻の決定打となった1日で420億ドルの預金の流出は、世界金融危機におけるワコビアの8日間で100億ドル、ワシントン・ミューチュアルの16日間で190億ドルの預金流出と比較すると段違いの速度であった。デジタルバンクランは津波の様に押し寄せ、銀行を一気に破綻に追い込む可能性があることを世界に知らしめた。

　米国の破綻した銀行の自己資本比率はいずれも規制水準を十分に満たしていたが、信用不安の連鎖を止められず、破綻に至った。「十分な自己資本が強靭な金融システムをつくる」という規制改革（金融危機後に導入されたマクロ・プルーデンス規制）の考え方を揺るがす事例となった[82]。自己

---

81) FRB報告書は、トランプ政権がドッド＝フランク法改正法の下で導入されたFRBのテーラリング・ルールによって、総資産1,000億ドルという閾値を超えたSVBに適用されるEPSが従来よりも緩和されたことが影響した可能性を指摘する。SVBはテーラリング・ルールの下、総資産1,000-2,500億ドルの銀行を対象とするカテゴリーⅣの区分に属することとなったが、カテゴリーⅣでは原則、バーゼルⅢの流動性カバレッジ比率（LCR）および安定調達比率（NSFR）が適用されない。FRB報告書は、LCRを計測すると2022年3月から破綻前の2023年2月まで最低基準である100％を下回っていたことを確認している。小立＝橋口・前掲注4）12-13頁。

82) 宮内惇至「欧米金融システムの混乱が示した国際金融規制の問題点―マクロプルーデンスは機能不全、規制強化より改善に向けた点検を―」金融財政事情研究会「週刊金融財政事情」（2023年5月30日号）14頁。

資本のバッファーを積み上げることにより銀行の頑健性を高めるというアプローチに対して、そもそも、そのアプローチ自体が適切なのかという根本的な疑問も投げかける[83]。米国では、これまで金融規制を重視し、金融危機の度に強化してきたが、規制だけでは金融システムの安定を確保できないこと、規制と監督のバランスが重要なことが明らかになった。これは、クレディ・スイスが規制要件を十分に満たしていたが実質的な破綻に陥ったことからも確認できる。こうした問題については、今後の検討課題としたい。

　そして、スイスのケラー・ズッター財務大臣はスイス紙のインタビューにおいて、「秩序ある処理」をクレディ・スイスに適用することは法的には可能であったが、同行の破綻によりグローバル金融危機が誘発される可能性があるなど、潜在的な影響が大き過ぎたため実行に移すことができなかったとの見方を示した[84]。さらに、彼女は、グローバルに活動する大手銀行（G-SIBs等）に対して「秩序ある処理」のプロセスを適用することについて、特に危機的状況においては不適切であると発言した。スイスは、財政規模に対し、銀行資産残高が世界で最も高いという特殊性があるが[85]、クレディ・スイスの「秩序ある処理」を回避した選択・決断は、「秩序ある処理」が差し迫った現場で本当に実現可能な選択肢か、机上の空論ではないか、改めて検証・確認する必要があることを示した。こうした問題についても、今後の検討課題としたい。

　世界金融危機を経て、米国を中心にグローバルに規制改革がなされ、従来型（世界金融危機の要因・事例も含め）の金融危機には対処できる態勢が整備され、破綻処理のプロセス（ベイルインの実行、ベイルアウトの回避など）も明確に定められた。そして、今回のデジタルバンクラン型の銀行破

---

83) 関田・前掲注43）37頁。
84) "Rules for ending up big banks do not work,Swiss finance minister warns," Financial Times,March 25,2023.
85) 各国の銀行資産残高（2022年末時点）の対名目GDP（2022年）比は、スイスが400％を超え、日本は約200％、米国は約70％となっている。

綻は、これまでの金融危機、銀行破綻とは相違し、規制改革では十分に対応できず、破綻処理のプロセスも基本原則どおりに行かず難航した。

　現在、規制と監督のバランスの重要性が認識されつつ規制と監督が共に強化される方向で、預金保険制度の見直しも進められている。しかし、今後について、あらゆるリスクを想定した万全の規制の整備および監督態勢の構築は困難と思われる。BOEのウエブサイトでは、「金融危機はまた訪れるか？」の質問に対し、その回答として「金融危機の歴史から確実に言えることは、金融危機は必ず発生する、次の金融危機は過去と同じではない」と答えている[86]。

　筆者は、選択すべきアプローチは、全方位のあらゆるリスクを過大に想定せず、デジタルバンクラン型の破綻を対処療法的でなく、これまでの金融危機対策を評価し基盤として、積み重ねるイメージで、金融実務に即し可能な限り根本的に解決できる対策を講じることと考える。広範囲で過度な規制・監督は、歴史からも金融機関の競争力と社会経済の発展を妨げることに留意すべきである。

---

86) BOE, "Will there be another financial crisis?, January 10, 2019.

第Ⅳ編

預金保険制度と市場規律、提言

　第Ⅱ編で日本の預金保険制度、第Ⅲ編で米国、EU、英国の預金保険制度を各時系列でみてきたが（縦軸の観点）、本編では預金保険制度を横断・比較法的に考察する（横軸の観点）。また、本稿において重要なテーマであり、預金保険制度の設計から生まれ、金融セーフティネットの原動力となる「市場規律」について経済学的な観点から考察する。

　そして、市場規律に直接的かつ間接的に関わる「信用格付」および預金保険制度に密接に関わる「破綻処理法制」について考察する。それらを踏まえ、市場規律が有効に機能する預金保険制度の具体的な改正内容として、「決済用預金」の保護と「可変保険料率」制度の導入について考察する。

　最後に、全体を纏め、市場規律が有効に機能する金融セーフティネットの再構築に向けた預金保険制度の主柱となる、新たな制度・法制の内容を提言する。

第1章
預金保険制度の概要と変遷

1．セーフティネット

　セーフティネット（安全網）は、社会に広く網の目のように救済策を張り、社会全体に対し安全や安心を提供する仕組みである。世界的に最も古いセーフティネットの仕組みは社会的セーフティネット（社会保障制度）であり、原型は、大航海時代に、毛織物の需要・価値が急速に高まり、英国の農業地帯が牧場へ急激に変わり、農地から追い出され都市で無産者（貧民）となった人々を救済するエリザベス救貧法（1601年施行）にあるとされる[1]。

　日本においても、憲法25条で「健康で文化的な最低限度の生活を営む権利」が保障され、同条2項で「国は、すべての生活部面について、社会福祉、社会保障及び公衆衛生の向上及び増進に努めなければならない」と規定され、健康保険や生活保護などの社会的セーフティネットが整備されている。

　高度・複雑化する現代の市場社会においては、社会的セーフティネット（社会保障制度）に加え、労働市場や金融市場（金融機関との取引）など、市場的セーフティネットも必要とされる[2]。こうした市場的セーフティネットは、市場の弱者・敗者を保護するのみならず、市場の安定に不可欠

---

[1] エリザベス救貧法（Poor Law）は、資本主義の発展に伴い生活困窮者（貧民）が発生・増加する社会問題を、国家責任により救済・解決を図る社会的セーフティネット（社会保障制度）の嚆矢とされる。同法は、有能貧民と無能貧民に分類し、前者と児童は労役場（work house）などで就労を強制し、無能貧民は保護する、という内容であった。その後、救貧法の大改正が行われ（1834年）、貧民処遇の一元化や中央集権化が図られ、福祉国家英国の出発点となった。

であり、競争圧力を緩和することで市場および経済社会の持続的な発展を支えるものである[3]。一方で、セーフティネットには、インセンティブ問題としてモラルハザード（倫理の欠如、制度の悪用）が発生することに留意する必要がある。例えば、生活保護や失業保険などで手厚い保護が受けられると、国民は労働意欲を無くし、働かなくなったり、ただ乗りが生じたり、社会・市場全体にとってネガティブな効果が発生する。

2．金融セーフティネット

　金融セーフティネットを整備する目的は、情報の非対称性による弱者（収集力・分析力）である預金者等の生活資金や財産等を保護し、経済社会のインフラとなっている金融システムの安定（信用秩序の維持）を図るためである[4]。金融システムは、個々の金融機関が、各種取引や決済ネットワークにおける資金決済を通じ相互に網の目のように結ばれ、一箇所で発生した支払不能等の影響は、決済システムや市場を通じ、瞬時にドミノ倒しのように波及していくシステミック・リスクを内包している。そして、システミック・リスクが顕在化すると、資金決済の不能に加え、金融機関

2）金子（1999）は、「金融機関の経営をサーカスの綱渡りに例え、綱渡りでは、安全ネット（セーフティネットの語源）を張ることでプレーヤー（金融機関等）が、一か八かのゼロサム的な演技をせず、リスクを勘案した上で一定の安心感を抱き、委縮せず良い演技ができ、観客（預金者、市場等）も安心して演技を見ることができる」とする。なお、労働市場のセーフティネットとは、年金や失業などに関する社会保障制度を指す。金子勝『セーフティーネットの政治経済学』（筑摩書房.1999）62頁以下。

3）金子（1999）は、「セーフティネットは弱者救済を含め社会的公正を満たす（リスクを社会全体でシェア）ため人々の信頼を得ることができ、それにより市場競争も安定的に機能する相互補完関係がある」とする。金子・前掲注2）68頁。

4）金融システムの安定（信用秩序の維持）に関しては、必ずしも一致した考え方は確立されていない。最大公約数的には、「金融・為替市場や資本市場などの信用市場ならびに通貨制度および支払・決済システムが全体としてみて整然かつ円滑に機能している状態」とされる。鹿野・前掲第Ⅱ編1章注3）101頁。本書も、この定義とする。

の担う金融仲介機能も麻痺し、健全な融資先も資金繰りに窮し経営破綻に追い込まれるなど、経済社会に大きな混乱・損失が発生するため、セーフティネットを整備する必要がある。

金融セーフティネットを、大きなネットにするか、小さなネットにするか、すなわち預金等の保護範囲は、生活預金等の保護、または金融システムの安定を主目的にするか、さらに、当該国の財政状況、経済・金融市場の状況、全体的な金融機関の経営状況などを勘案し各国の金融当局が決定するものである。

金融セーフティネットは、狭義には、公的主体による事後措置である預金保険機構が主導する預金保険制度、および中央銀行が実施する最終貸出制度（Lender of Last Resort：LLR機能）とされる。広義には、上記の内容に、公的主体による事前措置である、金融当局が実施する金融規制、民間主体による中間措置である市場によるチェック（市場規律）を総体的に捉えた制度とされる[5]。

本書における金融セーフティネットは、金融当局による規制規律、債権者（預金者、劣後債保有者）とファイナンシャルゲートキーパー（信用格付会社）による市場規律、預金保険機構による預金保険制度と破綻処理制度により構成されるものとする（表4-1-1）。本書では、破綻処理制度も金融セーフティネットに含めて考察しているところに特徴がある。迅速かつ最小コストによる破綻処理は、市場価値の低い銀行の市場退出をスムーズに実現し、社会的な損失を最小限にとどめ行うことからセーフティネットと評価できる。なお、中央銀行（日本銀行）による最終貸出制度（LLR機能）は、金融セーフティネットの重要な要素であるが、論点も多く、本書では射程外とした。

5）翁百合『金融の未来学―小さなセーフティネットをめざして―』（筑摩書房,2002）37頁以降。なお、金融セーフティネットの事後的措置に民間主体である信用金庫および信用組合の相互援助制度、すなわち、「信用金庫相互援助資金制度」「全国信用組合保障基金制度」を加える考え方もある。鹿野・前掲第Ⅱ編1章注3）109頁。

表4-1-1　本書での金融セーフティネット

		実施主体	内容
事前措置	公	・金融当局（金融庁）	・金融機関に対する規制・監督（規制規律）
中間措置	民	・債権者（預金者、劣後債保有者） ・ファイナンシャルゲートキーパー（信用格付会社）	・市場によるチェック（市場規律）
事後措置	公	・預金保険機構	・預金保険制度 ・破綻処理制度

(出所) 日本銀行金融研究所編『新版　わが国の金融制度』(1995) を基に筆者作成。

3．預金

　預金は、①預金者にとっての金融資産、②貸出との連鎖による金融仲介（貸金の運用・調達）と信用創造（預金通貨の創造）、③為替取引による決済システム（手形交換、内国為替等）の制度的インフラ、といった重要な経済的機能を有する[6]。日本は、銀行中心の間接金融優位の金融システムであることから、預金の果たす経済的・社会的な役割は大きい。

　預金を法的にみると、民法上の金銭消費寄託契約[7]の性質を有する預金契約に基づく、預金者の金融債権である。預金は、契約上、元本が保証され、株式投資等と比較して、利便性が高く安全な貯蓄手段として認識されている。しかし、銀行が破綻すると、預金全額の払い戻しができなくなる債務不履行リスクが顕在化する。

---

6) 高橋正彦「預金保険制度の歴史と基本的課題」預金保険機構『預金保険研究』第十四号（2012）2頁。
7) 消費寄託は、受寄者が寄託者から受け取った受寄物を消費することができ、それと同種・同等・同量の物を返還すればよい契約である。預金者が寄託者、銀行が受寄者、預金された金銭が受託物にあたる。高橋・前掲注6) 27頁。

4．預金保険機構

　預金保険機構は、預金保険制度とともに1971年に創設され、預金保険法の規定に基づき大蔵大臣の設立認可を受けた認可法人（特別法人）である[8]。預金保険機構は、預金保険法上の目的を完遂するための執行機関である[9]。資本金は、当初は、政府、日本銀行、民間金融機関が均等に1億5,000万円を拠出し、計4億5,000万円であったが、1986年に預金保険制度に加盟した労働金庫が500万円を出資した。その後、政府が、地域経済活性化支援勘定として30億円、東日本大震災事業者再生支援勘定として280億2,000万円を出資しており、合計314億7,500万円となっている。

　預金保険機構の機能・権限は、創設当初は、金融機関から集めた保険料を原資として、破綻金融機関の預金者に一定額までの預金の払戻しを行うだけのペイボックス型の形態を想定しており、職員10人程度の小さな組織であった。その後、金融機関を取り巻く環境の変化に伴い、幾度も法改正がなされ、それに従い、機能が拡充され、組織も拡大された。1996年には、住宅専門金融会社の不良債権処理を促進するための機能が追加され、特別業務部の新設など大幅に組織が拡充された。さらに、1998年の金融再生法施行とともに預金保険法も改正され、金融機関の破綻処理機能を担うこととなり、理事の増員、金融再生部の新設など大幅に組織が拡充された。その後も、組織の見直しが行われ、2023年9月8日現在で、理事長1名、理事4名、監事1名、職員427名の組織になっている。

　預金保険機構は、預金保険法に基づき内閣総理大臣および財務大臣が監督する（預保法45条1項）。内閣総理大臣および財務大臣は、一般的な監督権限のほか、重要な事項については個別に認可することとなっている。なお、内閣総理大臣の監督権限は、金融庁長官に委任されている（預保法

8）預金保険機構には社員が存在しないため、機構は、あえていえば、財団に近いものといえる。

9）預金保険機構の概要は、預金保険機構のホームページ（https://www.dic.go.jp/kikotoha/soshiki.html）などを参照した。

139条)。

5．預金保険法の目的・改正

　預金保険法の目的は、「預金者等の保護」と「破綻金融機関に係る資金決済の確保」が直接目的、「信用秩序の維持」が最終目的とされ、そのために預金保険制度を整備することとされている。

　ここでいう預金保険制度の内容には、預金保険機構の機能の拡大に伴う変遷がある。預金保険法創設時には、「預金者等の保護」が目的であり、預金保険制度も「金融機関の預金の払戻しについて保険を行う制度」とされ、預金100万円を限度とした保険金支払方式のみが規定されていた。これは、銀行不倒体制下、銀行の破綻は想定されておらず、信用金庫や信用組合の破綻に対し、再生可能な先には業態ごとの相互援助制度が整備されており、預金保険制度は、相互援助制度では対応できない、破綻に対応する清算型が念頭にあったと考えられる[10]。これについては、2010年9月10日に破綻した日本振興銀行の破綻処理に際して、本則である定額保護による処理が実現された。

　その後、1986年改正で「資金援助」、1996年改正で「預金等債権の買取り」、2000年改正で「金融整理管財人による管理、破綻金融機関の業務承継および金融危機に対応するための措置等」が追加された。2000年の大幅な改正は、金融再生法により導入された破綻処理制度を預金保険制度の一部として取り込んだ結果である。そして、世界金融危機を経て、2014年に、主要な特性（key Attributes）に対応する改正がなされ、保険会社・証券会社などを含めた金融機関全般に対して秩序ある処理の枠組みが導入された。

---

10) 預金保険機構・前掲第Ⅱ編1章注9) 34頁。相互援助制度は、基本的に、当該業界の信用維持と安全性強化のために、業界を構成する金融機関が拠出を行い、資金をプールし、加盟先の有事の際に資金支援を行うという制度である。

6．預金保険制度

(1) 預金保険制度の概要

　預金保険制度とは、銀行等が預金保険料を預金保険機構に支払い、機構が徴収した保険料を財源としてプールし、銀行等が預金の払い戻しができなくなった場合（保険事故）に一定限度額までを保険金として支払う制度が基本となっている。対象となる金融機関は、日本国内にある銀行、信用金庫、信用組合、労働金庫、信金中央金庫、全国信用協同組合連合会、労働金庫連合会、商工組合中央金庫であり、各法により加入が義務付けられている[11]。

　預金保険の保護範囲は、決済用預金（当座預金、無利息型普通預金等）は全額保護、一般預金等（有利息型普通預金、定期預金、通知預金、貯蓄預金、納税準備預金、定期積金等）は合算して元本1,000万円までとその利息等である。預金者等の保護により、信用秩序の維持すなわち金融システムの安定と機能の維持を目的としている。しかし、預金保険制度は預金者に直接保険金を支払うよりも、破綻した銀行等の預金を引き継いでくれる銀行等（救済銀行・受皿）があれば、そのほうが預金者にとって有益であるし、預金以外の融資等の金融機能も引き継がれ、金融システムおよび経済社会への影響も小さいため、そのための資金援助をペイオフコストの範囲内で実行できる。

　預金保険の料率は、機構財政の長期的な均衡など踏まえて定められることとされており、預金保険機構の運営委員会で決定のうえ、金融庁長官と財務大臣の認可を得て変更される。現在（2023年度）の料率は、決済用預金が0.021％、一般預金等が0.014％、預金全体の実効利率[12]は0.015％となっている。2010年度の料率は、決済用預金が0.107％、一般預金等が

11）本文上の金融機関でも、海外の支店は、預金保険の対象外である。また、外国銀行の在日支店も対象外となる。一方、日本国内に本店のある金融機関であれば、外国金融機関の子会社（外国金融機関の本邦法人）も保護対象となる。

12）付保対象預金（被保険預金）全額に対する比率。

0.082％、預金全体の実効利率は0.084％であり、近年は保険事故がなく平時であり、保険料率が低下していることがわかる。

　日本では、預金保険制度創設以来、加盟金融機関に一律の料率を課す「均一保険料率」制度が適用されている。現在、経済協力開発機構（OECD）加盟国で、日本、スイス、メキシコ以外の国は、「可変保険料率」制度を導入している[13]。預金保険料は、銀行等の負担とされているが、銀行等は、事業収益から資金を拠出しており、実質的には、顧客（主に融資先）に転嫁している。すなわち、銀行等は実務において、預金保険料率を融資金利の一つの参考としている[14]。

(2) 保険金支払方式

　銀行等が破綻した場合の、預金者保護の手法は、(1)預金保険機構が直接保険金を支払う方法、(2)営業譲渡に対し資金援助による破綻処理を行う方法、がある[15]。

　保険金支払方式は、金融機関等が破綻した場合、破綻金融機関の金融機能を消滅させ、預金保険機構が預金者に直接保険金を支払うこととなる。

　預金保険は第一種保険事故（金融機関の預金等の払い戻しが停止されたとき）や、第二種保険事故（金融機関の営業免許が取り消されたとき）が発生した場合に発動される。第一種保険事故では、保険金の支払いについては、預金保険機構に設置されている運営委員会の決議を経て、預金保険機構が

---

13) 小立敬「預金保険制度の可変料率を巡る論点総整理―制度設計では『小さく生んで大きく育てる』ことが重要―」金融財政事情研究会「週刊金融財政事情」（2020年3月9日号）36頁。

14) 吉野（2012）は、預金保険料は預金者も借手企業も負担していることを、預金保険が課せられると、預金取扱金融機関は、一部は預金金利の引下げ、また一部は貸出金利の引上げによって対応することになると、預金市場と貸出市場の動きから実証した。吉野直行「預金保険制度の今後の方向性を考える―多様な『負担者』への目配りが必要―」金融財政事情研究会「週刊金融財政事情」（2012年5月28日号）41頁。

15) 預金保険制度の保険金支払い方式に関しては、預金保険機構ホームページ（https://www.dic.go.jp/yokinsha/page_000116.html）などを参照した。

決定することになっているが、第二種保険事故では運営委員会の決議は不要である[16]。

そして、保険金の支払いなどに長期間かかると考えられる場合には、預金者の請求に基づき、政令により仮払金の支払いが保険事故から1週間以内に、運営委員会の決議を経て実施される。保険金または仮払金の支払いを決定した時は、運営委員会の決議を経て、保険金の支払期間、支払場所、支払方法、支払請求手続等を官報等に公告し、事故金融機関および保険金支払義務を委託した金融機関の店頭に掲示を行い、預金者等に周知徹底を図る。

対象預金等で元本が1,000万円を超える部分とその利息と、外貨預金の元本と利息については、破綻金融機関の財産状況に応じて、清算配当として支払われる。その金額が確定するまで期間を要するため、預金保険機構が預金者からの請求に基づき当該預金等債権を買取る形で支払うことができる。すなわち、破産手続において弁済を受けると見込まれる金額を考慮して決定した概算払い率を、保険事故発生日における預金等の額に乗じた金額分の債権を、預金保険機構が買取ることで預金者に概算払いされる。概算払いの金額は、一律に支払われる仮払金とは異なり、個別の預金者により相違する。また、預金等債権の買取り後、破産手続等により預金保険機構が回収した金額が買取りに要した費用を差し引いても支払った概算払い額を超過する場合は、清算払いとして追加的に支払われる。

(3) 資金援助方式

資金援助方式は、金融機関が破綻した場合に、合併、事業譲渡等により救済金融機関に預金等が円滑に引き継がれるように、預金保険機構が、金銭の贈与、資金の貸付、資産の買取り、債務保証、優先株式等の引き受け、損害担保（ロスシェアリング）による援助を、仮に保険金支払方式によっ

---

16) 預金保険機構の運営委員会は、機構の運営に関する重要事項の議決を行う意思決定機関であり、預金保険機構の理事長と理事計4名と、金融に関する有識者最大8名の委員で構成される。

た場合に要すると見込まれる費用（ペイオフコスト）の範囲内で行う手法である[17]。破綻金融機関の預金者は通常そのまま救済金融機関の預金者となり、預金者に有益であり、上記の合併等のM&Aにより、破綻金融機関の金融機能の重要な部分も維持され、信用秩序の維持、金融システムの安定に資するため、保険金支払い方式よりも、本方式が活用されてきた。実務において、預金保険機構は、救済金融機関が引き受ける資産（融資等）と負債（預金等）の差額（債務超過分）について金銭の贈与で対応するとともに、救済金融機関が引き受けられない不良資産を買取るケースが多い。

　金融機関の経営が悪化した場合、金融庁長官は金融整理管財人制度により、業務および財産の管理を命じる処分を行い、それに基づき金融整理管財人は業務の暫定的な維持を行い、救済金融機関への迅速な合併、営業譲渡等を目指し、旧経営陣に対する経営破綻の責任を明確にするための民事上の提訴、刑事上の告発も行う。金融整理管財人は、管理を命じる処分があった日から1年以内に被管理金融機関の管理を終了するものとされているが、やむを得ない場合には金融庁長官の承認を受け1年に限り延長できるものとされている。また、救済金融機関が直ちに現れない場合、承継銀行（ブリッジバンク）制度による業務承継も可能であり、預金保険機構の管理下、基本的に2年以内に当該承継銀行の合併、営業の全部譲渡、株式の譲渡の手段により救済金融機関への業務承継を目指す。

7．預金保険制度の国際比較

(1) 世界金融危機後の預金保険制度

　サブプライムローン問題（2007）やリーマン・ショック（2008）が世界金融危機を発生・拡大させ、この過程で金融規制・監督の不備、さらに預

　17）預金保険制度の資金援助方式に関しては、預金保険機構ホームページ（https://www.dic.go.jp/yokinsha/page_000117.html）などを参照した。

金保険制度の重要性と課題が強く認識され、世界各国・地域で預金保険制度の強化・改革が行われた。なお、金融危機を経て、預金保険制度と破綻処理制度の結びつきが一層強まり、一体として考察すべきことが示唆された。

世界金融危機を受け、オーストラリアとニュージーランドにも緊急的に預金保険制度が導入された。英国では、2007年にノーザンロック銀行が国内において130年ぶりに預金取付けを発生させたことから、預金の保護限度額の引上げ等を実施した。2008年には、アイルランドが預金の全額保護を宣言・実行し、これを受け、数週間で、50ヵ国以上が保護限度額の引上げや全額保護など、預金保護を拡充した。こうした多数の国の預金保護拡充は、2010年末に期限を迎え、新たな預金保険制度が恒久措置として定められた。

震源地となった米国では、ドッド＝フランク法が2010年7月に成立し、FDICなどの金融当局が金融危機の再発防止、システミック・リスクの対処に向け規制を強化・拡充した。FDICによる預金保険制度改革として、保護限度額の引上、決済用預金の全額保護措置、預金保険料の算出方法の変更、預金保険基金の運営枠組みの変更などが実施された。また、FDICに、システム上重要な金融機関（G-SIFIs）に対する破綻処理を行う権限、大規模預金取扱金融機関（総資産500億ドル以上）に対し破綻処理計画を策定・提出させる権限を付与した[18]。

世界金融危機の多大な影響を受けた欧州では、預金保険制度に関するEU指令の見直し（2009年改正）を行い[19]、預金保護限度額を10万ユーロへの引上げ（最低水準の共通化）、付保預金払戻し期間の短縮化（7日以内

---

18) G-SIFIs（Global-Systemically Important Financial Institutions）は、業種横断的に、銀行・証券会社・保険会社・ファンドなどを含む金融機関全体のなかで、世界的に有事における負の影響力が大きい機関を一括して規制対象とするものである。G-SIFIs先に対し、一般の金融機関よりも自己資本の上乗せなど規制が強化され、さらに混乱を最小限に抑え、「大きくて潰せない」（TBTF）実態を改革する「再建・破綻処理計画」（RRPs：Recovery and Resolution Plans）の策定・整備が求められる。

の共通化)、「可変保険料率」制度の導入などを講じた。その後、2014年4月にEU指令の全面的な改正が実施された[20]。内容として、「可変保険料率」制度導入の義務化、事前積立の義務化および基金積立にかかる最低目標水準の設定、破綻処理（P&A等）や予防的介入に向けた資金援助について保険金支払コストを上限に設定などが規定された。欧州では域内の預金保険制度を統一的に強化する動きが進展し、将来的には、各国の預金保険制度を廃止し、域内で単一の制度・基金の設立を検討している[21]。

(2) 国際的な協調

当初は、各国・地域独自に発達してきた預金保険制度であったが、1990年以降、米国やカナダが、預金保険制度を創設しようとする国・地域に技術協力を行い、1990年後半以降、IMFや世界銀行が、預金保険制度の必要性を未整備国・地域に訴求し導入支援を行い、国際的な協力・協調が進行した。

1999年には、G7が国際金融の安定化を図ることを目的に「金融安定化フォーラム（Financial Stability Forum：FSF）」（本部はスイスのバーゼル）を創設し、FSFは2000年に預金保険作業部会を設立した。同会は、預金保険の重要問題に対応した16の分科会を設置し検討・集約を行い、新たに預金保険制度を創設または改革する国・地域に向け「預金保険ガイダンス」を作成した[22]。同ガイダンスは、①預金保険制度の背景問題、②預金保険制度の採用と維持のプロセス、③構造・設計上の特性、④破綻処

---

19) DIRECTIVE 2009/14/EC OF THE EUROPEAN PALIAMENT AND OF THE COUNCIL of 11 March 2009 amending Directive 94/19/EC on deposit guarantee schemes as regards the coverage level and the payout delay.
20) DIRECTIVE 2014/49/EC OF THE EUROPEAN PALIAMENT AND OF THE COUNCIL of 16 April 2014 on deposit guarantee schemes.
21) 欧州委員会の諮問機関は、2009年2月に、金融監督・規制の包括的な見直しを提言する「金融規制改革提案」（ドラロジエール・レポート）を公表した。本提案は、EU諸国の規制統一化と対外的結束強化、ヘッジファンドに対する規制強化、オフショア金融センターの規制強化などを中心に、幅広い提言を行っている。

理・預金者への保険金支払い・債権と回収、⑤ガイダンスの要点、の構成で纏められ、2001年9月に金融安定化フォーラム・ロンドン総会で報告された。同ガイダンスは、国際的な協力・協同作業により、預金保険制度および周辺分野に対し網羅的かつ実務的な検討を重ね作成された報告書であり、世界的な預金保険制度の普及・改革に貢献した。

作業部会は、同ガイダンスの策定・公表をもって解散したが、2002年5月に「国際預金保険協会」（IADI）が発足し、預金保険制度に関する情報交換、技術移転、セミナー開催などを行い、各国・地域間で知識・情報の共有を図り、国際的な協力・協調を進行している[23]。

世界金融危機後には、FSFからの「各国・地域間で実効的な預金保険制度の原則を共有すべき」との提言を受け、IADIとバーゼル銀行監督委員会は、2009年6月に、18項目の基本原則から構成される「実効的な預金保険制度のためのコアとなる諸原則（コア・プリンシプル）」（以下、コア・プリ〔2009〕）を策定・公表した[24]。コア・プリ〔2009〕は、各国における預金保険制度の自己評価、金融セクター評価プログラム（Financial Sector Assessment Program：FSAP）、2012年のFSBのピア・レビュー[25]、ワークショップやセミナー等で用いられてきたが、それらを通じて明らかになった課題や金融危機後の状況変化等を反映するよう、2014年10月に改訂（コア・プリ〔2014〕）された。

---

22) 分科会は、総論的な4テーマ、①預金保険制度の政策目的、②モラルハザード、③状況分析、④全額保護から定額保護への移行、個別的な12テーマ、⑤権限、⑥セーフティネット関係者間の相互関係、⑦加入金融機関、⑧付保範囲、⑨組織・機構、⑩資金調達、⑪国民の認識、⑫クロスボーダー問題と地域統合、⑬預金者への保険金支払い、⑭破綻処理、⑮債権と回収、⑯預金者の優先権・担保設定・相殺、計16の分科会が設置された。

23) IADI設立以来、加盟機関は年々増加しており、2021年3月末時点で、米国のFDIC、日本の預金保険機構を含め、86の機関が加盟している。（http://www.iadi.org/）

24) コア・プリンシプルの詳細な内容については、広部伸浩「『実効的な預金保険制度のためのコアとなる諸原則』（コア・プリンシプル）に基づく各国預金保険制度の評価について」預金保険機構『預金保険研究』第十三号（2011）を参照した。

25) Financial Stability Board（2012）。

(3) 保護範囲の国際比較

預金保険の保護範囲（対象預金・対象者・限度額等）は、各国における預金保険制度の主目的により相違する。小口預金者（生活資金）の保護が主たる目的であれば、全体的に保護範囲を狭くし、金融システムの安定が主たる目的であれば、保護範囲を広くする傾向がある[26]。欧州諸国は前者の国が多く、米国は典型的な後者のスタイルである。なお、日本の預金保険制度は、「『預金者等の保護』（直接目的）を図るために、適切な破綻処理制度を確立し、『信用秩序の維持』（最終目的）に資する」（預保法1条）としており、ほぼ中間に位置している[27]。

預金保険には、モラルハザードが内在し、預金者等は銀行等の監視・選択を行うインセンティブ、銀行等経営者は健全経営・リスク抑制のインセンティブを喪失するおそれがある。預金保険の保護範囲が過小であれば、「預金者の保護」「信用秩序の維持」が実現できず、過大であれば、モラルハザードの発生確率が高くなる。このように、保護範囲の設計は預金保険制度の有効性とリスクに大きく影響するため、各国の預金保険制度の目的に応じ、適切な保護範囲の設定、およびモラルハザードの削減手段を講じる必要がある[28]。

1）保護対象預金（預金種類）

ほとんどの国・地域で、当座預金、普通預金、定期預金は保護対象としているが、その他の預金や金融商品を保護対象とするかは各国・地域間で異なる。譲渡性預金を保護対象とする国は米国・カナダ、銀行債券を保護対象とする国はカナダ・日本、外貨預金を保護対象とする国は米国・英国・ドイツ・フランスに限定される[29]。なお、外国銀行の国内支店の預

---

26) 本間勝『世界の預金保険と銀行破綻処理』（東洋経済新報社.2002）18頁。
27) 本間・前掲注26) 18頁。
28) 本間・前掲注26) 19頁。
29) 債券について、カナダはローン会社が発行する債券は対象外、日本は保護預り専用以外の債券は対象外としている。

金は、国内の預金保険制度を外国に適用することは困難であり、当該国のリスクが十分に把握できないことなどから、多数の国・地域で保険対象外とされている。一方、EU 諸国においては、EU 預金保険指令に基づき、EU 内の外国支店の預金は保護対象となっている。

 ２）保護対象者（預金者等）

　ほとんどの国で、居住者・非居住者を問わず、法人（権利能力なき社団も含む）と個人を保護対象としている。法人に関し、英国やオーストリア等は、預金保険制度を消費者保護の観点から構成しているため、保護対象を個人事業主や小企業に限定している[30]。

　また、個人に関し、米国やカナダ等は、共同預金口座[31]、信託口座、退職金、従業員福利などが、別枠で保護対象とされる。こうした制度を活用することで、個人１名が保護上限の数倍の範囲において保護を受けることができる。

　こうして保護対象の枠組みが設計されると、そこから排除される類型が定められる。基本的に、①経済・金融に関する知識・分析力などを有し預金保険制度により保護しなくてもリスクが回避できる預金者、②破綻銀行の関係者、③犯罪や問題ある預金者が排除されている[32]。全体的に、除外者は、欧州で多く、米国・カナダ・日本では少ない。

　ここで①の「経済・金融に関する知識・分析力を有する預金者」とは、すべて法人で、銀行、国、地方公共団体、証券会社、保険会社、投資基金、年金基金等である。このなかで、銀行間預金、すなわち他行預金は、米国とカナダを除くほとんどの国で排除されている。欧州では「EU 預金保険指令」により銀行間預金が排除されており、加盟国すべてで保護対象外と

30）本間・前掲注26）23-24頁。
31）共同預金口座は２人以上、複数の名義人が保有する預金口座で、それぞれが預金の引出しについて同等の権利を有する。各共同預金口座における各人の持分を同一預金保険制度対象銀行にある同一のもしくは異なる共同名義人をすべて合算しその総額について１人当たり保護限度額まで保護される。
32）本間・前掲注26）25頁。

なっている。また、国と地方公共団体の預金は、米国、カナダ、日本を除くほとんどの国で排除されている。

次に②の「破綻銀行の関係者」は、法人において銀行の子会社や関連会社、個人において破綻銀行の経営陣、その家族などがあげられる。欧州の多くの国で、関係者を排除する傾向が強い。なお、米国、カナダ、日本は、こうした預金者を保護対象としているが、破綻銀行の経営陣に対し強く責任追及・損害賠償請求を行っている。

そして③の「犯罪や問題ある預金者」は、マネーロンダリングに関する預金であり、「EU預金保険指令」で排除されており、加盟国すべてで保護対象外となっている。なお、米国、カナダ、日本は、特に排除対象として定めていないが、銀行等がマネーロンダリングに関する預金を受入れないように金融当局が規制・監督を実施している[33]。

3）保護上限

預金保険は、預金保険制度基金の破綻リスクを削減、預金者等にも一定のリスクを課しモラルハザードを削減するために保護上限を設定している。保護上限は、基本的に、預金保険制度の目的と関連し、小口預金者の保護が主目的である場合は上限を低く、金融システムの安定が主目的である場合は上限を高く設定する傾向にある。平均的に個人で所得の2-3倍程度の水準といわれるが、各国で相当程度の差異があり、所得水準の低い国では、預金者は比較的所得水準の高い層であること、貯蓄増強の要請が強いことなどから、所得に対する倍率が高くなる傾向がある[34]。

主要国の金融危機前（2008年以前）における保護上限は、米国：10万ドル（約1,200万円）、カナダ：6万カナダドル（約1,000万円）、英国：3万ユ

---

33) 日本では、「麻薬特例法」（1992年4月）により、金融機関等に薬物犯罪収益に関するマネーロンダリング情報の届出を義務づける「疑わしい取引の届出制度」が創設された。その後、「組織的犯罪処罰法」（2000年2月）により、従来の「疑わしい取引の届出制度」が拡充され、届出対象となる犯罪が「薬物犯罪」から「一定の重大犯罪」に拡大された。

34) 本間・前掲注26) 26頁。

ーロ（約600万円）となっていた[35]。保護上限は、欧米では、特殊な保険制度であるドイツを除き、概ね600-1,200万円となっていた。しかし、米国とカナダは別枠で預金が保護され、英国とドイツは後述する共同保険制度などのため、単純に比較することはできない。また、各国個人の金融資産の保有バランス（預金割合等）も勘案する必要がある（個人金融資産は、日本は欧州・米国に比べ預金の比率が高い）[36]。なお、平時においても、保護上限額は、インフレーション、デフレーション、平均所得の向上、金融商品の発達など経済・金融環境の変化により改定が行われる。

4）共同保険

共同保険（coinsurance）は、一種のロスシェアリング方式で、銀行等の破綻に際し、預金者も一定の損失を負担する制度である。例えば、1,000万円の預金者が、銀行等の破綻に際し、預金保険が900万円（90％）を保護するが、預金者が100万円（10％）の損失を負担することとなる。共同保険制度を採用していた国は、欧州諸国、中南米の国に限定されていた。金融危機後（2008年以降）、英国をはじめほとんどの国で廃止された。

(4) 米国・EU・英国の保護範囲（金融危機前）

米国は、預金保険の保護範囲を広く設計し、厚く預金者を保護し、重点的に金融システムの安定を図ってきた。EUは、基本的に預金保険の保護範囲（対象預金・限度額等）を狭く設計し、市場規律を機能させ、行政・預金保険機関のコストを抑制してきた。

---

[35] 世界金融危機（2008-2010年）を経て、現在（2023年）の保護上限は、米国が25万ドル、カナダが10万カナダドル、英国が85,000ポンドとなっている。
[36] 家計の資産構成として、現金預金比率は日本（54.3％）、ユーロエリア（34.3％）、米国（13.3％）、株・投資信託比率は米国（51％）、ユーロエリア（27.8％）、日本（14.3％）となっている。日本銀行「家計の金融資産構成」（2021年8月20日）（https://www.boj.or.jp/statistics/sj/sjhiq.pdf）

1) 米国

米国の保護対象は最も広く、実質的な保護上限も最も高い。個人、法人（corporation）、パートナーシップ、法人格のない社団（unincorporated association）のすべてが保護主体となり、外国銀行の預金（加盟銀行の外国支店で受け入れた預金も含め）を除いたすべての預金種類を保護する。金融機関や政府・地方公共団体など、経済・金融に関する知識・分析力などを有する預金者、破綻銀行の関係者、なども対象者から排除せず保護している。

一般的な口座の保護上限も高いが、さらに、米国の大きな特徴として、個人の様々な目的で預金されている口座は、一定条件を満たすことにより別枠で保護される。こうした別枠保護は、各口座がそれぞれ異なる目的を持つことから、設定者（銀行等）の意図や受益者（預金者）の利益を別枠で保護するものと考えられる。各口座の保護上限も、一般口座と同様に、金融危機前は10万ドルである。

2) EU

EU諸国は、米国と比較し、保護範囲は格段に狭い。多数の国が、消費者保護の観点から、最小限の組織・職員による最小限の機能・保護範囲を設計・実行している。EU諸国の金融統合は、1980年代後半から欧州統合の一環として進められ、EU内の金融産業の競争促進と金融サービスの質的向上のため、「第2次銀行指令」(1989年) を発行し、EU加盟国に本店のある銀行は、域内の他国に自由に支店を設置できることとした。

1994年に「EU預金保険指令（DGSD）[37]」が発行され、本指令は、各国の異なる預金保険制度が競争条件やクロスボーダー取引を阻害しないよう、EU加盟国の預金保護の最低限のレベルを示すとともに、EUの複数国に支店がある銀行等が破綻した場合は、本国の預金保険制度を実行し保護す

---

37) Directive 94/19/EC of the European Parliament and of the Council of 30May 1994 on Deposit-Guarantee Schemes.

るというルール（本国主義）を定めた[38]。本指令による保護限度額は1預金者当たり2万ユーロ以上とされ、各国は共同保険も選択的に導入できることとされた。

3）英国

英国の預金保険制度は、米国・日本などと比較し、保護範囲が狭く、モラルハザードの回避に重点が置かれた制度であった。保護対象預金は、基本的にリテール預金（個人預金等）に限定され、一部中小企業を除き企業預金は保護されていない。また、保護限度額は、35,000ポンドと比較的少額であり、1人当たりGDPに対する保護限度額は、米国が2.2倍、日本が2.5倍に対し、英国では1.5倍となっていた[39]。

最も大きな特徴として、英国では2007年9月まで、共同保険（co-insurance）を採用しており、本制度は、35,000ポンドを上限に、20,000ポンドまでは全額保護し、20,000-35,000ポンドまでは90％保護するものである。本制度は、保護上限以下においても、金融機関の破綻に際し一定の損失負担を課し、理論的に預金者に対し健全な金融機関を選択するインセンティブを付与し、モラルハザードを抑制する、市場規律を機能させる観点からは理想的なものであった[40]。英国では、従前、国際商業信用銀行（Bank of Credit and Commerce International：BCCI）の破綻や米国のS&L危機を踏まえ、共同保険制度が支持されていた。

---

38) 預金保険制度における本国主義は、第2次銀行指令の本国監督・規制ルールと平仄を合わせた制度である。さらにEU内の他の加盟国に支店があり、本店の所在する国（母国）よりも預金の保証水準が高い場合は、当該預金保険制度に加盟できる選択肢を設けた。
39) 赤間弘「英国における預金保険と銀行破綻処理制度の改革」預金保険機構『預金保険研究』第十号（2009）73頁。
40) 赤間・前掲注39）74-75頁。

8．金融危機時における特例措置（平時と有時）

　預金保険制度は、平時と有事（危機時）を分けて考えることが必要となる。金融危機が発生した場合は、平時における預金等の限定保護では事態を収拾できず危機を拡大することとなり、期間を限定した上で、コストやモラルハザードの発生を度外視し、早期回復を実現するために、預金を含めた銀行負債を広く無制限に保護する特例措置が求められる。

　1990年代、北欧、アジアなどで金融危機が発生したが、金融システムを保護し早期の信用回復を図るため、多数の国で預金の全額保護が措置された[41]。また、ほとんどの国において、一般債権者がシステミック・リスクを発動させないため、銀行の全債務も預金と同様に保護された。

(1) 世界金融危機への対処

　世界金融危機に対応するため、欧州各国、米国は、預金保護の拡充、債務保証、資本注入、不良資産の買取りなど、金融システム安定化に関する施策を実施した。こうした施策は、流動性不足に対し、預金保護の拡充と債務保証、資本不足に対し、資本注入、不良資産の買取り（損失補償）と、有機的に連携しているが[42]、ここでは預金保護の拡充を検討する。

　リーマン・ブラザーズの破綻後、2008年9月にアイルランドが国内大手6行の預金を全額保護したことを端緒に、広範な国・地域で預金保護を拡充する動きが広まった。震源地となった米国や欧州各国はもとより、香港

---

41) 北欧では、スカンディナビア金融危機（1992）に際し、スウェーデン、フィンランドが預金の全額保護を実施した。また、アジア危機（1997-98）に際し、インドネシア、韓国、マレーシア、タイが預金の全額保護を実施した。北欧およびアジア金融危機については、徳丸浩『金融危機管理の成功と失敗』（日本評論社.2018）75-123頁が詳しい。

42) 金融危機は通常、流動性不足により表面化するが、その背後に資本不足の問題が存在する。基本的な対応施策は、中央銀行が流動性供給し金融不安の拡大を防止しながら、金融機関の損失規模（自己資本不足額）を見極め、資本注入等を行い、自己資本の回復を図ることである。

やシンガポールなど一部のアジア諸国、さらに一部の中東諸国においても、既存の預金保険制度下で預金保護が拡充され、預金保険制度が存在しなかったオーストラリア、ニュージーランドでは預金保護措置が導入された。この結果、金融危機発生前と発生後（2010年）において、各国・地域の預金保護の上限を比較すると、欧州・米国をはじめ多数の国・地域で大きく上昇した。世界の預金保険制度・機関は104あるが（IADI：2009年調査）、47の国・地域で預金保護が拡充された（FSB：2009年調査）。この内訳は、恒久措置が21件、時限措置が26件（全額保護は19件）で、時限措置の多くは2010-2011年末に期限が設定され、縮小している。

1）米国

米国では、預金保護上限は連邦預金保険法（FDI法）により規定されており、これまで標準的な保護上限は10万ドルであった。世界金融危機を受け、緊急経済安定化法（Emergency Economic Stabilization Act）の2008年10月の施行により、FDICは、保護上限を2008年1月1日に遡り、2009年末まで限定的に25万ドルに引上げた。その後、ドッド＝フランク法の施行（2010年8月）により、保護上限は恒久的に25万ドルに引上げられた。

また、FDICは、金融安定化策として「時限的な流動性保証プログラム」（Temporary Liquidity Guarantee Program：TLGP）を実施し、2009年末まで限定的に債務保証を行い、決済用預金を全額保護した。なお、本プログラムは、立法措置ではなく、FDI法のシステミック・リスク・エクセプションに基づき実施された。市場における流動性の安定に伴い、債務保証の新規実行は2009年10月末で終了した。決済用預金の全額保護は2009年末に終了する予定であったが、FDIC理事会の決定により、2011年末まで期限が延長された。なお、2009年末までは、すべての銀行の決済用預金が無償で全額保護されたが、2010年からは、FDICに加盟する銀行が保証料を支払うことで、全額保護された[43]。さらに、ドッド＝フランク法の施行により、決済用預金の全額保護は、2012年12月末まで再延長されることとなった。そして、2012年12月末に決済用預金の全額保護措置は終了した。

なお、「前回の2011年末までの延長措置」と「ドッド＝フランク法施行による2012年末までの再延長措置」は、制度の根拠や枠組みなどが相違する。前者は、前述のとおり、システミック・リスク・エクセプションに基づき実施され、金融機関の参加は任意に選択でき、参加金融機関は通常の保険料とは異なる体系の手数料を別途支払っていた。また保護対象となる決済用預金のなかに、低利のNOW（Negotiable Order of Withdrawal：譲渡可能支払指示書）、IOLTA（Interest on Lawyers' Trust Account：弁護士信託口座利息プログラム）が一部含まれていた。一方、後者は、FDICの関連規則を改正した時限措置に基づき実施され、すべての金融機関が自動的に対象となり、通常の保護対象範囲の預金に対する保険料体系がそのまま適用された。また、ドッド＝フランク法の定義に基づき、NOWは保護対象から除外された[44]。

2）EU

EUでは、域内各国の預金保険制度の調和を図るため、1994年に域内共通ルールとして、預金保険指令（DGSD）を定め、各国は、本指令に基づき、預金保険制度を設計・実施していた。本指令は、各国の多様な実情に配慮し最低限の制度的調和を図るものであった。

世界金融危機を受け、EU財務相会議（2008年10月）において、各国の預金保護上限の引上げが合意され、欧州委員会は、預金保護上限の引上げ、保護対象範囲の統一、保険料率の体系などの修正案を提案した[45]。欧州

---

43) 決済用預金の全額保護の保証料は、通常の保護範囲である25万ドルを超えた額に対し、10bp（0.10％）課された。FDICに加盟する8,315先のうち、7,207先が保証料を支払い、保護を受けた（2008年12月末）。杉原正之「諸外国における金融安定化措置について」預金保険機構『預金保険研究』第十号（2009）14-15頁。

44) 当初は、IOLTAも除外する予定であったが、ドッド＝フランク法成立後に再度法改正により定義が見直され、その結果、保護対象に含めることとなった。

45) 本改正は、多くの国にとって保護限度額の引上げを意味するものであったが、例外的に保護限度額の引下げをもたらした場合もあった（イタリアは、従来の限度額〈約10.3万ユーロ〉から若干の下方修正）。

議会（European Parliament）の承認を経て、2009年3月に預金保険指令が改正され、預金保護上限の最低レベルを現行の2万ユーロから5万ユーロに引上げ、さらに2010年末に、「最低レベル」から「定額」に変更したうえで、10万ユーロに引上げられた[46]。また、保護対象範囲は、これまでEU指令で定められておらず、各国で様々であったが、本改正案で、金融機関と金融当局を除くすべての預金者を保護対象とし、保護対象の預金の定義を「元本保証の要件を満たすもの」と明確に定め、統一化を図った。

その後、2014年4月に預金保険指令は改正された。前回の改正は、金融危機を受けて2009年に行われ、保護限度額の引き上げなど一部の項目の改正にとどまっていたが、今回は全面的な改正が行われた。預金保険制度の実務に関する規定が詳細化され、クロスボーダー破綻における預金保護に関する規定も整備された。保護限度額は、引き続き、1預金者ごとに1金融機関あたり10万ユーロ（利息は内数）とされた（6条1）。

3）英国

英国では、預金保護上限は35,000ポンドと比較的少額で、さらに20,000ポンドを超える預金は、共同保険制度により90％が保護される制度であった。サブプライム問題により、中堅銀行であるノーザンロック銀行は流動性危機に陥り、預金取付けが発生した（2007年9月）。財務省はCommon Law Power[47]に基づき、同行預金の全額保護を公表・実施し事態を収拾した。世界金融危機、ノーザンロック銀行の預金取付け発生以降は、個人

---

46) 下記の場合に限り、域内各国は特例的に10万ユーロを超えて預金保護を行いうるものとされている（但し、①②の場合、特例の適用期間は事案発生から12ヵ月以内に限る）。①個人の住宅売却に伴う高額預金の発生、②当該国で認められた社会的配慮の方針に適うような、特別なライフイベント（結婚、離婚、障害、死亡等）に伴う高額預金の発生、③年金関連資産（年金保護スキームの一環として、預金を含め包括的に保護する場合）。

47) Common Law Power（緊急時に立法を経ないで発動できる権限）は、英国の大臣に付与されている権限で、法律上明文的に禁止されていない事項に関し、議会が異議を唱えない限り、緊急措置を発動できるものである。杉原・前掲注43) 13頁。

預金者に金融機関の健全性を分析・判断する能力が備わっていないという見解が強くなった[48]。

　世界金融危機を経て、英国を含めEU諸国全体にて預金保険制度の見直しが行われた。欧州委員会は加盟国に対し、預金保護限度額を2010年までに10万ユーロ以上とし、共同保険を撤廃することを提案した[49]。英国では、2007年10月に共同保険制度が撤廃された。金融サービス機構（FSA）は、2008年10月に預金保護上限を35,000ポンドから50,000ポンドに引上げた。2010年12月には、さらに85,000ポンド（10万ユーロ相当額[50]）に引き上げた。その後、対ユーロ為替のレートの変動により、2016年1月に75,000ポンド、2017年1月に85,000ポンドに変更された。

9．小括

　本章を通し、預金保険制度にはモラルハザードが内在し、抑制の手段を講じる必要があること、預金保険制度は平時と有事（危機時）を分けて考える必要があることがわかる。
　預金保険制度に内在するモラルハザードにより、預金者は銀行等の監

---

48) 英国下院の財政金融委員会が作成・公表した「The run on the Rock」にて、健全性の低い金融機関が高金利を提示し預金を集め経営破綻に至る問題に対しては、米国のような早期是正措置に拠り対処すべきことが主張されている。米国の早期是正措置制度は強い権限を備えており、自己資本比率が一定値を下回ると、高金利での預金受入れが禁止される。赤間・前掲注39）75頁。

49) 当初（1994年）、預金保険指令は、加盟国の預金保護限度額を2万ユーロ以上とすること（対象預金をリテール預金に限定することも可）、共同保険は容認するが保護限度額の90％以上保証することなどを定めていた。しかし、世界金融危機（2008年）を経て、本文のとおり保護の拡大に向け修正された。赤間・前掲注39）75頁。

50) 2009年改正EU指令によって、英国等のユーロ非導入国においては、10万ユーロを自国通貨に換算したうえで、付保限度額を定めることが要求された（1994EU指令第7条にかかる改正）。さらに、2014年改正ではEU指令第6条5において、自国通貨が対ユーロで大きな為替変動を伴う場合には、付保限度額の見直しが求められることとなった。

視・選択を行うインセンティブ、銀行経営者は健全経営・リスク抑制のインセンティブを喪失するおそれがある。預金保険の保護範囲が過小であれば、「預金者の保護」「信用秩序の維持」が実現できず、過大であれば、モラルハザードの発生確率が高くなる。このように、保護範囲の設計は預金保険制度の有効性とリスクに大きく影響するため、各国の政府・金融当局は、適切な保護範囲の設定、およびモラルハザードの削減手段を講じる必要がある。この論証は、本書において重要なものである。本書の問題意識は、日本において、決済用預金の全額保護が適切な保護範囲では無く、預金保険制度にモラルハザードを発生させており、定額保護に移行すべきというものである。

　預金保険制度は、平時と有事（危機時）を分けて考えることが必要となる。金融危機が発生した場合は、平時における預金等の限定保護では事態を収拾できず危機を拡大することとなり、期間を限定した上で、コストやモラルハザードの発生を度外視し、早期回復を実現するために、預金を含めた銀行負債を広く無制限に保護する特例措置が求められるからである。これに関して、政府・金融当局による金融危機（有事）の認定、および平時回帰の認定、特例措置の内容、特例措置終了の判断が重要となる。

　米国において、FDIC は、金融安定化策として「時限的な流動性保証プログラム」（Temporary Liquidity Guarantee Program：TLGP）を実施し、2009年末まで限定的に債務保証を行い、決済用預金を全額保護した。全額保護は2009年末に終了する予定であったが、FDIC 理事会の決定により、2011年末まで期限が延長された。さらに、ドッド＝フランク法の施行により、決済用預金の全額保護は、2012年12月末まで再延長されることとなった。そして、2012年12月末に決済用預金の全額保護措置は終了した。このように米国では、決済用預金の全額保護は金融危機時における特例措置として発動され、平時に回復・回帰した場合には定額保護に戻されている。決済用預金の保護ついては最も重要な論点であり、本編（第Ⅳ編）第5章で考察する。

第2章
市場規律の限界と有効活用

1．預金者規律の有効性

　市場規律とは、端的には、「ある金融機関の健全性が低下すれば、株価や債券の価格など、市場での評価が低下し、金融機関の資金調達コストが上昇する結果、これが利益の低下に直結する。そして、このことが金融機関の市場からの退出を促したり、経営のリストラクチャリングを促進する」ことを意味する[1]。

　Bliss and Flannery（2002）は、市場規律を市場の監視能力（Market Monitoring）と市場の影響力（Market Influence）に分けて分析している。

　市場の監視能力とは、投資家や債権者が金融機関の経営状態を分析・評価し、その評価が速やかに市場に反映されることである。また、市場の影響力とは、市場からの評価に対し、金融機関がリスク抑制、経営改善を実施し健全化を図ることである[2]。預金者規律のメカニズムを、下記に示した[3]。預金者規律の基本行動の前半①‐④が監視能力、後半⑤⑥が影響力に対応する。

　市場規律の有効性を確認するためには、市場の監視能力と影響力の両者を検証する必要がある。預金市場において、監視能力とは、預金者が金融機関の経営状態を分析・評価し預金を引き出したり、高い金利を要求する

1）翁・前掲第Ⅳ編1章注5）153頁。
2）永田邦和「預金市場の市場規律と銀行経営」鹿児島大学経済学論集第76号（2011）57頁。
3）翁百合「市場規律活用型の監督行政―その効用と限界―」（Business & Economic Review 2002年10月号）66頁。

ことであり、影響力は、預金の流出や金利の上昇に対し、金融機関のガバナンスや内部統制が有効に機能し、金融機関がリスク抑制、経営改善を実施し健全化を図ることである。

〈預金者規律のメカニズム〉
① 金融機関のリスク増加、健全性の低下
② 預金者の低評価
③ 預金の引出しが増加・高い預金金利を要求
④ 金融機関の資金アベイラビリティ（利用可能量）の減少・資金調達コストの増加
↓
⑤ 金融機関の経営改善
⑥ 金融機関のリスク減少・健全化

(1) 預金市場の監視能力（Market Monitoring）

預金市場の市場規律に関する先行研究の多くは、預金市場の監視能力を分析している。

Park（1995）,Park and Peristiani（1998）,Goldberg and Hudgins（1996,2002）,Maechler and McDill（2006）等は、米国の金融機関のデータを用い、預金量・預金金利と銀行リスク要因・市場リスク要因との因果関係を計量分析し、金融機関の経営が悪化すると預金残高が減少し、預金金利が上昇することを示している[4]。

このなかで、Park and Peristiani（1998）は、付保預金者が金融機関を監視するインセンティブを持ち行動していたことを見出した。また、Cook and Spellman（1994）は、貯蓄金融機関が付保預金であっても各先

---

4) 預金市場の監視能力を分析した先行研究は、この他にも、Goldberg and Lloyd-Davies（1985）,Baer and Brewer（1986）,Hannan and Hanweck（1998）, Hanweck（1998）, James（1988）（1990）,Cargill（1989）,Keeley（1990）,Ellis and Flannery（1992）, Jagtiani and Lemieux（2000）など多数ある。永田・前掲注2）70頁参照。

の健全性に応じ預金金利を設定していることを見出した。これらから、預金者が付保預金であっても完全に安全な資産と考えず、不利な条件（預金の払い戻しに時間と労力がかかる、一時的に預金を引き出せなくなるなど）を被ること、預金保険機構の支払余力にも懸念を抱いていることが推察される（Park and Peristiani〔1998〕）。すなわち、付保預金者であっても、一定の市場規律の役割を果たしていると考えられる（Martinez-Peria and Schmukler〔2001〕）。

米国以外においても、Mondschean and Opiela（1999）は、ポーランドを対象に、Martinez-Peria and Schmukler（2001）は、アルゼンチン、チリ、メキシコを対象に、各国の金融機関のデータを用い、預金量・預金金利と銀行リスク要因・市場リスク要因との因果関係を計量分析し、金融機関の経営が悪化すると預金残高が減少し、預金金利が上昇することを示している。

日本の金融機関を対象とした先行研究として、原田（2002）、細野（2003）、今井（2005）、村田・堀（2006）、笛田・小西（2007）、矢島（2010）、大塚（2010）などがある[5]。

原田（2002）は、1989年9月期-2000年3月期において、預金の増加率を、銀行の不良債権や自己資本比率（BIS基準に基づく比率ではなく貸借対照表上の資産額に資本額を割った比率）などで回帰分析し、銀行のリスク指標（不動産関連貸出シェア、不良債権比率、自己資本比率、ROA、流動性比率）に預金残高が比例すること、また、銀行の信用格付の評価変更が預金残高を変化させることを示した。さらに、都市銀行と地方銀行を比較し、金融当局のTBTF政策、すなわち国内を代表する大規模な銀行は破綻させない政策、を期待した預金者行動の可能性も見出している[6]。

細野（2003）は、1992年3月期-2002年3月期において、預金の増加率

5）矢島格「日本における預金者規律の有効性について―92年3月期〜08年3月期を対象にした分析―」中央大学大学院研究年報第13号（2010）57頁。

6）日本のTBTF政策については、米田貢『現代日本の金融危機管理体制―日本型TBTF政策の検証―』（中央大学出版部,2007）が詳しい。

や預金金利を被説明変数にして、銀行のリスク指標で回帰分析し、銀行のリスク水準に対し、預金残高比率は負の相関、預金金利は正の相関、すなわちリスク水準が高いと預金残高比率は低下し、預金金利は上昇する、一方でリスク水準が低いと逆の反応となることを示した。さらに、銀行のリスクに関する預金残高と預金金利に対する相関反応は、地方銀行で強く、都市銀行で弱いことを見出している。これは、預金者が金融当局のTBTF政策を期待していることを示している。

村田・堀は、1992年3月期-2003年3月期において、これまで先行研究で分析対象とされていなかった信用金庫・信用組合のデータを用いて、預金の増加率と預金金利を、金融機関のリスク指標（自己資本比率、流動性比率、収益性、資産規模等）で回帰分析し、信用金庫・信用組合の預金者もリスクに反応していることを示した。

笛田・小西（2007）は、1990年4月期-2005年3月期までのすべての金融機関、すなわち、都市銀行、地方銀行、信用金庫、信用組合のデータを用いて、預金の増加率と預金金利を、金融機関のリスク指標（自己資本比率、不良債権比率、ROA、流動性比率等）で回帰分析し、リスクの高い金融機関は預金が流出し、預金金利も上昇することを示した。

そして、今井（2006）と矢島（2010）は、預金保険制度の改正（ペイオフ解禁）の影響を考察するため、2002年4月のペイオフ部分解禁を基準として、下記分析を行った。

今井（2006）は、従来の先行研究とは違い、Moodys社による銀行財務格付が付与されている銀行50社を対象に回帰分析を行い、2002年4月のペイオフ部分解禁に伴い預金者が格付水準の差に敏感に反応するようになり、普通預金と定期預金の金利差が拡大したことを実証した。これは、信用格付が有意に反応していることを示している。

矢島（2010）は、1992年3月期-2008年3月期において、銀行のデータを用い預金残高の回帰分析を行った。この結果、2002年4月のペイオフ部分解禁以降は、自己資本比率・総資産利益率が高い金融機関、および不良債権比率・流動性比率が低い金融機関ほど預金残高が増加傾向であることを示した。さらに、2005年4月のペイオフ完全解禁後は、総預金残高と定

期性残高の状況において、預金者の規律が高まったことを示した。

　大塚（2010）は、1990年3月期-2005年3月期において、地方銀行と信用金庫を対象にアンバランスド・パネルデータを用いて実証的に分析し、預金者が金融機関のリスクが高まると高い金利を要求する傾向があることを実証した。

　また、稲倉・清水谷（2005）は、従来の先行研究とは違い、金融機関のデータではなく、1996年（ペイオフ凍結）と2001年（ペイオフ部分解禁直前）の家計のミクロデータを用い、家計がリスクに応じ金融機関選別を強めるかを定量的に検証した。この結果、2001年時点の方が、預け替えが積極的に行われること、預け替え元の金融機関と預け替え先の金融機関の財務状況を比較すると、後者のほうが、流動資産比率、自己資本比率、総資産額の指標で、有意に優れており、預金増加率も高いことを示した。

(2) 預金市場の影響力（Market Influence）

　預金市場の影響力を検証した国内の先行研究として、笛田・小西（2007）、内田・佐竹（2009）、大塚（2010）、細野（2010）、永田（2010）がある[7]。

　笛田・小西（2007）は、預金市場の市場規律が、銀行に経営改善のインセンティブを付与しているかを検証し、具体的には、金融機関のデータを用いリストラに関する指標の変化率を預金変化率で回帰分析し、前年度に多額の預金が流出した金融機関は、営業経費や人件費を削減するなど、リストラに積極的になることを示した。

　内田・佐竹（2009）は、銀行の費用効率性と収益効率性を、預金・資産比率などで回帰分析し、銀行の資金調達に占める預金の割合が高くなれば、預金者の銀行への規律付けが強化され、預金・資産比率の高い銀行ほど、費用効率的であることを示した。しかし、収益効率性は影響を受けておらず、市場規律は投入物の効率的な利用を促進しても、生産・投入の組合せ

　7）永田邦和「預金市場の市場規律と不良債権問題」生活経済学研究第32巻（2010）
　　3頁。

には影響を与えていないことを示した。

　細野（2010）は、不良債権問題の解消に向けペイオフ解禁が一要因として機能したことを検証し、総預金に占める定期預金の割合が高くなるほど、規律付けが強化されることを示した。しかし、定期預金比率が高くなると、貸出金償却は増加するが、不良債権比率は低下しないことも示し、市場規律の有効性を限定した。これは、経営者にモラルハザードが発生したことが推察される。

　永田（2010）は、2000年3月期-2006年3月期における都市銀行・地方銀行・第二地方銀行のデータを用い、ペイオフ部分解禁（2002）を基準に2002年度以前と以後の比較も含め、預金の流出が銀行の不良債権処理を促進したか検証した。その結果、預金の流出に直面した銀行は多額の不良債権を処理し、銀行が預金者の行動に反応することを見出した。そして、預金者がリスクに反応する条件と、銀行が預金者の行動に反応するという条件を重ねて満たしており、預金者による市場規律は有効に機能していることを確認した。また、預金保険制度の変更（ペイオフ解禁）は、預金者のリスク感応度を通じ、不良債権処理の促進に間接的に影響を与えていた可能性を示した。

(3)　先行研究からの考察

　(1)市場の監視能力（Market Monitoring）と(2)市場の影響力（Market Influence）の先行研究は、分析対象とした金融機関、期間、分析手法など異なるが、下記のとおり集約・整理することができる。

　(ⅰ)米国をはじめ広く海外諸国で、金融機関の経営が悪化すると預金残高が減少し、預金金利が上昇するといった、預金の監視能力が機能している。なお、付保預金者も、預金保険への不信、不利な条件を被るおそれ等から一定の監視能力を機能させている。

　(ⅱ)日本においても、(ⅰ)と同様に、金融機関の経営が悪化すると預金残高が減少し、預金金利が上昇するといった、預金者の監視能力が機能している。なお、金融機関のデータだけでなく、家計のミクロデータから、家計がリスクに応じ金融機関選別を強めることを実証した研究結果もあり、両

方向から預金者の監視能力が確認された。

　(ⅲ)日本において、銀行以外の金融機関、信用金庫および信用組合においても預金者の監視能力が機能している。なお、多数の研究が、都市銀行と地方銀行を比較すると、地方銀行で強く監視能力が機能しており、TBTF政策を期待する預金者行動が確認された。

　(ⅳ)日本において、預金の全額保護から定額保護への移行の影響を研究した結果、ペイオフ解禁後に定期性預金を中心に預金者の監視能力が高まったことが確認された。これは、家計のミクロデータを利用した研究からも確認された。なお、定額保護移行後、銀行に対する格付に預金者が反応することを示す研究もあった。

　(ⅴ)日本において、預金市場の低評価に対し金融機関が健全化に向け経営改善を実施するといった、預金の影響力が機能している。影響力の範囲として、経費・人件費削減などリストラを進めることが確認されたが、不良債権処理を加速させることは限定的であることを実証する研究があった。この結果、銀行経営者にモラルハザードが発生した可能性が残された。

(4)　金融実務からの補完・考察

　預金者による規律の有効性、すなわち「監視能力」と「影響力」による経済学的な観点からの先行研究を集約・整理したが、地方銀行の実務で補完をしてみたい。

　地方銀行において、預金残高は銀行経営の基盤となる重要な数値であり営業店および本部で残高（末残・平残）を管理している。一般的に地域別（県・市町村レベル）の範囲で各金融機関は預金残高および融資残高を報告し、各金融機関の預金残高（種類別）および融資残高（種類別）のシェアが確認できる。本部において、こうした各地域の預貸の数値・シェアに基づき地域別の戦略を策定し、営業店は本部からの目標達成に向けて取組むこととなる[8]。

　営業店の実務においては、預金種別毎の残高を日々確認し、特に大きな金額の移動はチェックを行い、大口定期預金の原資（退職金、他金融機関からの預け替え等）、解約理由（住宅資金、他金融機関への預け替え等）など

を確認し、本部へ報告する。

　筆者の実務経験（1990-2009年）から、金融機関の経営・財務状況の悪化、不良債権の増加、主要取引先の経営不安などから預金、特に大口定期預金の解約や健全性の高い金融機関への預け替えなどの預金者の行動は少なからずみられた。併せて、健全性の低い金融機関が、退職金や土地売却代金などを原資とする大口定期預金に対し高い金利の付与を提示し預金を獲得する行動もみられた[9]。そして、ペイオフの解禁、さらに金融機関の破綻（足利銀行の破綻、長野県内金融機関の破綻）に伴い、こうした動きは強まったと感じる。こうしたことから、先行研究を踏まえ、預金者による監視能力は機能していたと考えられる。なお、健全性の低い金融機関が高い金利を提示し多額の定期預金等を集めていたことから、金融機関経営陣および預金者にモラルハザードが発生していたと考えられる。

　また、影響力、すなわち市場からの低評価に対し、金融機関がリスク抑制、経営改善を実施し健全化を図る行動については、前述のとおり、基本的に預金の増減やシェアは金融機関本部で把握されるため、経営陣の判断、ガバナンスの問題となる。筆者の実務経験から、健全性を図るために不良債権処理を推進するかについては、経営陣の適正な判断、ガバナンスの有効機能を前提として、金融当局による規制・監督（規制規律）、各金融機関の体力、さらに地域の経済や企業の状況など複合的な要因により決定される。特に、地域の経済や企業が全体的に疲弊しているタイミングにおいて、不良債権処理を強く推進したり、自己資本比率を高めるため融資を制限すると、地域の活力が失われることとなる。しかし、預金の流出が不良債権処理を中心に健全性強化を図る重要な要素となることは明らかであり、

8）地方銀行の実務において、一般的に各地域のシェアに基づき営業戦略を展開している。例えば、シェアの高い地域においては、リーダ戦略的に更なるシェアアップを目指し、預金金利の上乗せは比較的少ない。一方で、シェアが低い地域では、預金金利の上乗せを比較的多く行う。

9）筆者の銀行勤務時代において、健全性の低い金融機関の営業戦略として、健全性の高い地域のリーディングバンクの金利を基準に上乗せし、併せて贈答品などを付け預金を獲得する手法がみられた。

実務からも一定の影響力は確認できる。

預金の流出にも関わらず、健全性強化への行動がみられず、経営が悪化している取引先に追加融資をしたり、リスクの高い先に融資を推進する金融機関もあり、経営陣にモラルハザードが発生していたと考えられる。

2．債権者規律の有効性

劣後債は、すべての担保付債務および無担保債務に劣後する無担保債務であり、利率は相対的に高く設定されるが、銀行の破綻時において、最も支払い順位が低く[10]、こうした属性から、最も銀行に対する監視機能が働くと考えられる[11]。BIS規制では、劣後債は負債性資本調達手段として自己資本の補完的項目（Tier2）への算入が認められており、銀行は自己資本増強手段として発行している。

劣後債による市場規律を検証するためには、劣後債利回りプレミアムと銀行のデフォルトリスクとの相関を示すことが求められ、標準的な検証手法は、銀行劣後債イールドスプレッドと銀行リスク・市場リスク要因との因果関係を計量分析することである[12]。

米国において、こうした手法により、劣後債規律の有効性を確認する多数の先行研究がある[13]。劣後債規律のメカニズムを下記に示した[14]。

〈劣後債規律のメカニズム〉
① 金融機関のリスク増加・健全性の低下

---

10) 米国において、銀行破綻時の弁済の優先順位は、(1)担保付債務、(2)行政費用（税金等）、(3)国内付保預金、(4)国内非付保預金、(5)その他非付保債務（外国預金者、優先債券保有者等）、(6)劣後債、(7)株式、となっている。
11) Board of Governors of the Federal Reserve System (1999)、Board of Governors of the Federal Reserve System and the Secretary of the US Department of the Treasure (2000).
12) 小林礼実「市場規律の確立の必要性とわが国の取り組み」名古屋大学「経済科学」第52巻第3号 (2004) 106頁。

② 市場の低評価
③ 劣後債のプレミアムが上昇
④ 資金調達コストの増加
↓
⑤ 金融機関の経営改善
⑥ 金融機関のリスク減少・健全化

(1) **劣後債市場の監視能力** (Market Monitoring)

1980年代前、Beighley (1977)、Fraser and McCormack (1978)、Herzig-Marx (1979)、Pettway (1976) は、劣後債利回りプレミアムとレバレッジ比率、収益変動性指標、損失率など様々なリスク指標との関係を検証したが、リスク指標と期待収益との間に統計的に有意な関係をほとんど見出すことができなかった。

Avery,Belton and Goldberg (1988) は、1983年から1984年の期間において劣後債の価格付けについて、コールオプションの価値を反映させてクロスセクション分析を実施したが、無担保社債の金利が銀行リスクに反応する事実を見出すことができなかった。

Flannery and Sorescu (1996) は、1983年から1991年の期間において劣後債の流通市場データを分析し、大手銀行持株会社の劣後債利回りが、発行銀行のリスク特性を現す会計指標に反応することを示した。そして、先行研究において劣後債利回りプレミアムと銀行のリスク指標との間に相関関係が見出されないのは、1980年代の政府のTBTF政策（暗黙的保護）が

---

13) 本文の他にも、Hassan (1993), Board of Governors of the Federal Reserve System (1999),Morgan and Stiroh (1999) (2001), Berger et al. (2000), Brewer et al. (2000), Covitz et al. (2000) (2002) (2003), Evanoff and Wall (2001) (2002), Hancock and Kwast (2001), Jagtiani and Lemieux (2000), Lang and Robertson (2000), Sironi (2001) など多数の先行研究がある。小林礼実「日本の債券市場における邦銀の劣後債発行の有効性」名古屋学院大学論集社会科学篇第48巻第3号 (2012.1) 67-68頁参照。

14) 翁・前掲注3) 66頁。

主要因であることを主張した[15]。

　Jagtiani and Lemieux（2000）は、1980年から1995年の期間において劣後債利回りスプレッドは銀行のリスク指標と相関関係にあることを見出した。Evanoff and Wall（2001）は、劣後債利回りスプレッドは、CAMEL指標、BOPEC指標[16]と相関関係にあることを見出した。

　DeYoung, Flannery, Lang and Sorescu（2001）は、1986年から1995年の期間において分析し、劣後債利回りスプレッドが、会計ベースおよび市場ベースのリスク指標、信用格付との間に相関関係があることを見出した。

　日本において、銀行発行の劣後債規律の有効性を検証した先行研究は少なく、前多（2006）、小林（2003）（2012）がある。

　前多（2006）は、2003年3月期から2005年3月期の3年分の財務諸表を劣後債の流通プレミアムのデータを用いて分析、具体的に劣後債のプレミアムを不良債権比率など銀行のリスク指標と流動性指標で回帰分析している[17]。この分析結果として、劣後債のプレミアムは銀行のリスク指標や流動性指標などの財務諸表に有意に機能していることを確認し、劣後債に

---

15) TBTF（Too big to fail）政策は、1950年に改正された連邦預金保険法13条(c)によりFDICに付与された手法であり、当該金融機関が地域社会に「不可欠」な場合に無制限に公的支援を受ける制度である。本政策が初めて適用されたのはユニティ銀行の破綻（1971年）であり、その後、コモンウェルス銀行の破綻（1972年）、ファーストペンシルバニア銀行の破綻（1980年）でも適用され、コンチネンタル・イリノイ銀行の破綻（1984年）において定着した。TBTF政策は、銀行経営者、預金者、債権者にモラルハザードを発生させ、多数の金融機関が破綻し、その結果、連邦貯蓄貸付保険公社（FSLIC）および連邦預金保険公社（FDIC）自体が巨額の損失を被り破綻の危機に陥った。その後、1991年に連邦預金保険公社改善法（FDICIA）が施行され、破綻処理における最小コスト原則（least-cost resolution）が法的義務となり、TBTF政策は廃止された。山田剛志『金融自由化と顧客保護法制』（中央経済社.2008）204頁。

16) BOPECは、銀行持株会社の安全性および健全性を格付する指標で、B（Bank subsidiaries）、O（Other nonbank subsidiaries）、P（Parent company）、E（Earnings）、C（Capital adequacy）から構成される。

17) 劣後債には、コールオプションなどのオプションが付いていない、みずほコーポレート銀行、UFJ銀行、三井住友銀行、三菱東京UFJ銀行、広島銀行、西日本シティ銀行、住友信託銀行の債券を選択している。

よる市場規律が機能していることを示した。

　一方で小林（2003）は、劣後債イールドのデータとして2000年6月-2002年10月までの週次データを用いて分析し、具体的に銀行のリスク指標として市場レバレッジ率（負債総額の普通株市場価値と優先株簿価の和に対する比率）を用いて回帰分析している。この分析結果として、劣後債プレミアムは銀行のリスク指標や流動性指標などの財務諸表に有意に機能していないことを示した。さらに、小林（2012）は、前回調査のデータを延長し、2001年4月-2004年12月までの週次データを用いて、前回調査と同様に回帰分析を行い、米国の銀行制度下で用いられている方法と同様な形で国内銀行を評価しない限り、劣後債プレミアムは銀行固有のリスクの影響を受けないことを示した。

　小林（2003）（2012）の研究成果は、米国における政府のTBTF政策下の1980年代の銀行データを用いた先行研究の結果と整合性があり、日本にも政府の暗黙的保護が存在することを示唆している。また、小林（2012）は、2003年以降に発行された劣後債プレミアムは銀行固有のリスクを受けていることを示し、その理由として、2002年の預金保険制度改革（一部ペイオフ実施）による環境変化の可能性をあげている。

(2)　**劣後債市場の影響力**（Market Influence）

　劣後債市場の監視能力について先行研究を整理し、米国においてはTBTF政策の転換に伴い劣後債プレミアムと銀行固有のリスク指標に有意な関連性が見出せ、日本においては、先行研究が少ないこともあり、ペイオフ解禁後に可能性はあるものの、明確に劣後債プレミアムと銀行固有のリスク指標に有意な関連性を見出せない、ことを考察した。

　このように、劣後債市場の影響力（①-④）に関する研究は米国において積み重ねられ実証されたが、一方、劣後債のプレミアムが銀行の経営改善、健全化強化に結びついているか影響力（④→⑤⑥）に関する研究実績は報告されていない[18]。

(3) 先行研究からの考察

　劣後債市場の監視能力（Market Monitoring）の先行研究は米国では多数あるが、日本ではわずかである。日本で先行研究が少ないのは、米国・欧州と相違し社債市場が未発達で、劣後債の市場が小規模であることが主な理由であると考えられる。

　先行研究（監視能力に限定）は分析対象とした金融機関、期間、分析手法も異なるが、下記のとおり集約・整理することができる。

(ⅰ) 米国において、1987年以前のデータを利用した研究では、政府のTBTF政策が劣後債権者に浸透し、劣後債プレミアムと銀行固有のリスク指標との間に関連性があることを見出せなかった[19]。

(ⅱ) 米国において、1987年以降のデータ、または1987年以前のデータおよび1987年以降のデータによる混合データを用いた先行研究の多くは、劣後債プレミアムと銀行固有のリスク指標との間に正の関係があることを見出した。

(ⅲ) 米国において、TBTF政策が転換されると、劣後債プレミアムが銀行固有のリスク指標に反応し出すと考えることができる。劣後債プレミアムが反応していない期間は、劣後債保有者が銀行のリスクを把握する能力が無いのではなく、銀行が破綻しても政府により劣後債が保護されるという見通しにより、債券を売却する行動を行わなかったと考えることができる。

(ⅳ) 日本において、社債市場、その一部である劣後債市場は米国・欧州に比較し小規模で、劣後債を発行している銀行も少ないため、先行研究は僅かである。その先行研究も、劣後債規律の有効性を確認する研

---

18) 前多康男「わが国の金融市場における市場規律の活用の可能性について」日本銀行金融研究所『金融研究』第28巻第1号（2009年3月）33頁参照。
19) コンチネンタル・イリノイ銀行の破綻（1984年）に対するTBTF救済は、1986年以前は劣後債、預金等のリスクがなかったことを示唆する。先行研究は、政府が1980年代後半に劣後債保有者に対するTBTF保護を縮小させたことから、1987年以前のデータと1987年以降のデータに期間を分けて検証している。

究としない研究があり、劣後債プレミアムと銀行固有のリスク指標との間に明確に関連性があるかは不明である[20]。

(ⅴ) 日本において、2002年の預金保険制度改革（ペイオフの部分解禁）以降、米国と同様に、劣後債プレミアムが銀行固有のリスク指標に反応し出したと考えることは可能である。

3．市場規律の限界

(1) 市場規律と規制規律との関係

「債権者による市場規律」と「金融当局による規制規律」との関係を整理すると、1）市場規律が規制規律よりも優位な面、2）市場規律が規制規律に補完的役割を果たす面がある[21]。こうした1）優位性、2）補完性は、金融機関の健全化に向け同方向のベクトルであり、両者を有効に連携させることで相乗効果が期待できる。

一方で、3）市場規律は規制規律と相反する局面もある。こうした局面は、金融システムの混乱を惹起し、市場規律の限界として位置づけられ、規制規律、金融当局による積極的な介入（行政措置）により抑制・対処することが求められる。各内容は下記のとおりである[22]。

1）市場規律の規制規律に対する優位性

市場規律は、規制規律に比較し、多数の市場参加者のチェック＆バラン

---

20) 前多（2006）と小林（2012）の調査の主な相違点は、対象期間と銀行のリスク指標である。前多は、2003年3月から2005年3月を対象期間として、対象銀行の財務諸表から得られる不良債権比率と自己資本比率をリスク指標として調査を行った。小林は、2001年4月から2004年12月を対象期間として、市場レバレッジ率（負債総額の普通株市場価値と優先株簿価の和に対する比率）をリスク指標として調査を行った。なお、小林（2012）も、2003年以降に発行された劣後債は銀行固有のリスクの影響を受けていることを示し、両者の調査結果は必ずしも相反するものではない。
21) 翁百合『金融危機とプルーデンス政策』（日本経済出版社．2010）80頁。
22) 翁・前掲注21) 80-81頁を参照した。

スによって形成される特徴を有する。金融機関の開示情報や動向などを基に、外部監査人・投資家・信用格付機関・金融アナリストなどが多角的に財務諸表やリスク情報などを評価・分析し、相互の評価を参照しながら市場で当該金融機関の価格付けを行う。

　金融当局も市場も完全ではないが、市場規律は多数の参加者により多角的な評価・検討がなされ最終価格に反映される。また、金融機関の健全化が進展すれば、資金調達コストの減少に繋がり収益性の向上を図れることから、経営者のインセンティブと整合的な規律である。さらに、金融機関の情報開示により経営状態の透明化が進展し、規制規律と比較し、問題の先送りを許容しにくい優位性を有している。

2）市場規律の規制規律に対する補完性

　市場規律は、基本的に規制規律に対し補完的に作用する。金融当局の人員・労力は有限で、こうした少ない人的資源による金融機関の健全性に関する情報収集機能を補完する機能を持つ。市場における債権者（預金者と債券保有者）の動向や信用格付機関や金融アナリストなどの情報を金融機関の健全性を判断する参考資料に活用できれば、金融当局の有限な人的資源を、検査・監督をより必要とする金融機関に集中的に投下することができ、効率的な金融規制・監督業務の遂行に結び付く。

　こうした行動は、金融機関にインセンティブも付与することとなる。さらに、市場規律が有効に機能する環境が構築されると、金融機関経営がより健全となることによって、最終的には預金保険基金や国民にかかるコストの削減も期待される。

3）市場規律と規制規律の対立性

　市場規律は、「市場のシグナル」を通じ、預金者により預金取付け（Bank Run）を惹起したり、システミック・リスクを招く可能性・問題性を有している。市場のシグナルは多数のステークホルダー（利害関係者）に広がり、規制規律による裁量や配慮を受け容れず、拒絶する可能性が高く、規制規律と対立する場面が生じる。

また、財務に関する情報が正確であっても公開情報だけで十分でない場合、ステークホルダーが誤った判断を行う可能性もある。特に金融機関の健全性が確保されていない時に市場規律が過剰に機能し、規制規律と対立する局面が発生しやすい。

(2) **市場規律の限界**

　金融システムの不安定期（有事）において市場規律は的確に機能せず、規制規律と対立し、外部不経済を惹起する可能性があることを述べた。それでは、金融システムの安定期（平時）において、市場規律は規制規律を必要とせず有効に機能するのか、市場規律の限界を考察する。

１）情報の非対称性・不完全性

　市場規律が有効に機能するためには、預金者等が金融機関の経営状態を的確に把握し合理的に判断することが求められる。しかし、多くの預金者等は金融機関の経営状態・健全性に関する情報を収集する能力とインセンティブを有していない。金融機関の経営状態・健全性を調査することは多くの時間と労力を要し、預金額が少量であっても節約できるものではない。また、金融機関の経営状態・健全性に関する情報を収集できたとしても、多くの預金者等は経済・金融環境などを踏まえ、情報を合理的に分析・判断する能力とインセンティブを有していない[23]。そして、預金者がある金融機関の破綻に際し、金融機関全体の健全性に疑問を持つことになると、伝染効果として健全な金融機関の預金引き出しを行い、金融システム全体の混乱を引き起こす可能性もある。

　こうした状況に対し、本書では、市場規律を機能させる前提・条件として、金融機関に情報開示（ディスクロージャー）の充実を求め、格付会社による信用格付を有効活用することを述べる。そして、市場規律を有効に

---

[23] 金融機関に関する情報はマクロに経済・金融環境、ミクロに地域・個別金融機関などの状況により変動するため、的確に把握することは困難である。

機能させる金融実務を勘案した具体的な方策について提言する。しかし、情報の非対称性・不完全性は直ちに改革されるものではなく、中長期的な視点で規制規律との最適なバランスを築いていくべきである。

2）劣後債市場の限界

劣後債は、債務のなかで銀行破綻時に最も劣後する負債性資本調達手段であり、劣後債権者は銀行に対する規律付けに最も適していると考えられる[24]。米国において、劣後債による規律の有効性が確認され、金融当局も劣後債プレミアムを信用リスクおよび流動性リスクなどの参考情報として活用している。米国通貨監督局（OCC）は銀行持株会社の劣後債流通スプレッドをモニターし、大きくスプレッドが変化した場合には、本部と検査官による議論を経て、緊密なモニタリングを開始する。また、FRBも株式市場のデータおよび格付情報から導出されるデフォルト確率と併せ銀行の劣後債のスプレッド変化を月次ベースでモニタリングしている[25]。

日本においても、預金者および劣後債保有者による規律の有効性が確認され、経済学的な先行研究などから総合的にモニタリングすることが有用・重要とされる。しかし、日本においては、従来から銀行貸出中心の資金仲介構造であったことから、社債市場は未発達で、その一部である劣後債市場は米国・欧州に比較して小規模である。

また、3メガバンク全行は劣後債を発行しているが、多くの地方銀行、特に自己資本比率の高い上位銀行は、近年自己資本比率が充実していることなどから、劣後債を発行していなかった。地方銀行の数先は、新型コロナ禍において厳しい財務状況のなか新規融資の実行に向け自己資本比率を

---

24) 前多・前掲注18) 24頁、翁・前掲注3) 69頁。
25) 米国において、金融当局は、株式と劣後債券からのシグナルをモニタリングし、株価と社債は企業価値のボラティリティーが拡大するときは、違うシグナルを発するが、銀行の破綻可能性に関し株式市場と債券市場のどちらがより優れたシグナルを発しているか、結論が出ていない。社債のスプレッドは、市場からの警告として有効で、株式市場のデータは、検査格付を格下げする時により有効である、としている。翁・前掲注3) 68頁。

高めるため、劣後債を発行したが[26]、全体に占める割合は小さい。

　日本においては、預金者による市場規律と劣後債保有者による市場規律を総合的にみることが重要とされるが、現段階においては預金者による市場規律しか期待できず、劣後債保有者による規律を活用するには力量不足の状況で補完的に活用していくのが限界である。今後、地域銀行の劣後債の発行が増加し、こうした状況が変わる可能性はあると考えられる。

4．小括

　預金者規律の有効性として、先行研究から、米国と同様に、金融機関の経営が悪化すると預金残高が減少し、預金金利が上昇するといった、預金者の監視能力が機能していることが判明した。なお、付保預金者も一定の監視能力を機能させていることも示された。そして、都市銀行と地方銀行を比較すると、地方銀行で強く監視能力が機能しており、TBTF政策を期待する預金者行動が確認された。また、預金の全額保護から定額保護への移行の影響を研究した結果、ペイオフ解禁後に定期性預金を中心に預金者の監視能力が高まったことが確認された。定額保護移行後、銀行に対する信用格付に預金者が反応することを示す研究もあった。そして、預金市場の低評価に対し金融機関が健全化に向け経営改善を実施するといった、預金の影響力が機能しているが、影響力の範囲は限定的で、銀行経営者にモラルハザードが発生した可能性が残された。こうした先行研究の結果を筆者の金融実務経験から補完・確認した。これらは、本研究の基礎となるものである。

　劣後債市場の監視能力（Market Monitoring）の先行研究が日本で少数なのは、米国・欧州と相違し社債市場が未発達で、劣後債の市場が小規模であることが主な理由と考えられる。米国において、TBTF政策が転換さ

26）横浜銀行などを傘下に持つコンコルディア・フィナンシャルグループは2020年4月に200億円の劣後債を発行した。また、中国銀行も2020年10月に100億円の劣後債を発行した。

れると、劣後債プレミアムが銀行固有のリスク指標に反応し出すと考えることができる。劣後債プレミアムが反応していない期間は、保有者が銀行のリスクを把握する能力が無いのではなく、銀行が破綻しても政府により劣後債が保護されるという見通しにより、債券を売却する行動を行わなかったと考えることができる。日本の少数の先行研究は、劣後債規律の有効性を確認する研究としない研究があり、劣後債プレミアムと銀行固有のリスク指標との間に明確に関連性があるかは不明である。2002年の預金保険制度改革（ペイオフの部分解禁）以降、米国と同様に、劣後債プレミアムが銀行固有のリスク指標に反応し出したと考えることは可能である。

　「債権者による市場規律」と「金融当局による規制規律」との関係を整理すると、市場規律が規制規律よりも優位な面、市場規律が規制規律に補完的役割を果たす面がある。こうした優位性、補完性は、金融機関の健全化に向け同方向のベクトルであり、両者を有効に連携させることで相乗効果が期待できる。一方で、市場規律は規制規律と相反する局面もある。こうした局面は、金融システムの混乱を惹起し、市場規律の限界として位置づけられ、規制規律、金融当局による積極的な介入（行政措置）により抑制・対処することが求められる。

　市場規律が有効に機能するためには、預金者等が金融機関の経営状態を的確に把握し合理的に判断することが求められる。しかし、多くの預金者等は金融機関の健全性に関する情報を収集・分析する能力とインセンティブを有していない。本研究では、市場規律を機能させる前提・条件として、金融機関に情報開示（ディスクロージャー）の充実を求め、そして、それを担保すべく、信用格付を有効活用することを提言する。これについては、次章（第3章）で考察する。

第3章
信用格付の活用

1．格付・格付会社の概要

(1) 格付・格付会社の経緯・役割

　信用格付（credit rating）は、米国の格付会社ムーディーズの創始者ジョン・ムーディが、1909年に鉄道会社の社債に格付をしたのが始めとされる。1929年の世界恐慌時に債券のデフォルトが多発した時に、信用格付のランクがデフォルトの発生率とほぼ一致していたため、重要性が認識された。

　その後、米国通貨監督局（OCC）による信用格付の公的利用（1957年）、MCM、キーフ、ダフ・アンド・フェルプス等の新興格付会社の誕生（1970年代後半‐80年代前半）などを経て、信用格付は、米国資本市場に広く浸透した。さらに、1980年代前半に、グローバルに金融の市場経済化が進展し（世界的な証券化）、世界各国の証券市場において格付情報が必要となった。1980年代後半には、M＆Aやストラクチャード・ファイナンス（証券化金融商品）がグローバルに活性化し、信用格付の重要性が一段と高まり、信用格付は投資判断に欠かせないインフラに成長した[1]。

　信用格付とは、民間企業である格付会社が、各社の定めた基準・手法により、債券その他の証券やその発行体について、将来において元本や利息の支払いが契約のとおりに遂行されないリスクを記号化して表示するものである。各機関の信用格付の判断基準・手法は相違していることから、信用格付は、民間企業である格付会社の「意見」として位置づけることがで

　1）黒沢義孝『格付会社の研究』（東洋経済新報社.2007）2-3頁。

きる[2]。

　当初、格付会社は投資者など格付の利用者が支払う購読料で収入を得ていたが（Subscribers Pay Model）、その後、債券の複雑化、対象の増加等による格付業務のコスト増加、情報技術の発展による複製の容易化などから、信用格付を取得する発行体から手数料を取得するスタイル（Issuers Pay Model）に変化した[3]。こうしたビジネスモデルは利益相反の問題を発生させることとなった。

　格付会社が行う信用格付は、米国の企業会計不正事件（2001年以降）、米国を震源地として全世界に広がったサブプライムローン金融危機（2007年以降）などにおいて、様々な問題を顕在化させたが、現在においても、投資判断に欠かせないインフラとして機能し、市場において重要な役割を果たしている。

　現代の格付会社の果たす役割として、証券監督者国際機構（IOSCO）は、「信用格付機関の基本行動規範」[4]（2008年5月改定）序文で、以下の様に定めている（下線は筆者）。

　「信用格付機関は、現代の資本市場において重要な役割を果たすことができる。信用格付機関は、一般に、証券の発行体および債務の<u>信用リスクについての意見を述べる。投資家がこうした情報を取捨選択し、また借り手への融資や発行体の負債・負債類似証券の購入の際に直面する信用リスクを分析することを助ける役割を果たし得る</u>。」

2）三井秀範監修＝野崎彰編著『詳説　格付会社規制に関する制度』（商事法務,2011）2頁。
3）三井＝野崎・前掲注2）2-3頁。
4）IOSCOは、格付プロセスの公正性を守ることにより、投資家保護を促進することを最も重要な目的に定め、その達成に向け、信用格付機関が格付対象である発行体との間で独立性を維持することを前提に、信用格付の品質および信用格付の投資家にとって有用性を高めるように行動規範を策定した。行動規範は、(1)格付プロセスの品質と公正性、(2)独立性と利益相反の回避、(3)一般投資家・発行体への責任、(4)行動規範の開示と市場参加者への情報提供、で構成されている。

このように、格付会社には、「証券等やその発行体」と「投資者」「預金者」等との間の「情報の非対称性」を縮小させることが、重要な役割として求められている。特に、預金者優先制度（Depositor Preference）の導入に関して、信用格付は重要である。本来、格付会社による信用格付は、企業が発行した社債等の負債証券の回収可能性についての評価であった。しかし、ムーディーズは、米国金融機関の信用格付を「国内預金」[5]と「その他の債務」とに分けて公表するようになった。このような、格付上の対応は、預金者優先制度（Depositor Preference）の導入により、預金者以外の一般債権者にとって当該金融機関がデフォルトした場合の損失が大きくなる可能性を反映したものである[6]。

(2) 世界の格付会社

現在、信用格付はグローバルに多方面で広く利用されており、格付会社は、世界で70社以上が存在する[7]。米国において、1980年代のSECによる認定格付機関（NRSRO）は、ムーディーズ、スタンダード・アンド・プアーズ、フィッチの他に、キーフ、ダフ・アンド・フェルプスなど多数あった。しかし、2000年代初めにダフ・アンド・フェルプス等がフィッチと合併し、ムーディーズ、スタンダード・アンド・プアーズ、フィッチのBIG3となった。この3社は、各社とも世界各国に複数の現地法人を従えグローバルに格付業務を展開し、全世界の格付ビジネスにおけるシェアの大半を占めている。このなかで、フィッチは、36ヵ国に拠点を有し、日本企業の信用格付は2005年頃からと比較的遅いが、300以上の信用金庫の非

---

5) Depositor Preferenceにおいて保護されるべき預金は、制度上、「国内預金」に限定される。
6) 星野・前掲第Ⅲ編5章注16) 7頁。
7) 米国には、Moody,s, S&P, Fitchの他, A.M.Best, Egan Jones, LACE Financial, Realpoint LLC 4社がある。また、EU圏には、ドイツのAssekurata Assekuranz Rating-Agentur GmbH, Creditreform Rating AG, MAR Rating GmbH, Euler Hermes Rating GmbH, Prof.Dr.Schneck Rating GmbH, RS Rating Services AG, URA Rating Agentur AG 7社がある。三井＝野崎・前掲注2) 5-6頁参照。

依頼格付を一斉に行い注目された[8]。

　日本に格付会社は、日本格付研究所（JCR）、格付投資情報センター（R&I）の2社があり、米国の3社とは相違し、世界各国に現地法人を有しないものの、SECの登録を受け、また欧州の数カ国においてバーゼル自己資本規制上の適格格付機関（External Credit Assessment Institution：ECAI）の登録を受け、両社の信用格付は海外においても広く利用されている。

　また、多くのアジア諸国では、各国に地域の実情に精通した債券格付を行う地場の格付会社が存在し、主に中小企業の債券発行に対し、比較的低コストで信用格付を付与している。各社は、米国系3社および日本系2社の格付会社と連携し、主に国内債券の信用格付の付与を実施している[9]。

(3) 日本の格付会社

　日本の公社債市場では、1959年以降、社債の受託銀行と引受証券会社から構成される起債会[10]が存在し、起債銘柄・起債額・発行条件の調整、格付基準の設定・運営を実施していた。あわせて、受託銀行による債券買取りの慣行などもあり、ほとんど投資リスクの無い時代であった。しかし、1970年代中間において、自由化の要請が高まり、証券取引審議会基本問題委員会報告「資料：望ましい公社債市場の在り方」（1978年）において、「起債会方式は廃止すべきで、情報提供による投資家保護の観点からすれば、利害関係のない複数の第三者機関による格付が望ましい」ことが提言

---

8) フィッチは、日本の信用金庫の財務格付基準を策定し、全国314の信用金庫を非依頼格付した（2004年1月）。信金中央金庫や国などからの資金支援を除いた前提で、財務の健全性や債務の継続的な返済能力を星の数で示した。格付のランクは「財務が極めて優れている」とされる星3つを最上位に、「財務力が見劣りし、必要な水準を満たしていない」とされる「N」を最下位に4段階あり、約半数の153先が最下位のN格付となった。日本経済新聞朝刊（2004年1月5日）参照。

9) 黒沢・前掲注1) 6頁。

10) 1956年7月に戦後の起債統制機関であった起債懇談会及び起債打合せ会が機能を停止し、それに代わる機関として起債会が設立された。

された。

　これを受け、「社債問題研究会」（金融機関・事業会社等の自主的研究会）が設立され、債券格付機関の設立について検討が行われ、複数性・独立性・機密保持・費用負担等に留意すべきことなどが提言された。こうした流れにより、1985年4月に日本インベスターズサービス、日本格付研究所（JCR）、日本公社債研究所が設立された[11]。その後、1998年に、日本公社債研究所と日本インベスターズサービスが合併し格付投資情報センター（R&I）が設立された。また、1980年代後半に、米国系の債券格付機関である、ムーディーズ・インベスターズ・サービス、スタンダード・アンド・プアーズ、フィッチ・インベスターズ・サービスの各社が、日本法人を設立した。

　現在、日本では、格付投資情報センター（R&I）、日本格付研究所（JCR）、ムーディーズ（Moody,s）、スタンダード・アンド・プアーズ（S&P）、フィッチ（Fitch）の5社が金融当局から信用格付業の登録を受け、信用格付業務を実施している[12]。

2．銀行における信用格付の有効活用

(1) 信用格付取得の意義

　市場規律を有効に機能させるためには、銀行のディスクロージャーを充実させることが、必須条件となる。銀行が信用格付を取得し、ディスクロージャー誌やホームページで公開することは、ディスクロージャーの有効な手法であり、実際に多くの預金者や株主等が、銀行の経営内容・健全性

---

11) 日本インベスターズサービスは、受託銀行および証券会社系経済研究所等が出資。日本格付研究所は、金融機関および機関投資資本家等が出資。なお、日本経済新聞社が1979年に設立した日本公債研究所は、法人組織に改組され、日本経済新聞社から分離独立した。黒沢・前掲注1）46-47頁。

12) 日本の2社、ムーディーズ・ジャパン、ムーディーズSFジャパン、スタンダード&プアーズ・レーティング・ジャパンは、2010年9月30日に、フィッチ・レーティングス・ジャパンは2010年12月17日に、金融庁から信用格付業の登録を受けた。

を判断するためのわかりやすい指標・参考情報として活用している。

　銀行が詳細なディスクロージャーを行い、その内容の正確性を外部監査が担保したとしても、預金者等が銀行からの公開情報に対する分析能力が十分でないと、情報の非対称性は解消・縮小されない。信用格付は、銀行の倒産確率を調査・研究するプロフェッショナルである格付会社が銀行からの公開情報、さらに依頼格付の場合は、公開情報を踏まえ、詳細にヒアリング調査などを行い、銀行業に対し同一の格付方針・視点により評価・分析し、預金者等の分析能力の不完全性を補完するものである。

　また、金融当局と格付会社は、銀行の経営内容・健全性を検査・評価する際に銀行の破綻リスクを重視しており、両者の評価が補完的に活用できることから、格付会社の評価は、金融当局にとって有用な情報である[13]。両者は、金融機関の健全性を検証・把握する業務において相互補完的であり、当該金融機関の破綻可能性を十分な人員・労力で専門的に検証するといった面では、信用格付に優位性がある。こうしたことから、格付機関が調査の過程で知り得た情報に関し、守秘義務を解除し金融当局に伝達する仕組みを構築すべきである。

　なお、多数の地方公共団体において、公金の預入・運用の安全性確保、住民に対する説明責任（アカウンタビリティ）を果たす意味においても、預入や借入など取引する金融機関の選択基準として、信用格付を利用している[14]。

(2)　**先行研究**

1 ）米国の事例

　米国において、信用格付を取得する企業の特徴について分析した研究として、Canter and Packer（1997）、Pottier and Sommer（1999）、Poon（2003）などがある[15]。

---

13) Berger.A.S.Davies and M.Flannery "Comparing Market and Supervisory Assessments of Bank Performance" Journal of Money,Credit and Banking,vol.32,No.3,pp.641-667.

Cantor and Packer（1997）は、米国の企業が、大手2社、ムーディーズとスタンダード＆プアーズ以外の格付を取得する理由を調査・分析した。この結果、レバレッジとROA（Return On Assets）の大きい企業ほど、格付を取得し信用リスクを縮小させる行動特性を調査・分析したところ、そうした傾向を見出すことができなかった。また、負債額の大きい企業ほど、調達コストを抑制するために、高格付の取得を目指し積極的に追加的な格付を取得することを調査・分析し、そうした傾向を見出すことができた[16]。

　Pottier and Sommer（1999）は、Canter and Packer（1997）と相違し、レバレッジとROAの大きい保険会社ほど、格付を積極的に取得している行動特性を見出した。あわせて、保険料収入の大きさが、格付取得に有意に機能していることを見出した。

　Poon（2003）は、勝手格付（非依頼格付）が行われた企業の方が、自ら取得を依頼した企業よりも、格付が下方修正されているかを分析し、そうした傾向は見られるが、前者の方が後者よりも金融面における基盤が脆弱であることを明らかにした。

2）日本の事例

　日本において、地域金融機関の格付取得に関する状況調査・分析、地域

14）例えば、長野県は「長野県公金管理基本方針」（平成14年2月19日制定）の基本原則(2)安全性の重視②で「ディスクロージャー誌や民間格付け情報により、金融機関の経営情報を収集するとともに、収集した情報を専門機関のアドバイスを得て分析し、自己資本比率や預金量の推移等について金融機関ごとの評価を行い、公金預金運用の安全性確保に十分留意する。」としている（下線は筆者）。そして、筆者が在籍していた地方銀行シンクタンクでは、長野県より県内金融機関の格付調査業務を受託し、民間格付会社と共同で長野県内の金融機関の信用調査報告書を作成した（筆者は関わっていない）。なお、長野県は報告書を非公開とした。

15）この他にも、Hsueh and Kidwell（1988）、Moon and Stotsky（1993）、Ashbaugh-Skaife, Collins and LaFond（2006）などがある。近藤万峰「どのような信用金庫が格付けの取得に積極的か」生活経済学研究第27巻（2008.3）70頁。

16）Moon and Stotsky（1993）も、ムーディーズとS&Pの格付を取得する企業の特徴と両社の格付を決定する要因について分析し、そのなかで、負債額の大きな企業ほど、格付を取得する傾向があることを見出している。

金融機関の情報開示（ディスクロージャー）や市場規律にも関連する調査・分析を実施した先行研究として、近藤（2008・2010）と矢島（2010・2011）がある。

　近藤（2008）は、企業の格付取得行動や信用金庫のディスクロージャー行動について分析している先行研究の結果などに基づき、信用金庫の競争状態・財務状況・資産規模を示す指標などを説明変数として、格付を取得しているか否かを被説明変数として回帰分析を行った。この結果、競争環境の激しい地域に存在する信用金庫および預金量の大きい信用金庫ほど格付取得に積極的であること、一方で、不良債権比率の高い信用金庫ほど格付取得に消極的であることを明らかにした。

　近藤（2010）は、地域銀行を対象に、近藤（2008）と同様の回帰分析を行い、競争環境の激しい地域に存在する地域銀行および預金量の大きい地域銀行ほど依頼格付の取得に積極的であることを明らかにした。また、不良債権比率が低い地域銀行ほど非日本系、すなわち米国の大手3社からの依頼格付取得に積極的であり、依頼格付取得に積極的な地域銀行ほど多額の預金調達が可能となり、特に非日本系格付会社の依頼格付取得が積極的な地域銀行ほど、そうした傾向が強いことを示した。

　矢島（2010）は、預金者や株主、金融当局など銀行の外部者が、銀行の経営内容・健全性を評価するために信用格付を活用・重視している一方で、銀行においては、信用格付の取得状況が各行で相違している状況の理由を分析・調査するため、銀行のどのような特性が、格付取得によるディスクロージャー充実のインセンティブとして機能しているか検証した。矢島（2010）は、近藤（2008）の分析方法を参考に、地域銀行108行を対象に2009年6月末時点において、地域銀行ごとの格付取得の有無および格付取得数の状況を被説明変数とする実証分析を実施した。この結果、調達の必要がある金額が大きく（総資産が大きく）、財務状態が良好（自己資本比率が高い）な地域銀行ほど、格付取得によるディスクロージャーを積極化させるインセンティブが強いことを明らかにした。また、一定以上のリスク管理能力や債券等の発行残高があり上場している特性も、格付取得によるディスクロージャーを積極化させるインセンティブが強いことを示した。

なお、こうした結果は、格付取得を通じた市場規律が機能していることを示唆するものである。

矢島（2011）は、矢島（2010）の研究により示した「地域銀行における格付取得が市場規律として機能しているか」について、2007-2010年の3月末時点を対象に[17]、各地域銀行のミクロデータを用いて、依頼格付付与数を被説明変数とし、競争環境と財務状態を表わす変数を説明変数とした推計などを行い、市場規律の機能を実証的に検証した。この結果、競争が厳しい環境にあり財務状態が良好な地域銀行ほど依頼格付の付与数が多いことから、依頼格付は、地域銀行にとって市場規律として一定程度機能していることが見出された。そして、日本系格付会社から依頼格付を付与されるよりも、米国大手3社から依頼格付を付与されたほうが、市場規律が強く機能していることを見出した。

3）依頼格付と非依頼格付

非依頼格付とは、発行体などの「依頼」に拠らず格付会社が付与した信用格付である。ここで、「依頼」の定義については、様々な議論もあるが、通常、発行体等と格付会社との間に情報や金銭授受などの契約関係が無いことを意味する。日本の信用格付業者5社の非依頼格付の定義も其々であるが趣旨は同旨である[18]。

依頼格付と非依頼格付との相違については、Poon（2003）以降も、Gan（2004）、Van Roy（2006）、Poon,Lee and Gup（2009）、Fairchild,Flaherty

---

[17] 矢島（2010）の研究では、地域銀行の財務状況の一時点データ（2009年6月末）を対象としたクロスセクショナル分析で連続性の検証が脆弱であり、矢島（2011）の研究においては、時系列データ（2007-2010年の3月末）を対象としたパネルデータ分析を実施した。

[18] 5社の非依頼格付の定義は以下の通りである。当該発行体に対して初めて付与されたものであり、かつ当該発行体からの依頼に基づくものではなく、Moody,sの判断に拠り付与した格付（Moody,s）。S&Pが自主的に付与した格付（S&P）。格付付与に関する契約が存在しない格付（Fitch）。主に一般に開示している公開情報に基づく格付（R&I）。対象先の依頼がない格付（JCR）。

and Shin（2009）など、先行研究が多数あり、非依頼格付の方が依頼格付よりも低い格付水準が付与される傾向にあることを示している。

日本において、依頼格付と非依頼格付の相違を調査した研究は、鈴木（1999）、下田・河合（2007）と少数である。下田・河合（2007）は、非依頼格付と依頼格付の格差に関し、両者の区別を開示しているS&PとR&Iの格付を用い、いくつかの前提を置いて試算したところ、非依頼格付の方が依頼格付よりも低い格付水準が付与される傾向を見出した。

(3) 地域銀行における格付取得

矢島は、2010年の調査で、地域銀行において、総資産が大きく自己資本比率が高い先、およびリスク管理能力が相対的に高い先が、格付取得・公開のインセンティブが強いこと、2011年の調査で、競争が厳しい環境にあり財務状態が良好な地域銀行ほど依頼格付の付与数が多いことなどを見出し、市場規律が有効に機能していることを実証した。

地域銀行は2008年度において、第一地方銀行64行、第二地方銀行44行、計108行あった[19]。2009年3月期決算が反映されている2009年6月末において、格付会社5社から取得している依頼格付の数をBloomberg社および各格付会社のホームページなどから調査してみると、「表4-3-1」のようになる。地域銀行全体で、格付取得の無い銀行は14行（13％）、格付会社1社から取得が56行（52％）、同2社から取得が29行（27％）、同3社以上から取得が9行（8％）であった（表4-3-1）。

内訳として、第一地方銀行で格付取得の無い銀行は2行（3％）、格付会社1社から取得が30行（47％）、同2社から取得が23行（36％）、同3社以上から取得が9行（14％）であった（表4-3-1）。第二地方銀行では、格付取得の無い銀行は12行（27％）、格付会社1社から取得が26行（59％）、同2社から取得が6行（13％）であった（表4-3-1）。

---

19) 内閣府ホームページ「地域金融機関数の推移」（https://www5.cao.go.jp/j-j/cr08/pdf/chr08_f-1-8.pdf）。

全体を通し、格付取得の無い銀行は14行（13％）であり、9割弱の銀行が格付を取得し、格付会社1社からの取得が56行（52％）と半数を占めている。第一地方銀行は第二地方銀行と比較して、格付を取得する先、および2社以上から格付を取得する先が多く、さらに米国大手3社から格付を取得する割合が高い。一方、第二地方銀行は、日本格付研究所（JCR）から格付を取得する割合が高い。

　2020年8月末現在で、同様な調査を実施したところ[20]、格付取得の無い銀行は11行（▲3行）、格付会社1社から取得が62行（＋6行）、格付会社2社から取得が19行（▲10行）、格付会社3社以上から取得が10行（＋1行）であった（表4-3-2）。

　内訳として、第一地方銀行で格付取得の無い銀行は2行（同じ）、格付会社1社から取得が38行（＋8行）、同2社から取得が14行（▲9行）、同3社以上から取得が10行（＋1行）であった（表4-3-2）。第二地方銀行では、格付取得の無い銀行は9行（▲3行）、格付会社1行から取得が24行（▲2行）、同2社から取得が5行（▲1行）であった（表4-3-2）。

　全体を通し、格付取得の無い銀行は11行（11％）であり、9割の銀行が格付を取得し、格付会社1社からの取得が62行（61％）と6割を占めている。第一地方銀行では10年間で2社から取得する先が減少し、その分、1社のみから取得する先が増えている。信用格付の評価が高い銀行ほど、多数の格付会社から信用格付を取得する傾向がみられる。一方で、信用格付の低いまたは低下した銀行が2社から1社の信用格付取得に変更したとみられる。第二地方銀行では、信用格付を取得する先が増加した。

　引き続き、第一地方銀行は第二地方銀行と比較して、格付を取得する先、および2社以上から格付を取得する先が多く、さらにムーディーズとS&Pから格付を取得する割合が比較的高い。しかし、近年、米国大手3社から信用格付を取得する先は大きく減少し（特にフィッチは1行のみ）、

20）2020年8月末において、第二地方銀行は38行となっている。第一地方銀行は変わりない。

表 4-3-1　地域銀行の信用格付取得状況（2009年6月末）

	第一地方銀行 （64行）	第二地方銀行 （44行）	地域銀行 （108行）
格付取得無し	2	12	14
1社から格付取得	30	26	56
2社から格付取得	23	6	29
3社から格付取得	8	−	8
4社から格付取得	1	−	1
計	64	44	108

（注1）非依頼格付は除く。
（注2）対象とする格付は発行体に関する長期格付。具体的には、Moody's 社は自国通貨建長期銀行預金格付、S&P 社は長期自国通貨建発行体格付、Fitch 社は円建長期発行体デフォルト格付、JCR 社は長期優先債務格付、R&I 社は発行体格付。
（出所）矢島格「地域銀行における格付取得の状況について」農林中金総合研究所『農林金融』（2012年2月号）19頁。

表 4-3-2　地域銀行の信用格付取得状況（2020年8月末）

	第一地方銀行 （64行）	第二地方銀行 （38行）	地域銀行 （102行）
格付取得無し	2	9	11
1社から格付取得	38	24	62
2社から格付取得	14	5	19
3社から格付取得	8	−	8
4社から格付取得	2	−	2
計	64	38	102

（注1）非依頼格付は除く。
（注2）対象とする格付は発行体に関する長期格付。具体的には、Moody's 社は自国通貨建長期銀行預金格付、S&P 社は長期自国通貨建発行体格付、Fitch 社は円建長期発行体デフォルト格付、JCR 社は長期優先債務格付、R&I 社は発行体格付。
（出所）Bloomberg、「会社四季報」（東洋経済新報社.2020）、各格付会社のホームページから筆者作成。

日本格付研究所（JCR）、格付投資情報センター（R&I）から取得する割合が高まっている。第二地方銀行は、S&Pから信用格付を取得している銀行が1行のみで、日本の格付会社、特に日本格付研究所（JCR）から格付を取得する割合が高い。

こうした信用格付は、各銀行のディスクロージャー誌やホームページのみならず、「会社四季報」や投資に関するホームページなどに広く開示されており、一覧性に優れ各行を比較検討することができる。

　格付会社の信用格付に内在する課題として、信用格付を取得する銀行から手数料を取得するビジネスモデルに起因する利益相反問題がある。これに対し、格付会社はチャイニーズ・ウォール（情報隔壁）を確立し、調査部門と営業部門を分離し問題の発生を防いでいる。こうした対策に加え、格付会社が格付方針を明確に公表し透明性を高め、さらに、銀行に複数の格付会社から信用格付を取得する（格付会社に適正評価を行うプレッシャーを付与）ことを定めることで、解決が図れるはずである。世界金融危機で問題とされた、複雑な金融商品と比較し、銀行本体の信用格付は、ディスクロージャーが広くなされていることなどから、利益相反問題は比較的小さいと考えられるが、利益相反問題の有効な解決策の検討が求められる。

　これに対し、解決策として以下の仕組みを提案する。この仕組みの基本構造は、全国銀行協会や地方銀行協会などが、格付会社数社（2社以上）をプロポーザルで選定し、協会加盟銀行の信用格付を、利益相反を回避したうえで、比較可能な統一基準による評価手法で依頼し、信用格付情報を市場に公表する、というものである。

3．小括

　市場規律を機能させるためには、市場からの監視が的確に行われることが求められ、その前提となるのが預金者等による銀行の経営状況の分析力である。預金者等が銀行の財務状況や不良債権の状況などから当該銀行の健全性を的確に分析し評価することが求められ、そうした能力を高めることが必要であるが、預金者等は幅広い層にわたる。銀行にも、自行の経営状況を正確にわかりやすく市場に対して開示することが求められる。ここで、預金者等の分析能力を補完し、そうすることで預金者等を保護し、一方で銀行の情報開示（ディスクロージャー）を主に客観性から支える信用格付の役割が重要となる。

先行研究から、競争環境の激しい地域銀行および預金量の大きい地域銀行ほど信用格付の取得に積極的であること、不良債権比率が低い地域銀行ほど米国大手 3 社からの信用格付取得に積極的であること、総資産が大きく、自己資本比率が高い地域銀行ほど信用格付取得による情報開示（ディスクロージャー）充実のインセンティブが強いことが明らかとなった。すなわち、健全性の高い地域銀行が信用格付取得に積極的で、一方低い地域銀行が消極的であることが実証された。これらは、信用格付取得を通じた市場規律が機能していることを示唆する。信用格付を取得することは、自行の経営状況について客観性を確保した上で市場に公表するということから、健全性を高め、評価の高い信用格付を取得したいというインセンティブが働く。

　信用格付には、預金者等に金融機関の健全性を公正かつ比較可能に伝え、市場規律を有効に機能させる役割があることが確認できた。そして、先行研究から健全性の低い金融機関は信用格付の取得・公表に消極的であることが実証された。併せて、信用格付会社のビジネスモデルに起因する利益相反問題を解決する必要性が示された。

　これに対し、本章では、筆者の実務経験も踏まえ、市場規律を有効に機能させるため、健全性の低い金融機関にも信用格付を取得・公表するインセンティブを付与し、利益相反問題を解消する、信用格付の新たな役割と仕組みの基本構造を提案した。この提案は、本研究で目指す金融セーフティネットにおいて、格付会社にファイナンシャルゲートキーパーの役割を与え、市場規律が有効に機能する市場を創造するものである。信用格付を銀行の情報開示（ディスクロージャー）施策の新基軸とするものである。この仕組みの基本構造は、全国銀行協会や地方銀行協会などが、格付会社数社（2 社以上）をプロポーザルで選定し、協会加盟銀行の信用格付を、利益相反を回避したうえで、比較可能な統一基準による評価手法で依頼し、信用格付情報を市場に公表する、というものである。なお、スキームの設計は、銀行協会等の規則（ソフトロー）で柔軟に策定すべきと考える。詳細は、本編（第Ⅳ編）第 7 章（終章）で具体的に提言する。

第4章

破綻処理法制

　前章までの考察を踏まえて、預金保険制度と密接に関連し金融セーフティネットを構成している銀行の破綻処理法制（制度）について、米国と比較・検討し、評価を行い考察する。

1．米国の倒産法制

(1) 連邦預金保険法

　米国において倒産手続は、連邦倒産法（Bankrupty Code）によって主に規律されている。連邦倒産法は、2つの主要な目的を有している。連邦最高裁（アメリカ合衆国最高裁判所）によると、連邦倒産法の目的の1つは、債権者に対する秩序ある衡平な弁済であり、もう1つの目的は、正直だが運に見放された債務者が経済的に再出発（Fresh Start）できるようにすることである[1]。

　米国では、連邦倒産法（Federal Bankrupty Code 11.U.S.C）は国内の銀行、建物貸付組合、信用組合、保険会社については特別の法規制の対象となるため適用除外としている（109条(b)(2)[2]）。銀行に対しては、連邦預金保険法（Federal Deposit Insurance Act 12.U.S.C.）に基づいてFDICが破綻処理を実行しており、連邦倒産法の適用がないことから預金者以外の利害関係人との関係も含めて強力な権限が付与されている。FDICは監督当局から

　1）Local Loan Co.v.Hunt,292 U.S.234（1934）. 福岡真之介『アメリカ連邦倒産法概説〔第2版〕』（商事法務.2017）1頁。
　2）連邦倒産法109条(b)(2)は、連邦預金保険法第3条(h)に定める保険を付保した銀行について連邦倒産法適用の前提となる債務者適格を否定している。

管財人(receiver)に指名され(11条(c)(2))、連邦倒産法による裁判所の監督、制約を受けることなく、破綻銀行の管理・処分を行うことができる。具体的には、FDIC は、問題金融機関の管財人(receiver)として、問題金融機関の株主、役職員を含む広範囲の権限を承継し(11条(d)(2)(A))、監督機関の承認を得たうえで、裁判所や株主の承認を経ることなしに、管財人に任命された破綻金融機関の事業を他の金融機関に譲渡することができる(11条(d)(2)(G))[3]。これは、銀行の破綻処理が金融の安定と密接に関連していることから、預金保険を担当している FDIC に破綻処理の権限も併せて委ねた制度として構築されたものである。FDIC は1930年代から現在まで銀行の破綻処理を担い改革も行い、知識とノウハウを蓄積し、実績も十分に備えている。

　ドッド=フランク法は、金融システム安定の維持・確保のため、金融システムにとって重要な銀行持株会社、ノンバンク金融会社について、FRB により規制・監督を強化し、その破綻処理については原則として連邦倒産法の適用を外して FDIC の処理に委ねることとした。

(2) OLA の見直し、チャプター14の検討

　ドッド=フランク法の「秩序ある清算の権限(OLA)」については、(1) FDIC の行政権限に基づく破綻処理制度であることから、FDIC の行政裁量が大きすぎる、(2) FDIC の裁量のもと、同順位の債権者に比して特定の債権者を有利に扱うことから、モラルハザードを生じるおそれがある[4]、

---

3) 日本でも、債務超過である被管理金融機関の事業譲渡については、株主総会の特別決議による承認の代わりに、裁判所の許可で良いとされ、監督機関の承認を得た上で、事業譲渡を行うことができるが、更に強い権限が FDIC には付与されている。原・前掲第Ⅲ編5章注31) 139頁。

4) FDIC がドッド=フランク法に基づいて作成した OLA に関する暫定最終規則(interim final rule)においては、短期債務および一般債務に係る債権者については、FDIC の理事会の多数決のもと、同順位債権者とは異なる扱いを行うことが認められている。FDIC, 12 CFR Part 380, Orderly Liquidation Authority Provisions of the Dodd-Frank Wall Streat Reform and Consumer Protection Act, Interim final rule, 76FR 4207 (January 25,2011), sec/380.2. 小立・前掲第Ⅲ編1章注1) 119頁。

(3)破綻処理ファイナンスのために設置される整然清算基金（OLF）に納税者負担のリスクがある[5]といった批判が行われてきた[6]。さらに、通常の銀行の破綻処理においては、債権者の多くは預金者であり、FDIC自身も債権者となるのに対し、Title Ⅱの対象となるシステム上重要な金融機関の場合には、多様な債権者が存在し、行政裁量による不透明さは、より深刻な問題となると指摘されている[7]。こうした背景から、米国の11州は、TitleⅡは憲法違反であると主張して訴訟を提起した。原告は、(1) TitleⅡが、事前の警告もなく、また、実質的な立法府、行政府、司法府による監督なく、財務長官に金融会社の破綻を命じる権限を与えている点は、権限の分離に反する、(2)事前の警告なく強制的に会社を清算し、FDICに一部の債権者を優遇する権利を与えている点は、憲法の修正5条のデュープロセスの原則に反する、(3)清算の対象となる会社の選定について財務省とFDICに大きな裁量を与え、FDICの裁量で一部の債権者を優先的に取り扱う権限を与えていることは、倒産における平等扱い（uniformity）についての憲法上の要請に反する、といった主張を行った[8]。これに対して、被告である国等からは、州には原告適格がないといった反論がなされ、コロンビア地区連邦地方裁判所は、2013年8月1日、被告の主張を容れて、州には原告適格がないとの判決を下した[9]。

こうした、多数の批判から、OLAに代替するものとして、連邦倒産法に新たな章を設けて倒産法の手続に沿って金融会社の秩序ある破綻処理を行う「チャプター14」と呼ばれる新たな制度の導入に向けた検討が行われている。

---

5) OLFの返済においては、制度上は納税者負担を生じない仕組みとなっているが、当初の資金を財務省からの借入等でまかなうことから、納税者負担のリスクを懸念する見解がある。小立・前掲第Ⅲ編1章注1) 119頁。
6) 小立・前掲第Ⅲ編1章注1) 118頁。
7) Jackson & Skeel, supra note 27, 442ff.
8) 森下・前掲第Ⅲ編5章注6) 19頁。
9) http://www.bloomberg.com/news/2013-08-02/u-s-wins-dismissal-of-dodd-frank-challenge-by-states-bank-1-.html. 森下・前掲第Ⅲ編5章注6) 19頁。

米国議会では、すでにOLAを廃止しチャプター14を連邦倒産法に導入しようとする検討が行われている。下院では、ドッド＝フランク法の改正を目的とする金融選択法（Financial CHOICE Act[10]）が2017年6月に可決されており、同法のなかにはOLAを廃止し、チャプター14の導入を図る規定が含まれていた。下院では金融機関倒産法（Financial Institution Bankruptcy Act[11]）が提出されており、上院に提出された納税者保護および責任ある破綻処理法（Taxpayer Protection and Responsible Resolution Act[12]）には、OLAを廃止してチャプター14の導入を図る規定がある[13]。

このようなOLAの廃止とチャプター14の導入に向けた立法化の動きを受けて、米国財務省は2018年2月21日にドッド＝フランク法のOLAを見直し、連邦倒産法にチャプター14を導入することを提案する報告書を公表した[14]。本報告書では、議会に提出された法案と異なる点として、金融会社の破綻に際して優先すべき破綻処理制度としてチャプター14を導入するものの、OLAに関して必要な見直しは行うが、例外的な状況（extraordinary circumstance）におけるラスト・リゾートとしてOLAの制度は維持することを提案している[15]。

2．日本の倒産法制

日本では、司法手続による倒産制度（破産法、民事再生法、会社更生法）と破綻銀行における金融整理管財人による行政手続の関係には、米国の様

---

10) Financial CHOICE Act of 2017.H.R.10, 115th Congress.
11) Financial Institution Bankruptcy Act of 2017, H.R.1667, 115th Congress.
12) Taxpayer Protecyion and Responsible Resolution Act, S.1840, 114th Congress.
13) 小立・前掲第Ⅲ編1章注1）119頁。
14) U.S.Treasury（2018）.
15) 財務省の報告書は、現行の連邦倒産法は、大規模かつ複雑な金融会社の破綻処理を行うようには設計されておらず、特にデリバティブ取引や短期借入を相当に行っている債務者が破綻した場合に生じる金融ストレスには対処できないとする。これは、チャプター11を適用したリーマン・ブラザーズの経験を踏まえた見解であろう。小立・前掲第Ⅲ編1章注1）120頁。

な明確な規定はない[16]。実務において、両者は併存しているため、倒産法制も当然に適用されると考えられている。実際に倒産法制が適用されたのは、銀行に限定すると、2010年9月10日に日本振興銀行に対し民事再生法が適用されたのみである[17]。今後も、銀行に対する預金保険の定額保護の下では、民事再生法が適用されると考えられる。

(1) 金融再生法と倒産法制

金融再生法に基づく破綻処理においては、預金が全額保護されており、さらに債権者平等の原則が適用され、結果としてすべての債権者が保護されることとなった。こうしたことから、債権者の権利関係を調整するための倒産手続を適用する必要はなく、銀行破綻処理は、金融再生法の手続と預金保険法に基づく資金援助のみで完結した。

(2) 預金保険法と倒産法制

現在の預金保険法（定額保護）に基づく破綻処理は、全額保護期とは相違し、複雑な手続が想定される。これについては、日本振興銀行の破綻処理が参考となる[18]。現行制度で破綻処理を進めると、1,000万円までの付保預金とその利息については預金保険による支払いまたは資金援助がなされ、これにより預金保険を代位取得した預金保険機構、付保されない預金の保有者、一般債権者、担保権付債権者は破綻した金融機関の財産から弁済を受けることとなり、倒産法制の適用が必要となる。このように、定額保護の場合は、行政手続と倒産手続（司法手続）が必要となる。

金融危機対応[19]ではない通常の銀行破綻処理においては、金融整理管

---

16) 現行法上は、金融機関の破産能力については何ら特別がなく一般の事業法人と同じである。松下・前掲第Ⅲ編5章注10）130頁。
17) 金融機関でいえば、会社更生法の特別法である更生特例法が、生命保険会社4先、損害保険会社1件に適用された。
18) 日本振興銀行の破綻処理については、遠藤伸子他「日本振興銀行の破綻処理―預金者保護を中心にして―」預金保険機構『預金保険研究』第十五号（2013）が詳しい。

財人制度が活用され、実務を担当する預金保険機構は、金融整理管財人が破綻金融機関の業務執行権および財産管理権を保持できる民事再生手続の適用を想定している[20]。なお、2000年の預金保険法改正の際に「金融機関等の更生手続の特例等に関する法律（更生特例法）」も改正され、金融機関の法的倒産手続の特例として民事再生手続の特例が盛り込まれている。

　金融整理管財人制度は、民事再生手続と両立できるが、その場合は金融整理管財人による手続（行政手続）と民事再生手続（司法手続）が並行して行われることになる。金融機関の法的倒産手続の特例として、銀行の破綻処理に適用される民事再生手続の特例においても、民事再生手続開始申立、保全処分申立、再生計画案の作成、債権者集会などかなりの労力を要するものである。また、金融整理管財人は、預金保険法の目的である信用秩序の維持を図ることが求められ、これより、金融庁の監督を受け、報告をしたり承認を受けなければならない。金融整理管財人が、行政、司法の二重の手続を踏むことは、負担が大きく時間も要し、早期処理の原則からは改善すべきであり、立法により解決を図り手続の一本化（債権者間の調整も含め、すべての手続を行政手続で処理する）を求める見解もある[21]。信用秩序の維持は、国民全体の公共の利益にかかるもので、倒産処理の債権者平等という当事者の利益より優先度が高いという考えに基づくものであるが、これに対しては、憲法上の問題（権利変更）も含んでおり、多角的な観点から段階を踏んで慎重に検討することが求められる。現段階では、先ず、預金保険機構が金融整理管財人に就任することを前提に、行政手続と司法手続の連携を強化し破綻処理をスムーズに進める方策を探るべきであると考える[22]。

---

19) 金融危機対応措置に対しては、ペイオフコスト超の資金援助が認められることから、実質的に預金全額保護になると思われる。
20) 預金保険機構・前掲第Ⅱ編1章注9) 118頁。
21) 比護（2011）は、「破綻処理は原則として行政手続に委ね、紛争になった場合などには司法の関与を残す制度が現実的である」とする。同様の考え方として、松下淳一「銀行・協同組織金融機関の経営破綻と倒産処理」ジュリスト1085号（1996）31-32頁。

(3) 秩序ある処理スキームと倒産法制

　金融システムに大きな影響を及ぼす金融機関等が債務超過等の危機状態に陥った場合の基本となる措置は、預金保険機構による業務・財産の管理に関する特定管理を命ずる処分となる。これは、基本的に金融整理管財人による管理命令と同様である。

　通常の管理命令と異なる点として、まず弁済許可の制度がある（預保法127条の2）。これは、その債務の不履行により日本の金融システムに著しい混乱を生じさせるおそれがあるような種類の債務の弁済について、必要となる資金の貸付を規定し（同条1項）、その資金に基づく弁済については、裁判所の許可によって倒産手続における弁済禁止の例外となることを定めている（預保法127条の4）。これにより、金融システムの安定のために必要な債務の弁済を倒産手続に妨げられずに可能にするとともに、他の債権者に損害を与えないよう、預金保険機構の貸付が手続開始前にされたものとみなして（預保法127条の2第3項）、その貸付債権が一般倒産債権に止まることとした[23]。

　秩序ある処理スキームにおいても「金月処理」を実現できるよう、倒産手続と連携した迅速な事業譲渡が不可欠となる。しかし、行政手続の開始と倒産手続の申立てとの間に一定の隙間が生じる場面もあり得、そのような場合にも適切な事業譲渡を図るため、預金保険法は行政手続のなかでも円滑な事業譲渡が可能となるよう、代替許可による事業譲渡を認めている（預保法126条の13）。そしてこの場合の事業譲渡においては、倒産法上求められる裁判所の許可、債権者等の意見聴取、労働組合の意見聴取等は不要とし（預保法126条の33）、裁判所や債権者の介入を受けない迅速・確実な譲渡を可能としている[24]。他方で、その場合の債権者保護が必要となるが、

---

22) 伊藤眞「金融機関の倒産処理法制」『講座倒産の法システム』第4巻（日本評論社.2006）263頁は、「預金全額保護から定額保護に移行したことから、預金保険制度と民事再生などの倒産処理制度との結合の必要性が意識されるに至っている」と述べている。
23) 山本和彦『倒産処理法入門〔第5版〕』（有斐閣.2020）282頁。
24) 山本・前掲注23）283頁。

それは預金保険機構からの資金援助で債権者に生じ得る損害を補填できるようにしている[25]。このように、迅速な事業譲渡をまず行い金融システムに対する懸念を払拭した後、ゆっくりと倒産手続を行い、そこで債権者の権利変更を行うことを構想するものである[26]。

　世界金融危機では、デリバティブ取引の解約が金融システムに大きな打撃を与えた。そこで、このような解約による危機の連鎖を防止するため、早期解約条項の発動停止を定めた。これにより、金融システムの著しい混乱が生ずるおそれを回避する必要な措置を講ずるために必要な期間として内閣総理大臣が定めた期間中は、このような契約の解除・一括清算等は効力を有しない旨の決定を行うことができる（預保法137条の3第1項）。このような決定がされた契約については、破産法58条等の規定は適用除外となり（同条5項）、一括清算法による清算事由も生じなかったものとみなされる（同条6項）。これは、一括清算法や破産法58条などの取引を自動的に終了させる方向での従来の法整備とは逆の規律である[27]。しかし、この場合は、前述のように、事業譲渡による対応が前提とされるため、譲受金融機関がこのような債務も責任をもって弁済されることが想定され、あえて契約関係を終了させる必要はなく、むしろその継続を前提とした方が当事者の利益となり、金融システムの安定にも結び付くと考えられる[28]。

3．銀行破綻処理法制の評価

　米国の近代的（世界金融危機前）な銀行破綻処理法制は、1930年代の大恐慌を経て創設されたFDICが主体となり整備してきたもので、世界で最も進んだ制度とされ、各国が参考にして自国の破綻処理法制に仕組みなど

---

25) 預金保険法126条の31による59条の2の準用による「衡平資金援助」。山本・前掲注23）283頁。
26) 山本・前掲注23）283頁。
27) 山本・前掲注23）283頁。
28) 山本・前掲注23）283頁。

を取り入れている。日本も、米国の破綻処理法制を参考にし、フレームワークを組み立て、破綻処理法制を整備した。両国の破綻処理法制は、預金保険法に基づき、預金者保護を目的とし、最終的には金融システムの安定を図ることを実現する手段として整備されていること、最小コストの原則、早期処理の原則など基本的な考え方は共通しているが、実情などにより相違点もある[29]。日本と米国を比較法的に考察することで日本の現行法制を評価する。本書では、比護(2011)をベースに考察を行う[30]。

なお、世界金融危機後に預金保険法の改正により整備された「秩序ある処理スキーム」については、FSBがG20各国の「主要な特性」(Key Attributes)の適用状況についてモニタリングを実施しており、その結果を「破綻処理制度改革の適用に関する進捗状況報告」(progress report)のなかで「進捗状況報告」(2019年9月現在)を公表しているため、これに基づき評価する。ここで、「秩序ある処理スキーム」は、市場型システミック・リスクに対処する有事の例外措置であることに留意する必要がある。破綻処理法制の確立は、金融セーフティネットの重要な要素となる。

(1) 金融整理管財人

日本の金融整理管財人制度は米国の管財人(receiver)制度を参考にしている。米国では管財人には常にFDICが就任するのに対し、日本では初期段階においては、預金保険機構が就任せず、弁護士や公認会計士が就任

---

[29] 米国と日本の銀行破綻処理法制の類似点として、①監督庁に銀行の破綻申立権を付与している点、②預金保険制度の運営主体が銀行破綻処理手続の中心的役割を担っている点、③具体的な破綻処理手段が類似している点、があげられる。一方、相違点として、①米国では銀行は連邦倒産法の適用除外になっているのに対し、日本では更生特例法により修正はあるものの、破産法等の一般法令の適用が予定されている点、②米国のFDICには、日本の預金保険機構に比較して強力な権限、広範な裁量権が法令、判例上認められている点、があげられる。嶋拓哉「銀行倒産における国際倒産法的規律」金融庁金融研究研修センター『FSAリサーチ・レビュー』第6号(2010年3月)116頁参照。

[30] 比護正史「金融破綻処理の手続法的考察」(一橋大学大学院国際企業戦略研究科博士論文.2011)

すること、さらに、預金保険機構と彼らが共同して就任することもあった。金融再生法に基づく時代には、弁護士や公認会計士が管財人に就任することが多かったが、預金保険機構には実績やノウハウなどがなく、倒産処理に精通した弁護士や公認会計士を管財人に就任させたと考えられる[31]。現行法制下において、日本振興銀行の破綻処理（2010年）では、預金保険機構が単独で金融整理管財人に就任している。今後は、日本振興銀行の破綻処理において、管財人の業務を遂行したことが実績となり破綻処理に関する知識と経験やノウハウも備え、これがスタンダードになると思われる。ここで、一般債権者と預金保険機構は利益相反となるのではないかという懸念が生じるが、預金保険機構は政府および日本銀行が一般勘定の3分の2を出資する公的な法人であり、さらに理事の指名は国会の承認をするなど公的な性格が極めて強い。また、銀行など預金取扱金融機関の場合は債権者の圧倒的多数は預金者であり、優先権が認められる労働債権、租税債権、少額債権者などを除くと一般債権者は極めて少数である。営業譲渡後の残余財産を処理し、規則に従って清算配当する行為は、預金保険機構に委ねても問題はないと考えられる[32]。

　金融整理管財人に常に預金保険機構が就任する制度の構築は、預金保険機構が事前に問題金融機関に派遣され due diligence などを行う「事前準備制度」の導入に必須な制度である。「事前準備制度」の実現は、早期破綻処理の原則および最小コストの原則に資する。

(2)　ブリッジバンク

　日本のブリッジバンクは、金融再生法に基づく時代には、制度は存在していたものの、金融整理管財人が破綻金融機関を営業譲渡によって処理することが不可能な場合の手段とされており、活用されることはなかった。

---

31) 比護・前掲注30) 162頁。
32) 比護・前掲注30) 175頁。なお、比護は、「一般債権者との利益相反をいうなら、預金保険機構は非付保預金者とも利益相反しているはずであるが、更生特例法は預金保険機構に非付保預金者を代理する権限を付与している」と述べている。

預金保険法において、ブリッジバンクの活用が図られるようになり、石川銀行および中部銀行の場合では、弁護士・公認会計士・預金保険機構が共同で金融整理管財人に共同就任し、預金全額保護の適用を受けるためのブリッジバンク（日本承継銀行）が暫定的（変則的）に活用された。これに対し、日本振興銀行の場合は、破綻公表日に預金保険機構が金融整理管財人に就任し、半年後のブリッジバンクへの移行を公表・実現し、ブリッジバンクの積極的かつ有効的な活用が図られた。

米国のブリッジバンク活用については、破綻公表時に受皿がないときにはブリッジバンクへの移行を公表し、「金月処理」の月曜日には管財人（receiver）からブリッジバンクへのP&Aが行われる。これは、通常の受皿に対するP&Aと同様に、FDICが約3ヵ月前から破綻金融機関に入り込んでP&Aに向けた「事前準備」を行っていることから可能になる。日本の現行法制下においては、預金保険機構にこうした権限は付与されておらず、FDICのような対応はできない。

ブリッジバンク活用の目的は、すぐに受皿が見つからないときに、清算を目的に管財人（receiver）が管理をするのではなく、破綻金融機関の資産の劣化を防ぎ、企業価値を維持することで、受皿を見つけやすくする経営を行うことである。FDICは通常ブリッジバンクの保全管理人（conservator）に就任し後見的な役割を果たすことになる。ここで、管財人（receiver）および保全管理人（conservator）制度は、米国預金保険法による制度で米国連邦倒産法（Bankruptcy Code）の適用は受けず、裁判所の関与もない。

日本でも、日本振興銀行の破綻処理を標準モデルとして、地域銀行においても、米国の様なブリッジバンクの活用を図ることは有効性が高いと考えられる[33]。破綻処理のコスト最小化の原則および早期処理の原則が実現でき、最終的には金融システムの安定に結実する。なお、司法手続の必要性に対しては、別途検討が必要である。

---

33) 比護・前掲注30) 163頁。

(3) 特別危機管理銀行

　特別危機管理銀行は、米国の法制にはない、救済ではなくあくまでも破綻処理としての一時国有化で、日本固有の制度である。金融再生法に基づく時代には、特別公的管理銀行として導入され、長銀および日債銀の破綻処理に適用された。金融再生法の特別公的管理では、通常の破綻処理である同法36条のケースの他に、破綻前の処理である37条のケースが認められていた。預金保険法では、特別危機管理銀行は、同法36条のケースを受け継ぎ、37条のケースは受け継いでいない。37条のケースはまだ破綻状態ではないため、現行制度では、預金保険法102条の第一号措置（資本増強）を適用することが妥当である。米国のように緊急救済を認めずに、破綻前の資本増強または特別危機管理銀行による破綻処理という制度は、破綻銀行を救済しないでモラルハザードを防止するという趣旨を徹底した制度として評価できる[34]。

　米国では、日本の危機対応第三号措置の特別危機管理に対応するものはないが、必要があれば、システミック・リスク・エクセプションが発動され、P&A でペイオフコスト超の資金援助が行われるか、緊急救済（Open Bank Assistance：OBA）が行われることとなっていた。しかし、ドッド＝フランク法の成立（2010年）により、これらベイルアウトは明文で禁じられることとなった。

(4) 緊急救済および資本注入

　日米で大きく異なる制度が、緊急融資および資本注入である。米国では、銀行の破綻処理は、閉鎖措置として、清算－ペイオフの方式か、ブリッジバンクも含め P&A－資金援助の方式で実施される。これに対し、銀行の救済（bail out）は、Open Bank Assistance として、銀行の営業を停止せずに緊急融資および資本注入によって実施された。この結果、破綻していれば失われていたはずの株主や債権者の財産が救済されることになる[35]。

---

　34) 比護・前掲注30) 164頁。

FDIC が破綻状態の銀行に対し、優先株式の取得等によって救済するもので、コンチネンタル・イリノイ銀行（1984年）などに対して適用された。同行を含め一度資本注入して救済した銀行が破綻した例（ファースト・シティ・バンクコープ）もあり、国民や金融を除く産業界からの批判も強く、最小コストの厳格化に伴い、近年は適用されることはなかった。ただし、制度としては、システミック・リスクが存在するときには、システミック・リスク・エクセプションによる厳格な手続により救済措置を行うことができ、2008年の金融危機において、シティグループおよびバンク・オブ・アメリカに適用された[36]。これについて、ドッド＝フランク法の成立（2010年）により、TBTF 問題の終焉が打ち出され、ベイルアウトの廃止が同法に明記された。

　これに対し、日本においては、破綻状態の銀行に対して、破綻処理をせずに救済をする制度は存在しない。預金保険法102条第一号措置による預金保険機構による資本注入は、たとえシステミック・リスクがあっても破綻銀行に対して行うことができず、その場合は第二号措置（ペイオフコストを超えた資金援助）または第三号措置（特別危機管理銀行）によって破綻処理を行うことになる。第一号措置は破綻銀行の救済ではなく、破綻に至る前に銀行の自己資本が基準を下回ったときに、健全性を回復して破綻を防止するためにいわば早期是正措置として資本注入する制度である。こうした制度は米国には存在しないが、最小コストの原則、早期処理の原則に沿った制度として評価できる[37]。

(5)　金融危機における資本注入

　金融システムの安定のために同時に多数の金融機関に対して行う資本注

---

35)　比護・前掲注30）164頁。
36)　シティグループおよびバンク・オブ・アメリカに対して、緊急援助として資本注入が行われた（2008年）。世界金融危機下において、傘下にノンバンクも含む銀行持株会社に対して行われたことが特徴的である。比護・前掲注30）164-165頁。
37)　比護・前掲注30）165頁。

入は、日本においては金融安定化法、早期健全化法に基づいて1998-1999年に金融危機に対する緊急措置として実施された[38]。なお、資本注入は、東日本大震災および新型コロナ禍においても金融機能強化法を改正し地域金融機関に実施された[39]。

米国においては、世界金融危機以前には資本注入制度は採用されなかったが、2008-2010年の金融危機では、緊急経済安定化法（Emergency Economic Stabilization Act of 2008）に基づき同時に多数の金融機関に向けた資本注入が実施された。緊急経済安定化法は当初資産の買取を想定していたため資本注入の詳細な規定が整備されてなく、日本の事例も参考にし、財務省の規則（ソフトロー）と裁量のもとで実施された。

金融危機的な状況下においてシステミック・リスクを回避するという観点から、日本・米国の資本注入は効果があったものと評価できる。プルー

---

38) 資本増強に関し、資金援助等実施額は総額123,809億円（回収・処分額：121,309億円、残額：2,500億円）となっている（預金保険機構「資金援助等の実施及び回収状況等〔令和2年9月末現在〕」）。内訳は、①旧安定化法に基づく資本増強（資金援助等実施額：18,156億円、回収・処分額：16,856億円、残額：1,300億円）、②早期健全化法に基づく資本増強（資金援助等実施額：86,053億円、回収・処分額：84,853億円、残額：1,200億円）、③預金保険法に基づく資本増強（資金援助等実施額：19,600億円、回収：19,600億円、残額0円）。

39) 2020年6月12日、地域金融機関への予防的な資本注入を行う「改正金融機能強化法」が成立した。東日本大震災時に一部の金融機関に適用されていた特例措置を、事実上全国の地域金融機関に拡大するものである。公的資金の注入は、経済に外生的ショックが生じた際に金融機関の自己資本比率の低下を通して生じかねないキャピタルクランチを予防するものである。改正で対象を拡大した特例措置は、制度の利用の敷居を下げて金融仲介機能の維持に万全を期すものである。他方で、特例措置は注入した資金の回収を困難にする可能性がある。過去の注入行の動向を分析すると、国の持ち分に含み損が発生している注入先が震災特例適用行に多い。また、特例措置で設定されている優先配当率は低く、金融機関が早期に返済を行うインセンティブは小さい。注入スキームの構造上、仮に公的資金を注入した金融機関の株価や業績の低迷が続けば、国は政策の出口において国民負担を甘受するか、金融機関の健全性の低下を許容するかという選択を迫られる可能性がある。特例措置はそうしたリスクを高めるものである。坂口純也「改正金融機能強化法のコロナ特例措置がもたらす功罪」大和総研「Daiwa Institute of Research」（2020年7月30日）1頁。

デンス政策として、資本注入は最も効果的であるといえる。日本・米国とも、金融危機に対応する臨時の措置として緊急立法に基づき実施されたことは共通しており（日本が先行）、平時にはこのような措置は想定していない。しかし、日本においては、法律に詳細な規定が定められており、制度として充実していると評価できる[40]。

(6)「秩序ある破綻処理」スキーム

世界金融危機以降、米国・欧州においては、市場型システミック・リスクを顕在化させることなく納税者負担を回避しながら、システム上重要な金融機関（SIFIs）の秩序ある破綻処理を実現するための枠組みを整備してきた。

米国では、ドッド＝フランク法 Title Ⅱにより銀行持株会社、ノンバンク金融会社を対象とする「秩序ある清算権限（OLA）」が整備された。EUでは、域内共通の銀行グループの破綻処理の枠組みを含む「銀行再建・破綻処理指令（BRRD）」が2014年に成立しており、現在、BRRDはすべての加盟国で国内法化されている。日本では、2013年の預金保険法改正により「金融システムの安定を図るための金融機関等の資産および負債の秩序ある処理に関する措置」（秩序ある処理）が導入された。

金融機関の破綻処理の新たな国際基準として、金融安定理事会（FSB）が「主要な特性」（Key Attributes）を策定した。これは、各国・地域が「主要な特性」（Key Attributes）に規定された破綻処理ツールや破綻処理権限を自法域の法制度に導入することを通じて、破綻処理制度のコンバージェンスを図ることを目指している。そのため、G20各国は、2015年末までに自国の法制度に主要な特性を反映させるための法改正を行うことが求められていた。FSBは、G20各国の取り組みを、「破綻処理制度改革の適用に関する進捗状況報告」（progress report）のなかで、「主要な特性」（Key Attributes）の適用状況について各国の法制・権限等に関しモニタリ

---

40) 比護・前掲注30) 165頁。

ングを実施している（表4-4-1）。

　その結果、米国および英国はいずれの項目も「適用（implemented）」と判定された。日本は「債務の元本削減・転換に係る権限（ベイルイン）」に対してのみ「非適用（not implemented：『主要な特性（Key Attributes）』の要件の一部または全部を満たしていない場合）」と判定された。

　同報告は、日本の金融・破綻処理当局が「破綻金融機関の機能を移管するブリッジ金融機関に対して資本増強を行い、破綻金融機関の資産・負債を分離する権限によって残余の会社を清算することでベイルインの経済的目的を実現できる」と説明していることに対して、非適用（not implemented）と判定した理由を、「『主要な特性（Key Attributes）』に定めるように破綻金融機関の債務を当該金融機関または承継者のエクイティに転換することで資本再構築が実現できるかは定かではない」と述べている[41]。この点に関して、「主要な特性（Key Attributes）」はベイルイン権限として、清算手続における優先順位に従って、①金融機関のエクイティ等、無担保・無担保債務を損失吸収に必要な程度まで元本削減する権限に加えて、②無担保・無保証債務の全部または一部を当該金融機関または破綻処理における承継者等のエクイティ等に転換する権限を定めている[42]。FSBは、預金保険法のベイルインに対して債務のエクイティ転換を図る権限が不明確であることを指摘している[43]。

　これに対しては、日本では契約上のベイルインは認められるが、法的ベイルインは認められないことが根底にある。法的ベイルインは、裁判所の

---

41) FSB（2019）24-27．小立・前掲第Ⅲ編1章注1）293頁。
42) 小立・前掲第Ⅲ編1章注1）293頁。
43) 預金保険法のベイルインは、バーゼルⅢ適格要件として実質破綻認定時の損失吸収条項が手当されているその他Tier1およびTier2を対象とする契約ベイルインであり、Tier1とTier2を自己資本に算入できる国際統一基準行のみが対象となる。預金保険法の規定のみでは、オープン・バンク・ベイルインかクローズド・バンク・ベイルインかは不明であるが、金融庁が構想している破綻処理戦略のなかでクローズド・バンク・ベイルインであることが判明する。小立・前掲第Ⅲ編1章注1）292-293頁参照。

表 4 - 4 - 1　銀行破綻処理制度の適用状況（2019年 9 月現在）

	米国	英国	日本
資産・負債の譲渡・売却に係る権限	○	○	○
一時的ブリッジバンク設立に係る権限	○	○	○
債務の元本削減・転換に係る権限 （ベイルイン）	○	○	-
早期解約権の一時的なスティに係る権限	○	○	○
持株会社に係る破綻処理権限	○	○	○
システム上重要な会社の破綻処理計画の策定	○	○	○
resolvability 改善のため組織構造、オペレーションの変更を命じる権限	○	○	○

（出所）FSB（2019）を基に筆者作成。

関与無しに当局の権限だけで債権者の権利を大きく変更することは難しいとの考え方が背景となり、導入されていない。現段階において、法的ベイルインを導入することは憲法上の問題（権利変更：29条）も含み困難であり、日本独自の法制・権限を維持すべきである[44]。

(7) 従来の「金融危機」と「秩序ある処理の枠組み」との関係

　日本は、2014年改正預金保険法（以下、改正法）により、すでに整備されている銀行の破綻処理法制（通常の枠組みである「金融整理管財人制度・承継銀行制度」、危機的な事態の枠組みである「金融危機対応措置」）を維持した上で、新たな市場を伝播する危機への備えを構築した。「秩序ある処理」スキームは、世界金融危機後の破綻処理制度に関する国際的な議論、特に「主要な特性（Key Attributes）」と整合性を図るものである。銀行規制等ワーキング・グループの報告書（2015年 1 月25日）は、金融市場における急速な信認低下、破綻時における混乱、実体経済への影響を回避し、

---

[44] FSB は、日本は「主要な特性」（Key Attributes）を基本的に採用していると一定の評価をしている。FSB "Peer Review of Japan, Review Report", 21 December 2016.

金融システムがその強靭性を保持する観点から金融市場や金融業全体に対するセーフティネットとして「秩序ある処理」スキームを位置づけている。

「秩序ある処理」スキームは、従来の預金保険法（既存の破綻処理法制）が対象としていない広義の金融機関も対象とし、市場型のシステミック・リスクに備えるものであり、主として銀行危機に対応する既存の枠組みとは目的が異なっている。欧米諸国の整備態勢と比較した場合、日本の特徴として、古典的なシステミック・リスクと市場型のシステミック・リスクへの対処法を明確に区別したことがあげられる。

預金保険法第7章「金融危機への対応」（102条）、第7章の2「金融システムの安定を図るための金融機関等の資産及び負債の秩序ある処理に関する措置」（126条の2以降）との関係については、前者が預金取扱金融機関を対象とした従来型のシステミック・リスクに対処した措置であり、後者が、広義の金融機関を対象とした市場型のシステミック・リスクに対処した措置である[45]。両者は並列的な関係であるが、後者へ新設した措置が前者にも一部適用され、交錯している。改正法は、ベイルインに関する措置（預保法126条の2第4項）、早期解約条項の発動停止に関する措置（預保法137条の3）については、102条に規定する「金融危機対応措置」に関

---

45) 金融法学会第30回大会シンポジウム（2013年10月14日）において、岩原紳作理事長は、「新しい126条の2以降の規定で、前に102条で処理した足利銀行のケースを処理できるかというと、おそらく適用対象にできるか議論になり得るのではないかと思います。Too big to failのタイプの事件ではありませんから。地域にとっては重要な金融機関かもしれないけれども、日本の金融システム全体に危機をもたらし得るような破綻の問題ではない。そういうある地域にとってだけ切実な金融機関の破綻を救済したいというような時に、102条のほうを廃止してしまうと、預金保険を使って特別に救済するという仕組みが無くなってしまうと解されるおそれがあるのではないか。そういうことはなく、今までとその点について異なる救済措置の扱いがとられるわけではないということを言いたいということが、102条を残した1つの理由ではないかと想像しています。それ以外にも、102条と126条の2以降の新しい措置とでは預金保険料の負担の仕組みが違って、業界ごとの利害調整その他の問題があり得るとかいろんなこともあり、今までの仕組みは一応残して、今回の措置を新しく作るという、1つの政治的な解決をとったのかなと、これは私の勝手な推測でございます。」と述べている。

しても適用されるものとする。

4．小括

　米国の近代的（世界金融危機前）な銀行破綻処理法制は、世界で最も進んだ制度とされ、各国が参考にして自国の破綻処理法制に仕組みなどを取り入れている。日本も、米国の破綻処理法制を参考に、フレームワークを組み立て、破綻処理法制を整備した。両国の破綻処理法制は、預金保険法に基づき、預金者保護を目的とし、最終的には金融システムの安定を図ることを実現する手段として整備されていること、最小コストの原則、早期処理の原則など基本的な考え方は共通しているが、実情などにより相違点もある。日本と米国を、比護（2011）をベースに、比較法的に考察し、日本の現行法制を評価した。

　金融整理管財人に関して、常に預金保険機構が就任する制度の構築は、預金保険機構が事前に問題金融機関に派遣され due diligence などを行う「事前準備制度」の導入に必須な制度である。ブリッジバンクに関して、日本でも、日本振興銀行の破綻処理を標準モデルとして、地域銀行においても、米国の様なブリッジバンクの活用を図ることは有効性が高いと考えられる。特別危機管理銀行に関して、米国のように緊急救済を認めずに、破綻前の資本増強または特別危機管理銀行による破綻処理という制度は、破綻銀行を救済しないでモラルハザードを防止するという趣旨を徹底した制度として評価できる。緊急救済および資本注入に関して、預金保険法102条第一号措置は破綻銀行の救済ではなく、破綻に至る前に銀行の自己資本が基準を下回ったときに、健全性を回復し、破綻を防止するため資本注入を行う米国には存在しない制度であり、最小コストの原則、早期処理の原則に沿った制度として評価できる。金融危機における資本注入に関して、日本・米国とも、金融危機に対応する臨時の措置として緊急立法に基づき実施されたことは共通しており（日本が先行）、日本においては、法律に詳細な規定が定められており、制度として充実していると評価できる。

　FSB の進捗状況報告（2019年9月現在）で、日本は「債務の元本削減・

転換に係る権限（ベイルイン）」に対してのみ「非適用（not implemented）：「主要な特性（Key Attributes）」の要件の一部または全部を満たしていない場合）」と判定された。これは、日本では法的ベイルインを認めていないことが根底にある。現段階において、法的ベイルインを導入することは、憲法上の問題（権利変更：29条）などから困難であり、日本独自の法制・権限を維持すべきである。

　日本の破綻処理法制は、破綻処理を経験し、米国の法制を参考にしつつも日本の金融市場、金融システム、財政・銀行の状況などに合わせて独自に変革を遂げ構築されてきた。現行の破綻処理法制は、主要な特性（Key Attributes）と調和を図り、「秩序ある処理」スキームを必要最小限に備える機能的な法制と評価できる。しかし、米国・EU・英国との比較法的考察からの示唆より改革の余地はある。破綻処理法制は、適時・適切な見直しが短いサイクルで行われるべきであり、また行われることは必至である[46]。金融セーフティネットの全体像を的確に設計し、預金保険制度と一体的に破綻処理法制を将来に向けて検討することが求められる。

---

46) 山本・前掲注23) 15頁。

第5章

決済用預金の保護

　預金保険制度の適正な保護範囲を設計するうえで、本書では、決済用預金の全額保護を問題視している。決済用預金の全額保護が預金保険制度にモラルハザードを発生させ、市場規律は機能不全に陥っていると捉えている。本章では、決済用預金の全額保護の源泉とされる金融審議会答申を現代の金融法環境等を踏まえ再検討し、地方公共団体の公金預金の運用事例（ペイオフ対応策）を参考に、決済用預金全額保護の問題点と解決の方策を考察した。

1．決済用預金の全額保護・金融審議会答申の検討

　日本では、決済機能の安定確保のため、2003年4月から、決済用預金（当座預金、無利息普通預金等：①無利息、②要求払い、③決済サービスを提供できる、この3要件をすべて満たす預金）および決済債務[1]は、預金保険法改正（2002年12月）により恒久的に全額が保護されている。現在、決済用預金を無制限に全額保護している先進国（OECD加盟国）は無い。この世界に類をみない、決済用預金の全額保護は、預金保険制度のモラルハザードを発生させ、預金保険制度を弱体化していると評価する。

1）本書では採り上げないが、決済債務も全額が保護される。決済債務とは、顧客の依頼に基づく資金決済に係る取引（為替取引、手形交換所における手形、小切手等の提示に基づき行われる取引、金融機関の自己宛小切手に係る取引）に関し、預金保険の対象金融機関が負担する債務（邦貨で支払われるものに限定）である。

(1) 答申「決済機能の安定確保のための方策について」(2002)

　2002年において、翌年のペイオフ解禁を控え、社会的な不安が高まり、議会でもペイオフ全面解禁が懸念された。これを受け、金融審議会金融分科会に「決済機能の安定確保に関するプロジェクト・チーム」が設置され、約1ヵ月間において集中的な議論を行い、答申「決済機能の安定確保のための方策について」を策定・報告した。

『(1)決済機能の安定確保のための方策について　省略と下線は筆者
１．決済機能の安定確保の現状と課題
(1)決済機能の安定確保に関する基本的考え方
①　決済機能の公共性
　　今日の我が国経済では、日常生活における少額の決済が現金を通じて行われることを除けば、口座振替、手形・小切手支払い、公共料金やクレジット・カード利用代金の支払い等、ほとんどの決済[2]が金融機関の関与する決済機能を通じて行われている。このため、金融機関の関与する決済機能の安定確保を図ることは公共性の観点から必要不可欠である。
②　決済機能の安定確保：平時の対応と有事の対応
　　(省略)平時の対応としては金融機関に対する検査、監督等や決済システムのシステミック・リスク削減策を、有事の対応としては金融機関破綻時の日本銀行や預金保険機構によるリスクの顕現化回避のための諸措置をそれぞれ挙げることができる。
③　決済手段等に関する我が国の特徴
　　我が国においては、昭和48年の全銀システム稼動以来、その利便性から金融機関の口座引落し、口座振込等が資金決済に広く利用されてきており、小切手を主要な決済手段としている欧米主要国と事情を異にして

2）本答申において、「決済」とは、取引に伴い発生した債権債務関係を解消させる行為と定義された。

いる。(省略)。
　預金の保護、金融機関の破綻処理手続に関する各国での法制の違いにより決済機能の安定性に差異が生じていることも考えられる。例えば、米国では預金債権に優先権が付与されているのに対し、我が国ではこうした措置はない。また、米国では金融機関の倒産法制は一般の倒産法制とは異なっており、倒産手続開始後も債権実行の取扱いが柔軟であるが、我が国では金融機関の倒産法制にこのような点で一般と異なる制度は用意されていない。
　以上の点を踏まえれば、特例措置終了後における決済機能の安定確保のためには、決済機能のセーフティネットの状況を点検したうえ、他国の例にとらわれず、我が国の実態に即した方策が検討されて然るべきであり、したがって必要があればさらなる安定確保のための措置を講じることが適当である。

(2)決済機能の安定確保に向けたこれまでの対応と課題
(省略)
②　金融機関破綻時のリスク極小化に向けた対応
　(省略)なお、決済の問題については、これまでも民間による多様な決済サービスの提供によって解決されることが期待されてきたところである。しかしながら、例えば、スウィープ口座、証券総合口座等は現在のところ我が国では普及しておらず、そのサービス内容については顧客の利便性に対応したものとなっているものの、これらを決済機能の安定確保を図るためのセーフティネットとして位置付けることは必ずしも適当ではない。
　今後、民間の創意工夫により、決済機能の安定確保につながるような決済サービスが広く提供されることが期待される。

２．新たな決済機能の安定確保策
(1)安定確保策の基本要件
　平成11年12月の金融審議会答申においては、問題のある金融機関の早

期発見・早期是正を基本とし、金融機関が破綻した場合に債務超過の程度が極力小さい段階で迅速に処理することができれば、決済等の金融機能に与える影響を最小限に止めることができるとの考え方が示されており、金融機関破綻時の決済機能の安定確保においてもこの考え方が基本であることについては、ここで改めて確認しておきたい。(省略)

　我が国の決済機能が金融機関の連鎖的な破綻により機能不全に陥ることを防ぐ観点から、日本銀行による流動性供給や各種決済システムのリスク削減策が講じられているほか、信用秩序の維持に重大な支障が生じる場合には、預金保険法第102条に基づく措置が制度として用意されている。もっとも、決済機能の安定は基本的には金融機関の健全性を確保することにより図られるものであり、決済機能の安定確保策として、金融機関の破綻に備えあらかじめ金融機関が関与する決済すべての確実な履行を担保する措置を講じることは、多大な費用負担を伴うこと等から適当ではない。したがって、今般の決済機能の安定確保策は、金融機関の健全性確保を基本としつつ、それが損なわれた場合に備えた方策として制度設計することが適当である。

　以上を踏まえると、金融機関の関与する決済のためのセーフティネットとして、現金以外に安全確実な決済手段を確保し、それを誰でも容易に利用できるようにすることを、今般の決済機能の安定確保策の基本要件とすべきものと考えられる。

(2)具体的枠組み

　預金保険制度においては、特例措置終了後も一預金者当たり1,000万円までの元本とその利息が保護されるため、個人を中心とした多くの預金者にとっては、実際上決済資金はほとんどすべて保護される。だが、大口取引のために預け入れられた決済資金について全額は保護されなくなることから、決済を履行できない状況が生じることも考えられる。(省略)

　このため、<u>安全確実な決済手段として、金融機関破綻時にも全額保護される預金（以下「決済用預金」という。）を制度として用意すべきであ</u>

る。また、仕掛かり中の決済取引を円滑に結了させるための措置を講じることも必要である。これらの措置により、受取人起動型の決済（口座引落し）においても支払人起動型の決済（口座振込）においても同様の安全性が確保されることとなる。（省略）

　具体的な制度設計に当たっては、小さな預金保険制度の理念を踏まえつつ、モラルハザード発生の可能性を極力排除することが重要である。
（省略）
⑥　「決済用預金」の全額保護に伴うモラルハザード
　「決済用預金」の全額保護に伴い、預金者が決済資金以外の資金を「決済用預金」に振り替えるという、いわゆるモラルハザードが発生することを可能な限り防止する必要がある。また、預金者の行動により、金融機関においても預金者の選別行動を意識した経営改善努力を行う動機が失われるというガバナンスの機能不全を招かないようにする必要がある。

　この点について、付利しない（さらに加えて手数料を徴収する）預金であれば、預金者にコスト（機会費用も含む）が発生するため、預金者には真に決済に必要な資金以外を「決済用預金」に預け入れることに対する抑制が相応に働くものと考えられる。

　また、「決済用預金」に対する預金保険料をその他の預金よりも高く設定することで、金融機関が金利の付かない無コストの資金を集めることに対する抑制となりえ、同時に金融機関の適切な原価計算に基づいて預金者に適正な転嫁（手数料の徴収等）がなされることとなれば、預金者のモラルハザード防止につながると考えられる。さらに、保険料率を金融機関の財務状況等に応じて設定することができれば、こうした効果は一段と高まることとなると考えられる。もっとも、こうした仕組みを直ちに導入することについては、モラルハザード防止の側面のみならず、経営が悪化した金融機関に対する影響等、多面的な観点からの検討が必要であろう。

　なお、預金者が意図せずに「決済用預金」に資金を滞留させることもありうるため、「決済用預金」中の余剰資金をその他の預金に容易に振

り替えられるよう、金融機関においても預金者の利便性に最大限配慮することが期待される。
（省略）

3．制度改正にあたっての留意点
(1)将来に向けての課題
　<u>決済機能の安定確保の必要性は一時的なものではない。したがって、今般の措置は時限的なものとすることは適当ではない。ただし、金融機関の保険料負担やモラルハザードを減少させる観点から、預金保険制度を利用した枠組みは、コストを最小にすることを目指すべきである。このことは小さな預金保険制度という理念に加え、市場金融モデルを主導していくという将来の方向性にも適うものである。従って、これらの点を踏まえ、経済実態や社会通念、破綻処理の迅速化の状況等の変化に応じた見直しを怠ってはならない。</u>（省略）」

以上』

　本答申を受け、預金保険法が改正され、2003年4月から、決済用預金が恒久的に保護されることとなった[3]。なお、2003、2004年度の2年間は当座・普通・別段預金を「決済用預金」とみなすこととされた。

(2)　答申「決済機能の安定確保のための方策について」(2002) の検討
　本答申は、日本経済における決済が金融機関の決済機能を通じて行われており、金融機関の決済機能の安定確保を図ることは公共性の観点から必要不可欠であり、米国と比較すると預金債権に優先権が付与されておらず、金融機関の倒産法制が一般の倒産法制と同じであることを主な理由として、他国の例にとらわれず、特例措置（預金全額保護）終了後において、決済

---

[3] 決済用預金を他の預金等と区別して考える発想は、金融審議会「預金保険制度に関する論点・意見の中間的な整理」(1999年7月) のなかでも提示された。前掲第Ⅰ編1章注2）を参照されたい。

用預金の保護に関し措置を講じることが適当であるとしている。これに対し、本答申は20年以上前のもので、さらに特例措置から措置終了の転換期でもあったことから、現在とは経済環境および預金保険制度、破綻処理制度の法的環境も大きく異なる。当時において、金融審議会が、決済用預金の全額保護施策の基礎（裏付け）となる答申を行ったのに対して違和感はないが、その後20年以上も見直さずに（審議会等を開催せず）、本施策を継続していることに問題があると考える。

そして、米国との法制の違いが理由とされていたが、金融機関に対する破綻処理法制は米国の制度を参考に、預金保険法改正により2001年に整備され、恒久措置として金融整理管財人制度が適用され、預金保険機構が管財人に就任し、金融機関の特性に応じた破綻処理法制が整い柔軟な処理が可能となっている。また、預金者に優先権が付与されていないことは、前述したとおり、日本の金融機関（特に地域金融機関）では劣後債の発行が米国・欧州に比較して少なく（2002年当時からも市場は拡大しておらず）、預金者優先権の効果は見込めない状況である。

答申は、平時において、「問題のある金融機関の早期発見・早期是正を基本とし、金融機関が破綻した場合に債務超過の程度が極力小さい段階で迅速に処理することができれば、決済等の金融機能に与える影響を最小限に止めることができる」という金融審議会答申（1999年12月）の考え方を継承している。そして、有事においては、決済機能が金融機関の連鎖的な破綻により機能不全に陥ることを防ぐ観点から、日本銀行による流動性供給や各種決済システムのリスク削減策が講じられているほか、信用秩序の維持に重大な支障が生じる場合には、預金保険法102条に基づく措置が制度として用意されていることを確認する。こうした平時と有事の体制を踏まえ、今後の決済機能の安定確保策は、金融機関の健全性確保を基本とし、それが損なわれた場合に備えた方策として制度設計することが適当であるとしている。そして、具体的な制度設計に当たっては、「小さな預金保険制度」の理念を踏まえつつ、モラルハザード発生の可能性を極力排除することが重要であるとする。

ここで、決済用預金の全額保護に伴うモラルハザードとその解消策につ

いて述べられているが、違和感がある。(1)預金者が決済資金以外の資金を「決済用預金」に振り替えるモラルハザードの解消策として、付利しないことが提案されているが、現在のような低金利時代においては効果は限定的で、また、金融機関のリスクを感じたときに即日「決済用預金」に振り替えることが可能でありモラルハザードの抑制にはつながらない。(2)また、決済用預金に対する預金保険料をその他の預金よりも高く設定することで預金者への適正な転嫁（手数料の徴収等）がなされ、預金者のモラルハザード防止につながるとしているが、実務において、金融機関は実質的に融資先に転嫁しており、これも抑制にはつながらない。(3)最後に、「可変保険料率」制度の導入を掲げるが、これは預金保険制度全体のモラルハザード解消にはつながるが、決済用預金の全額保護に伴うモラルハザードの抑制には結実しない思われる。

2．地方公共団体の公金預金の運用事例（ペイオフ対応策）

　続いて、地方公共団体が、どのように公金預金を定額保護（ペイオフ）のリスクから保護し運用しているかみてみたい。公金預金も当然にペイオフの対象となり、地方公共団体は、金融機関の破綻リスクを勘案し、預金運用を行っている。なお、本書では、地方公共団体を、預金保険制度における市場規律の担い手として想定していない[4]。ここでは、決済用預金を利用したペイオフリスク対処策、すなわち、決済用預金が全額保護されることで市場規律が機能しておらずモラルハザードが発生しており、そういう意味で、預金保険制度が弱体化している状態を確認するために、地方公共団体の事例を紹介する。ここでは、わかりやすさから地方公共団体の事例を紹介したが、個人・法人においても同様の事例は発生していると考

4）飯塚徹「地方公共団体のペイオフ解禁への対処（公金預金の保護）—長野県、長野市、松本市の事例から検証—」松本大学「研究紀要」第20号（2022）参照。本論文では地方公共団体は必ずしも合理的な行動が期待できず、市場規律の担い手と考えるべきではないことを述べている。

えられる。

　長野県、長野市、松本市の３つの地方公共団体における公金預金の内容を確認・検証する。

(1) 公金預金の内容

１）長野県の公金預金（表4-5-1）

　長野県は、当座預金：50,000,000円、普通預金（無利息）：11,168,850,758円、合計11,218,850,758円は、決済用預金であるため、保護される。そして、譲渡性預金[5]：15,000,000,000円、普通預金（利息付）：40,000,000,000円、合計55,000,000,000円は、一般預金等として、元本10,000,000円までとその利息を超過する預金は保護されない。

表4-5-1　長野県の公金預金（2021年6月末）

（単位：円）

	当座預金	譲渡性預金	普通預金（無利息）	普通預金（利息付）	合計
八十二銀行	50,000,000	15,000,000,000	11,013,231,504	40,000,000,000	66,063,231,504
長野県信用農業協同組合連合会			155,619,254		155,619,254
合計	50,000,000	15,000,000,000	11,168,850,758	40,000,000,000	66,218,850,758

（出所）長野県会計局会計課

２）長野市の公金預金（表4-5-2）

　長野市は、公金預金のすべてが普通預金（無利息）：3,179,307,201円であり、決済用預金であるため、全額保護される。

３）松本市の公金預金（表4-5-3）

　松本市は、普通預金（無利息）：120,637,603円であり、決済用預金であ

5）譲渡方式で譲渡することができる無記名の定期預金証書で、発行金額や期間、金利など発行条件を自由に設定できる。短期金融市場で売買されており、CD3ヵ月物金利は短期金利の指標のひとつになっている。

表4-5-2　長野市の公金預金（2021年7月30日現在）

(単位：円)

	普通預金（無利息）
八十二銀行	3,074,064,332
長野銀行	12,126,889
みずほ銀行	2,843,687
三井住友銀行	395,619
北陸銀行	1,952,488
ゆうちょ銀行	17,183,413
長野信用金庫	27,926,977
長野県信用組合	10,173,758
長野県信用農業協同組合連合会	18,161,635
長野県労働金庫	66,570
ながの農業協同組合	10,194,089
グリーン長野農業協同組合	4,217,744
合計	3,179,307,201

(出所) 長野市会計課

るため保護される。そして、普通預金（利息付）：5,185,991,545円であり、一般預金等として、元本10,000,000円までとその利息を超過する預金は保護されない。

(2) **考察**

1) 超低金利時代のペイオフ対応方策

日本銀行は、1990年代の深刻な景気低迷に対処するために、世界史上に例のなかった超低金利政策を実施した。これはゼロ金利政策と呼ばれるように、潤沢な資金を供給することで、（短期）金利をほとんどゼロにする政策であった[6]。その後、2016年1月29日にマイナス金利付き量的・質的金融緩和を導入し、マイナス金利政策が行われた。こうした超低金利金融政策に伴い、金融機関の普通預金・定期預金等の預金利息は低く設定されている。

このような超低金利下においては、公金預金を無利息普通預金（全額保

表4-5-3　松本市の公金預金（2021年7月30日現在）

（単位：円）

	普通預金（無利息）	普通預金（利息付）	合計
八十二銀行		5,185,401,225	5,185,401,225
長野銀行	34,919,213		34,919,213
みずほ銀行	5,728,990		5,728,990
りそな銀行	4,888,430		4,888,430
ゆうちょ銀行	27,213,206		27,213,206
松本信用金庫	32,075,731		32,075,731
長野県信用組合	4,504,780		4,504,780
長野県労働金庫		590,320	590,320
松本ハイランド農業組合	10,761,323		10,761,323
あづみ農業協同組合	545,930		545,930
合計	120,637,603	5,185,991,545	5,306,629,148

（出所）松本市会計課

護対象となる決済用預金）とすることが合理的であると考えられる。長野市のように、すべての公金預金を無利息普通預金としている地方公共団体は少なくないと思われる。超低金利時代においては、公金預金を利息付普通預金や定期性預金などに預入しても利息は比較的少なく、金融機関の破綻リスクを勘案し、こうしたペイオフ対応方策が無難といえ万全策である。決済用預金の全額保護により、預金保険制度のモラルハザードが発生していることがわかる。

2）インセンティブとリスク

　預金が全額保護された時代（2002年3月まで）においては、地方公共団

6）1999年2月、日本銀行は短期金利の指標である無担保コール翌日物金利を史上最低の0.15％に誘導することを決定・実行した。2000年のITバブル景気を機に一時解除されるが、2001年のITバブル崩壊を機に事実上復活した。2006年に景気回復を理由に再び解除となるが、2008年12月の世界金融危機と米国のゼロ金利導入を機に、同年12月19日に日銀が無担保コール翌日物金利の誘導目標を0.1％に設定することを決定・実行した。いったんは解除したゼロ金利政策を再び実施した。

体も含めすべての預金主体が、高い金利の定期性預金や譲渡性預金等を選択し預入した。1990年代のバブル期には、定期性預金（1年）の店頭表示金利の平均が6％を超えた時期もあり、預金主体は利息を増加させる（高利回り運用）インセンティブが働いた。地方公共団体は、指定金融機関に預金するのではなく、入札を行い、高い金利を提示する金融機関を預入先に決定した。当時は、金融機関にも大口預金のニーズがあり、さらに、地方公共団体の預入先という信用面からもメリットがあったため競争は激化していた。こうした結果、地方公共団体の運用益は高かった。

　ペイオフが解禁されると、地方公共団体は公金預金を損失するリスクが内在することとなった。総務省の「研究会」とりまとめでは、「公金預金の一部が失われたとした場合、職員の賠償責任（地方自治法243条の2の2）、住民監査請求・住民訴訟（地方自治法242条、242条の2）等の責任を問われる場合がある。」としている[7]。企業や資金運用機関などでは、預金利息を増加させるインセンティブは常に働くが、地方公共団体においては、こうしたインセンティブが、リスクを重く捉えることから、働きにくいと考えられる。インセンティブをリスクが打ち消すわけである。預金保険制度のモラルハザードが発生していると考えられる。

3．決済用預金全額保護の問題点と解決の方策

(1) 決済用預金全額保護の問題点

　日本では、ペイオフ解禁から久しいが、世界に類がない決済用預金の全額保護が恒久制度となっている。米国では、世界金融危機を受け、決済用預金の全額保護が緊急的に手当されたが、既に終了している（決済用預金の全額保護終了：2012年12月末）。その際に、決済用預金の全額保護は期間

---

[7] 総務省では、ペイオフの解禁を踏まえ、地方公共団体が自己責任で対応するための方策を検討すべく、学識経験者・地方公共団体・金融機関等関係者から構成される「地方公共団体におけるペイオフ解禁への対応方策研究会」を、2000年11月に発足させ、研究会としてのとりまとめを2001年3月30日に公表した。

を明確に限定して行われ（2009年末）、FDIC 理事会の決定で延長され（2011年末）、さらにドッド＝フランク法の施行により再延長され（2012年末）、終了した。こうした動きをみることで、米国では決済用預金の全額保護を有事の例外措置として位置づけ、慎重に対応していることがわかる。

　世界金融危機を受けて、米国・欧州では、預金保護上限額を引き上げる対応であった。引き上げられた保護上限は、各国の恒久制度となった。ここで重要なのは、一般預金を全額保護としなかった点である。米国・欧州の政府・金融当局は、一般預金を全額保護することは、近代預金保険制度の意義・役割を否定し、市場規律が完全に機能不全となり、金融危機をさらに混乱させ、収束を長引かせるとの共通認識により実行しなかったと推察される。米国・欧州の預金保険政策の共通認識として、平時と有事を明確に分けて対応していることがわかる。平時においては、一般預金および決済用預金を限定保護し、市場規律を有効に機能させ、有事においては決済用預金のみ期限を決めて全額保護し、市場規律も一定程度機能させつつ、決済システムの安定を優先確保するという対応である。

　日本は、平時においても決済用預金が恒久制度として全額保護されており、預金者にモラルハザードが常時発生し、市場規律が有効に機能する預金保険制度の設計になっていない。平時においては、市場規律を有効に機能させ、決済システムの安定は、民間のリスク管理・防止策に任せるべきである。現状では、民間金融機関と全国銀行協会が銀行破綻に備え構築した決済リスク管理・防止策の仕組み（全銀ネット）は活用されていない。民間の創意工夫を最大限生かし、金融当局とも連携し、適切なリスクシェアに基づき、金融システムの安定を図ることが重要である。

(2) **決済リスクの管理・防止策**

　日本では銀行間の資金決済システム（全国銀行データ通信システム（以下、全銀システム））において、国際的な基準も踏まえた決済リスク削減の仕組みが構築されている[8]。こうしたリスク削減の仕組みは年々様々な改良を重ね、近年高いレベルにある[9]。

1）全銀ネットの資金清算機関としてリスク防止策

　全銀システムの運営主体となっている全銀ネットは、「資金決済法」に基づいて、「資金清算機関」としての免許を金融庁から受けている。これは、国内為替取引において、全銀ネットが「セントラル・カウンターパーティ」（CCP）として機能することを示す。CCPは、債権者と債務者との仲介として決済の当事者となることにより、取引相手の債務不履行による「カウンターパーティ・リスク」の削減を図る仕組みである[10]。

　全銀ネットが決済当事者となる「債務の引受け」は、支払指図が全銀システムで有効に受け付けられた時点で行われ、全銀システムを通じた送金にかかる債権債務は、各清算参加者と全銀ネットの間のみで完結する。これより、清算参加者が債務不履行に陥った場合にも、その影響を受けるのは、決済相手となっている全銀ネットのみであり、その影響がほかの加盟金融機関全体に及ぶことはない。こうしたことから、CCPは、個別金融機関の支払不能が市場全体に波及するシステミック・リスクを防止することができる[11]。

　ネッティングの法的安定性の面では、資金決済法において、清算参加者の破綻によって倒産手続などが開始された場合であっても、「未決済債務の取扱いや決済は、資金清算機関の業務方法書の定めに従って行う」（同法73

8）淵田康之「決済用預金保護措置の問題点」『野村資本市場クォータリー』2004春号6頁。

9）全銀システムは昭和48年の稼働以降、一度もサービス停止したことはない。システムの安全性・信頼性を確保するために、東京と大阪の2ヵ所のセンターにホストコンピュータが設置され、片方のセンターが被災した場合でも、他方のセンターのシステムにより業務継続が可能となっている。2018年10月から、平日日中の為替取引に対応する「コアタイムシステム」に加え、平日夜間・土日祝日の振込に対応する「モアタイムシステム」が稼働し、365日24時間化が実現した。2019年11月に稼働した第7次全銀システムでは、第6次全銀システムの機能・構成を継承しつつ、安全性・信頼性向上の観点から、収容能力・処理能力の増強、サイバーセキュリティ対策の強化や電力消費量の削減を図っている。

10）中島真志＝宿輪純一『決済システムのすべて〔第3版〕』（東洋経済新報社.2013）306頁。

11）中島＝宿輪・前掲注10）306-307頁。

条）ものとされ、清算機関のルールが優先することが定められている[12]。

２）全銀システムの決済リスク管理策

全銀システムでは、決済リスクを管理するため、①仕向超過限度額の導入（1990年７月）、②同日決済への移行（1993年３月）、③新内国為替制度（保証責任方式、流動性スキームの導入など）への移行（2001年１月）、などの決済リスク管理策を漸次導入してきた。こうしたリスク管理の強化により、全銀システムは、2002年５月に、最大の債務額を有する上位２行が同時に破綻しても決済を完了できるという「ランファルシー[13] ＋ 1」を達成している[14]。

これは平時には当然に、有事においても基本的には決済リスク（システミック・リスク）を回避できる方策であるということなる。そして、全銀システムのリスク削減の仕組みにおいては、他銀行の破綻は自行の負担に繋がることから、参加銀行間で他行の経営状況等をモニタリングし合い、リスクを削減するインセンティブが共有され、銀行間の市場規律が有効に機能する。預金保険制度により決済用預金が全額保護される場合は、こうしたインセンティブは発生・共有されず、市場規律も有効に機能しない。

現状の全銀システムの決済リスク管理策は下記のとおりである[15]。

---

12) 中島＝宿輪・前掲注10）307頁。これにより、全銀ネットによる清算の効果に関して、法的安定性が確保された。

13) ランファルシー基準とは、1990年にG-10諸国の中央銀行によって定められたクロスボーダーで多通貨の多角的ネッティングシステムが最低限満たすべき下記の６つの基準。その後、通貨以外の大口の時点ネット決済システム一般にも適用可能な基準と考えられている。①すべての関係法の下で確固たる法的根拠を保有、②参加者はリスクに及ぼす影響を明確に意識、③リスク管理策は最大のエクスポージャーに上限を賦課、④最大のネット負債額を有する参加者が決済不能になった場合も決済を円滑に終了、⑤開かれた参加基準を設定、⑥バックアップ設備を保有。

14) 中島＝宿輪・前掲注10）311頁。

15) 中島＝宿輪・前掲注10）312-314頁を参照した。

(i) 仕向超過限度額管理制度

「仕向超過限度額管理制度」は、全銀システムに対する各加盟銀行の「仕向超過額」（仕向額－受領額）に一定の限度を設け、仕向超過額がこの限度額を超えないように全銀センターにおいてシステム的に管理する仕組みである。仕向超過額が限度額の一定割合を超えると、当該行に警告メッセージが送信され、また限度額を超える場合には、決済指図は、エラー電文として当該行に返却される。この制度は、全銀システムにおける各加盟銀行のネット債務額を一定水準以下に抑制する役割を果たしている[16]。

(ii) 担保・保証の差入れ

前述のとおり、清算参加者は、自ら設定した仕向超過限度額の100％に相当する「担保」を全銀ネットに差し入れる必要がある。適格担保としては、国債、政府保証債、地方債、金融債、社債、株式、現金（預金）などが認められている。ただし、担保の一部または全部を、他の清算参加者から受ける「保証」によって代替することができる。これは、「保証行責任方式（担保・保証責任方式）」と呼ばれる制度である[17]。

保証を利用する清算参加者は、担保負担を軽減できるが、代わりに保証を供与する銀行が全銀ネットに応分の担保を差し入れる必要がある。現状では、参加者の国債などの保有が潤沢であることから、各清算参加者は自ら必要な担保を差し入れており、保証を利用している参加者はいない[18]。

(iii) ロスシェア・ルール

全銀システムのロスシェア・ルールは、「デフォルターズ・ペイ」（破綻行支払）の原則に基づいている。これは、当日の支払債務の支払ができない「決済尻不払銀行」自身が、その損失全額を負担する原則である。具体的には、各清算参加者は、全銀ネットに担保または保証により、仕向超過

---

16) 中島＝宿輪・前掲注10) 312頁。
17) 中島＝宿輪・前掲注10) 313頁。
18) 中島＝宿輪・前掲注10) 313頁。

限度額の100％を差し入れておき、万一決済ができなくなった場合には、全銀ネットが不払行の担保を見合いに流動性供給銀行から資金の提供を受け、当日の決済を完了する。そして、流動性供給銀行への返済は、不払行担保を処分して回収した資金によって行う。各清算参加者が自らの債務額を担保・保証により100％カバーする仕組みとなっている[19]。

不払行が他行から保証を受けていた場合には、保証行が保障額の割合に応じて不履行額（決済分担金）を負担する。これにより、不払行に保証を供与していない限り、他の清算参加者にはデフォルトの発生による損失負担は発生しない[20]。

(iv) 流動性供給スキーム

前述のように、不払額は不払行の担保を処分した資金によって補填される。しかし、一般に証券担保の処分には時間を要するため、その日の決済時限には間に合わない。このため、「決済尻不払銀行」が発生した場合には、全銀ネットが、あらかじめ定めた「流動性供給銀行」から不払額相当の資金の提供を受け、これにより当日の決済を完了させることとされている。流動性供給銀行は、一定基準により毎年見直しが行われ、全銀ネットとの間で流動性供給契約を締結する[21]。

流動性供給銀行の全体の資金供給限度額は、仕向超過限度額の上位２行が同時に決済尻の不払いとなった場合でも、当日中に決済が完了できるように定められている（「ランファルシー＋１」の条件を充足)[22]。

4．小括

本章では、決済用預金の全額保護のもたらす弊害を踏まえて定額保護に

---

19) 中島＝宿輪・前掲注10) 313頁。
20) 中島＝宿輪・前掲注10) 313頁。
21) 中島＝宿輪・前掲注10) 314頁。
22) 中島＝宿輪・前掲注10) 314頁。

移行すべき理由とその方策・方針を以下のように整理した。

平時においても決済用預金を全額保護することは、預金保険制度のモラルハザード（預金者の監視機能が働かない）を発生させ、市場規律を原動力とする預金保険制度の仕組みを弱体化するものである。また、一般預金から、無利息型普通預金（決済用預金）に容易に振替ができ、預金が全額保護されることは預金保険制度の抜け道となり制度の弱体化につながる。さらに、決済用預金の全額保護は、決済プロセスも保護することとなり、銀行の自主規律、銀行業界の規律も喪失する。現在、こうした規律付けの制度は形骸化している。

そして、地方公共団体の公金預金の運用事例から、決済用預金の全額保護措置により、地方公共団体に預金保険制度のモラルハザードが発生していることを確認した。本研究では、地方公共団体を、市場規律を機能させる主体とみなしていないが、預金者（個人・法人）にも同様にモラルハザードが発生していると考えられる。

本章では、決済用預金全額保護の恒久措置の基礎とされる、金融審議会答申「決済機能の安定確保のための方策について」(2002)を現代の金融システム・金融法環境で下記のとおり検証した。

『本答申は、米国と比較すると、①金融機関の倒産法制が一般の倒産法制と同じで債権実行の取り扱いが柔軟でないこと、②預金債権に優先権が付与されておらず預金者保護が十分でないことを理由として、他国の例にとらわれず、決済用預金の全額保護措置を講じることが適当であるとしている。

これに対し、①近年、金融機関に対する破綻処理法制は米国の制度を参考に預金保険法改正により2001年に整備され、恒久措置として金融整理管財人制度が適用され、預金保険機構が管財人に就任し、金融機関の特性に応じた破綻処理法制が整い柔軟な債権実行が可能となっていると評価できる。②日本の金融機関（特に地域金融機関）では劣後債の発行が米国・欧州に比較して少なく、預金者優先権の効果は見込めない状況である。

また、本答申は決済用預金の全額保護に伴うモラルハザードの解消策について、①決済用預金に利息を付さない、②決済用預金に対する預金保険料をその他の預金よりも高く設定する、③「可変保険料率」制度を導入することを掲げる。
　これに対し、①現在のような低金利時代においては効果は限定的で、また、金融機関のリスクを感じたときに即日「決済用預金」に振り替えることが可能でありモラルハザードの抑制にはつながらない。②金融実務において、銀行は実質的に融資先に保険料を転嫁しており、抑制にはつながらない。③「可変保険料率」制度の導入は、預金保険制度全体のモラルハザード解消には繋がるが、決済用預金の全額保護に伴うモラルハザードの抑制には結実しない。』

　この結果、現代において、決済用預金の全額保護の必要性は見いだせない。本答申は20年以上前のもので、さらに特例措置から措置終了の転換期でもあったことから、現在とは経済環境および預金保険制度、破綻処理制度の法的環境も相当異なる。長期間において見直さずに（審議会等で検討されず）、本施策が継続されていることに問題があると考える。本研究は、この問題（現在も継続する恒久措置）を見直すものである。
　決済用預金の保護について、民間主体で構築された決済システム（全銀システム）のリスク管理・回避策は高いレベルにあり、常に創意工夫と改善を積み重ね成長している。民間主体の決済システムのリスク削減の工夫や努力を前提に、そこでカバー出来ないリスクについてのみ預金保険が対応するという、リスクシェアリングの仕組みを再構築すべきである。
　決済システムの保護は、米国をはじめ諸外国と同様に、基本的に早期是正措置、預金保険制度の市場規律（有効に機能していることが前提となる）によって対応すべきで、それでも対応が困難なシステミック・リスクと判断される事態（有事）には、日本銀行の流動性供給の対応（最後の貸し手機能）、預金保険法102条の措置および「秩序ある処理」スキーム（預保法第7章の2）を講じるべきである。

第6章
可変保険料率制度の導入

　預金保険料の徴収手法として、「可変保険料率」制度がグローバルスタンダードとなっている。「可変保険料率」制度の導入により、銀行経営者にインセンティブが付与され、預金保険制度のモラルハザードが解消されることが期待される。「可変保険料率」制度の導入は、単なる技術・手続論ではなく、預金保険制度の設計、金融行政・監督の枠組み、金融機関の情報開示（ディスクロージャー）に関する重要な論点である。本章では、預金保険制度の財源から紐解き、「可変保険料率」制度導入に関する議論・論点を整理・検討し、日本での制度導入に向けて考察する。

1．預金保険制度の財源

　預金保険制度の「財源」は、金融機関負担の保険料（一般保険料、特別保険料）および国民負担（国庫支出金）[1]である。

(1) 国民負担

　ペイオフコストを超過する資金援助の資金は、特別保険料に加えて「国債の交付」[2]により調達された。すなわち、国債の償還財源は税金であり、国民が負担したこととなる。これまで、1997年度に7兆円、2000年度に6

---

[1] 本書では、「国民負担」を「国庫支出額」（実際に支出された金額）と定義する。交付国債の償還分は、国庫から支出され、ペイオフコスト超部分の「金銭贈与」等に充てられた。「金銭贈与」は、回収が想定されておらず、交付国債の償還額は国民負担となった。なお、広義に、「政府保証枠」（預金保険機構の資金調達に際し保証を付与）も国民負担と定義されることもある。預金保険機構・前掲第Ⅱ編1章注9）309頁参照。

兆円の国債が交付され（計13兆円）、このうち機構が償還を受けた（現金化した）額は10兆4,326億円となった[3]。すなわち、10兆4千億円もの国民負担が、ペイオフコスト超の預金および金融債の保護のため金銭贈与等に使用されたこととなる。

　これまでの主なペイオフコスト超の金銭贈与先をみると、日本長期信用銀行（長銀）に3兆2千億円、日本債券信用銀行（日債銀）に3兆円、北海道拓殖銀行（拓銀）に1兆2千億円、木津信用組合に5千億円、みどり銀行に4千億円の資金が投入された。なお、長銀および日債銀は、資金の大半を金融債により調達していたため、金銭贈与のほとんどがペイオフコスト超となっている。すなわち、長銀および日債銀の金融債は、ほぼ国民負担により保護されたこととなる。

　今後も、金融危機への対応時において、「我が国又は当該金融機関が業務を行っている地域の信用秩序の維持に極めて重大な支障が生ずるおそれがあると認めるとき」（預保法102条）で、救済金融機関に対しペイオフコスト超の金銭贈与が行われる（同条2号：第2号措置）場合に、国民負担が発生する可能性がある。また、「秩序ある処理」スキームにおける特定資金援助（預保法126条の28第1項）で、特定合併等を支援するためにペイオフコスト超の特定資金援助が行われる（特定第2号措置）場合にも、国民負担が発生する可能性がある。

(2)　金融機関の保険料負担

　金融機関は、預金保険制度の存在により、安定的に低コストで資金（預金）を調達できる。そのため、預金保険料は、預金保険の対象となる金融機関が負担している。ここで、現状における「均一保険料率」制度の下で

2）預金保険機構特例業務基金国庫債券。預金保険機構に交付される国債の発行等に関する省令（平成十年二月十八日大蔵省令第六号）。

3）交付国債13兆円のうち、償還されなかった2兆5,674億円は政府に返還された。償還された10兆4,326億円の内訳は、9兆8,793億円はペイオフコスト超部分の金銭贈与に使用され、5,533億円は「特例業務勘定」閉鎖時の累積欠損金の補填に使用された。

は、リスクの大きな金融機関ほど恩恵を受け、モラルハザードが発生することに留意すべきである。預金保険料は理論的には金融機関、預金者および融資先等が分担していると解されている[4]。

なお、破綻した金融機関は、保険料支払が困難であり、当該金融機関に保険金支払または資金援助がなされることを鑑み、保険料の負担が免除される（預保法50条2項）。承継銀行についても、暫定的な役割であることから、破綻金融機関に準じた対応が妥当であり、保険料の負担が免除される（預保法50条2項）[5]。

預金保険料率制度は、「均一保険料率」制度と「可変保険料率」制度に分類され、「均一保険料率」制度は、すべての金融機関に同一料率を適用する制度で、保険料の算定と管理が容易である。日本では、預金保険制度創設以来、「均一保険料率」制度が適用されているが（2023年度は決済用預金：0.021％、一般預金等：0.014％、実効料率：0.015％）、破綻するリスクに関係なく均一な保険料が徴収されるため、リスクの低い金融機関はリスクの高い金融機関のために不当に多額の保険料を支払わされ（不公平）、リスクの高い金融機関にはモラルハザードが発生することとなる。

「可変保険料率」制度は、各金融機関の破綻リスクを、保険料率に反映する制度であり、米国において、1980年代の多数の金融機関破綻を踏まえ、財政の再建および金融機関の行動是正を目的に1993年に採用された。「可変保険料率」制度は、金融機関間の不公平が緩和され、リスクの高い金融機関は低い保険料率を目指し経営改善（健全化）を推進するインセンティブが機能し、預金保険制度自体の損失リスクの削減も期待される。

「可変保険料率」制度は、このように理想的な手法であるが、運用においては、(1)金融機関の破綻リスクを客観的に計測する手法の確立、(2)制度

---

[4] 預金保険料率に関する調査会「今後の預金保険料率のあり方等について」（2012年3月26日）5頁参照。
[5] 本項は、破綻金融機関および承継銀行の保険料を当然に免除するのではなく、「定款で定めるところにより、当該各号に定める金融機関の保険料を免除することができる」と規定し、保険料を一律に免除するものではなく、免除事由に応じ弾力的な運用を可能にしている。佐々木・前掲第Ⅱ編1章注25）117頁参照。

の運用に相当の情報と人員・労力が必要、(3)弱体化した金融機関に一層の負担がかかり相当の配慮が必要、(4)金融機関のリスクに関する情報の秘密保持の徹底、などの課題が内在している[6]。

　こうした課題などから、1990年代前半までは、「可変保険料率」制度を導入する国は僅かであったが、米国とカナダの成功事例から、本制度がリスクの高い金融機関の行動是正に有効であるとの認識が広く高まり、1990年代後半から多数の国で導入された。経済協力開発機構（OECD）加盟国では、日本、スイス、メキシコ以外の国はすべて「可変保険料率」制度を導入している[7]。

　銀行にとって預金保険料の負担は実情として重い。預金保険料は、経費として計上されるが、全国地方銀行協会によると、2018年度の地方銀行全体の経費内訳では、預金保険料は物件費の8.9％を占めている。市場金利の長引く低下に伴い、預金利息を低く設定していても、預金保険料支払いを勘案すると、預金に関わるコストは決して低くない。預金保険料率の引き下げは経費の削減に大きく寄与する。預金保険料は、2010年から引き下げが継続しており、2013年度からの経費の変化をみると、預金保険料の減少が経費の項目の中で最も大きい（2013年度は物件費の16.2％を占めていた）。

　なお、「金融危機対応措置」（預金保険法102条1項）や「金融機関等の資産および負債の秩序ある処理に関する措置」（預金保険法126条の2第1項）が発動されたときは、一般勘定ではなく危機対応勘定によって対応し、ペイオフコストを上回る費用については、特定負担金として業界全体による事後的な費用負担が行われる。こうしたシステミック・リスクへの対応を図るための例外措置に対しては、預金保険料が充当されることはない[8]。

6）本間・前掲第Ⅳ編1章注26）240頁。
7）国際預金保険協会（IADI）の2017年調査によると、回答のあった135機関のうち、65機関で「可変保険料率」制度が導入されている。

2．「可変保険料率」制度導入に関する議論

　日本においても、これまで「可変保険料率」制度の導入に関し検討が行われてきた。

　これまでに、(1)金融審議会答申「特例措置終了後の預金保険制度および金融機関の破綻処理のあり方について」(1999年12月21日)、(2)預金保険料率研究会「預金保険料率研究会中間報告」(2004年6月18日)、(3)預金保険料率に関する調査会「今後の預金保険料率のあり方等について」(2012年3月26日)、(4)預金保険料率に関する検討会「中長期的な預金保険料率のあり方等について」(2015年1月30日)において、預金保険料率制度に関する検討が行われ報告書が公表されており、考え方の変遷などを整理する。なお、有識者らによる調査会・研究会ではないが、金融庁は「金融行政方針」(2019年8月28日)を公表し、「可変保険料率」制度の導入に向けた考えを示した。これを受け、預金保険機構は、預金保険料率のあり方等について中長期的な観点を踏まえて検討するため、預金保険料率に関する検討会（第1回）を2021年7月30日に開催した。

(1) 金融審議会答申「特例措置終了後の預金保険制度および金融機関の破綻処理のあり方について」(1999年12月21日)　抜粋・下線は筆者

「5．預金保険制度の他の論点
(5)預金保険料
……なお、金融機関の財務状況等に応じた保険料率の導入については、諸外国の預金保険制度においても導入の動きが見られること、また、市

---

8) 小立敬「預金保険制度の可変保険料率に関する論点整理─望まれる『小さく生んで大きく育てる』制度設計─」『野村資本市場クォータリー』2019秋号59頁。TLAC規制の導入を受けて、2019年3月に一般勘定と危機対応勘定との間の資金の融通が認められており（預金保険法施行規則18条の2）、実際に資金融通がどのように行われるのか留意が必要である。

場規律を補うという観点から、本来望ましいものと考える。しかしながら、一般勘定の借入金の早期返済が必要な状況の下で直ちに導入した場合には、経営の悪化した金融機関に対する保険料率は相当高い水準になることが見込まれるため、その金融機関の経営に対する影響は看過できないものとなる。したがって、金融機関の財務状況等に応じた保険料率の枠組みの検討は早く進めるべきであるが、その実施については、当面、慎重に対応すべきであると考える。」

(2) 預金保険料率調査会「預金保険料率調査会中間報告」(2004年6月18日)
　　抜粋・下線は筆者

「3. 預金保険料率のあり方
……本研究会では、可変保険料率に下記のメリットが存在するとの指摘があった。
　(1)預金保険が銀行経営に与えるリスク選好的なインセンティブ(モラル・ハザード効果)のコントロールが可能となり、金融機関に対し財務体質強化を促す効果を有する。その結果、金融システムの安定性が増し、預金保険基金の損失抑制、国民負担の極小化が実現する。
　(2)保険料負担に対する金融機関の公平感を増すことができる。
　(3)自己資本比率規制等の有効性を高めることができる。
　他方、金融システムが不安定な状況のもとでの可変保険料率導入は、財務力の低下した金融機関に対し、他と比べ割高の保険料負担を課することとなり、経営をより脆弱化させる恐れがある、とする意見もあった。同研究会では、預金保険制度に可変保険料的要素を導入して行くことが望ましいとする意見が多かった。

5. わが国における可変保険料率の可能性
……本研究会では、わが国が今後金融システムの安定している状況の下で仮に可変保険料率導入を検討する場合、どのような選択肢が考えられるかについて意見交換を行なった。

(1) 料率の算定方法

　料率の算定方法については、株価、劣後債利回りや格付会社による外部格付け等を使用した予想損失モデルに基づき、各金融機関毎に、破綻に伴う預金保険にとっての期待損失額を精緻に推計する手法も考えられるが、推計の困難性や、金融機関についての適切な変数（情報）の入手に制約がある等の問題が存在する。このため、実際には自己資本比率等の財務上の定量指標に基づいて金融機関をグループ分けし、グループ毎に異なる保険料率を適用する国、定量指標に加えて検査格付けのような定性指標を加味してグループ分けする国が多くみられる。

　本研究会では、透明性の観点から公表されている定量指標を中心に金融機関をグループ分けすることが望ましいとの意見が多いが、定量・定性指標の組み合わせも考慮すべきであるとの意見も出された。

　具体的な定量指標としてどのようなものが妥当かを検討するためには、過去の金融機関破綻事例を分析し、どのような定量指標が破綻確率や損失確率を説明する上で有効か等の調査をまず行う必要がある。

(2) 料率構造

　料率構造についてみると、料率区分の数、料率カーブの形状は各国によって区々であるが、可変保険料率導入当初は、金融機関の保険料負担が激変することを防止し、新料率体系に対する金融機関の理解を得る観点から、たとえば二つないし三つの料率区分を設け、料率の差も小幅に留める選択肢が考えられる。

　なお、信用金庫、信用組合、労働金庫においては業態内の相互支援制度が存在する。こうした相互支援制度は、有効に機能すれば破綻の顕在化を防止し預金保険基金の損失を軽減することになるが、この点を可変料率にどのように反映させることが可能かどうか、今後の検討が必要である。

(3) 個別金融機関への料率適用

　各国においては、適用された料率に不満な金融機関が不服申し立てを

預金保険当局に行える手続きを定めており、わが国においても同様の手続きが必要と考えられる。

　個別の金融機関に適用される料率が公開される場合、市場規律を強めるという意見もあるが、他方、営業目的等に利用されると、風評リスクが重大な問題となる恐れがある。こうした風評リスクは、公表されている定量指標のみに基づいて料率の算定を行う場合にはそもそも発生しないが、検査格付等の定性指標を組み合わせる場合には、深刻化する可能性がある。この点については、各国とも適用料率について預金保険当局及び金融機関に対し守秘義務を課しており、わが国においても十分な配慮が必要である。

(4)準備期間または経過措置の必要性
　可変保険料率を導入した大半の国は導入に先立ち、金融機関が経営を強化するための準備期間の設定、または保険料負担激変を防止する経過措置を実施しており、わが国においても、導入する可変保険料率の内容如何によっては、同様の措置が必要かどうか検討することが望ましい。

(5)「料率体系の定期的見直しの必要性」
　可変保険料率を導入する場合、金融情勢等の変化を踏まえ、料率体系を定期的に見直すことが望ましい。」

(3)　預金保険料率に関する調査会「今後の預金保険料率のあり方等について」(2012年3月26日)　抜粋・下線は筆者

「Ⅳ.　その他の論点
　預金保険法上、預金保険料率については、個々の金融機関の経営の健全性に応じて格差を設けること（可変保険料率）が可能とされている。
　可変保険料率は、金融機関が預金保険に損失を与えるリスクを預金保険料率に反映させるものであり、諸外国でも導入が進み、市場規律を補うものであることなどから、具体的な検討を行っていくべきとの提案も

されている。
　可変保険料率については、厳密にリスクを推計して料率に反映させることには困難が伴うほか、財務基盤が相対的に弱い金融機関への影響等にも留意する必要がある。こうした可変保険料率や、全額保護の決済用預金と一般預金等との間の料率格差のあり方等も含め、預金保険料率を巡ってはその水準以外についても多様な論点がある。
　また、協同組織金融機関については、各業態から、業態内の相互支援制度の存在を考慮して保険料の軽減を検討すべきとの提案もされている。
　さらに、今回は特に一般勘定の責任準備金のあり方について検討を行ったが、預金保険制度全体についてそのあり方を考えるには、危機対応勘定の負担金のあり方に関する検討も望まれる。
　こうした論点については、今後、まずは当面早急に一定規模の責任準備金を確保し、目標規模を目指していく段階において、議論していくことが適当と考えられる。」

(4)　預金保険料率に関する検討会「中長期的な預金保険料率のあり方等について」（2015年1月30日）　抜粋・下線は筆者

「Ⅶ．今後の課題等に関する意見
２．可変保険料率について
　本検討会は、中長期的な預金保険料率および責任準備金について結論を得ることが主目的であり、可変保険料率について特定の結論を得るための議論は行っていないが、導入に慎重な意見、「検討は早めに進めるべき」とか「一定の目標規模を達成した時点で検討すべき課題と考えられる」との意見、「国際的な規制の導入等を踏まえた検討が必要である」といった意見が示された（脚注）。

脚注内容：因みに海外の動向をみると、可変保険料の導入が進みつつある。米国、カナダ、韓国等では、既に可変保険料率を導入している。IADIのサーベイ（2012年末）によれば、回答のあった預金保険機関（80

機関）の約 3 分の 1 が可変保険料率を導入している。また、最近の動きとしては、EU において預金保険指令（2014年 4 月）に基づき、同年11月に EBA（欧州銀行監督機構）から具体的手法に関するガイドライン案が出され、域内全域において2015年 7 月までに可変保険料率の導入が求められている。このほか中国でも預金保険制度創設に向けて、2014年11月に預金保険条例案が公表されており、可変保険料率の導入が検討されている。」

(5) 金融行政方針（2019年 8 月28日）

調査会による報告書ではないが、金融庁は2019年 8 月28日に「利用者を中心とした新時代の金融サービス〜金融行政のこれまでの実践と今後の方向〜（令和元年事務年度）」（以下、金融行政方針）を公表した。

「地域金融機関をとりまく環境整備等」という節の下に「将来にわたる規律付け・インセンティブ付与のための預金保険料率」という項目があり、そこで、①現在の預金保険料率はすべての金融機関に対して同率が適用されていること、②海外では金融機関の健全性に応じて預金保険料率が異なる可変料率が導入されている例もあること、③「地域金融機関の将来にわたる健全性を確保するための規律付け・インセンティブ付与」のために預金保険料率の方向性の検討を進めること、が記載されている。

預金保険機構は、預金保険料率のあり方等について中長期的な観点を踏まえて検討するため、預金保険料率に関する検討会（第 1 回）を2021年 7 月30日に開催した。そして、金融庁は検討会での意見を踏まえ、「預金保険制度改革（「可変保険料率」制度の導入）」を先送りする方針を決定した（2021年 8 月23日）[9]。

9）信濃毎日新聞朝刊（2021年 8 月24日） 8 頁。金融庁は、銀行などが新型コロナ禍で打撃を受けた企業の支援を優先するなか、早期導入は困難と判断した。当面は現行制度を維持するとした。

(6) 「可変保険料率」制度導入に関する議論を考察

　金融審議会の答申を受けて、2000年に預金保険法が改正され、「可変保険料率」制度を適用するための法制度面での手当は完了している。一般預金等に係る保険料の額として、特定の金融機関に対する差別的取扱は禁止される（預保法51条2項）[10]。しかし、同項の括弧書きは、金融機関の経営の健全性に応じてする取扱いの「区別」が禁止の対象から除かれることを規定し、「可変保険料率」制度の導入が法的に可能であることを明確にしている。

　「可変保険料率」制度の導入に関しては、近年において、メリットとデメリットの確認、論点の整理を行うのみで、導入に向けた具体的な検討は行われていない。

　預金保険料率研究会「預金保険料率研究会中間報告」（2004年6月18日）において、「可変保険料率」制度を導入する場合の選択肢の意見交換の整理が行われたが、その後、進展していない。「2021年度までに責任準備金を5兆円程度積み立てる」ことを最優先課題にしており、「可変保険料率」制度の導入は後回しになっていた[11]。責任準備金は2019年度末で4兆3,572億円を計上し[12]、2021年度末の責任準備金の目標達成が現実化し、「可変保険料率」制度の導入に向けた検討を行う環境となった。金融庁は、2020年度内に外部有識者会議を立ち上げた上で、報告書を公表するとしており、2021年7月30日に預金保険機構主催の検討会がスタートした。

---

[10] 保険料率は、保険金の支払、資金援助その他の機構の業務に要する費用の予想額に照らし、長期的に機構の財政が均衡するように、かつ、特定に金融機関に対し差別的取扱い（金融機関の経営の健全性に応じてするものを除く）をしないように定めなければならない（預保法51条2項）。下線は筆者。

[11] 金融財政事情編集部「金融庁が水面下で検討、遂に始まる「可変料率」を巡る議論」金融財政事情研究会「週刊金融財政事情」（2020年3月16日号）7頁。預金保険機構「預金保険料率のあり方の方向性について」（令和元年8月28日）。

[12] 2019年度末における対象金融機関預金残高は、総預金：12,558,225億円、被保険預金：11,273,472億円、総預金に対する比率89.7％であった。預金保険機構「被保険預金残高と責任準備金の推移」https://www.dic.go.jp/kikotoha/page_000815.html。

現行の預金保険料率は対象となる金融機関に関して業態の区別なく均一に適用されているのに対し、金融行政方針では地域金融機関のみを念頭に置いた構成となっている。金融行政方針は、「可変保険料率」制度の導入に向けた具体的なあり方などについて言及はなく、地方銀行再編との関係性についても述べられていない。しかし、地方銀行再編を促進するインセンティブとしての役割が「可変保険料率」制度に与えられる可能性は十分にあるとみられる。2020年2月にIMFが公表した2019年の対日4条協議報告書では、地方銀行の経営統合を促進する施策として、合併した銀行の預金保険料を引き下げることによって地方銀行の統合を財務面からサポートすることが提言されている。

3．「可変保険料率」制度導入の論点

　預金保険料率の「可変料率」化は、理論上は健全性改善のインセンティブとして機能すると考えられる。しかし、制度設計上の実務的なベストプラクティスが無く、導入に際し、多数の論点がある。制度設計次第でインセンティブの程度、公平性、納得感が大きく変わる[13]。

　金融行政方針で検討を進めるとされているのが、各銀行の健全性に基づき保険料率を決定する「可変保険料率」制度である。国外の事例をみると、一般的には、健全性を測る指標によって銀行をグループ化し、グループごとに異なる保険料率を適用している。「可変保険料率」制度のポイントは、破綻リスクに合わせた保険料率の設定で、公平性を確保すること、健全性向上のインセンティブとすることである。金融行政方針の記述を見る限り、後者が念頭に置かれているように見受けられる[14]。

---

13) 坂口純也「預金保険の可変料率化は地銀にとってインセンティブになり得るか」大和総研（2019年12月26日）4頁。
14) 坂口・前掲注13）4頁。

(1) 健全性を測る指標

　可変料率の基準となる健全性をいかに測定するかは難問である。可変料率の趣旨は、破綻リスクが大きい銀行ほど、高い保険料率を適用するというものであるが、破綻リスクをどのように測定するかは難しい。IADIの可変料率の導入に関するガイドラインにおいて、この点が可変料率を導入する際の最も難しい側面とされている（IADI（2011））。

　手法として、量的指標、質的指標、それらの組み合わせで測定することが考えられる。前者は、導入国において、自己資本比率や不良債権比率を用いているが、客観性が高い利点があるものの、経営の質的側面を考慮しておらず、過去の実績値による判断となり、将来に向けた健全性を測定できない（フォワードルッキングができない）。後者は、検査や考査の評価やそれらのモニタリングの過程で得られる情報が用いられ、量的指標だけではわからない将来のリスクなどを把握できるものの、金融当局の主観が強く反映され透明性を確保できない[15]。

　こうしたことから、量的指標と質的指標の組み合わせによる測定が最も適していると考えられるが、両者のどちらに重点を置いて評価するか裁量が生じ難問となる。また、銀行に対して、多くの情報提供を求めることとなり、銀行への負担が重くなる[16]。なお、IADIは、可変料率を採用する場合、保険料決定に関して算出したスコアや区分のランクの秘密を保持することを求めている（IADI（2014））。

(2) 区分の設定

　健全性を評価する指標が決定され、各銀行で算出できたとしても、次に、それらをどう区分するか問題となる。区分の手法としては、指標の高低や基準となるスコアからの乖離幅によってグループ化して異なる保険料率を適用することや、回帰曲線などに沿って保険料率を変化させることも考え

---

15) 坂口・前掲注13) 5頁。
16) 坂口・前掲注13) 5頁。

られる[17]。

　グループ化する場合は、区分の数や区分間での銀行の分布を考慮することが求められる。区分の仕方によっては、インセンティブの効力が十分に機能しなかったり、公平性が確保されないおそれもある。米国では、過去に、約95％の銀行が同じ区分に属し、事実上の一律保険料率になっていたこともある[18]。

　また、設計次第ではプロシクリカリティ（景気循環増幅効果）が発生することにも留意しなければならない。これは、健全性の区分を絶対的な基準で行った場合、好景気時には多くの銀行が上位行に区分され低い保険料を支払う一方で、景気後退期には債権の不良化などから健全性が低下し、多くの銀行が高い保険料を支払わなければならなくなる可能性がある。景気後退期に徴収する保険料が増加することで収益が悪化し、最終的に融資の抑制につながり、一段と景気を悪化させるおそれがある[19]。

(3) 保険料率の格差

　評価の指標や区分を決定することは困難であることを述べたが、最後に、どのように異なった保険料率を設定するかも難問である。前提として、預金保険機関が責任準備金の目標水準と到達時期を設定している場合、その目標を達成できるような保険料率を設定する必要がある[20]。

　IADI（2011）のガイドラインでは、銀行に対して健全性改善のインセンティブが生じるよう、保険料率には意味のある差（meaningful distinction）が発生するよう求めている。格差を大きくすればインセンティブも大きくなるが、下位行の収益が一層悪化するというリスクが潜む。逆に、格差を小さくすれば、インセンティブは比例して小さくなる[21]。

　17）坂口・前掲注13）6頁。
　18）坂口・前掲注13）6頁。
　19）坂口・前掲注13）6頁。
　20）坂口・前掲注13）6頁。
　21）坂口・前掲注13）6頁。

具体的な可変料率におけるインセンティブの設定としては、今より料率が下がる「リワード型」と、今より料率が上がる・下がる金融機関が出現する「ペナルティー型」が想定される。

(4) 米国の事例

　米国では、1980年代以降、S&L危機が発生し、銀行の破綻が相次いだことから預金保険ファンドが枯渇し債務超過に陥った。こうした事態を受けて、FDICは1993年にファンドが負担する損失の可能性に応じて保険料率が変わるリスク・ベース評価制度を導入した。その仕組みは、①自己資本比率の水準、②金融機関の経営の健全性を評価する監督評定制度「CAMELS[22]」の格付、のマトリクスによって料率を決定するものであった。このマトリクス方式はシンプルな設計であり、その後、金融機関のリスク・プロファイルをより反映させるため、リスク・ベース評価制度は順次改定されてきた。

　2007年の改定では、当時マトリクス方式で保険料支払いを免除される最上位のカテゴリーに9割の金融機関が該当していたため、カテゴリー数を9つから4つに集約した。また、最上位カテゴリーの金融機関は、CAMELSの格付けに加え、Tier1レバレッジ比率[23]や不良債権比率[24]などのリスク測定項目を考慮して料率に差を設けることとした。

　FDICの「可変保険料率」制度は、損失発生の有無に関わらず、保険料を引当金や準備金の形式で積み上げ、金融機関の破綻に備える「事前賦課方式」および国内総預金額に金融機関ごとの保険料率を掛け合わせ、全体

---

[22] CAMELSとは、①資本充実（Capital adequacy）、②資産の質（Asset quality）、③経営（Management）、④収益力（Earnings）、⑤流動性（Liquidity）、⑥市場リスク感応度（Sensitivity to market risk）の要素に基づいて、最高「1」から最低「5」までの格付によって監督当局が金融機関の経営の健全性を評価する監督評定制度である。

[23] 自己資本比率におけるTier1資本を非リスク・ベースのエクスポージャー額（オンバランス項目＋オフバランス項目）で割った比率。

[24] 不良債権の残高を総資産の額で割った比率。

の保険料収入とする「ボトムアップ方式」を採用している。しかし、指定準備残高との関連で保険料率が変化する仕組みを採用していることを通じ、一定割合で「事後賦課方式」、全体の保険料残高を視野に入れた「トップダウン方式」の要素も組み込まれた制度と評価できる[25]。

そして、TBTF 問題の解決を目指すドッド＝フランク法が2010年に成立したことから、FDIC は、大規模金融機関のリスクの差異を精緻に評価することで、破綻がファンドに与える潜在的な損失の大きさをより考慮できる仕組みに変更した。具体的には、総資産100億ドル以上の大規模金融機関についてはマトリクス方式を廃止し、CAMELS の格付と複数のリスク測定項目でスコアリングする「スコアカード方式」に切り替えた[26]。スコアカード方式では、パフォーマンス・スコアとして保有資産や資金調達のストレス耐性を評価することに加え、損失深刻度スコアとして破綻時に生じる付保預金に対する損失の程度も評価する。2016年7月には、中小金融機関についても、CAMELS の格付とリスク測定項目で計測される方式（スコアカード方式よりリスク測定項目は少なく簡素化されている）に変更されており[27]、自己資本比率と CAMELS による簡素なマトリクス方式からは脱却している。

米国では、「可変保険料率」制度を導入以来、試行錯誤を繰り返しながら手法を整備してきた。特に金融危機を経たことで FDIC は、ストレス時のデフォルト関連データや市場流動性リスクに関するデータなど幅広く蓄

---

[25] 「トップダウン方式」とは、所要保険料収入額を事前に決定したうえで、金融機関の規模あるいはリスク度の相対評価によって保険料が割り当てられるものであり、「ボトムアップ方式」とは、個別金融機関の規模あるいはリスク度に応じた保険料の積み上げの結果として保険料総収入額が決定されるもので、金融システム全体のリスク量の変化によって、預金保険機関の保険料収入額が変動するものである。片岡久議「米国およびカナダの預金保険制度」預金保険機構『預金保険研究』創刊号（2004年3月）23頁。FDIC "Options Paper" Aug.2000.p.11.

[26] FDIC,12 CFR Part 327,RIN 3064-AD66（Federal Register Vol.76,No38,February 25,2011).

[27] FDIC,12 CFR Part 327,RIN 3064-AE37（Federal Register Vol.81,No98,May 20,2016).

積した。その結果、FDIC は多角的な実証分析が可能となり、それがリスク・プロファイルの評価に生かされている。

(5) 欧州の事例

　欧州では、1994年に加盟国の預金保険制度（DGS）について規定する預金保険指令（DGSD）が制定されたが、加盟国の DGS 間の調和が十分に図られていなかったことから、世界金融危機の際には様々な問題が発生した[28]。そこで、保護範囲の拡大や明確化、預金払戻しの迅速化、預金者への情報提供、ファイナンスの強化などを目的として2014年4月に DGSD の改正が行われ、域内単一市場における DGS の一層の調和が図られることとなった[29]。

　改正 DGSD は、金融機関の付保預金額とリスクの程度に基づいて保険料を適用することを規定した。従来、「可変保険料率」制度を適用していたのは、フランス、イタリア、ドイツ、スウェーデン、ノルウェーなど一部の加盟国であったが、改正 DGSD によって域内共通でリスク・ベースの「可変保険料率」制度が導入されることとなった[30]。

　改正 DGSD は、各 DGS に対してリスク・ベース保険料を算定するためにリスク・ベース手法を構築することを求めている。その際、保険料の算定に当たっては、金融機関のリスクに見合ったものとすること、多様なビジネスモデルのリスク・プロファイルを考慮することに加えて、算定手法については、資本充実度や資産の質、流動性といったバランスシートの資産サイドやリスク指標を考慮することを DGS に求めている[31]。

　このような規定を設定したうえで、改正 DGSD は、加盟国の DGS 間の調和を図る観点から、欧州銀行監督局（EBA）に対して保険料算定のため

---

28) 例えば、加盟国の DGS 間で預金の保護範囲が相違していたことから、金融危機の際に加盟国間で預金の流出入が生じた。
29) Directive 2014/49/EU.
30) 小立・前掲注8) 71頁。
31) 小立・前掲注8) 71頁。

の手法を特定するガイドラインの策定を要請した。EBA は、それに応え、2015年9月に保険料の算定方法に関するガイドラインを策定した[32]。加盟国の DGS は、EBA ガイドラインに従って2016年5月までにリスク・ベース保険料を適用することが求められていた[33]。

　EBA は、改正 DGSD のもと、加盟国の DGS におけるリスク・ベース保険料の適用について2018年1月にレビューを実施している[34]。この結果、基本的には、EBA ガイドラインに基づいて適用されたリスク・ベース手法によって、金融機関の間でリスクによる差別化が図られていることが確認された。しかし、多くの DGS では、金融機関の固有のリスクとリスク・ベース手法の結果との差に相関がないことも確認され、リスク・ベース手法の設計により金融機関の間のリスクが過大評価もしくは過小評価されている可能性や、リスク・ベース手法が当局に柔軟性を付与していることから、本来のリスクとは異なる保険料体系が設計されている可能性も指摘されている[35]。欧州においても、「可変保険料率」制度の導入・運用が困難であることがわかる。

(6)　「可変保険料率」制度に関する IADI の国際基準

　銀行のプルーデンス規制におけるバーゼル委員会のバーゼルⅢと同様、預金保険制度についても、制度に関する知識や専門性を共有する国際フォーラムとして位置づけられる IADI が、国際基準を策定している。前述した EBA ガイドラインは、IADI の国際基準に基づき策定されている。

　IADI の国際基準としては、預金保険制度に関する国際的なプリンシプ

---

[32] EBA, "Guidelines on methods for calculating contributions to deposit guarantee schemes," 22 September 2015.
[33] DGS は、EBA のガイドラインを遵守することが求められ、ガイドラインを遵守しない場合には、その理由を EBA に通知することが求められている。小立・前掲注8）71頁。
[34] EBA, "Report on the implementation of the EBA guidelines on methods for calculating contributions to DGS," 17 January 2018.
[35] 小立・前掲注8）73-74頁。

ル(原則)を定めた「実効的な預金保険制度のためのコア・プリンシプル」(以下、コア・プリ)が策定されている。コア・プリのなかでは、「可変保険料率」制度は、預金保険制度においてモラルハザードを緩和することを目的とする主要素として位置づけられている[36]。そして、コア・プリは、プリンシプル 9 で、銀行が預金保険の費用負担の責任を負うべきことを定め、プリンシプル 9 に係る基本基準(essential criteria)で、「可変保険料率」制度に関し、(1)保険料の算定システムはすべての銀行に対して透明性を確保すること、(2)スコアリングや保険料に関するカテゴリーは相当の差別化を図ること、(3)個々の銀行に関して制度から得られた格付や順位については秘密が保持されることを求めている。

さらに、IADI は、各国の預金保険機関が可変保険料率を自国の制度に導入する際の国際的な指針として「可変保険料率制度の構築のための一般指針」(以下、一般指針)を策定している[37]。一般指針では、「可変保険料率」制度の目的として、(1)「可変保険料率」制度を設計する際の最初のステップは、実現が期待される目標を特定すること。「可変保険料率」制度の主な目的は、銀行に対して過度のリスクテイクを回避するインセンティブを提供し、保険料の評価プロセスにさらなる公平性を導入すること、(2)「可変保険料率」制度がこれらの目的を達成するうえで最も実効的であるのは、銀行に十分なリスク管理を行うインセンティブを与える場合であり、実効的な早期警戒制度と問題銀行の早期是正措置を伴う場合である、とする。

一般指針は、「可変保険料率」制度を導入する最大の課題として、リスク・プロファイルが異なる銀行間で差別化を図る適切な方法を決定することをあげている。前述の米国・欧州の事例からもわかるように、「可変保険料率」制度に関するリスク評価や保険料の割当てに関しては、確立され

---

36) IADI, "IADI Core Principles for Effective Deposit Insurance Systems," November 2014. 小立・前掲注 8) 74頁。
37) IADI, "General Guidance for Developing Premium Systems," February 2005 (updated in October 2011).

た実務や手法はない。現在、米国・欧州を含め各国・地域の預金保険機関は、試行錯誤を重ねながら的確な方法を模索している。一般指針は、可変保険料率に係るリスク評価や保険料割当てを行う手法について一般に、(1)客観的あるいは定量的な要素を用いるアプローチ、(2)主観的あるいは定性的な情報を考慮するアプローチがあると整理している。そして、各国・地域の「可変保険料率」制度においては、定量的なアプローチと定性的なアプローチを組み合わせたアプローチが最も一般的であると述べている[38]。

　一般指針は、「可変保険料率」制度に関するリスク差別化や保険料割当の手法について、共通に求められる重要な要素として、(1)銀行を適切なリスクカテゴリーに区分するのに実効的なものであり、(2)幅広く関連する情報を活用しており、(3)フォワードルッキングであって、(4)銀行業界および金融セーフティネットの参加者に十分に受け入れられることをあげている。

4．小括

　本章から、日本において、米国の制度を参考にしつつも、日本の金融システム・金融法環境に合った独自の「可変保険料率」制度を早期に導入すべきことが確認できた。

　現行の預金保険制度のモラルハザードを解消し、銀行経営者に適正なインセンティブ（預金保険料を下げるために健全経営を行う）を付与し、市場規律が有効に機能するセーフティネットを再構築するために、「可変保険料率」制度の導入に向けた検討を早急に進めるべきである。「可変保険料率」制度は世界的な潮流・スタンダードであり、導入は不可避と思われる。既に、金融審議会の答申を受けて、2000年に預金保険法が改正され、「可変保険料率」制度を適用するための法制度面での手当は完了している。

　金融行政方針（2021年）のアプローチ、すなわち「地域金融機関の健全

---

38) 一般指針は、適用事例として、米国、カナダ、アルゼンチン、カザフスタン、マレーシア、台湾、トルコをあげている。小立・前掲注8）77頁。

性を確保するための規律付けやインセンティブ付与を目的に可変保険料制度を導入する」は、本研究の問題意識と合致するものである。金融当局も、「可変保険料率」制度の導入により、市場規律を強化し、地域金融機関の健全性を確保したい考えであることがわかる。

　日本での「可変保険料率」制度の導入に向けて、最も重要な課題は、IADIの一般指針が指摘しているとおり、金融機関をリスク・プロファイルによって差別化し、それに応じて保険料を割り当てる手法をどのように構築するかである。現時点では、国際的に確立された手法（ベスト・プラクティス）はなく、米国におけるリスク・ベース評価制度の変遷から分かるように預金保険機関は試行錯誤を重ね手法を研究・実践している。米国の経験を踏まえて、日本において、「可変保険料率」制度の導入当初から完成度の高い仕組みを構築することは難しいと考えられる。よって、導入当初は、比較的簡素な手法からスタートし、その後、データの整備や蓄積が進むに従い、リスク・プロファイルをより適切に把握できるよう評価対象を拡大していくことが現実的であり、求められる。

　また、IADIの一般指針は、「可変保険料率」制度に係るリスク評価や保険料割当てを行う手法を構築する際は、銀行業界および金融セーフティネットの参加者に十分に受け入れられるものであることを求めている。すなわち、「可変保険料率」制度の仕組みは、金融機関のリスク管理の高度化に対してインセンティブ・コンパティビリティ（誘因両立性）を確保していることが重要である。

　そして、「可変保険料率」制度の導入は、預金保険料を徴収する仕組みを設計するという技術・手続論にとどまらず、早期警戒制度や早期是正措置を含む金融監督の枠組みとも密接に関連する。そのため、「可変保険料率」制度の設計の検討は、金融監督の枠組みにも踏み込んで、総合的に多方面から議論することが求められる。

第7章（終章）
金融セーフティネット再構築への提言

　第Ⅰ編から第Ⅳ編の前章（第6章）まで、市場規律が有効に機能する金融セーフティネットの再構築に向け、預金保険制度の改革を行う考察を行ってきた。本章（終章）では、纏めとして、これまでの研究を簡単に整理し（振り返り）、目指すべき金融セーフティネットの基本的な考え方を示し、比較法的考察を踏まえ、金融実務も勘案したうえで、預金保険法の改正および金融行政の改革を主体とした新たな制度・法制の素案を提言する。

1．これまでの整理

　本研究は、市場規律が有効に機能するように金融セーフティネットの再構築に向け預金保険制度の改革を行う考察を行ってきた。
　以下、簡単に振り返り整理する。
　第Ⅰ編では、問題の所在、先行研究の整理、考察の方法を示した。
　第Ⅱ編では、日本の法制未整備期における銀行破綻処理、金融再生法に基づく銀行破綻処理の変遷を整理・確認し、それらを踏まえ現行制度下において、預金保険制度にモラルハザードが発生しており市場規律が有効に機能していないことを検証した。また、金融再生法が現行破綻処理法制および金融セーフティネットの始点であることを考察した。そして、預金保険制度は、市場規律が有効に機能する「小さな預金保険制度」を目指しており、問題先を早期に発見し是正・処理する基本方針であることを考察した。
　第Ⅲ編では、世界金融危機後の「秩序ある処理」について考察し、TBTF政策の終焉が市場規律を機能させる上で重要であること、ベイルインと破綻処理計画がその実現ツールであることを考察した。また、EU

において「可変保険料率」制度が共通制度として導入されたことを考察した。そして、比較法的考察により、「秩序ある処理」の市場規律の有効化に結び付くエッセンスを抽出し、日本への導入（制度化）を勘案し考察した。付加的に、2023米国の信用不安による銀行破綻から現行法制度の課題などを考察した。

第Ⅳ編では、預金保険制度と市場規律について考察し、預金保険は有事においても一定の規律は機能させてきたこと、本研究の基礎となる預金者規律が有効であること（一方で、限界もある）、信用格付を有効活用することで市場規律を強化できることを考察した。また、預金保険制度と密接に関連し、金融セーフティネットを構成する破綻処理制度（破綻処理法制）について比較法的に考察し評価した。そして、決済用預金の全額保護はモラルハザードを発生させており、定額保護にすべきこと、預金保険料の徴収手法は「可変保険料率」制度に移行すべきことを考察した。

上記の考察を踏まえ、市場規律が有効に機能する預金保険制度の改革に向けた、新たな制度・法制の素案を具体的に提言する。

2．基本的な考え方

(1) 金融再生法における基本原則の継承

以下提言する預金保険制度と破綻処理制度は、基本的に、現行法制のプロトタイプとなっている、金融再生法で示された破綻処理の基本原則を受け継ぐものとする。

金融システム安定化委員会は、「金融システム安定化のための諸施策（市場規律に基づく新しい金融システムの構築）」を答申した（1995年）。本答申は、従来の預金保険制度を革新する、金融機関の情報開示（ディスクロージャー）、金融当局による早期是正措置を両輪に、「市場規律の発揮」と「自己責任原則の徹底」を基本とした金融システム（セーフティネット）を構築すべきことを提言している。「金融機関の破綻処理のあり方」において、基本的な考え方として、預金保険が保護すべきは「破綻金融機関（経営者・株主・出資者・従業員）」ではなく、「預金者」と「信用秩序」である

ことを明示した。　下線は筆者。

(2) 金融審議会答申「決済用預金の安定確保のための方策について」
　　(2002)の見直し

　本研究では、決済用預金全額保護の始点となり礎とされる本答申を見直すことに主眼を置いた。本答申の内容は、第Ⅰ編第1章2で整理し、本答申の見直し(答申が決済用預金を全額保護とすべき理由について、現代の金融システム・預金保険制度・破綻処理法制においては、必要性が見出せなくなっていることを論証)は、第Ⅳ編第5章3で考察した。

　本答申に反論し、決済用預金の全額保護を問題視する先行研究として、淵田(2004)、斎藤(2004)を第Ⅰ編第1章2で検証したが、これらは、全額保護を実施した(2003年4月)直後の研究である。その後は、筆者の調査の限り、全額保護を肯定する見解も含め研究が見当たらない。これに対し、銀行、銀行業界においては、国が決済用預金を全額保護し、預金保険でシステミック・リスクを全額カバーしてくれるのであれば、自らコスト(費用、時間、人員、労力など)を投じリスク対応策を講じる必要はない。この問題については、銀行、銀行業界、金融当局などが静観してきた問題と思われる。

　本答申は、特例措置から預金の全額保護措置終了の転換期において、金融システムの安定化を図ることを目的になされたもので、答申に基づく決済用預金の全額保護の恒久措置の実施により、その目的は十分に果たしたと評価できる。答申から20年が経過し、平時になって久しい現代において、金融システム・預金保険制度・破綻処理法制も発展し、見直す必要がある。

　本答申は、「決済機能の安定確保の必要性は一時的なものではない。ただし、小さな預金保険制度という理念等を踏まえ、必要に応じ見直しを図る必要がある」としている。これは、長期的な視点から決済機能の安定確保を考える必要があるが、「小さな預金保険制度」の理念のもと、「決済用預金の全額保護」施策を見直すことを期待していると読みとれる。本研究は、それに応じるものである。

(3) 金融セーフティネットの範囲

　金融セーフティネットの範囲は、平時と有事に分けて考え構築すべきである。平時と有事では、預金保険制度の果たすべき役割、優先的に保護すべきこと（バランス）が相違するからである。平時においては、金融システムの安定を堅持しつつ、モラルハザードの抑制、行政・社会コストの削減を積極的に考え、セーフティネットは狭く設計する方向性が求められる。平時においては、市場規律は規制規律に対し優位性があり、市場規律を機能させることで、規制規律と相互補完し、相乗効果も発揮し金融機関の健全化に資する。

　一方で、有事（金融危機）においては、金融システムの早期回復・安定を最優先に考え、金融セーフティネットを緊急的に拡大することが求められる。有事においては、市場規律は規制規律に対し相反性があり、市場規律は金融システムの混乱を惹起することが懸念されるため、規制規律の強化、すなわち金融当局が積極的に介入し、危機対応措置を進めることが重要である。あくまでも例外措置として、的確に判断し、法定手順を踏んだうえで、ベイルアウトも認めるべきである。こうした例外措置の漫然とした長期化は、副作用として自己責任原則と市場規律を弱め、モラルハザードを惹起し、国民負担も含め多くの行政・社会コストを費やす。そのため、緊急・危機対応措置の解除の道筋と時期を慎重に考慮した出口戦略により、タイムリーに平時の通常対応措置に戻す必要がある。

(4) 破綻処理制度とのリレーション（調和）

　破綻処理制度が金融セーフティネットの構成要素となる理由は大きく2つある。

　預金保険制度に基づき明確な破綻処理制度（法制）が整備されていること、そこに定められた手順に従い、的確に破綻処理が進められること、破綻処理制度への信頼こそが、安定した金融セーフティネットを構成する。そして、破綻処理法制に従った破綻処理事例の積み重ねは、セーフティネットの信頼性を高める。これは法律に対応する判例の役割を果たすと考えられる。特に、預金保険法102条適用の足利銀行の破綻処理事例は、市場

にセーフティネットにおけるベイルアウトの基準を示した。

　また、市場価値の低い問題先に対し、早期に破綻処理を進め、社会への影響（コスト）を最小にし、円滑な市場退出を実現する破綻処理制度は、金融セーフティネットと評価できる。これは破綻処理制度の原則である「早期処理の原則」「最小コストの原則」を徹底するものである。

　そして、「秩序ある処理」から、TBTFの終焉を目的としたベイルインの考え方がセーフティネットにグローバルに取り込まれている。ベイルインは、納税者負担を避け、株主や債権者に損失負担を求める制度であり、一般事業者および彼らの破綻処理手法である一般的な倒産法からすると、基本的な制度といえる。金融機関の破綻処理についても、TBTF問題に対しては、特殊性を排除し、原則的な破綻処理手法を採用し、納税者負担を避ける、というものであると考えられる。また、システム上重要な金融機関に課している、「破綻処理計画」の策定、および金融当局の当該計画の承認は、市場に向けた、TBTF政策を実現しない、メッセージ（意思表示・宣言）であると考えられる。

　本書は、地域金融機関を主対象としており、地域におけるTBTF問題、すなわち、地域において預金・貸金の高いシェアがあれば、足利銀行と同様に預金保険法102条でベイルアウトされるか、という問題がある。これについて、ベイルアウトの判断は、あくまでも市場で必要とされるか（必要性）に基づいて行われるべきと考える。米国の様に、ベイルアウトを完全排除する決定は問題があると考える。金融危機対応会議で慎重に検討された結果、市場で必要とされ、公的資金の完済、当該銀行の再生が望めると判断されれば、ベイルアウトを実施すべきである。

(5) 以上を踏まえた、基本的な考え方

　上記(1)-(4)を踏まえて、以下提案する制度・法制は、

　第1に、預金保険制度について、市場規律が機能するよう、付保範囲に関し、決済用預金の全額保護を廃止する。市場規律の活用は、規制規律（規制・監督）を低コストにより補完するもので、歪みが少ないうえ、環境変化への適応力を有する。バーゼルIIの基軸となる3本柱アプローチは、

規制、監督、市場規律から成り立ち、基本的に、これらの相互補完的でバランスがとれた運用が金融システムの安定を効率的に確保する要諦であることは現在も変わらない。

第2に、預金金融機関への規律付けと公平性の観点から、早期に「可変保険料率」制度を導入する。米国、英国をはじめ多数の国・地域において、「可変保険料率」制度は導入済であり、特に先進的な設計である米国の制度を参考に、最初は簡素な制度を設計し、修正を繰り返し進化させ、日本独自のモデルを構築する。預金保険料は実質的には、当該金融機関の借主（融資先）が負担しており、保険料が減少した金融機関は、最終的に顧客に還元する。

<u>上記の実現に向け、預金者保護として（監視能力・分析能力の補完）、</u>

第3に、他国では例が無いが、公益性のある銀行関連団体（全国銀行協会、地方銀行協会など）が、格付会社をプロポーザル方式により選定し、選定された格付会社が統一基準の信用格付を実施・公表する。複数の格付会社が利益相反を回避し、同一の評価基準による信頼性が高い公平な信用格付が期待できる。預金者の監視能力・分析能力を補完し、銀行の情報開示（ディスクロージャー）の充実にも結び付く。

市場規律の相乗的な効果の実現（上記第1が①に対応。②③も同様。）

1）預金者による規律を有効に機能させるため、①決済用預金の全額保護を廃止し、無制限に保護せず決済用預金利用者にも市場規律を担わせ、決済用預金への移動による預金保険制度の抜け道を封じる。③信用格付の新手法を機能させ、預金者の監視能力・分析能力を補完し、預金者に市場規律が機能する合理的な行動（銀行経営者に影響を与える）を選択させる。

2）銀行の自主規律、業界の規律を機能させるため、①決済用預金の全額保護を廃止し、銀行間、銀行業界全体で決済システム（全銀システム）のシステミック・リスク対処策を再構築し、自行を律し、他行を牽制し監視し合い、業界全体で緊張感を持ちリスクに備える。②「可変保険料率」制度を導入し、銀行経営者に預金保険料を下げるため経営健全

化を進めるインセンティブを付与する。保険料率を銀行業界で情報共有することで、健全な競争を創造する。

　3）信用格付による規律を機能させるため、③信用格付の新手法を機能させ、比較可能な公正で透明性の高い信用格付の仕組みにより、すべての銀行が積極的に参加し高い信用格付評価を取得するインセンティブを付与し、同時に健全な競争環境を創造する。②「可変保険料率」制度の導入により、各銀行の適用保険料率を信用格付評価に反映させ、信用格付の信頼性を高め、「保険料を下げたいインセンティブ」と「高い信用格付評価を得たいインセンティブ」を結び付け相乗的なインセンティブを付与する。

事後手当として（早期かつ最小コストの破綻処理法制の整備)、

　第4に、問題金融機関は、破綻処理計画を策定し、金融庁に提出することを義務づける。金融庁は、銀行との対話に注力しており、情報を共有し当該銀行の現状と考えを理解したうえで活用する。破綻処理計画の作成については、コスト面と有効性のバランスを勘案することが重要となる。地域銀行の破綻処理計画を有効に活用することで、地域におけるTBTF問題を解消し市場規律を機能させ、地域社会（金融システム）にとって有益となる。

　第5に、預金保険機構の権限・機能を拡充し、米国のFDICが実施しているDue diligence（事前準備）制度を導入する。金融庁との連携を強化し、情報を共有し、預金保険機構がFDICと同様に、問題金融機関に職員を派遣しDue diligence（事前準備）を行い（システム関連も含め）、受皿金融機関の入札・決定まで実施できる権限・機能を付与する。本制度の導入は、預金保険機構の現状の体制や人員でもスキーム次第で可能であると考えられる。

3．新たな制度・法制の素案

　市場規律が有効に機能する適正な金融セーフティネットを再構築する預

金保険制度と破綻処理制度の今後の具体的な整備・検討に向けて、金融実務も勘案したうえで、預金保険法の改正および金融行政の改革を主体とした新たな素案を提言する。あくまでも、素案であり、実現に向けては十分な検討を要する。なお、提言に補足説明を付した。

(1) 決済用預金の全額保護を廃止し、決済用預金も付保預金（元本1,000万円）の枠内に合算するよう、預金保険法を改正する。

・G20、OECD加盟国において、決済用預金の全額保護をしている国は日本以外にない。現状の制度では、定期預金や利息付型普通預金などから無利息型普通預金に移行するだけで全額が保護され、預金保険制度の定額保護が意味をなさず市場規律が機能しない。
・決済用預金の全額保護は、決済プロセスも過剰に保護し、銀行や銀行業界が自助努力により築いてきた民間ベースのシステミック・リスクへの対応策を必要ないものとし、さらにリスク削減のインセンティブを喪失させ、モラルハザードを発生させている。
・決済システムの保護は、米国をはじめ諸外国と同様に、基本的に早期是正措置、市場規律によって対応すべきである。米国では金融危機において「時限的な流動性保証プログラム」（TLGP）により決済用預金の全額保護を措置したが既に終了した（2012年12月末）。
・FDICの改革案（2023）では、金融システムの安定化のため、決済用預金の保護強化（保護上限の引き上げまたは全額保護）を提言するが、平時における無制限保護は、市場規律が有効機能しなくなるため実施すべきではない。全額保護はあくまで有事における特例措置である。保護上限の引き上げも市場規律の有効機能を勘案し慎重に行うべき。
・平時における決済システムのリスク（システミック・リスク）は、基本的に民間の決済システム（全国銀行資金決済ネットワークによる全国銀行データ通信システム）のリスク削減・対処策に任せ、それではカバーできない場合に預金保険法102条の措置、秩序ある処理スキーム（預保法第7章の2）、日本銀行の流動性供給（LLR機能）の対応を行う。

(2) 預金保険加盟銀行から徴収する保険料を「均一保険料率」制度から、破綻リスクに見合った「可変保険料率」制度に早期に移行する。預金保険法は2000年改正において対応済（「可変保険料率」制度に転換可能）である。

- 「均一保険料率」制度では、加盟銀行の公平性が確保できず、預金保険のモラルハザードが発生しやすく、規律付けも有効に機能しない。早期に的確な「可変保険料率」制度を導入し、上記課題に対処し、加盟銀行へ健全性向上へのインセンティブを付与すべきである。
- 現在、米国・欧州（主要国）において「均一保険料率」制度を採用している国は数少ない。英国は2017年7月に「可変保険料率」制度を導入した。「可変保険料率」制度は国際的な潮流であり、ハーモナイゼーションの観点も勘案し、調和が求められる。
- 米国の制度が最も参考になるが、制度設計は困難である。米国をはじめ多数の導入国は、試行錯誤を繰り返し改善に取り組んでいる。簡素な制度からスタートし改善を重ね、日本に合った独自モデルを構築すべきである。
- 銀行の預金保険基金への預金保険料支払いは、銀行負担とされているが、実質的には、主に当該銀行の借主（融資先）を中心に顧客が負担している。銀行の規律を機能させ、モラルハザードを防ぐためにも、早期に「可変保険料率」制度を導入すべきである。保険料が減少した銀行は、顧客に利益を還元することが求められる。

(3) 全国銀行協会、地方銀行協会などが、格付会社数社（2社以上）をプロポーザルで選定し、協会加盟銀行の信用格付を、利益相反を回避したうえで、比較可能な統一基準による評価で依頼し、信用格付情報を公表する。

- 全国銀行協会、地方銀行協会などが、加盟銀行と協議した上で、これらに関する規則を策定し、ソフトローとして機能させる。格付会社の

活用については、銀行業界全体でディスクロージャーを推進する上で、ソフトローとして規則を策定すべきと考える。
- 市場規律を有効に機能させるため、預金者の監視能力・分析能力を補完する銀行のディスクロージャーを充実させる必要がある。預金者に向けたわかりやすく公正な情報として、信用格付情報は有効性が高い。統一基準であれば信頼度が向上し比較可能であり、銀行のディスクロージャーおよび市場規律の強化に結実する。
- 依頼格付方式では、依頼主から費用を受け取ることで潜在的に利益相反の構造がある。これは、世界金融危機で明らかとなった。全国銀行協会などが、加盟銀行から依頼格付費用を一括徴収し、公平性のある外部有識者会議などを創設し、格付会社を選定する（期間3年などのローテーション制度を検討）。格付会社は現在の依頼格付と同様に対象銀行にヒアリング調査を行い、金融庁の検査結果や将来における可変保険料率（どのグループに位置するか）などもヒアリングし、金融庁と情報交換を行い、信用格付を決定する。
- 格付会社は、ファイナンシャルゲートキーパーとして金融セーフティネットの中間機能を担う。金融庁の監督下にあり、法的規制を受けており民間会社ではあるが業務内容は公的である。米国ではFDICが保険料の料率測定にも、信用格付を活用している。

(4) 問題金融機関は、破綻処理計画を策定し、金融庁に提出することを義務づける。

- 問題金融機関の選定は、早期警戒制度および早期是正措置などを勘案し、できるだけ早期かつ的確なタイミングで行う。
- 金融庁が、全国銀行協会や地方銀行協会などと協議した上で、破綻処理計画の策定・提出に関する規則を金融庁監督指針などに定め、ソフトローとして機能させる。金融庁および預金保険機構も計画を有効活用し、破綻処理を迅速かつ効率的に進める。
- 破綻処理計画（living will）の趣旨は有意義であり、極めてラフである

が、①計画策定時点において、②第三者の承認は不要、③金融当局には意思を伝える（対話ツール）、を柱に全国銀行協会などで統一フォーマットを作成し、ソフトローとして機能させる。
- 銀行は、金融庁監督指針「業務継続体制（BCM）」において、平時より業務継続体制（BCM）を構築し、業務継続計画（BCP）の策定を求められており、監督・検査の対象となる。これらと関連させて、銀行は破綻処理計画（破綻する状況において、いかなる対応をすべきかなど検討）を作成する。

(5) 預金保険機構に、FDIC が有する Due Diligence（事前準備）権限・機能を導入する。預金保険機構による破綻前の検査、金融庁との連携、情報交換について充実・強化を図る。預金保険法もしくは預金保険法施行規則を改正する。

- 金融庁から預金保険機構に問題金融機関の情報を早期に提供し、預金保険機構に金融機関の内部事前調査（Due Diligence）、P&A 交渉ができる権限を付与する。
- FDIC は金融当局から情報を集め自己資本比率２％を下回る問題金融機関などに対し、内部事前調査（Due Diligence）を行い、受皿金融機関の入札まで行い、実質的な「金月処理」を実現している。「早期処理の原則」「最小コストの原則」に結び付く。
- 預金保険機構は国が３分の１、日本銀行が３分の１を出資し、役員人事は国会承認が必要で、独立性が強い法人で、監督官庁は財務省および金融庁である。業務内容からも公共的な組織で、立法により FDIC と同様の権限を付与することは可能であると考える。
- 現在の法制は、金融整理管財人は預金保険機構に限定されていないため（過去には弁護士、公認会計士が管財人に就任することもあった）、事前準備制度の前提として、預金保険機構が FDIC と同様に単独で管財人に就任するように預金保険法に明記する。

以上

主要参考文献

＊以下、紙幅の都合上から、本文中に登場する参考文献のうち、主要な①邦語文献：書籍（本文中は論文作成時の書籍であるが、ここでは最新の書籍を示した）、②博士論文、③翻訳文献、④主要な外国文献を示す。本文中に登場するすべての文献を掲載していないことについて深謝申し上げる。

（邦語文献：書籍）

相沢幸悦編著、森美智代ほか著『金融機関の顧客保護―欧米でのリテール戦略』（東洋経済新報社.1998）
相沢幸悦『平成金融恐慌史―バブル崩壊後の金融再編』（ミネルヴァ書房.2006）
相沢幸悦『戦後日本資本主義と平成金融"恐慌"』（大月書店.2010）
青木達彦『金融危機は避けられないのか―不安定性仮説の現代的展開』（日本経済評論社.2018）
あずさ監査法人編『銀行業の会計実務』（中央経済社.2012）
天谷知子『金融機能と金融規制―プルーデンシャル規制の誕生と変化』（金融財政事情研究会.2012）
天谷知子『金融機関のガバナンス』（金融財政事情研究会.2013）
荒和雄『「銀行・信金ディスクロージャー」の読み方―銀行・信金があきらかにすべき内部事情』（明日香出版社.1996）
有森隆『銀行の墓碑銘』（講談社.2009）
池尾和人『銀行リスクと規制の経済学―新しい銀行論の試み』（東洋経済新報社.1990）
池尾和人編、内閣府経済社会総合研究所企画監修『不良債権と金融危機―バブル／デフレ期の日本経済と経済政策4』（内閣府経済社会総合研究所.2009）
池尾和人＝21世紀政策研究所編『金融依存の経済はどこへ向かうのか―米欧金融危機の教訓』（日本経済新聞出版社.2013）
池田唯一＝中島淳一監修、佐藤規夫編著、本間晶＝笠原基和＝冨永剛晴＝波多野恵亮著『銀行法』（金融財政事情研究会.2017）
石田晋也『金融危機の本質―英米当局者7人の診断』（金融財政事情研究会.2011）
伊藤修＝植林茂＝鵜飼博史＝長田健編著『日本金融の誤解と誤算―通説を疑い

検証する』（勁草書房.2020）
伊藤修『バブル後の金融危機対応―全軌跡1990～2005』（有斐閣.2022）
伊藤眞＝園尾隆司＝多比羅誠編集代表、加賀美博久＝小林信明＝岡伸浩＝髙山崇彦編『倒産法の実践』（有斐閣2016）
伊藤眞『破産法・民事再生法〔第5版〕』（有斐閣.2022）
伊藤眞『倒産法入門―再生への扉』（岩波書店.2021）
伊藤正直『なぜ金融危機はくり返すのか―国際比較と歴史比較からの検討』（旬報社.2010）
糸瀬茂『銀行のディスクロージャー』（東洋経済新報社.1996）
岩原紳作『金融法論集〈上〉金融・銀行』（商事法務.2017）
上杉素直＝玉木淳『金融庁2.0』（日本経済新聞出版社.2019）
植林茂『金融危機と政府・中央銀行』（日本経済評論社.2012）
江頭憲治郎『株式会社法〔第8版〕』（有斐閣.2021）
江頭憲治郎『商取引法〔第9版〕』（弘文堂.2022）
太田康夫『グローバル金融攻防三十年―競争、崩壊、再生』（日本経済新聞出版社.2010）
太田康夫『バーゼル敗戦銀行規制をめぐる闘い』（日本経済新聞出版社.2011）
太田康夫『金融失策 20年の真実』（日本経済新聞出版社.2018）
大塚茂晃『日本預金保険制度の経済学』（蒼天社出版.2018）
小川英治編『世界金融危機後の金融リスクと危機管理』（東京大学出版会.2017）
小川宏幸『金融規制改革―銀行ガバナンスと証券投資勧誘規制の展開』（日本評論社.2014）
翁百合『銀行経営と信用秩序―銀行破綻の背景と対応』（東洋経済新報社.1993）
翁百合『情報開示と日本の金融システム―市場規律・監督体制の再構築』（東洋経済新報社.1998）
翁百合『金融の未来学―小さなセーフティネットをめざして』（筑摩書房.2002）
翁百合『金融危機とプルーデンス政策―金融システム・企業の再生に向けて』（日本経済新聞出版社.2010）
越智信仁『銀行監督と外部監査の連携―我が国金融環境の変化、各国制度の比較等を踏まえて』（日本評論社.2008）
大日方隆編著『金融危機と会計規制―公正価格測定の誤謬』（中央経済社.2012）
金子勝『市場と制度の政治経済学』（東京大学出版会.1997）
金子勝『セーフティーネットの政治経済学』（筑摩書房.1999）
川口恭弘『現代の金融機関と法〔第6版〕』（中央経済社.2024）

川口恭弘『アメリカ銀行法』（弘文堂.2020）
河谷禎昌『最後の頭取―北海道拓殖銀行破綻20年後の真実』（ダイヤモンド社.2019）
神田秀樹編『市場取引とソフトロー（ソフトロー研究叢書第2巻）』（有斐閣.2009）
神田秀樹＝森田宏樹＝神作裕之編『金融法概説』（有斐閣.2016）
神田秀樹＝神作裕之＝みずほフィナンシャルグループ編著『金融法講義〔新版〕』（岩波書店.2017）
神田秀樹『会社法〔第26版〕』（弘文堂.2024）
木下信行『銀行の機能と法制度の研究―日米の金融制度の形成と将来』（東洋経済新報社.2005）
木下信行『金融行政の現実と理論』（金融財政事情研究会.2011）
銀行経理問題研究会編『銀行経理の実務〔第10版〕』（金融財政事情研究会.2023）
金融安定化フォーラム編、預金保険機構監訳『預金保険の国際ガイダンス』（財務省印刷局.2001）
黒沢義孝『格付会社の研究―日本の5社の特徴とその比較』（東洋経済新報社.2007）
検査マニュアル研究会編『金融機関の信用リスク・資産査定管理態勢〔平成29年度版〕』（金融財政事情研究会.2018）
小立敬『巨大銀行の破綻処理―ベイルアウトの終わり、ベイルインの始まり』（金融財政事情研究会.2021）
小林真之『アメリカ銀行恐慌と預金者保護政策―1930年代における商業銀行の再編』（北海道大学出版会.2009）
五味廣文『金融動乱 金融庁長官の独白』（日本経済新聞出版社.2012）
小山嘉昭『詳解銀行法〔全訂版〕』（金融財政事情研究会.2012）
小山嘉昭『銀行法精義』（金融財政事情研究会.2018）
桜田照雄『銀行ディスクロージャー―規制緩和と「自己責任」経営』（法律文化社.1995）
佐々木宗啓編著、預金保険法研究会著『逐条解説預金保険法の運用』（金融財政事情研究会.2003）
佐藤隆文『わが国における金融破綻処理制度の変遷』（財務省.2000）
佐藤隆文『信用秩序政策の再編―枠組み移行期としての1990年代』（日本図書センター.2003）
佐藤隆文編著『バーゼル2と銀行監督―新しい自己資本比率規制』（東洋経済新

報社.2007)
佐藤隆文『金融行政の座標軸—平時と有事を越えて』(東洋経済新報社.2010)
鹿野嘉昭『日本の金融制度〔第3版〕』(東洋経済新報社.2013)
篠原尚之『リーマンショック—元財務官の回想録』(毎日新聞出版.2018)
島村髙嘉＝中島真志『金融読本〔第32版〕』(東洋経済新報社.2023)
整理回収機構編『企業再生—RCCの事例から考える地域金融機関の役割』(ぎょうせい.2012)
全国銀行協会企画部金融調査室編『図説 わが国の銀行〔2017年版〕』(財経詳報社.2017)
高木仁『アメリカ金融制度改革の長期的展望』(原書房.2001)
橘木俊詔『セーフティ・ネットの経済学』(日本経済新聞社.2000)
田中隆之『金融危機にどう立ち向かうか—「失われた15年」の教訓』(筑摩書房.2009)
田中隆之『アメリカ連邦準備制度〈FRS〉の金融政策〔第2版〕』(金融財政事情研究会.2024)
德丸浩『金融危機管理の成功と失敗』(日本評論社.2018)
戸田壯一『アメリカにおける銀行危機と連邦預金保険制度』(白桃書房.2014)
中島真志＝宿輪純一『決済システムのすべて〔第3版〕』(東洋経済新報社.2013)
西村高等法務研究所責任編集、落合誠一＝五味廣文＝鬼頭季郎＝武井一浩編著『金融危機の教訓—行政と司法の役割分担と処方箋』(商事法務.2009)
西村吉正『日本の金融制度改革』(東洋経済新報社.2003)
西村吉正『金融システム改革50年の軌跡』(金融財政事情研究会.2011)
日本経済新聞社編『銀行不倒神話の崩壊』(日本経済新聞社.1993)
日本経済新聞社編『実録世界金融危機』(日本経済新聞出版社.2009)
日本経済新聞社編『リーマン・ショック 5年目の真実』(日本経済新聞出版社.2014)
根本直子『残る銀行 沈む銀行—金融危機後の構図』(東洋経済新報社.2010)
野崎彰編著、有吉尚哉＝大越有人＝德安亜矢＝三井秀範監修『詳説格付会社規制に関する制度』(商事法務.2011)
野村重明『アメリカの連邦預金保険制度』(日本経済評論社.2011)
平澤亨輔＝播磨谷浩三＝佐藤郁夫編著『拓銀破綻後の北海道経済—地域再生と金融の役割』(日本経済評論社.2008)
深尾光洋＝日本経済研究センター編『検証銀行危機—数値が示す経営実態』(日本経済新聞社.2003)

福岡真之介『アメリカ連邦倒産法概説〔第 2 版〕』（商事法務.2017）
藤井正志『金融業の情報開示と検査・監督―日本はアメリカから何を学ぶべきか』（東洋経済新報社.1998）
藤井眞理子『金融革新と市場危機』（日本経済新聞出版社.2009）
藤田勉＝野崎浩成『バーゼル 3 は日本の金融機関をどう変えるか―グローバル金融制度改革の本質』（日本経済新聞出版社.2011）
藤田勉『グローバル金融制度のすべて―プルーデンス監督体制の視点』（金融財政事情研究会.2012）
藤田勉『グローバル金融規制入門―厳格化する世界のルールとその影響』（中央経済社.2015）
藤田友敬編『ソフトローの基礎理論（ソフトロー研究叢書第 1 巻）』（有斐閣.2008）
藤波大三郎『わが国の銀行行動と金融システム―イノベーションを視点とした 5 つの試論』（三恵社.2015）
星野一郎『金融危機の会計的研究―米国 S&L 危機と時価評価』（同文館出版.1998）
堀内昭義『金融システムの未来―不良債権問題とビッグバン』（岩波書店.1998）
堀内昭義『日本経済と金融危機』（岩波書店.1999）
本間勝『世界の預金保険と銀行破綻処理―制度・実態・国際潮流』（東洋経済新報社.2002）
松尾直彦『Q&A アメリカ金融改革法―ドッド＝フランク法のすべて』（金融財政事情研究会.2010）
松下淳一『民事再生法入門〔第 2 版〕』（有斐閣.2014）
松下淳一＝相澤光江編集代表『事業再生・倒産実務全書』（金融財政事情研究会.2020）
マネタリー・アフェアーズ現代社債投資研究会編著、徳島勝幸監修『現代社債投資の実務―社債市場の現在を考える〔第 3 版〕』（財経詳報社.2008）
みずほ証券バーゼルⅢ研究会編『詳解バーゼルⅢによる新国際金融規制〔改訂版〕』（中央経済社.2019）
みずほ総合研究所『国際金融規制と銀行経営―ビジネスモデルの大転換』（中央経済社.2017）
武藤敏郎編著『甦る金融―破綻処理の教訓』（金融財政事情研究会.2010）
柳澤伯夫『平成金融危機―初代金融再生委員長の回顧』（日経 BP 日本経済新聞出版本部.2021）

山沖義和＝茶野努編著『日本版ビッグバン以後の金融機関経営―金融システム改革法の影響と課題』（勁草書房.2019）

山田剛志『金融自由化と顧客保護法制』（中央経済社.2008）

山本和彦『倒産法制の現代的課題―民事手続法研究 2』（有斐閣.2014）

山本和彦『民事訴訟法の現代的課題―民事手続法研究 1』（有斐閣.2016）

山本和彦『倒産処理法入門〔第 6 版〕』（有斐閣.2024）

湯本雅士『サブプライム危機後の金融財政政策―伝統的パラダイムの転換』（岩波書店.2010）

預金保険機構『預金保険研究』（創刊号～25号）（預金保険機構.2004-2023）

預金保険機構編『平成金融危機への対応―預金保険はいかに機能したか』（金融財政事情研究会.2007）

吉井敦子『破綻金融機関をめぐる責任法制』（多賀出版.1999）

米倉茂『リーマンショック10年目の衝撃―史上空前の金融危機の全容と現在』（言視舎.2019）

米田貢『現代日本の金融危機管理体制―日本型 TBTF 政策の検証』（中央大学出版部.2007）

(博士論文)

大塚茂晃「わが国の預金保険制度に関する経済分析と制度設計」（関西学院大学博士〔経済学〕）2009-09-10（関西学院大学大学院経済学研究科.2010）NII 論文 ID（NAID）：500000500596

小林礼実「わが国における銀行に対する市場規律付けメカニズムに関する実証分析」（名古屋大学博士〔経済学〕）2006-03-27（名古屋大学大学院経済学研究科.2006）同500000347083

比護正史「金融破綻処理の手続法的考察―わが国の実務および米国法の視点から」（一橋大学博士〔経営法〕）2011-03-23（一橋大学大学院国際企業戦略研究科.2011）同500000545110

矢島格「わが国の銀行業における市場規律と規制規律―望ましいコーポレート・ガバナンスに向けて」（中央大学博士〔総合政策〕）2010-03-19（中央大学大学院総合政策研究科.2010）同500000528068

(翻訳文献)

アラン・グリーンスパン、山岡洋一＝高遠裕子訳『波乱の時代〈上・下〉』（日本経済新聞出版社.2007）

アンドリュー・ロスソーキン、加賀山卓朗訳『リーマン・ショック・コンフィデンシャル〈上〔追いつめられた金融エリートたち〕・下〔倒れゆくウォール街の巨人〕〉』（早川書房.2014）

サイモン・ジョンソン＝ジェームズ・クワック、村井章子訳『国家対巨大銀行——金融の肥大化による新たな危機』（ダイヤモンド社.2011）

スティーヴ・キーン、赤木昭夫訳『次なる金融危機』（岩波書店.2018）

デイビッド・ウェッセル、藤井清美訳『バーナンキは正しかったか？——FRBの真相』（朝日新聞出版.2010）

ティモシー・F・ガイトナー、伏見威蕃訳『ガイトナー回顧録——金融危機の真相』（日本経済新聞出版社.2015）

ヌリエル・ルービニ＝スティーブン・ミーム、山岡洋一＝北川知子訳『大いなる不安定——金融危機は偶然ではない、必然である』（ダイヤモンド社.2010）

ハワード・デイビス＝デイビット・グリーン、五味廣文監訳『金融監督規制の国際的潮流——変革の道標』（金融財政事情研究会.2009）

ベン・バーナンキ、小此木潔監訳、石垣憲一＝川崎剛＝永峯涼＝西崎香訳『危機と決断——前FRB議長ベン・バーナンキ回顧録〈上・下〉』（KADOKAWA.2015）

ヘンリー・ポールソン、有賀裕子訳『ポールソン回顧録』（日本経済新聞出版社.2010）

ポール・A・ボルカー＝クリスティン・ハーパー、村井浩紀訳『ボルカー回顧録——健全な金融、良き政府を求めて』（日本経済新聞出版社.2019）

M.ドゥワトリポン＝J.ティロール、北村行伸＝渡辺努訳『銀行規制の新潮流』（東洋経済新報社.1996）

マーティン・メイヤー、篠原成子訳『こうして銀行はつぶれた——米国Ｓ＆Ｌの崩壊』（日本経済新聞出版社.1991）

リチャード・ビトナー、金森重樹監訳、金井真弓訳『サブプライムを売った男の告白——米国住宅金融市場の崩壊』（ダイヤモンド社.2008）

〈主要外国文献〉

〈米国〉

Acharya,Viral./Cooley,Thomas F,/Richardson,Matthew V./Walter,Ingo:Regulation Wall Street,The Dodd-Frank Act and New Architecture of Global Finance John Wiley & Sons,Inc,H oboken,New Jersey (2011)

Anderson,R.C.and D.R.Fraser "Corporate control,bank risk taking,and the health of the banking industry" Journal of Banking and Finance 24 (2000)

Avery,Robert B.,Terrence M.Belton,and Michael A.Goldberg, "Market discipline in regulating bank risk : New evidence from the capital markets," Journal of Money, Credit,and Banking (1988)

Berger,A.,S.Davies and M.Flannery "Comparing Market Supervisory Assessments of Bank Performance : Who Knows What When?" Journal of Money,Credit and Banking,Vol32,No.3 (2000)

Bernanke,Ben,Implementing a Macroprudential Approach to Supervision and Regulation, "Remarks at the Federal Reserve Bank of Chicago 47th Annual Conference on Bank Structure and Competition" (2011)

Bernanke,Ben "Why Dodd-Frank,s orderly liquidation authority should be preserved," Brookings,February 28 (2017)

Billett, Matthew T.,Jon A. Garfinkel,and Edward S.O'Neal, "The Cost of Market versus Regulatory Discipline in Banking," Journal of Financial Economics (1998)

Board of Governors of the Federal Reserve System and United States Department of the Treasury,The Feasibility and Desirability of Mandatory Subordinated Debt (2000)

Borio,C. "Towards a Macroprudential Framework for Financial Supervision and Regulation?" BIS Working Papers No.128 (2003)

Brana,S.and D.Lahet "Capital Requirement and Financial Crisis : The Case of Japan and the 1997 Asian Crisis" Japan and the World Economy21 (2009)

Calomiris,C.W.and J.R.Mason "How to Restructure Failed Banking Systems : Lessons from the U.S.in the 1930,s and Japan in the 1990,s",NBER Working Paper (2003)

Carey,Peter and Kathryn Francis,The Trump Administration and the Unified

Agenda of Federal Regulatory and Deregulation Actions,Congressional Research Service (2017)

Dabos,M. "Too Big to Fail in the Banking Industry: A Survey",in Gup,Benton E. (ed.),Too Big to Fail - Policies and Practices in Government Bailouts - , Praeger Publishers (2004)

Daniel M., Diana Hancock, and Myron Kwast, "Mandatory Subordinated Debt: Would Banks Face More Market Discipline?" working paper,Board of Governors of the Federal Reserve System (2000)

Davis Polk,Dodd-Frank Progress Report (2013)

Davis Polk & Wardwell LLP,Summary of the Dodd-Frank Wall Street Reform and Consumer Protection Act,Enacted into Law (2010)

Esty,Benjamin C., "The Impact of Contingent Liability on Commercial Bank Risk Taking," Journal of Financial Economics (1998)

Evanoff,Douglas D., "Preferred Sources of Market Discipline," Yale Journal on Regulation (1993)

Flannery,Mark J.,and Sorin M. Sorescu, "Evidence of Bank Market Discipline in Subordinated Debenture Yields: 1983-1991," Journal of Finance (1996)

Frederic S.Mishkin "The Economics of Money,Banking and Financial Markets,7$^{th)}$ Edition" Addison-Wesley (2004)

Freixas,Xavier,and Jean-Charles Rochet,Microeconomics of Banking,MIT Press, London (1997)

Gelpern,Anna,and Nicolas Veron, "An Effective Regime for Non-viable Banks:US Experience and Considerations for EU Reform" Banking Union Scrutiny Requested by the ECON committee,July (2018)

Goldstein,Itay,and Ady Pauzner, "Demand-Deposit Contracts and the Probability of Bank Runs," Journal of Finance,60 (2005)

Gordon,Jeffrey N,and Mark J.Roe "Financial Scholars Oppose Eliminating 'Orderly Liquidation Authority'As Crisis-Avoidance Restructuring Backstop," May 23 (2017)

Gorton,Gary,and Anthony M.Santomero, "Market Discipline and Bank Subordinated Debt," Journal of Money, Credit,and Banking (1990)

Gottesman,Aron and Michael Leibrock,Understanding Systemic Risk in Global Financial Markets,John Wiley & Sons,Inc (2017)

Gregory Becker, "Written Testimony before the U.S Senate Committee on

Banking, Housing, and Urban Affairs," (2023)

Gup,B.E. "Chapter 2 What Does Too Big to Fail Mean ?",in Gup,B.E. (ed.) Too Big to Fail - Policies in Government Bailouts - ,Praeger. Failed America - , John Wiley & Sons,Inc (2004)

Issac,William M.with P.Meyer,Senseless Panic - How Washington Failed America-,John Wiley & Sons,Inc (2010)

Jagtiani, Julapa,George Kaufman, and Catharine Lemieux, "Do Markets Discipline Banks and Bank Holding Companies? Evidence from Debt Pricing," Emerging Issues Series S&R-99-3R, Supervision and Regulation Department,Federal Reserve Bank of Chicago (2000)

Jones,D. "Emerging Problems with the Basel Capital Accord : Regulatory Capital Arbitrage and Related Issues," Journal of Banking & Finance 24 (2000)

Kane,E.J. "Capital Movements,Asset Values,and Banking Policy in Globalized Markets",NBER Working Paper Series,6633 (1998)

Kashyap,A. and J.Stein "Cyclical Implications of the Basel- II Capital Standard," Economic Perspectives,Federal Reserve Bank of Chicago (2004)

Kashyap,A.,R.Rajan and J.Stein "Rethinking Capital Regulation" paper prepared for the Federal Reserve of Kansas City Symposium at Jackson Hole (2008)

Kaufman,G.G. "Too Big to Fail in U.S.Banking : Quo Vadis?",in Benton (2004)

Keeley,Michael C., "Deposit Insurance, Risk, and Market Power in Banking," American Economic Review,80 (1990)

Lavelle,K.C.,Money and Banks in the American Political System,Cambridge University Press (2013)

Mariano,B "Do Reputational Concerns Lead to Reliable Ratings?" mimeograph (2008)

Morgan,D "Rating Banks : Risk and Uncertainty in an Opaque Industry," The American Economic Review,Vol.92,No.4 (2002)

Morris,S.and H.S.Shin "Financial Regulation in a System Context" paper prepared for the Brookings Papers conference,Fall (2008)

Passmore,Wayne and Alexander H.von Hafften,Are Basel,s Capital Surcharges for Global systemically Important Banks Too Small?,FEDS Notes (2017)

Paul,Hastings,Janofsky & Walker LLP,The Dodd-Frank Wall Street Reform and Consumer Protection Act : Impact on Bank and Thrift Holding Companies and Significant Nonbank Financial Companies,Stay Current issue (2010a)

Paul,Hastings,Janofsky & Walker LLP,The Dodd-Frank Wall Street Reform and Consumer Protection Act : Impact on Banks,Stay Current issue (2010b)

Peria,Maria Soledad Martinez, and Sergio L.Schmukler, "Do Depositors Punish Banks for Bad Behavior? : Market Discipline in Argentina,Chile,and Mexico," Policy Research working paper WPS 2058, World Bank,February (1999)

Pottier,S.and D.Sommer "Property-Liability Insure Financial Strength Ratings : Differences Across Rating Agencies," Journal of Risk and Insurance,Vol.66,No.4 (1999)

Rajan,R. "Cycle-Proof Regulation," The Economist,April (2009)

Rosenblum,H. "Choosing the Road to Prosperity – Why We Must End Too Big to Fail – Now",2011 Annual Report,Federal Reserve Bank of Dallas (2011)

Shin,H.S "Reflections on Modern Bank Runs : A Case Study of Northern Rock" working paper,Princeton University (2008)

Skeel,David,The New Financial Deal,John Wiley & Sons,Inc (2010)

Spiegel,M.and N.Yamori "Determinants of Voluntary Bank Disclosure : Evidence from Japanese Shinkin Bank" in M.Hutchison and F.Westermann (eds.) Japan,s Great Stagnation : Financial and Monetary Policy Lessons for Advanced Economies (CESifo Seminar),The MIT Press (2006)

Swindle,C.Sloan, "Using CAMEL Ratings to Evaluate Regulator Effectiveness at Commercial Banks," Journal of Financial Services Research (1995)

Tsuru,K "Depositors, Selection of Banks and the Deposit Insurance System in Japan : Empirical Evidence and its Policy Implications",RIETI Discussion Paper (2003)

Wall,L.D. "Too Big to fail after FDICIA " Economic Review,Federal Reserve of Atlanta,No.1 (2010)

Williamson,O.E. "The Theory of the Firm as Governance Structure : From Choice to Contract",Journal of Economic Perspectives (2002)

Department of the Treasury
―Blueprint for a modernized financial regulatory structure（2008）
―Dodd-Frank Wall Street Reform and Consumer Protection Act（2009）
―Emergency Economic Stabilization Act（2008）
―Financial Regulatory Reform : A New Foundation（2008）
―Press Release（〜2023）

FDIC（Federal Deposit Insurance Corporation）
―A Brief History of Deposit Insurance in the United States（1998）
―Annual Report（〜2023）
―Banking Review（〜2023）
―Financial Institution Letters（〜2023）
―General Guidance for the Resolution of Bank Failures（2005）
―Keeping the Promise : Recommendations for Deposit Insurance Reform（2001）
―Making the Crisis : The FDIC and RTC Experience 1980-1994（1998）
―Options Paper（2000）
―Press Release（〜2023）
―Quarterly Banking Profile（〜2023）
―Resolution Handbook（2019）
―Response of FDIC to IADI R&G Subcommittee（2003）
―Response to IADI Survey（2003）
―Risk Review（〜2023）
―Statistics At A Glance（〜2023）
―Working Paper（〜2023）

A.Blider & R.Wscott,Reform of Deposit Insurance：A report to the FDIC（2001）
Geroge Hanc "Deposit Insurance Reform : State of the Debate" FDIC Banking Review（1999）
James A.Mariano and Rosalind L.Bennet "The Consequences of National Depositor Preference," FDIC Banking Review ,1999,Vol.12,No.2（1999）
Lynn Shibut "Should Bank Liability Structure Influence Deposit Insurance Pricing?" FDIC Working Paper（2002）
R.Bennett Evaluating the Adequacy of the Deposit Insurance Fund, FDIC

Working Paper (2001)

R.Oshinsky,Effective of Bank Consolidation on the Bank Insurance Fund, FDIC Working Paper (1999)

T.Curry,P.Elmer&G.Fissel,Using Market Information to Help Identify Distresses Institutions, FDIC Banking Review (2003)

Timothy Curry and Lynn "The Cost of the Saving and Loan Crisis : Truth and Consequences" Shibut FDIC Banking Review,Vol.13,No.2 (2000)

FDIC, "The Orderly Liquidation of Lehman Brothers Holdings Inc. under the Dodd Frank Act," FDIC Quarterly, Volume 5,No2 (2011)

FDIC, "Remarks by Chairman Martin J.Gruenberg on Recent Bank Failures and the Federal Regulatory Response before the Committee on Financial Services, United States House of Representatives," (2023)

FDIC and BOE (Bank of England)

—Resolving Globally Active,Systemically Important,Financial Institutions,A joint paper by the Federal Deposit Insurance Corporation and the Bank of England,10 December (2012)

FRB (Federal Reserve Board)

—Dodd-Frank Act Stress Test 2013 : supervisory Stress Test Methodology and Results (2013)

—Ending 'Too big to fail', Speech by Governor Jerome H.Powell (2013)

—The Federal Reserve System, Purposes & Functions (2005)

FRB, "Federal Reserve Board announces it will make available additional funding to eligible depository institutions to help assure banks have the ability to meet the needs of all their depositors," (2023)

FRB, "Review of the Federal Reserve,s Supervision and Regulation of Silicon Valley Bank," (2023)

FSB (Financial Stability Board)

—Evaluation of the effects too-big-to-fail reforms,Consultation Report,28 June (2020)

—FSB 2018 Resolution Report;'Keeping the pressure up'Seventh Report on the

Implementation of Resolution Reforms,15 November（2018）
―Key Attributes Effective Resolution Regimes for Financial Institutions（2011）
―Thematic Review on Deposit Insurance System（2012）
―Principles on Bail-in Execution,21 June（2018）
―2019 Resolution Report；Mind the Gap, Eighth Report on the Implementation of Resolution,14 November（2019）

（英国）

Financial Services Compensation Scheme，"Annual Report and Accounts 2014/2015（2015）
International Monetary Fund, "United Kingdom：2008 Article Ⅳ consultation – Staff Report"（2008）
The House of Commons Treasury Committee, "The run on the rock" Fifth report of session 2007-2008（2008）
U.K.Financial Services Authority "The Turner Review；A Regulatory Response to the Global Banking Crisis",U.K.FSA（2009）

BOE（Bank of England）
―Consultation Paper（CP20/14），"Depositor protection" Bank of England, Prudential Regulation Authority（2014）
―Financial Stability Report（～2023）
―Financial Stability and Depositor Protection：Special Resolution Regime（2008）
―Policy Statement（PS6/15），"Depositor and dormant account protection" Bank of England, Prudential Regulation Authority（2015）
―Statement Policy "Deposit Guarantee Scheme" Bank of England, Prudential Regulation Authority（2015）
―Supervisory Statement（SS18/15），"Depositor protection" Bank of England, Prudential Regulation Authority（2015）
―The Bank of England,s approach to resolution,October（2017）
―The Bank of England,s approach to setting a minimum requirement for own funds and eligible liabilities（MREL）（2018）

HM Treasury
—A New Approach to Financial Regulation：the Blue Print for Reform（2011）
—Bail-in powers implementation – summary of responses（2014）
—Bank of England and Financial Services Authority, "Financial stability and depositors protection：further consultation"（2008）
—Bank of England and Financial Services Authority, "Financial stability and depositors protection：special resolution regime"（2008）
—Bank of England and Financial Services Authority, "Financial stability and depositors protection：strengthening the framework"（2008）
—Transposition of the Bank Recovery and Resolution Directive response to the consultation（2015）

（その他）
BCBS（Basel Committee on Bank Supervision）
—Core Principles for Effective Banking Supervision（1997）
—Core Principle for Effective Deposit Insurance Systems（2009）
—Deposit Protection Schemes in the Member Countries of the Basle Committee（1998）
—Report and Recommendation of the Cross-border Bank Resolution Group（Consultative Document）（2010）
—Strength the resilience of the banking sector（Consultative Document）（2009）
—The New Capital Accord（Basel2）（2003）

R.Sahajwala & P.Van den Berge "Supervisory Risk Assessment and Early Warning Systems" BCBS Working Paper（2000）

BIS（Bank for International Settlements）
— "Central Bank Governance and Financial Stability," A Report by a Study Group（2011）

A Greenspan, Testimony on Deposit Insurance BIS Central Bank Articles and Speeches（2003）
N.KetchaDeposit Insurance System Design and Consideration, BIS Policy Paper No.7（1999）

EBA (European Banking Authority)
―Guidelines on payment commitment under Directive 2014/49/EU on deposit guarantee schemes (2015a)
―Guidelines on methods of calculating contributions to deposit guarantee schemes (2015b)
―Regulatory Technical Standards on valuation for the purposes of resolution and on valuation to determine difference in treatment following resolution under Directive 2014/59/EU on recovery and resolution of credit institutions and investment firms (2017)

FINMA (Eidgenössische Finanzmarktaufsicht)
―FINMA and the SNB issue statement on market uncertainty (2023)
―FINMA approves merger of UBS and Credit Suisse (2023)

FSB (Financial Stability Board)
―Consultative Document Effective Resolution of Systemically Important Financial Institutions Recommendation and Timelines (2011)
―Exit from Extraordinary Financial Sector Support Measures, Note for G20 Ministers and Governors Meeting 6–7 (2009)
―Key Attributes of Effective Resolution Regimes for Financial Institutions (2011)
―Thematic Review on Deposit Insurance Systems (2012)

FSB,IMF,BIS
―Elements of Effective Macroprudential Policies: Lessons from International Experience (2016)
― "Macroprudential Policy and Frameworks," Update to G20 Finance Ministers and Central Bank Governors (2011a)
― "Macroprudential Policy Tools and Frameworks," Progress Report to G20 (2011b)

IADI (International Association of Deposit Insurers)
―IADI Core Principles for Effective Deposit Insurance Systems (2009) (2014)
―Proposed Research Plan for Developing General Guidance for Effective Deposit Insurance Mandate (2006)
―Research & Guidance Committee : General Guidance for Differential Premium System (Draft) (2003)

IMF (International Monetary Fund)
―European Union : Publication of Financial Sector Assessment Program Documentation - Technical Note on Deposit Insurance, IMF Country Report (2013)
― "Financial Crisis and Information Gaps," Report to the G-20 Finance Ministers and Central Bank Governors (2009)
―Independent Commission on Banking "Final Report, Recommendations" (2011)
― "Macroprudential Policy : What Instruments and How to use Them?, Lesson from Country Experiences," Working Paper (2011)
―World Economic and Financial Surveys, Consolidated Multilateral Surveillance Report (2011)

Asli Demirgüç-Kunt, and Luc Laeven "Deposit Insurance Database" IMF Working Paper (2014)
David Hoelscher, Michael Taylor, and Ulrich Klueh, "The Design and Implementation of Deposit Insurance Systems", IMF (2006)

SRB (Single Resolution Board)
―Minimum Requirement for Own Funds and Eligible Liabilities (MREL) : 2018 SRB Policy for the first wave of resolution plans, 20 November (2018)
―Minimum Requirement for Own Funds and Eligible Liabilities (MREL) : Addendum to the SRB 2018 MREL policy on new CRR requirements,25 June (2019)
―Minimum Requirement for Own Funds and Eligible Liabilities (MREL) : SRB Policy under the Banking Package, 20 May (2020)

あとがき

　日本における銀行破綻処理の実績を踏まえて調査し、世界金融危機後の「秩序ある清算権限（Orderly Liquidation Authority）」に関する米国・EU・英国の制度・議論を比較法的に考察し、加えて、預金保険制度と市場規律について経済学観点からも考察し、金融実務を踏まえ、金融セーフティネットの再構築に向け、市場規律が有効に機能する預金保険制度の改革について述べ、提言した。

　本書の中核となる、比較法的考察からの示唆、決済用預金の全額保護の廃止（定額保護への移行）、「可変保険料率」制度の導入の要点は以下のとおりである。

【比較法的考察からの示唆】

　米国は、世界金融危機において、金融安定化策として、決済用預金を期間を限定して全額保護し、平時に回復した段階で定額保護に戻している。当初、全額保護は、2009年末に終了する予定であったが、FDIC理事会の決定により、2011年末まで期限が延長された。さらに、ドッド＝フランク法の施行により、全額保護は、2012年末まで再延長され、全額保護措置は終了した。米国では決済用預金の全額保護は、有事における短期間の特例措置であり、厳格な法的手続で延長が認められた。定額保護に戻した後、市場において特段混乱は生じていない。平時と有事を明確に分けて考える必要性を示唆するものである。

　EUは、2014年に改正された「預金保険法指令」で、10万ユーロの保護限度額の共通化、銀行の破綻リスクに応じた保険料の算出、預金者に対する情報提供の強化などの法制化を加盟国に求めた。これらから、金融危機時においても、預金が無制限に保護されず、一定の市場規律を保っていたことがわかる。これは、平時へのスムーズな移行および平時へのセーフティネットへの回帰を牽引していたと評価できる。また、「可変保険料率」制度の導入および金融機関の情報開示（ディスクロージャー）の充実

の必要性を示唆するものである。

　英国は、世界金融危機を受け、2007年10月に共同保険を撤廃し、2008年10月に保護上限額を50,000ポンドに、2010年12月に85,000ポンドに引上げた。そして、「預金保険指令」に基づき、2017年に「可変保険料率」制度を導入した。英国においても、預金は無制限に保護されず、市場を規律の機能不全状況にせず、平時へのスムーズな移行および平時へのセーフティネットへの回帰を牽引していたと評価できる。また、「可変保険料率」制度の導入の必要性を示唆するものである。

【決済用預金の全額保護の廃止】
　預金の保護は、平時と有事を分けて考えるべきであり、有事においても市場を規律の機能不全状況にしないことが重要である。そして、決済用預金の全額保護は、預金保険制度により金融システムの安定を最優先する、有事における措置である。平時においては、市場規律の有効機能に軸足を移す必要がある。また、近年、金融機関に対する破綻処理法制は米国の制度を参考に預金保険法改正により整備され、恒久措置として金融整理管財人制度が適用され、預金保険機構が管財人に就任し、金融機関の特性に応じた破綻処理法制が整い柔軟かつ的確な破綻処理が可能となっていると評価できる。そして、日本の金融機関（特に地域金融機関）では劣後債の発行が米国・欧州に比較して少なく、預金者優先権の効果は見込めない状況であることに留意する必要がある。

【「可変保険料率」制度の導入】
　IADIの一般指針は、「可変保険料率」制度に係るリスク評価や保険料割当てを行う手法を構築する際は、銀行業界および金融セーフティネットの参加者に十分に受け入れられることを求めている。すなわち、「可変保険料率」制度の仕組みは、金融機関のリスク管理の高度化に対してインセンティブ・コンパティビリティを確保していることが重要である。そして、「可変保険料率」制度の導入は、預金保険料を徴収する仕組みを設計するという技術・手続論に留まらず、早期警戒制度や早期是正措置を含む

金融監督の枠組みとも密接に関連する。そのため、「可変保険料率」制度の設計の検討は、金融監督の枠組みにも踏み込んで、総合的に多方面から議論・検討することが求められる。

　本書では、比較法的考察を行い、市場規律を有効に機能させるため金融セーフティネットの再構築として、決済用預金の全額保護の廃止（定額保護への移行）、「可変保険料率」制度の導入、信用格付を活用した銀行情報開示（ディスクロージャー）の一体的な改革を提言した。問題の所在として、平時において決済用預金の全額保護は世界で類を見ない異例の措置であること、多くの先進国（OECD加盟国）で「均一保険料率」制度から「可変保険料率」制度へ移行したことを確認した。結果的に、世界標準と言える米国・欧州の預金保険制度に合わせるべきことを述べたが、決して結論ありきではなく、比較法的考察を行い、日本の金融システム・金融法制度、金融実務なども総合的に勘案した上で考察を重ね、帰結した。

　日本の預金保険制度および破綻処理法制は、米国の制度・法制を基に創設・改正されてきたが、すべてが日本にとって最適ではないと考えている。例えば、預金保険法102条の金融危機対応の公的資金の投入（ベイルアウト）、「法的ベイルイン（statutory ball-in）」を憲法上の財産権保障（29条）の観点から認めないことは日本独自の制度・法制であるが、筆者は日本にとって適応していると評価する。

　日本の現行の預金保険制度および破綻処理法制は、世界金融危機を経て、主要な特性（Key Attributes）と調和を図り、「秩序ある処理」スキームを必要最小限（ミニマム）に備える機能的な法制と評価できる。今後も、グローバルな調和を図りつつ、独自の制度・法制を維持し、独自路線を進むべきである。しかし、本文で述べたとおり、米国・欧州の制度・法制を参考に改革の余地はあり、柔軟な態勢も必要である。預金保険制度および破綻処理制度は、経済・金融・法律の進展にあわせ、適時・適切な見直しを行うべきである。金融セーフティネットの全体像を的確に設計し、市場規律が有効に機能する、預金保険制度と一体的に破綻処理法制を将来に向けて構築することが求められる。

本書は、八十二銀行、長野経済研究所における実務・調査の知識・経験、東京大学大学院、一橋大学大学院における金融法、ひろく民事法の研究の成果を、所属する松本大学で纏め発刊したものである。各組織（銀行、大学）、関わっていただいた方（上司、先輩、同期、後輩、先生、学友など）には心より感謝申し上げる。はしがきで述べたとおり、本書における事実認識、解釈、結論、ありうる誤謬は、すべて筆者に帰属する。そして、研究を支えてくれた家族、母と弟にも感謝している。

　筆者は、今後も将来に向け、金融セーフティネットの再構築に向けた預金保険制度および破綻処理法制の研究を、地域金融（地域金融機関の将来の在り方）の研究と共に有機的に進めていきたいと考えている。本書が、お世話になった銀行をはじめ金融業界の発展および金融システム、金融行政、預金保険制度、破綻処理法制の改革、ひいては預金者（広く国民）の安定した経済生活に少しでも貢献できると望外の喜びである。

事項索引

〈アルファベット〉

AIG ··································· 87
AT1（Additional Tier1）債 ········ 203, 208
Bank of England（BOE）················ 148
BIS 規制 ······························· 257
BNP パリバ ····························· 86
CAMELS ······························· 335
CDS（Credit Default Swap）············ 125
Common Law Power ···················· 246
Contingency Event ···················· 203
DIP ファイナンス ····················· 173
D-SIB（s）························ 125, 157
FDIC 改革案 ··························· 194
FDIC 報告書 ··························· 194
Financial Conduct Authority（FCA）···· 148
Financial Policy Committee（FPC）······ 148
Financial Services Authority（FSA）····· 148
Financial Services Compensation Scheme
　（FSCS）····························· 148
FRB 報告書 ···························· 193
G-SIB（s）···················· 123, 147, 157
G-SIB（s）バッファー ·················· 123
Her Majesty's Treasury（HM Treasury）
　··································· 147
IOLTA（Interest on Lawyers' Trust
　Account）···························· 245
JP モルガン・チェース ·················· 78
no creditor worse off ··············· 112, 166
NOW（Negotiable Order of Withdrawal）
　··································· 245
Open Bank Assistance ··········· 87, 90, 293
Ordinary preferential debts ··········· 153, 171
P&A（Purchase and Assumption）··· 89, 292
Preferential Debts ··················· 153, 171
Prudential Regulation Authority（PRA）
　··································· 148
SBI 新生銀行 ··························· 54
Secondary preferential debts ········· 153, 171
SPE ベイルイン（Single Point of Entry
　Bail-in）···························· 159

TBTF 改革 ····························· 126
TBTF 問題 ······························ 84
Tier1 レバレッジ比率 ·················· 335
Union Bank of Switzerland（UBS）······ 203
Viability Event ······················· 203

〈あ〉

あおぞら銀行 ··························· 54
足利銀行 ······························· 68
安全信用組合 ························ 26, 28

〈い〉

インセンティブ・コンパティビリティ（誘因
　両立性）····························· 341
インターバンク・コール市場 ············· 36
インディマック銀行 ···················· 87

〈お〉

欧州委員会（European Commission）
　··································· 135
欧州監督機構（European Supervisory
　Authorities：ESAs）·················· 133
欧州銀行監督機構（European Banking
　Authority：EBA）················ 136, 147
欧州システミック・リスク理事会（European
　Systemic Risk Board：ESRB）········· 133
欧州中央銀行（European Central Bank：
　ECB）································ 87
欧州連合理事会（Council of European
　Union）····························· 142

〈か〉

格付会社 ····························· 268
格付投資情報センター（R&I）····· 272, 279
株主総会の決議 ······················· 182
「可変保険料率」制度 ·········· 11, 168, 321

〈き〉

寄託証券保証基金 ······················ 33
木津信用組合 ··························· 31
共同保険（coinsurance）················ 240

緊急経済安定化法（Emergency Economic Stabilization Act of 2008）……78, 87, 91, 244, 295
金月処理……………………62, 177, 288, 292
銀行再建・破綻処理指令（Bank Recovery and Resolution Directive：BRRD）
　……………………………80, 137, 142
銀行の情報開示（ディスクロージャー）
　………………………………12, 55, 281
金融安定化フォーラム（Financial Stability Forum：FSF）……………………235
金融安定監督評議会（FSOC）……………92
金融安定理事会（Financial Stability Board：FSB）………………79, 123, 296
金融機関倒産法（Financial Institution Bankruptcy Act）…………………285
金融危機対応会議………………64, 67, 69
金融危機対応措置………………………64
金融債……………………………………49
金融再生法……………………41, 286, 343
金融再生法開示債権……………………42
金融制度改革関連法……………………22
金融整理管財人……………………43, 290
金融整理管財人制度…………………287
金融整理管財人制度・承継銀行制度…57, 182
金融セーフティネット…………2, 225, 342
金融選択法（Financial CHOICE Act）…285
金融調査局（OFR）………………………94

〈く〉

グラス＝スティーガル法（Glass Steagal Act）……………………………217
グラム・リーチ・ブライリー法（Gramm-Leach-Bliley Act）………………213, 217
クレディ・スイス………………………202

〈け〉

経済成長・規制緩和および消費者保護法（Economic Growth, Regulatory Relief, and Consumer Protection Act）…………215
契約上のベイルイン（contractual bail-in）
　……………………………163, 210, 297
決済用預金の（全額）保護………3, 201, 303
決済リスク……………………………314

〈こ〉

公金預金………………………………309
公的支援規制（State aid）…………73, 174
衡平資金援助…………………………182
国際通貨基金（International Monetary Fund：IMF）…………………………77
国際預金保険協会（International Association of Deposit Insurers：IADI）………169, 236
コスモ信用組合…………………………27
護送船団方式……………………………20
コンチネンタル・イリノイ銀行………294

〈さ〉

債権者規律……………………………257
債権者平等の原則…………………172, 286
最後の貸し手（Lender of Last Resort：LLR）……………………………179
最後のマーケット・メーカー（Market Maker of Last Resort：MMLR）……178
最終貸出制度（LLR機能）……………226
最小コストの原則………………294, 348

〈し〉

資金決済システム（全国銀行データ通信システム）…………………………314
シグネチャー・バンク（SBNY）………184
時限的な流動性保証プログラム（Temporary Liquidity Guarantee Program：TLGP）
　…………………………………244
自己査定…………………………………42
市場規律………………………………249
　――の限界………………………262, 264
システミック・リスク…………………183
　――・エクセプション……87, 191, 293
システム上重要な金融機関（systemically important financia institutions：SIFIs）…76
シティグループ…………………………89
資本注入………………………………293
資本注入プログラム（Capital Purchase Program：CPP）…………………78, 88
主要な特性（Key Attributes）…81, 208, 296
承継銀行制度……………………………47
消費者金融保護局（CFPB）……………96
シリコンバレー・バンク（SVB）………184

シングル・ポイント・オブ・エントリー
　（SPE）………………………………112
信用格付……………………………………268

〈す〉

スイス金融市場監督機構（FINMA）……203
スイス国立銀行（SNB）…………………203

〈せ〉

清算価値保存原則（no creditor worse off）
　………………………………………………81
整然清算基金（Orderly Liquidation Fund）
　………………………………………………104
整然清算権限（Orderly Liquidation
　Authority：OLA）……………99, 106, 119
生命保険契約者保護基金……………………33
整理回収機構…………………………………28
整理回収銀行……………………………31, 35
世界金融危機………………………76, 86, 243
セーフティネット…………………………224
全銀ネット…………………………………315

〈そ〉

早期処理の原則…………………………294, 348
総損失吸収力（Total loss-absorbing
　capacity：TLAC）……………………124

〈た〉

第二日本承継銀行……………………………63
単一破綻処理委員会（SRB）……………207

〈ち〉

秩序ある清算権限（Orderly Liquidation
　Authority：OLA）……………15, 80, 283
地方公共団体………………………………309
チャプター14………………………………284
貯蓄金融機関監督庁（OTS）………………98

〈つ〉

通貨監督局（Office of the Comptroller of
　the Currency：OCC）………98, 265, 269

〈て〉

適合性の原則………………………………208
デジタルバンクラン…………………190, 219

〈と〉

東京協和信用組合………………………26, 28
東京二信組問題………………………………26
特別危機管理銀行…………………………293
特別公的管理制度……………………………48
独立銀行委員会（Independent Commission
　on Banking：ICB）……………………153
ドッド・フランク・ウォール・ストリート改
　革および消費者保護法（Dodd-Frank
　Act：Dodd-Frank Wall Street Reform
　and Consumer Protection Act）………214
ドッド＝フランク法…………………………91

〈な〉

なみはや銀行…………………………35, 45

〈に〉

新潟中央銀行…………………………………46
日本格付研究所（JCR）……………272, 279
日本債券信用銀行……………………………52
日本振興銀行…………………………60, 286, 293
日本長期信用銀行……………………………49

〈の〉

納税者保護および責任ある破綻処理法
　（Taxpayer Protection and Responsible
　Resolution Act）………………………285
ノーザンロック銀行………………234, 246

〈は〉

破綻処理計画………………………………112
バンク・オブ・アメリカ……………………90
バンク・ターム・ファンディング・プログラ
　ム（Bank Term Funding Program：
　BTFP）…………………………………193
阪和銀行………………………………………31

〈ひ〉

兵庫銀行…………………………………27, 34

〈ふ〉

ファイナンシャルゲートキーパー…226, 281
ファースト・リパブリック・バンク（FRC）…185
ブリッジバンク……………………………291

事項索引　377

不良債権比率……………………335
プロシクリカリティ（景気循環増幅効果）
　……………………………334

〈へ〉

ベア・スターンズ………………77
ペイオフコスト……………25, 321
ペイボックス型…………………175
ベイルアウト…………………172, 193
ベイルイン……………………157, 162

〈ほ〉

奉加帳方式………………………24
包括財政調整法（Omnibus Budget Reconciliation）………………170
法的ベイルイン（statutory bail-in）……164, 210, 297
北海道拓殖銀行…………………35

〈ま〉

マクロ・プルーデンス政策……92
マネーロンダリング……………239

〈み〉

ミクロ・プルーデンス政策……92
三菱UFJモルガン・スタンレー証券…208
みどり銀行…………………27, 34
民事再生手続……………………167
民事再生法…………………83, 286

〈も〉

問題資産買取プログラム（Trouble Asset Relief Program：TARP）………78, 88, 91

〈よ〉

預金債権の優先権………………170
預金市場の影響力（Market Influence）…253
預金市場の監視能力（Market Monitoring）
　……………………………250
預金者規律……………………250
預金者優先（depositor preference）制度
　……………………………172, 270
預金保険基金（Deposit Insurance Fund：DIF）
　……………………………199, 214
預金保険機構…………………175, 228
預金保険法102条………………64, 305
　——第一号措置（資本増強）………65, 294
　——第二号措置（特別資金援助）…65, 294
　——第三号措置（特別危機管理銀行）
　……………………………66, 294

〈り〉

リスク管理債権…………………42
リスク・ミニマイザー型………175
りそな銀行………………………66
リテール・リングフェンス……153
リーマン・ブラザーズ……77, 119
　——・ホールディングス……77

〈れ〉

劣後債規律………………………258
劣後債市場の影響力（Market Influence）
　……………………………260
劣後債市場の監視能力（Market Monitoring）
　……………………………258
連邦倒産法（Bankruptcy Code）………282
連邦預金保険公社改善法（Financial Deposit Insurance Corporation Improvement Act of 1991：FDICIA）………………179
連邦預金保険法（Federal Deposit Insurance Act：FDIA）………………282

〈わ〉

ワシントン・ミューチュアル銀行……87, 184, 219

《著者紹介》
飯塚　徹(いいつか　とおる)　松本大学松商短期大学部教授

●――略歴
2003年　東京大学大学院法学政治学研究科修了（法学修士）
2023年　一橋大学大学院法学研究科修了（経営法博士）
株式会社八十二銀行勤務を経て、2009年4月から准教授を経て現職。

●――主要業績
『銀行論』（藤原印刷、2020年）
「現行の銀行破綻処理法制の考察」松本大学地域総合研究第22号（2021年）
「世界金融危機後の銀行の破綻処理法制の考察」松本大学教育総合研究第6号（2022年）
『大学生のための法的思考入門』（共著、みらい、2023年）
「2023米国信用不安による銀行破綻からの考察」松本大学教育総合研究第7号（2023年）
『地域金融機関の将来の在り方Ⅰ』（共著、創成社、2024年）

金融セーフティネットの再構築
――市場規律が有効に機能する預金保険制度

2024年9月18日　第1版第1刷発行

著　者――飯塚 徹
発行所――株式会社　日本評論社
　　　　〒170-8474　東京都豊島区南大塚3-12-4
　　　　電話　03-3987-8621（販売：FAX－8590）
　　　　　　　03-3987-8592（編集）
　　　　https://www.nippyo.co.jp/　振替　00100-3-16
印刷所――精文堂印刷株式会社
製本所――株式会社松岳社
装　丁――図工ファイブ

|JCOPY|〈（社）出版者著作権管理機構　委託出版物〉
本書の無断複写は著作権法上での例外を除き禁じられています。複写される場合は、そのつど事前に、（社）出版者著作権管理機構（電話：03-5244-5088、FAX：03-5244-5089、e-mail：info@jcopy.or.jp）の許諾を得てください。また、本書を代行業者等の第三者に依頼してスキャニング等の行為によりデジタル化することは、個人の家庭内の利用であっても、一切認められておりません。

検印省略　© 2024 IIZUKA Toru
ISBN978-4-535-52755-3　　　　　　　　　　　　Printed in Japan